100 Alpenpässe mit dem Motorrad
abseits des Trubels

Pflicht oder Unsitte?
So manches Passschild
ist vor lauter Aufklebern
nicht mehr zu identifizieren.

Heinz E. Studt

100 ALPENPÄSSE MIT DEM MOTORRAD
ABSEITS DES TRUBELS

Traumkurven in Deutschland,
Österreich, Schweiz, Italien, Slowenien
und Frankreich

BRUCKMANN

Lebensabendgeeignet! Bergdorf am Südfuß des Col de l'Iseran

INHALT

Vorwort 9

Im Überblick – eine kurze Begriffserklärung. 11

DEUTSCHLAND   12

1   Riedbergpass 14

2   Achenpass 16

3   Spitzingsattel 18

4   Samerberg-Panoramastraße 22

5   Masererpass 24

ÖSTERREICHISCHE ALPEN   26

6   Furkajoch 28

7   Faschinajoch 32

8   Zeinisjoch 34

9   Hahntennjoch 36

10   Kühtaisattel 38

11   Ursprungpass 40

12   Stubachtal-Panoramastraße /
Schneiderau-Enzigerboden 42

13   Villgraten-Hochtalstraße 46

14   Plöckenpass 50

15   Dientner Sattel 54

16   Radstädter Tauernpass 56

17   Stoderzinken 58

18   Flattnitzer Höhe 60

19   Wurzenpass 62

20   Schaidasattel 64

21   Hochobir-Panoramastraße 66

22   Seebergsattel/Jezerski vrh 70

SLOWENISCHE ALPEN   72

23   Paulitschsattel / Pavličevo sedlo 74

24   Vršič-Pass 76

25   Mangart-Panoramastraße / Mangartska Cesta   78

ITALIENISCHE ALPEN   **80**

26 Sella Chianzutan 82

27 Forcola di Monte Rest / Passo Rest 86

28 Sella di Rioda 88

29 Sella Ciampigotto 90

30 Passo Duran 92

31 Würzjoch / Passo delle Erbe 94

32 Penser Joch / Passo di Pennes 96

33 Panider Sattel / Passo Pinei 98

34 Passo Rolle / Rollepass 100

35 Passo di Gobbera 102

36 Passo Brocon 104

37 Passo di Lavazè / Lavazejoch 106

38 Passo del Manghen / Manghenpass 110

39 Passo della Mendola / Mendelpass 114

40 Passo del Sommo 116

41 Passo Coe mit Passo Valbona 118

42 Passo di Crocedomini 120

43 Passo della Foppa und Passo del Mortirolo . . 122

44 Passo del Vivione 126

45 Passo della Presolana / Giogo della Presolana 128

46 Colle di Zambla / Passo di Zambla 130

47 Passo di San Marco 132

48 Passo-di-Agueglio-Panoramastraße 134

49 Culmine di San Pietro 136

50 Col del Lys / Colle del Lis 140

51 Colle Sommeiller / Col de Sommeiller 142

52 LGKS – Ligurische Grenzkammstraße /
Route du Marguareis 144

53 Col Tze Core / Col Tzecore 148

54 Col de Joux / Colle di Joux 150

55 Colle San Carlo 154

Wilde Hatz: Nicht nur die Piste müssen wir im Blick haben – auch das Bergwetter.

Traumhaft, oder! Unterwegs in den Lechtaler Alpen bei Warth

SCHWEIZER ALPEN		156
56	Sattelegg	158
57	Pragelpass	160
58	Ibergeregg	162
59	Griesalp	164
60	Passwangpass	166
61	Scheltenpass	168
62	Col de Pierre Pertuis	170
63	Col des Mosses	172
64	Les Diablerets	176
65	Col de la Croix (Jura)	178
66	Pas de Morgins	180
67	Col de la Forclaz (Schweiz)	182
68	Col de Champex	184

FRANZÖSISCHE ALPEN		186
69	Col de Terramont mit Col de Jambaz	188
70	Col de l'Encrenaz / Col de l'Ancrenaz	190
71	Col des Fleuries	192
72	Col de Solaison	194
73	Col de la Colombière	196
74	Col des Annes	198
75	Col des Glières	200
76	Col des Aravis	202
77	Col de Merdassier	206
78	Col de la Croix Fry	208
79	Col du Marais	210
80	Col de la Forclaz (Frankreich)	214
81	Col du Semnoz / Montée du Semnoz	218

82 Col de Leschaux 222
83 Col de l'Epine 224
84 Col de la Madeleine 226
85 Col du Mollard 228
86 Col de Sarenne 230
87 Col d'Ornon 232
88 Col de Parquetout 236
89 Col du Noyer 240
90 Col des Champs 242
91 Col de la Lombarde 244
92 Col de Valberg/Col du Vasson 246
93 Col de la Colle-Saint-Michel 248

94 Col d'Illoire 250
95 Col d'Ayen 252
96 Col des Leques 254
97 Col de Luens 256
98 Col de Clavel 258
99 Col du Castellaras 262
100 Col du Ferrier 264

Anhang 266

Register 283

Impressum 288

Heute keine »Dröhnung«: Pünktlich um 14 Uhr braucht Sozia Kirsten ihr Koffein.

Sehenswerte »Kleinkunst«:
Werbung für das Handwerk in Vorarlberg.

VORWORT

Zwei große Pässe-Sammlungen mit jeweils 100 der schönsten Alpenpässe Europas habe ich bislang im Bruckmann Verlag veröffentlicht. Pässe, deren Namen umgehend Assoziationen in uns wecken, ja Gefühle und Sehnsüchte. Doch allesamt auch Pässe, bei deren Namen nicht nur wir Motorradfahrer um die Wette seufzen.

Bereits bei den Fotoproduktionen zu diesen beiden Alpenpässe-Büchern fiel es mir auf, wie sehr sich die höchsten und schönsten Ziele der Motorradfahrer inzwischen mit denen von Auto- und Wohnmobilfahrern überschneiden. Ungezählte Höhepunkte der Alpen werden heutzutage vor allem zur Sommerzeit von ebenso ungezählten Pkws und – schlimmer noch – von rollenden Zweiraum-Wohnungen heimgesucht, ja komplett blockiert und tagelang zugeparkt. Ganz zu schweigen vom Heer der Busreisenden mit ihren oft grenzenlos überforderten Fahrern. Viele Biker-Kollegen konstatieren inzwischen gefrustet, dass man im Juli und August den gesamten Alpenraum großflächig meiden sollte.

Eine Entwicklung, die mir als leidenschaftlichem Motorradfahrer keine Freude bereitet, die ich auch nicht ohne heftige »Gegenwehr« akzeptieren möchte. Deshalb bestimmte irgendwann der Gedanke förmlich meine Gashand, eine ganz andere Sammlung an Höhepunkten zusammenzustellen: aus Pässen und Panoramastraßen in den Alpen, die landschaftlich nicht minder prächtig, fahrerisch nicht minder atemraubend und insgesamt nicht minder erinnerungswürdig sind – aber eben noch nicht im Fokus zweispuriger Blechlawinen stehen. So entstand dieses Buch mit 100 überzeugend prächtigen alpinen Höhepunkten ganz bewusst abseits allen Trubels – natürlich, wie immer, gut verteilt auf alle sechs Alpenländer.

Einen Nachteil möchte ich an dieser Stelle dennoch erwähnen: Zwar werden Sie viele der hier versammelten Höhepunkte fernab von Stau und Remmidemmi, aber so manches Mal auch frei von Würstchenbuden mit Bierbänken oder dem Alpengasthof mit Hüttenmusik vorfinden. Einige Pässe besitzen nicht einmal diese herrlichen, mit viel Enthusiasmus bewirtschaf-

Typisch: Autor und Sozia unterwegs »auf Arbeit«.

teten Almen, die uns zu einem erfrischenden Boxenstopp laden. Dafür erleben Sie aber auch freie Fahrt und unbeschwerte Kurvenhatz in des Wortes reinster Bedeutung.

Und verhungern werden Sie nirgendwo, das verspreche ich Ihnen. Denn wohl wissend, dass erst das leibliche Wohl unser herrliches Hobby »Motorradfahren« perfekt abrundet, habe ich jeden der hier beschriebenen Höhepunkte nicht nur eigenhändig erfahren, sondern auch die »Versorgungslage« persönlich ausgekundschaftet und Ihnen meine stets nahe liegenden Einkehrtipps aufgelistet. Nur wenn Sie in der Rubrik »Kulinarik« den Vermerk »Picknick mitnehmen!« lesen, dann wissen Sie, dass während meiner Recherche- und Fotofahrten 2015 und 2016 im direkten Umfeld tatsächlich kein einziger empfehlenswerter Einkehrschwung zu entdecken war.

Dafür aber satte 100-mal fahrerischer Genuss, denn ansonsten hätte es der Pass, die Panoramastraße, der Höhepunkt abseits allen Trubels erst gar nicht in dieses Buch geschafft.

In diesem Sinne: Viel Spaß beim Entdecken und allzeit gute Fahrt wünscht Ihnen

Heinz E. Studt

Die Seele schaukeln lassen: Am Südufer des prächtigen Genfer Sees geht das besonders eindrucksvoll.

Gib deinem Schutzengel eine Chance

IM ÜBERBLICK
EINE KURZE BEGRIFFSERKLÄRUNG

Passhöhe Offizieller Scheitelpunkt des Passes – lokalisiert anhand Passschild bzw. offiziellem Wegweiser; die angegebenen Höhenmeter stammen aus offiziellen Angaben oder wurden anhand eigener mehrfacher Messungen mithilfe aktueller GPS-Navigationssysteme ermittelt.

Höchster Punkt der Strecke Insgesamt höchster Punkt der gesamten, im Umfeld des Passes vorgeschlagenen und ausgearbeiteten Strecke zwischen den beiden genannten Basisorten

Basisorte Die zentralen Orte am Fuß des Passes; sie wurden ganz bewusst auch danach ausgewählt, dass sich zwischen beiden Orten eine fahrerisch erlebenswerte Passstrecke ergibt.

Kulinarik Gibt es einen »Verpflegungsnotstand« in Sichtweite rund um den betreffenden Höhepunkt, oder ist für das leibliche Wohl bestens gesorgt? Meine Kurzbewertung gibt Ihnen die Übersicht; alle weiteren namentlichen Empfehlungen dazu finden Sie im jeweiligen Kapitel:

Bestens: reiche Auswahl an Möglichkeiten am Pass oder im Umfeld mit gängigen Öffnungszeiten

Gut: auskömmliche Auswahl am Pass oder im Umfeld mit gängigen Öffnungszeiten

Dürftig: wenig Auswahl und/oder geöffnet nach Laune des Betreibers

Picknick mitbringen! Bringen Sie Ihre Verpflegung lieber selbst mit.

Anzahl der Kehren Gezählt von Basisort zu Basisort. Als Kehre gilt jede Kurve mit mehr als 150° Richtungswechsel; jede Kehre wurde allerdings auch bei mehrmaligem Befahren nur einmal gezählt.

Streckenlänge Berechnet von Basisort zu Basisort

Schwierigkeitsgrade

Leicht = für Fahranfänger problemlos machbar

Mittelschwer = verlangt Erfahrung im Umgang mit dem Motorrad

Anspruchsvoll = verlangt sichere Beherrschung des Motorrads sowie Erfahrung im Passfahren

Sehr anspruchsvoll = nur mit langjähriger Motorraderfahrung sowie speziellen Kenntnissen – z. B. im Offroad-Fahren – zu bewältigen

Mautpflicht Gemäß offizieller Angaben (Stand: Mitte 2016)

Wintersperre Gemäß offizieller Angaben seitens der Straßenverwaltung bzw. ADAC, ÖAMTC, TCS oder anderer internationaler Automobilclubs

Kfz-Sperren Ausgeschilderte Sperren für Kraftfahrzeuge (außer Motorräder)

Ideal kombinierbar Vorschläge zum Kombinieren mit Pässen aus diesem Buch oder auch mit umliegenden weiteren (namhaften) Pässen/Panoramastraßen, die in meinen anderen beiden Pässe-Sammlungen beschrieben sind; Umkreisradius 40–50 km Luftlinie

Die zum Download angebotenen GPS-Datensätze werden im allgemein nutzbaren Format GPX über die Verlags-Website zur Verfügung gestellt. Für die eventuell nötige Umwandlung in andere gerätespezifische Formate empfehlen unsere Autoren die kostenlosen Angebote der Website www.gpsies.com.

Einfach herrlich: Das Alpenvorland
am Fuß der Chiemgauer Alpen

DEUTSCHLAND

Pure Beschaulichkeit: Rund um den Riedbergpass hat das Leben wohl noch niemals überlaut »gebrummt«.

RIEDBERGPASS

Beginnen wir unsere in ihrem Umfang zweifelsohne atemberaubende Sammlung mit einem der wenigen echten Pässe Deutschlands, dem Riedbergpass im wunderschönen Ostallgäu nordwestlich von Oberstdorf.

Statistiker streiten sich seit eh und je darüber, ob nun wohl er der höchste Pass Deutschlands sei oder diese Ehre vielmehr der Rossfeld-Panoramastraße gebühre. Letztere ist mit 1540 Metern Höhe zwar noch 120 Meter höher, dafür aber genau genommen und per definiti-

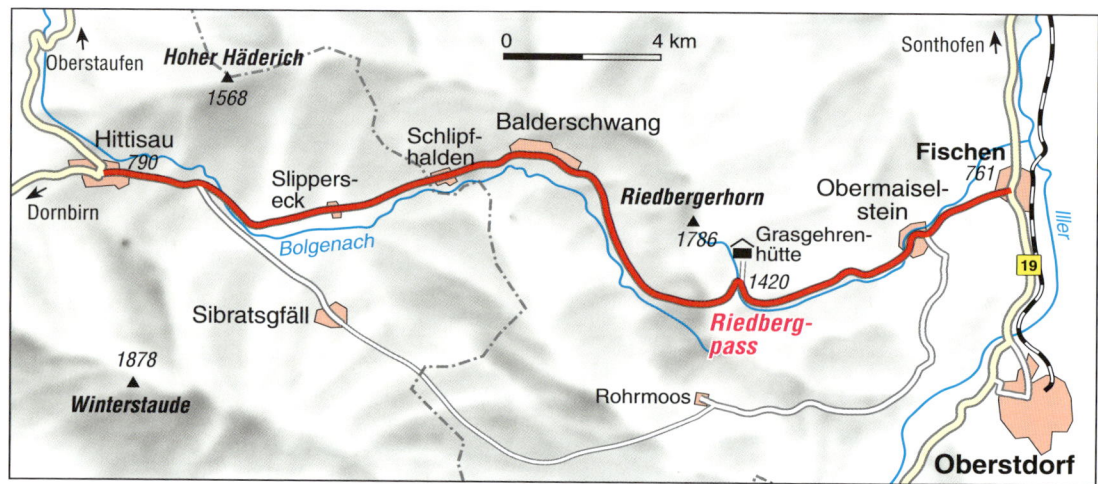

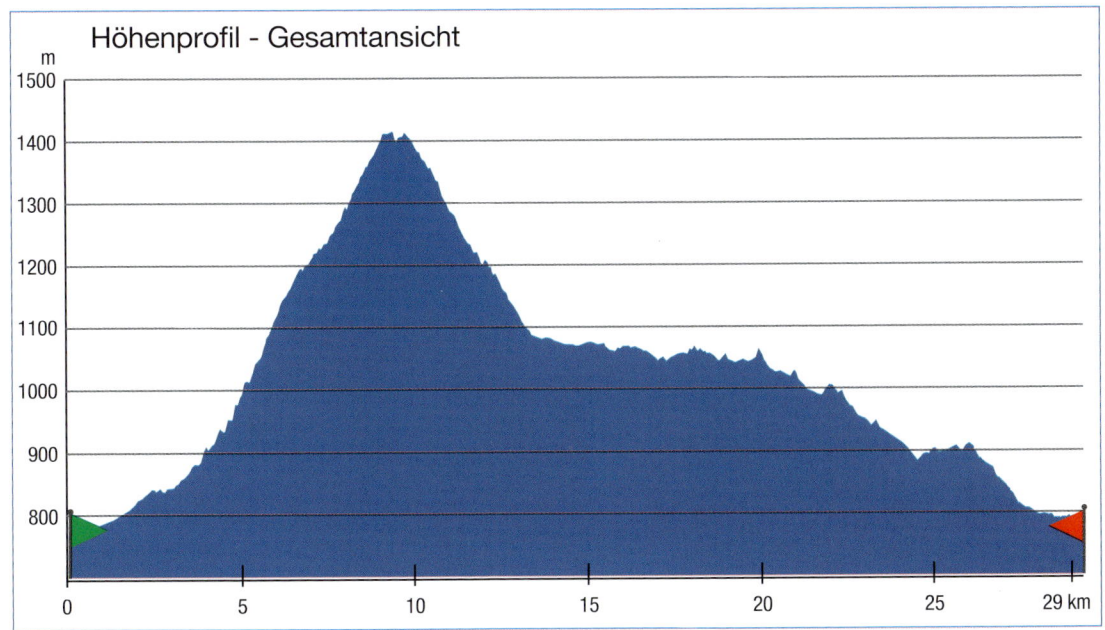

Höhenprofil - Gesamtansicht

TOUR-TIPP

Wo Biker sich treffen
Direkt an der bewirtschafteten Grasgehrenhütte auf der Passhöhe, vor allem auch am Wochenende morgens beim Start der Tagestour

onem kein hundertprozentig waschechter Pass. Und während sich auf dem Rossfeld im Sommer die Blechlawinen stapeln, beginnt der Genuss beim Riedbergpass bereits bei der Anreise durch das liebliche Allgäu.

Vom westlichen Ausgangspunkt Hittisau folgt man dem Wegweiser Richtung Balderschwang und biegt auf die – zugegeben – recht kehrenarme Straße hinauf zum Pass ab. Im idyllischen Balderschwanger Tal windet sich die Straße gen Osten und bietet auf weiter Strecke herrliche Ausblicke auf die umliegenden Ausläufer der Allgäuer Alpen.

Die einzige echte Kehre des Riedbergpasses findet sich direkt am Scheitelpunkt der Strecke, bei den wenigen Häusern von Grasgehren und der auch bei Bikern beliebten Einkehr Grasgehrenhütte. Apropos beliebt: Der Riedbergpass ist aufgrund seiner mühelosen Befahrbarkeit und der landschaftlichen Schönheit unter Motorradfahrern sehr beliebt. Da es durch Unbedacht und Raserei in den letzten Jahren immer wieder zu teils schweren Unfällen auf der an sich harmlosen Strecke kam, kontrolliert die Polizei gern mal an Wochenenden. Halten wir uns also einfach an die Beschränkungen und

genießen die Fahrt Richtung Obermaiselstein. Durch das Tal der Schönberger Ache geht es dahin und stellenweise zügig bergab, wobei Hinweisschilder mit 16 % Steigung respektive Gefälle wohl eher satt aufgerundet erscheinen.

Im Örtchen Fischen haben wir dann herrlichen Allgäuer Boden unter den Motorradstiefeln und können wählen: Einkehrschwung oder Weiterfahrt zu den im Infokasten angeführten Kombi-Vorschlägen – oder auch beides, wenn der Tourentag noch recht jung ist.

IM ÜBERBLICK

Name: Riedbergpass
Land: Deutschland
Region: Allgäu
Passhöhe: 1420 m
Höchster Punkt der Strecke: 1420 m
Basisorte: Hittisau und Fischen
Schwierigkeitsgrad: Leicht
Anzahl der Kehren: 1
Streckenlänge: 30 km
Mautpflicht: Keine
Offizielle Wintersperre: Keine
Sperre für Fahrzeuge: Keine
Kulinarik: Gut
Ideal kombinierbar: Mit den Pässen Nr. 6, 7, 8 und 9 oder auch dem Oberjochpass

Der Höhepunkt rund um den Achenpass ist nicht so sehr die Scheitelhöhe, sondern die herrliche Landschaft.

ACHENPASS

Zugegeben, er ist nicht besonders hoch, er ist auch nicht besonders kurvenreich oder gar fahrerisch anspruchsvoll – aber es gibt drei treffliche Gründe, die ihm die Berechtigung für einen Auftritt in diesem Buch geben.

Zum einen führt seine Rampe nach Westen über den Sylvensteinstausee ins prächtige Tölzer Land, zum anderen leitet uns ein nordöstlicher Ausläufer direkt ins herrliche Tegernseer Tal, und zu guter Letzt bringt uns seine Südflanke auf Wunsch geschwind zum Bikerparadies rund um den Achensee. Deshalb,

TOUR-TIPP

Wo Biker sich treffen
Kür und Pflicht zugleich ist die Staumauer des Sylvensteinsees oberhalb von Lenggries (auch unter der Woche).
Ein beliebter Treff ist auch der Gasthof in der Eng am Ende der Mautstraße direkt am Großen Ahornboden.

TOUR-TIPP

Empfehlenswerter Einkehrschwung
Lenggries: Dorfschänke, Bachmairgasse 3 – mit herrlichem Biergarten
Rottach-Egern: Gasthaus »Beim Zotzn«, Wolfsgrubstr. 6

Ihr Einverständnis einfach einmal vorausgesetzt, habe ich den Achenpass in diese Sammlung fahrerischer Alpenhighlights mit aufgenommen. Und gleichwohl Sie an diesem Pass an einem Ferienwochenende wohl niemals allein sind – überlaufen oder gar komplett zugeparkt werden Sie ihn auch im Juli und August nicht vorfinden.

Ganz gleich, ob Sie nun von Westen aus dem wunderschönen Tölzer Land genüsslich entlang des Sylvensteinspeichers – mit einem der beliebtesten Bikertreffs der Region an dessen imposanter Staumauer – hinauf zum Achenpass pendeln oder ob Sie von den bereits Ludwig Thoma begeisternden Gestaden des Tegernsees Richtung Süden schwingen: Als kleines Zuckerl liegt gleich im Süden der Achensee, einer der schönsten Bergseen Tirols, direkt vor unserem Windshield.

An Sommerwochenenden geht vor allem am Bikertreff auf der Sylvensteinstaumauer die berühmte »Post« ab. Benzingespräche sind hier dann ebenso Pflicht wie am nahen Achensee, dessen Uferstrecke zu den schönsten des Alpenraums zählt. Abgehärtete Biker können in dem von Schmelzwassern gespeisten

IM ÜBERBLICK

Name: Achenpass
Land: Deutschland
Region: Oberbayern
Passhöhe: 941 m
Höchster Punkt der Strecke: 960 m
Basisorte: Lenggries und Rottach-Egern
Schwierigkeitsgrad: Leicht
Anzahl der Kehren: 1
Streckenlänge: 41 km
Mautpflicht: Keine
Offizielle Wintersperre: Keine
Sperre für Fahrzeuge: Keine
Kulinarik: Gut
Ideal kombinierbar: Mit den Pässen Nr. 3 und 11 oder auch der Zillertaler Höhenstraße

See auch ein mehr als erfrischendes Bad nehmen oder auf dem angrenzenden Steinberger Plateau inmitten der Gipfel von Mangfall- und Karwendelgebirge ausgiebig Kurven räubern.

Und am Ende eines abwechslungsreichen Tourentags rund um den Achenpass genießen wir einen glutroten Sundowner, z. B. am Ostufer des Tegernsees in einem der zahlreichen Cafés oder Restaurants – jede Speise, jedes Getränk inklusive Seeblick.

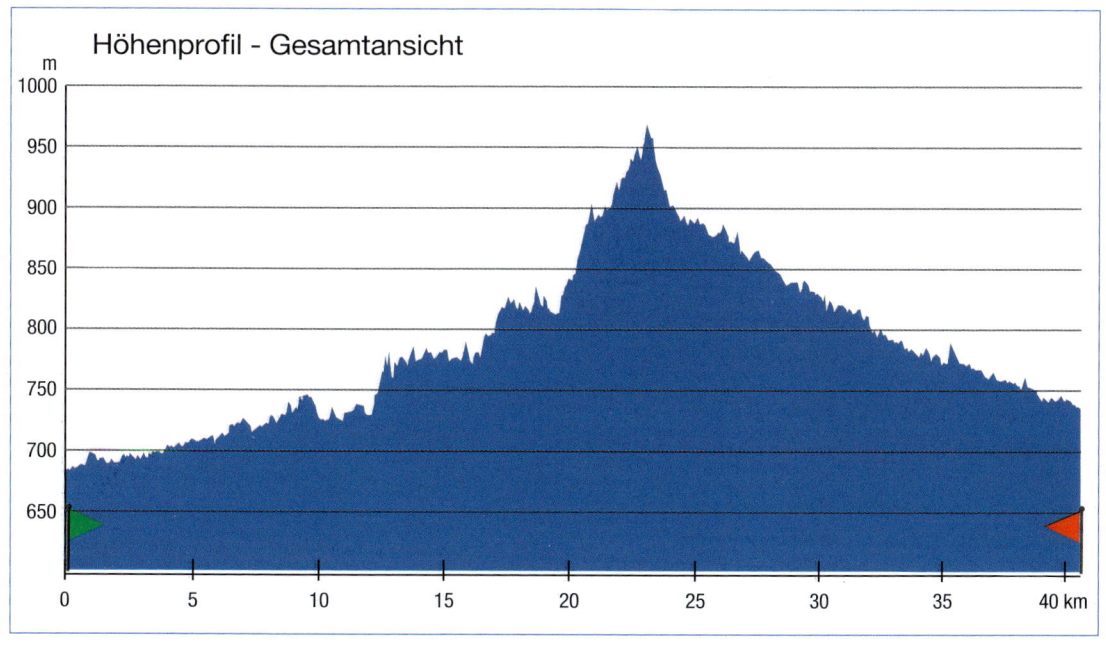

Absteigen und durchschnaufen: Der Schliersee ist das ruhige und beschauliche Pendant zum proppenvollen Tegernsee.

SPITZINGSATTEL

Der fahrerisch unscheinbare, landschaftlich aber reizvoll gelegene Spitzingsattel befindet sich im Süden des Landkreises Miesbach, direkt im Mangfallgebirge unweit der österreichischen Grenze.

Die gut ausgebaute Passstraße mit maximal 14 % Steigung verbindet zwei landschaftliche Perlen Bayerns miteinander, den Schliersee mit dem Spitzingsee oder genauer gesagt deren gleichnamige Ortschaften. Frei von Kehren, aber nicht von Kurven windet sich die Straße hinauf zur Passhöhe auf einem weiten Plateau, das prächtige Ausblicke auf den Spitzingsee erlaubt.

Auf dem Spitzingsattel selbst führt ein Sackgassen-Abzweig zum Westufer des Alpensees, die Hauptroute umrundet den See auf der Ostuferseite. Und gleichwohl die Region rund um den Spitzingsee vor allem ein Wanderparadies ist, lohnt sich der Exkurs auch für Biker – bietet der idyllische Bergsee doch nicht nur sehenswerte Alpenpanoramen, sondern auch zahlreiche Einkehrmöglichkeiten. Oder wie wäre es mit einer Runde Tretbootfahren? Das lockert Bikers verspannte Bein- und Gesäßmuskulatur auf ganz natürliche Weise.

TOUR-TIPP

Sehenswertes am Wegesrand: Tegern- und Schliersee
Die Seen-Kombi Tegernsee–Schliersee zählt nicht nur zu den berühmtesten in Bayern, sie liegt auch gleich ums Eck: Bayern-König Max I. baute einst das zwangsaufgelöste Kloster Tegernsee zu einer prächtigen Sommerresidenz um und lockte damit wahre Heerscharen des Adels aus dem ganzen Land in das prachtvolle Tal.
Große Schriftsteller und Dichter wie Ludwig Thoma und Ludwig Ganghofer waren hier zu Hause und ließen sich von der einzigartigen Landschaft wie auch von dem atemberaubenden Wechsel der Jahreszeiten inspirieren.
Heute gehört der Tegernsee zu den Top-Destinationen in Bayern und ist touristisch perfekt erschlossen. Der Schliersee hingegen ist das ruhige, beschaulichere Pendant zum berühmten »Bruder«, seine Uferstraße und die prächtigen Ausblicke kann man selbst an Hochsommertagen noch gemütlich genießen. Und die Einkehr in einem der zahlreichen Gasthöfe ist nicht minder lecker und sogar etwas günstiger als wenige Kilometer weiter an den Tegernseer Gestaden. Nur »Promi-Watching« geht am Schliersee nicht so leicht von der Gashand ...

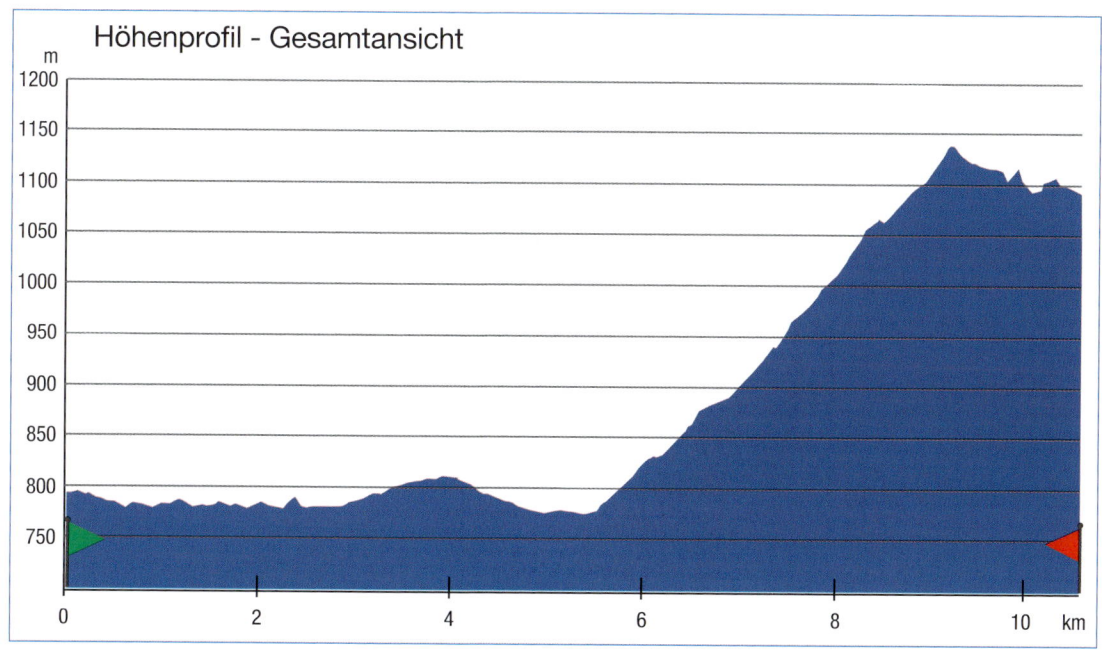

Höhenprofil - Gesamtansicht

Anfängertauglich: Genießen Sie die Fahrt über den Spitzingsattel ebenso wie den Einkehrschwung am Ende der Piste.

IM ÜBERBLICK

Name: Spitzingsattel

Land: Deutschland

Region: Oberbayern

Passhöhe: 1129 m

Höchster Punkt der Strecke: 1140 m

Basisorte: Schliersee und Spitzingsee

Schwierigkeitsgrad: Leicht

Anzahl der Kehren: 0

Streckenlänge: 14 km

Mautpflicht: Keine

Offizielle Wintersperre: Keine

Sperre für Fahrzeuge: Keine

Kulinarik: Bestens

Ideal kombinierbar: Mit den Pässsen Nr. 2, 4 und 11 oder auch mit dem Sudelfeld

Und die Bikerseele baumelt derweil vollkommen entspannt über dem Bootsrand.

Mit seiner Fläche von gut 28 Hektar ist der Spitzingsee übrigens der größte Hochgebirgssee Bayerns;

TOUR-TIPP

Empfehlenswerter Einkehrschwung
Schliersee: Gasthof Terofal – echt kultig mit schönem Biergarten direkt in der Ortsmitte

seine Tiefe beträgt maximal 16,3 Meter. Im See entspringt die Rote Valepp, die sich bei der Kaiserklause mit der Weißen Valepp vereinigt und in Tirol als Grundache schließlich in den Inn mündet. Der Spitzingsee gehört dem Freistaat Bayern, und jeder, der ihn einmal besucht hat, wird verstehen, warum sich der Freistaat von diesem Kleinod wohl niemals trennen wird.

TOUR-TIPP

Wo Biker sich treffen
Ein beliebter Treffpunkt ist auf der Passhöhe des Spitzingsattels für das obligatorische Passfoto und für den Blick zurück Richtung Schliersee.
Mein Treff-Tipp am Spitzingsee ist das Café Kameter direkt am Seeufer – vor allem an den Wochenenden zum zweiten Frühstück noch vor der Tour.

Lohnender Blick zurück: der Schliersee inmitten der Berge

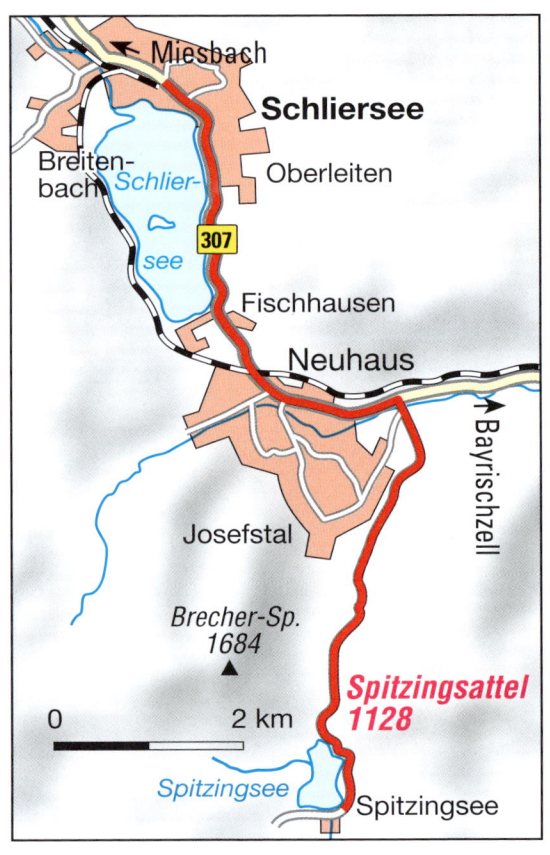

Aufgepasst: Rindviecher reagieren unterschiedlich auf Motorsound. Boxer mögen sie gar nicht, 4-Zylinder schon eher.

![Motorradfahrer auf einsamer Landstraße am Samerberg]

Einfach unvergleichlich: Einsame Landstraße am Samerberg mit Blick auf die Berge der Chiemgauer Alpen

SAMERBERG-PANORAMASTRASSE

Vor nunmehr gut zwei Jahren zog es mich aus der Großstadt München hinaus aufs Land, mitten hinein in den herrlichen Pfaffenwinkel und in ein Häuschen auf 750 Metern Seehöhe – und damit meist über allen Nebeln.

Ein alter Traum wurde damit für mich wahr – einer, den bestimmt auch viele »Samerbergler« träumen. Denn das Leben oben auf dem Samerberg ist etwas Besonderes: 78 Weiler und Ortschaften bilden heute den Gemeindeverband Samerberg auf 800 Metern Höhe. Ein

idyllisches Fleckchen Bayern, durchzogen von einem dichten Netz an schmalen und kurvenreichen Landstraßen, die an Sommerwochenenden beliebter Tummelplatz einheimischer Motorradfahrer sind – leider in der

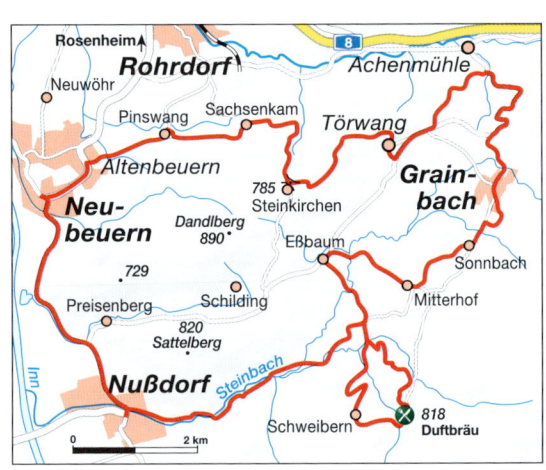

TOUR-TIPP

Wo Biker sich treffen

Natürlich einerseits am erwähnten Gasthof Post in Törwang, aber auch einige Meter weiter oben, z. B. im Weiler Duft mit seinem weithin bekannten Bikertreff »Duftbräu« – der urig bayerische Berggasthof ist vor allem zum Ausklang eines herrlichen Sommerwochenendes ein sehr beliebter Treff.

TOUR-TIPP

Sehenswertes am Wegesrand: Neubeuern
Genau zwischen Sudelfeld und Samerberg lockt uns der Ort Neubeuern, hoch auf steilem Fels gelegen. Man sieht es ihm von außen kaum an, dass er unter Heimatfilmern als Geheimtipp einer originalen Kulisse gehandelt wird. Doch sobald wir das schmale Stadttor durchquert haben, wissen wir warum: Um die imposante Kirche gruppiert sich ein Ensemble aus alten Bauernhäusern mit Erkern, Giebeln, verzierten Fensterläden und prächtigen Lüftlmalereien, deren sorgfältig restaurierter Zustand wohl jeden Besucher überrascht und begeistert. 1981 wurde Neubeuern zum »schönsten Dorf Deutschlands« gewählt, doch schon viele Jahrzehnte zuvor rief König Maximilian I. beim Anblick des Ortes aus: »Das ist die schönste Ansicht im bayrischen Gebirg'!« Wohl wahr, lieber Max.
Vor allem auf und rund um den Marktplatz finden immer wieder Filmaufnahmen und Veranstaltungen statt, 2013 sogar erstmals der »Red Bull Fensterkönig«-Event mit original bayerischem Triathlon. Ein Parkplatz für das Motorrad ist rasch gefunden, und wenn dann an einem Sonntag die Menschen in feinster Tracht aus dem Gotteshaus direkt in die gar nicht zufällig daneben liegende Wirtschaft strömen, dann ist die »guade oide Zeit« zum Greifen nah.

IM ÜBERBLICK

Name: Samerberg-Panoramastraße
Land: Deutschland
Region: Chiemgau
Passhöhe: 780 m
Höchster Punkt der Strecke: 805 m
Basisort: Törwang als Start/Ziel für die Rundfahrt
Schwierigkeitsgrad: Leicht
Anzahl der Kehren: 5
Streckenlänge: 35 km
Mautpflicht: Keine
Offizielle Wintersperre: Keine
Sperre für Fahrzeuge: Keine
Kulinarik: Bestens
Ideal kombinierbar: Mit den Pässen Nr. 3, 5 und 11 oder auch mit dem Sudelfeld

Vergangenheit auch hier nicht immer unter Einsatz von Vernunft, sodass rund um den Ort Törwang speziell nur für uns Tempo 80 bzw. 60 eingeführt wurde.

Ich gestehe, ich kann mich in die Lage der »Samerbergler« hineinversetzen, haben wir uns doch auch hier die Suppe selbst eingebrockt. Aber Schwamm drüber und Blutdruck senken, auch mit dieser Schikane gehört der Samerberg für mich in jede Chiemgau-Tour.

Dabei folgt die Fahrt über den Samerberg keinem starren Tourenverlauf – suchen Sie sich an jedem Abzweig einfach den schönsten Ausblick aus, und zweigen Sie dann ab. Sie können gar keine falsche Entscheidung treffen!

Die Tour in unserer Kartenansicht dient einzig und allein als grober Anhaltspunkt. Genießen Sie die Zeit ausgiebig dort oben hoch über dem Alltag.

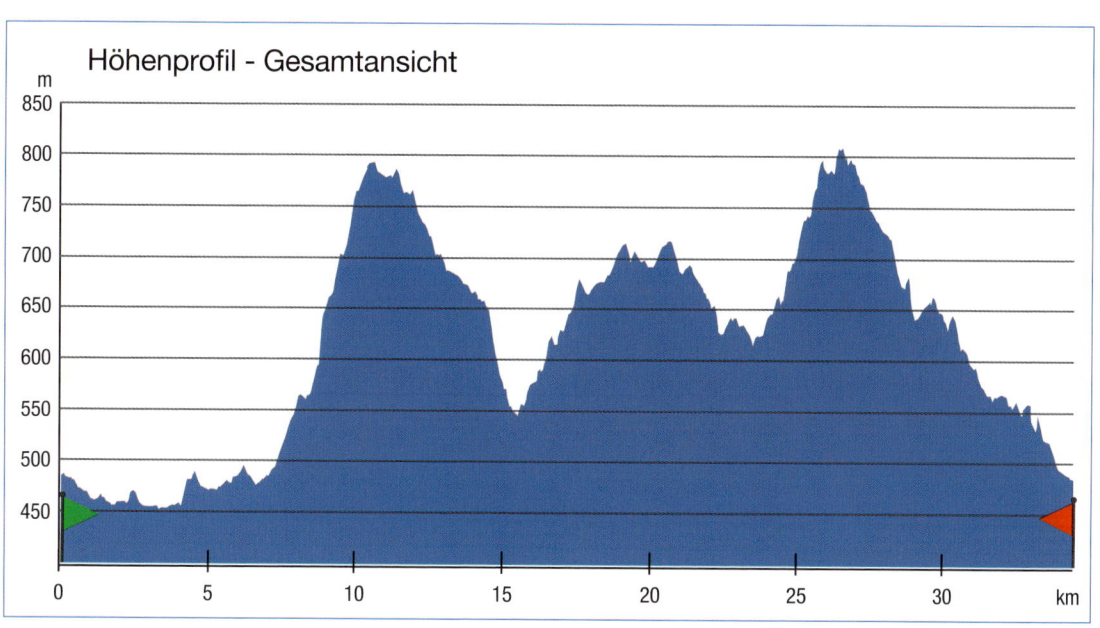

Höhenprofil - Gesamtansicht

Herrlichkeit auf Erden: Setzen Sie rund um den Masererpass öfters den Blinker und zweigen Sie ab auf Nebenstrecken.

MASERERPASS

Obwohl schon 1989 aus dem Schwabenland rund um Stuttgart nach München gezogen, dauerte es doch noch weitere 15 Jahre, bis ich diesen Pass auf einer meiner Motorradtouren und dann auch noch eher zufällig entdeckte.

Dabei war ich die Strecke zwischen Unterwössen und Reit im Winkl schon mehrere Male gefahren, wie mir meine in diesem Punkt recht untrügerische Erinnerung umgehend einflüsterte.

TOUR-TIPP

Wo Biker sich treffen
Direkt in Unterwössen am malerischen Rathausplatz trifft man sich meist am Wochenende zu Beginn einer Tagestour …
… und in Reit im Winkl im Zentrum am Kirchplatz dann vor allem am späten Nachmittag zum Ausklang des Tourentags.

TOUR-TIPP

Empfehlenswerter Einkehrschwung
Unterwössen: Restaurant Lickei, Brundlsberggasse 14 – nicht nur von HOGs empfohlen
Reit im Winkl: Gasthof Stoaner, Birnbacher Str. 34, nahe dem Zentrum

Der Masererpass befindet sich unmittelbar im Süden Oberbayerns, direkt in den Chiemgauer Alpen und fast schon in Sichtweite zu Österreich. Er verbindet das Tal der Tiroler Ache bei Unterwössen mit dem Schwarzlofertal bei Reit im Winkl und bildet den heute eher unscheinbaren direkten Sattel zwischen der Rachelspitze und dem markanten Walmberg, zwei idyllischen Wanderrevieren.

Die über den Pass führende Strecke – offiziell als B 305 gekennzeichnet – ist zudem ein Teilabschnitt der Deutschen Alpenstraße, die über Reit im Winkl weiter Richtung Osten und ins Berchtesgadener Land

IM ÜBERBLICK

Name: Masererpass
Land: Deutschland
Region: Chiemgau
Passhöhe: 792 m
Höchster Punkt der Strecke: 800 m
Basisorte: Unterwössen und Reit im Winkl
Schwierigkeitsgrad: Leicht
Anzahl der Kehren: 1
Streckenlänge: 12 km
Mautpflicht: Keine
Offizielle Wintersperre: Keine
Sperre für Fahrzeuge: Keine
Kulinarik: Picknick mitbringen!
Ideal kombinierbar: Mit den Pässen Nr. 4 und 11

führt. Trotz des guten Ausbaus der gesamten Strecke ist der ganzjährig geöffnete Pass im Winter selbst mit Winterausrüstung oft kritisch zu fahren. Vor allem der Abschnitt von Oberwössen hinauf zum Pass ist aber nicht nur im Winter, sondern auch bei sommerlichem Schlechtwetter mit Vorsicht zu genießen, da dieser Abschnitt recht steil und kurvenreich ausgebaut ist. Erst nach Überqueren der mit wenigen Privathäusern überbauten Passhöhe geht es deutlich einfacher hinunter ins erlebenswerte Reit im Winkl.

Alle Wasser, die von der Passhöhe Richtung Oberwössen strömen, werden übrigens zur Stromerzeugung gesammelt und treiben am Ortseingang von Oberwössen eine Turbine an. So ist der Masererpass nicht nur eine landschaftliche Idylle in den an Schönheiten so reichen Chiemgauer Alpen, er ist auch durch und durch »öko«. Tief im umliegenden Wald findet sich übrigens auch ein großer Kletterwald, der vor allem im Sommer Naturfreunde aus der gesamten Region anzieht.

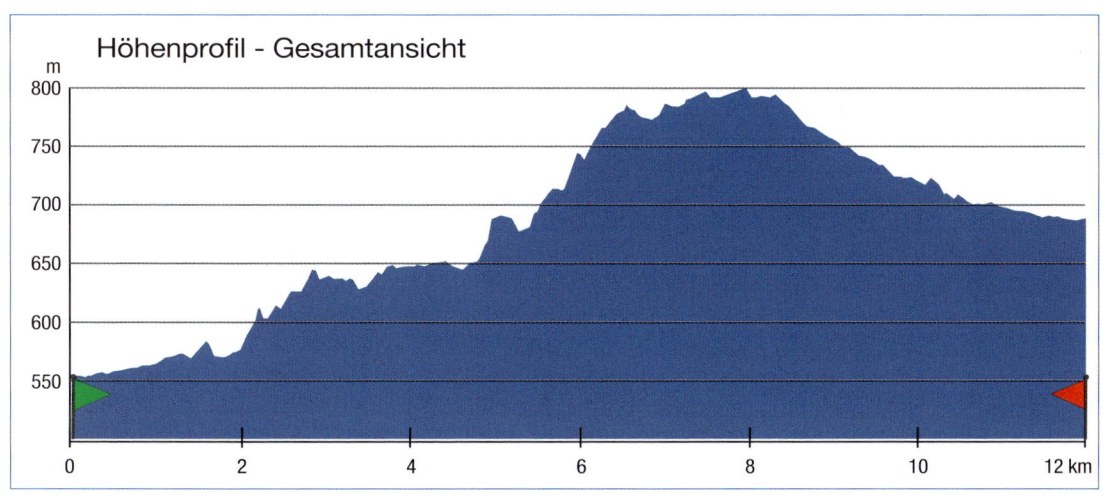

Land der Berge: Nicht nur wegen derartiger Tourenreviere gehört Österreich zu Bikers Lieblingsziel in Europa.

ÖSTERREICH

Nichts für nervöse Gashände: Die Piste über das Furkajoch ist nachts oft Schlafplatz der Weiderinder – und ihr WC.

FURKAJOCH

Achtung, Verwechslungsgefahr: Der Schweizer Furkapass wurde bereits in Band Nr. 1 meiner Pässe-Sammlungen beschrieben.

Hier und heute geht es um das Vorarlberger Furkajoch, einen landschaftlich sehr schön gelegenen Pass – übrigens die höchste befahrbare Strecke des Bregenzerwaldes –, der das Latenser Tal mit dem Tal der Bregenzer Ach verbindet.

Der Begriff »Furka« für sich allein genommen bedeutet eigentlich bereits »Bergpass« bzw. »Einschnitt im Gelände«, sodass seine Zusammensetzung in des

Wortes reinster Bedeutung doppelt gemoppelt ist. Lassen wir uns dadurch aber nicht davon abhalten, das Furkajoch fahrerisch zu genießen – es eignet sich z. B. als perfekte Ergänzung zum nahen Faschinajoch oder auch zum Hochtannbergpass. Dies umso mehr, als es einen erheblichen fahrerischen Reiz besitzt, da es auf beiden Seiten durch herrliche voralpine Landschaften führt, deren Strecken nicht umsonst das »grüne Band besonderer landschaftlicher Schönheit« tragen.

In Rankweil am Ostrand des mächtigen Rheintals beginnt sogleich der Kurventanz. In echten Spitzkehren und weiten Kurven zieht sich die Strecke bald schon

TOUR-TIPP

Wo Biker sich treffen

Der Bikertreff des Furkajochs liegt natürlich – wie so oft – direkt auf der Scheitelhöhe und besteht aus einer bewirtschafteten Hütte mit einigen Bänken und einem auskömmlich großen Parkplatz. Der Hüttenwirt bietet einfache regionale Küche inmitten einer herrlich aussichtsreichen Lage – vor allem der Blick Richtung Osten auf die Täler von Vorarlberg ist ein Genuss.

Gleichwohl der Kiosk mit dem Namen »Furkapass« etwas übertreibt, der Treff hier oben ist Pflicht und Kür zugleich.

oberhalb der Baumgrenze dahin und bietet herrliche Ausblicke auf die umliegenden Alpengipfel. So manch gurgelnder Bach samt weit geschwungenen Kurven bietet sich hier als ideales Pausenplätzchen an, vor allem auch an sonnigen Sommerwochenenden, um die Kurventechnik der Biker-Kollegen aus der gesamten Region ausgiebig zu benoten – denn das Furkajoch ist eine sehr beliebte Hausstrecke der Vorarlberger Motorradfahrer.

Auf der recht unscheinbaren, aber klar identifizierbaren Passhöhe liegt eine bewirtschaftete Berghütte mit prächtigen Ausblicken – sie ist der Bikertreff der Region. Die Ostseite des Passes verlangt etwas mehr Aufmerksamkeit, taucht man doch bald schon wieder hinab in dichten Tannen- und Mischwald. Wer das nahe Faschinajoch (s. nächstes Kapitel) in die Tour mit einbauen möchte, sollte in Damüls kurzerhand den Blinker rechts setzen. Ansonsten klappen wir im beschaulichen Örtchen Au im Herzen des Bregenzerwaldes den Seitenständer aus.

TOUR-TIPP

Sehenswertes am Wegesrand: Bregenzerwald
Geografisch reicht der Bregenzerwald von der Weissach nahe der Grenze zum Allgäu im Norden bis zum Hochtannberg- und zum Arlberg-Gebiet im Süden. Der nördliche Landesteil zeigt sich hügelig, gen Süden zu wird das Tal enger, und die Berge steigen steiler an. Der typische Bregenzerwäldler gilt als selbstbewusst und zeigt gar manches Mal einen deutlichen Hang zur Eigenwilligkeit. Das kommt nicht von ungefähr: Das einst gänzlich von Wald bedeckte Tal zwischen Bodensee und Arlberg gehörte den Grafen von Bregenz, die im Lauf der Jahrhunderte viele ihrer Rechte an Klöster und den niederen Adel abtraten. Die Bauern des Bregenzerwalds entwickelten schon früh ein starkes Zusammengehörigkeitsgefühl, aus dem sich sogar eine damals wie heute seltene Bauernrepublik bilden konnte, mit freien Landgemeinden, eigener Verfassung und Gerichtsbarkeit.
Eines des thematischen und kulinarischen Highlights des Bregenzerwalds ist die »Käsestraße«, deren einzelne Stationen – vom Haubenlokal bis zur kleinen Käsestube – die höchst unterschiedlichen, aber stets authentischen Gesichter dieser Region zeigen. Mit regionalen Besonderheiten, einzigartigen Ortsbildern mit historischen Bauten im typischen »Wäldlerstil«, mit alteingesessenem Handwerk und mit traditionellen Veranstaltungen präsentiert sich der Bregenzerwald gemäß seinem Slogan: »Wir ehren das Alte und begrüßen das Neue.«

IM ÜBERBLICK

Name: Furkajoch
Land: Österreich
Region: Vorarlberg
Passhöhe: 1761 m
Höchster Punkt der Strecke: 1761 m
Basisorte: Rankweil und Au im Bregenzerwald
Schwierigkeitsgrad: Mittelschwer
Anzahl der Kehren: 12
Streckenlänge: 40 km
Mautpflicht: Keine
Offizielle Wintersperre: November bis April
Sperre für Fahrzeuge: Wohnwagen-Gespanne
Kulinarik: Gut
Ideal kombinierbar: Mit den Pässen Nr. 1, 7 und 8 oder auch mit Hochtannberg-, Flexen- und Arlbergpass

Was für eine Aussicht! Blick von Furkajoch gen Osten.

Höhenprofil - Gesamtansicht
m
1800
1700
1600
1500
1400
1300
1200
1100
1000
900
800
700
600
500
0
5
10
15
20
25
30
35
40 km

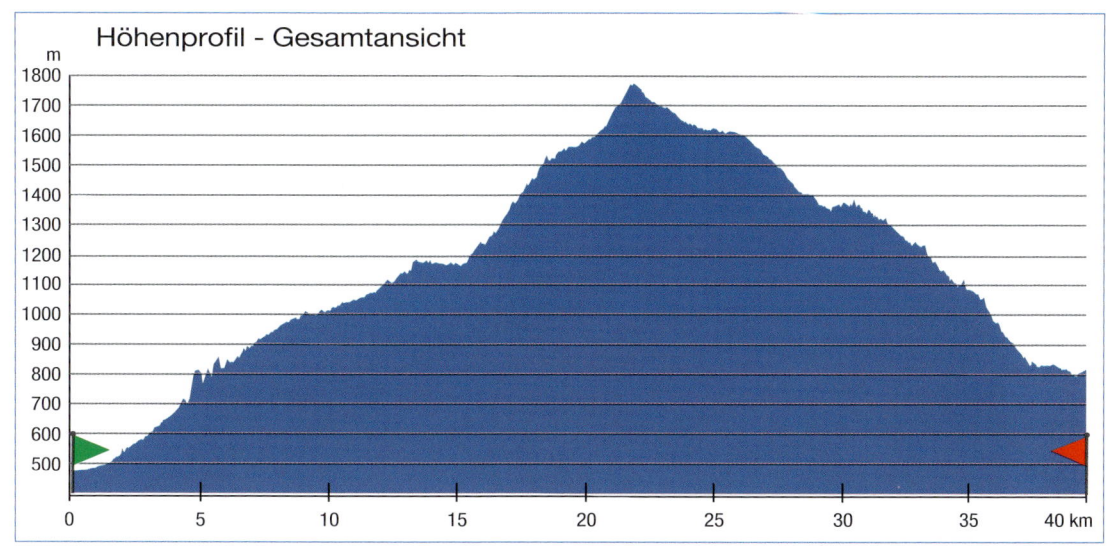

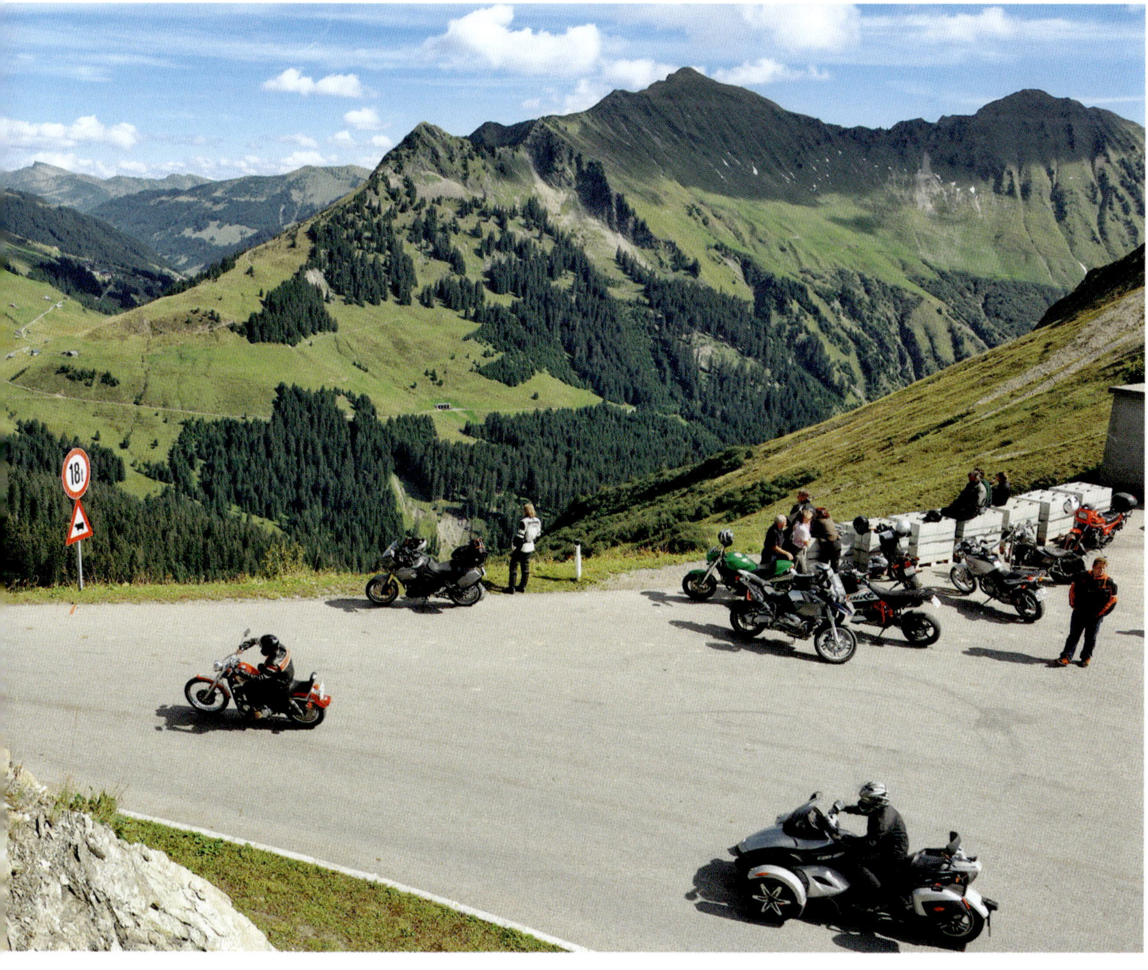

Jeder Tag ein Sonntag? Die Rampe des Faschinajochs führt uns kurven- und kehrenreich in den Weiler namens Sonntag.

FASCHINAJOCH

Das mit gewaltigen Lawinengalerien ausgebaute Faschinajoch bietet sich im Grunde ganzjährig als Übergang zwischen dem Bregenzerwald und dem Wallgau Richtung Bludenz an.

Im hübschen Örtchen Damüls führt der Weg sogleich durch eine mächtige Beton-Verbauung hinauf zum Joch. Dieses selbst ist ein bekanntes und beliebtes Skigebiet, das allerdings in den letzten Jahren

TOUR-TIPP

Wo Biker sich treffen
Beliebte Treffpunkte sind direkt am Joch das Café »Lari-Fari« am Nordrand der Passhöhe sowie der Gasthof Sonnenkopf am Südrand, bevor die Passstraße hinab ins Tal schwingt.

auch unter der Klimaerwärmung und dem daraus resultierenden Schneemangel zu leiden hatte. Da fahrtechnisch eher einfach, ist es unter Bikern nicht ganz so beliebt und deshalb nicht so frequentiert wie das nahe Furkajoch.

Dennoch: Genießen Sie unbedingt vom Scheitelpunkt des Jochs den herrlichen Blick auf die Damülser Berge, insbesondere auf die bekannte Mittagspitze mit ihren knapp 2100 Metern Höhe. Ein Pausenplätzchen inmitten Mutter Natur lockt zu einem ausgiebigen Boxenstopp, eventuell sogar mit mitgebrachten Leckereien aus dem Bregenzerwald oder der angrenzenden Käsestraße.

Im Gegensatz zu vielen anderen Pässen sind am Faschinajoch beide Seiten gleich gut ausgebaut und

TOUR-TIPP

Sehenswertes am Wegesrand: Bludenz

Fünf herrlich verträumte Täler und ein quirlig lebendiges Zentrum: das ist die Region Bludenz. Flankiert von den Lechtaler Alpen, dem Schweizer Rätikon und der Verwallgruppe ist die mittelalterliche Bergstadt bereits früh in ihrer Geschichte der unbestrittene Mittelpunkt im Fünf-Täler-Land geworden, dem Zentrum einer Region, in der Berge, Natur und Kultur nahtlos ineinander übergehen.

Mein Tipp: Die jahrhundertealte Stadt zählt offiziell zu den schönsten Alpenstädten Europas. Aus gutem Grund, denn Bludenz bietet eine ganz außergewöhnliche Mischung. Hier bilden Tore und Mauern, ehrwürdige Bürgerhäuser, verwinkelte Gassen und romantische Laubengänge eine heute noch in sich geschlossene Einheit. Alpines Ambiente mischt sich übergangslos mit südländischem Flair. Ganz besonders lohnend ist ein ausgiebiger Einkehrschwung in der verkehrsfreien Altstadt: Parken Sie dazu das Motorrad z. B. am Kasernenplatz oder in der Herrengasse, und bummeln Sie unter romantischen Altstadtlauben und prächtigen Bürgerhäusern zu Cafés, Kneipen und Bars oder durch Einkaufspassagen.

Einen schönen Blick über all diese Pracht garantiert an klaren Tagen der Trip auf den Muttersberg, den 1400 m hohen Hausberg der Stadt. Dessen Gipfel ist mit den Panoramakabinen der Muttersbergbahn in nur acht Minuten Fahrzeit bequem erreichbar.

TOUR-TIPP

Empfehlenswerter Einkehrschwung

Damüls: Restaurant »Walliser Stuben« im Zentrum von Damüls, Haus Nr. 75

IM ÜBERBLICK

Name: Faschinajoch

Land: Österreich

Region: Vorarlberg

Passhöhe: 1486 m

Höchster Punkt der Strecke: 1495 m

Basisorte: Thüringerberg und Damüls

Schwierigkeitsgrad: Leicht

Anzahl der Kehren: 14

Streckenlänge: 21 km

Mautpflicht: Keine

Offizielle Wintersperre: Keine

Sperre für Fahrzeuge: Keine

Kulinarik: Dürftig

Ideal kombinierbar: Mit den Pässen Nr. 1, 6 und 8 oder auch mit Hochtannberg-, Flexen- und Arlbergpass sowie der Silvretta-Hochalpenstraße

erlauben sowohl bergan als auch bergab einen satten Schluck aus dem mitgeführten Drehzahl-Reservoir. Allerdings lohnt sich auch hier ein eher gemütliches Kurvenpendeln, denn es gibt rechts und links des Lenkers viel Natur zu entdecken. Nach wenigen Kehren begrüßt uns dann das hübsche Bergdorf Sonntag. Welch ein gelungener Ortsname – dort zu leben muss einfach Spaß machen, schließlich ist hier jeder Tag ein Sonntag.

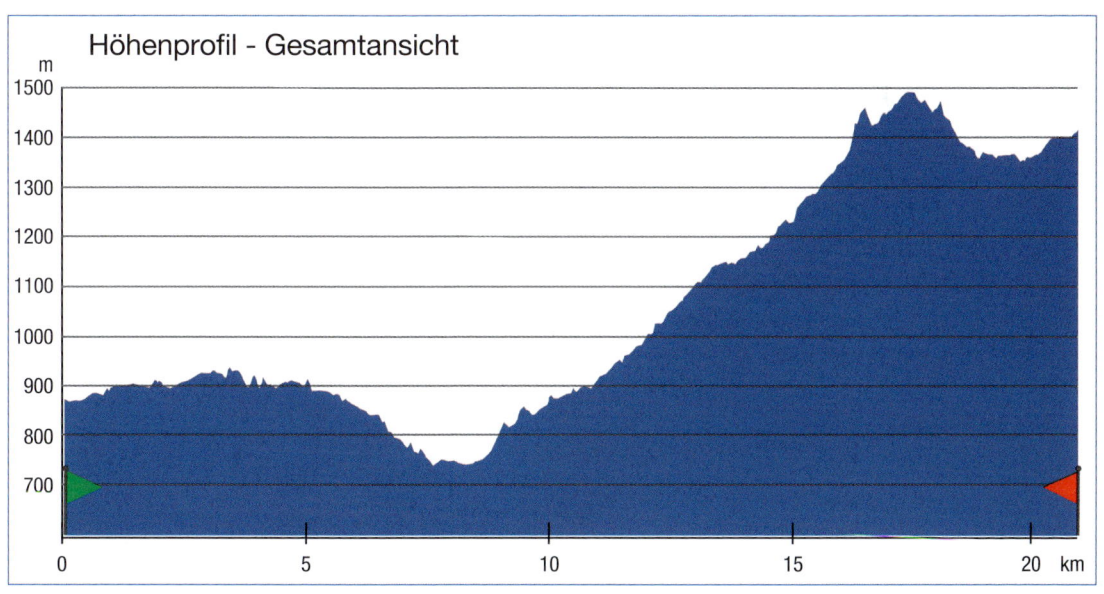

Höhenprofil - Gesamtansicht

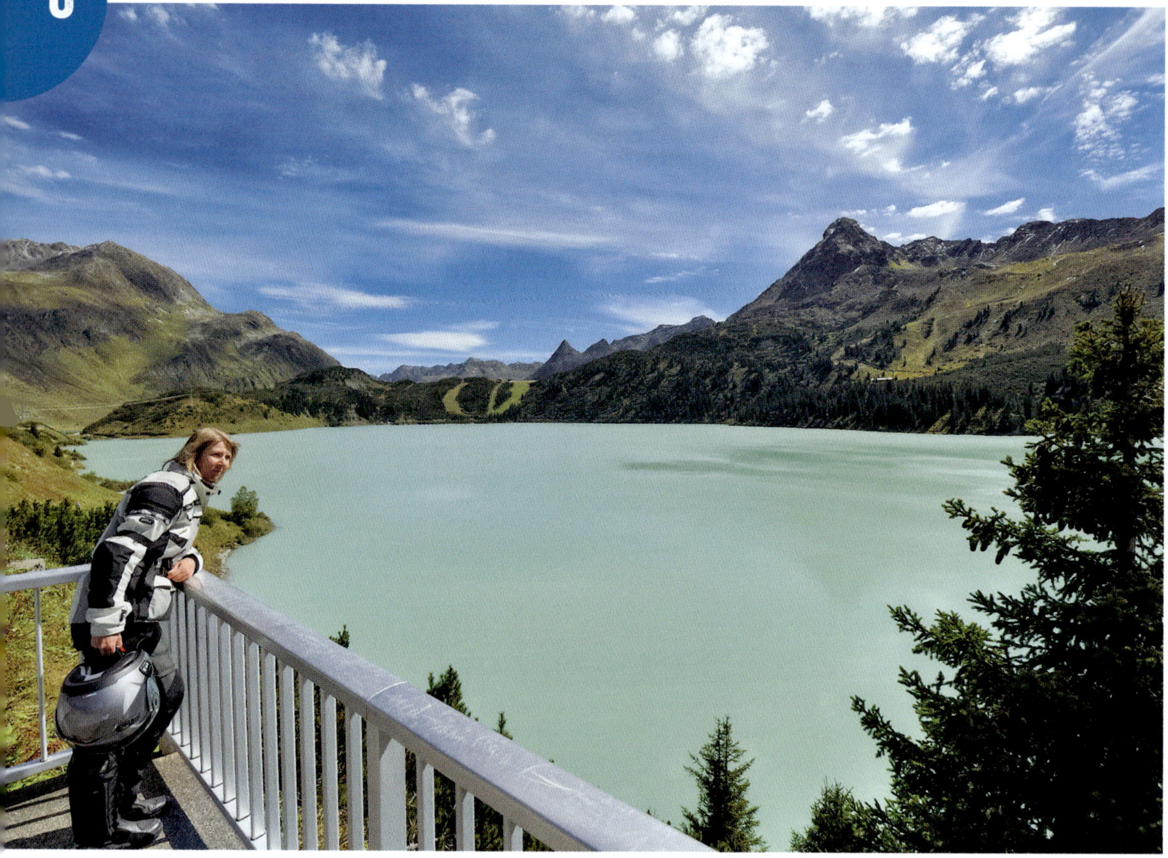

Saubere Sache: Fast 40% seines Bedarfs deckt Österreich mit sauberem Ökostrom – erzeugt auch hier am Stausee Kops.

ZEINISJOCH

Als ich das erste Mal von Bludenz kommend die geniale Silvretta-Hochalpenstraße befuhr, bin ich im Rausch der Kurven schlichtweg am winzigen Abzweig zum Zeinisjoch vorbeigebrettert. Ein Fehler, den Sie keinesfalls begehen sollten!

Gleichwohl der Abstecher hinauf zum Zeinisjoch nur knapp zehn Kilometer Fahrspaß verspricht, gleichwohl die Strecke oben am Joch direkt auf der Rhein-Donau-Wasserscheide als Sackgasse endet, und gleichwohl die existierende Westrampe nur mit – schwer zu erhaltender – Sondergenehmigung befahren werden darf: Der Weg bergan lohnt sich auf jeden Fall.

Denn dort oben erwartet uns nicht nur eine prächtige hochal-

TOUR-TIPP

Wo Biker sich treffen

Der Abstecher zum Zeinisjoch selbst ist heute noch eine weitgehend unbekannte Sackgasse – und aus diesem Grund auch in diesem Buch beschrieben. Der bekannteste Bikertreff Vorarlbergs liegt natürlich oben am Scheitelpunkt der Silvretta-Hochalpenstraße, auf der Bielerhöhe mit ihrer quirlig touristischen Infrastruktur.

TOUR-TIPP

Empfehlenswerter Einkehrschwung

Galtür: Steakhouse mit Pizzeria »Bierkessel« direkt an der Hauptstraße im Ort

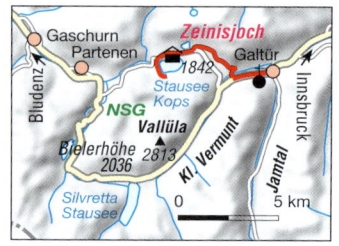

TOUR-TIPP

Sehenswertes am Wegesrand:
Silvretta-Hochalpenstraße

Die Silvretta-Hochalpenstraße gehört zu Bikers Pflicht-programm bei jedem Besuch im Vorarlberg. Aber bitte aufgepasst: Sie entführt uns in die hochalpinen Regionen der Silvretta, und die hat für uns Motorradfahrer zwischen Juni und Oktober »geöffnet«. Ihr höchster Punkt liegt auf gut 2036 m, und sie begeistert Biker mit 33 Kehren auf einer Länge von gut 26 km. Ihr Scheitelpunkt an der Bielerhöhe ist der höchste befahrbare Pass im Montafon, direkt an der Flanke des berühmten Piz Buin – sie gehört also zu den echten Traumstraßen der Alpen. Der größte Bikertreff Vorarlbergs liegt direkt auf der Scheitelhöhe, Restaurants laden hier zum Einkehrschwung, und im Silvrettahaus kann man auch übernachten. Hinab geht es anschließend ins Paznauntal, ein idyllisches, von der Verwall- und der Silvrettagruppe umgebenes Hochtal. Dessen Hauptort Ischgl ist ein Mekka des Sommer- und des Wintertourismus, aber auch Galtür und die anderen Ortschaften haben durchaus Charme.

IM ÜBERBLICK

Name: Zeinisjoch
Land: Österreich
Region: Vorarlberg
Passhöhe: 1822 m
Höchster Punkt der Strecke: 1850 m
Basisort: Galtür
Schwierigkeitsgrad: Leicht
Anzahl der Kehren: 1
Streckenlänge: 9 km
Mautpflicht: Keine
Offizielle Wintersperre: Keine
Sperre für Fahrzeuge: Keine
Kulinarik: Dürftig
Ideal kombinierbar: Mit den Pässen Nr. 1, 6, 7 und 9 oder auch mit Flexen- und Arlbergpass sowie der Silvretta-Hochalpenstraße

pine Landschaft, sondern es lockt auch der malerische Stausee Kops mit seinem »Vorbecken« und dem Zeinisjochhaus. Funde aus grauer Vorzeit beweisen, dass das Zeinisjoch schon in römischer Zeit genutzt wurde, und im angrenzenden Montafon siedelnde Alemannen zogen im frühen Mittelalter über das Joch ins heutige Tirol.

Die Bewohner des Paznauntals betrieben seit dem 15. Jahrhundert einen derart regen Handel mit dem Montafon, dass der uralte Saumweg über das Joch zu einem richtigen Karrenweg ausgebaut und befestigt wurde. Sogar Reste einer spätmittelalterlichen Herberge fand man nahe der Scheitelhöhe.

Erst als die Wege über den im Norden liegenden Arlbergpass für den intensiven Handel der Region ausgebaut und damit attraktiver wurden, geriet das Zeinisjoch in Vergessenheit. Die heutige Talstraße im Paznaun und Montafon wurde um 1885 erbaut und in der Folge dann auch um den Abzweig hinauf zum Zeinisjoch erweitert.

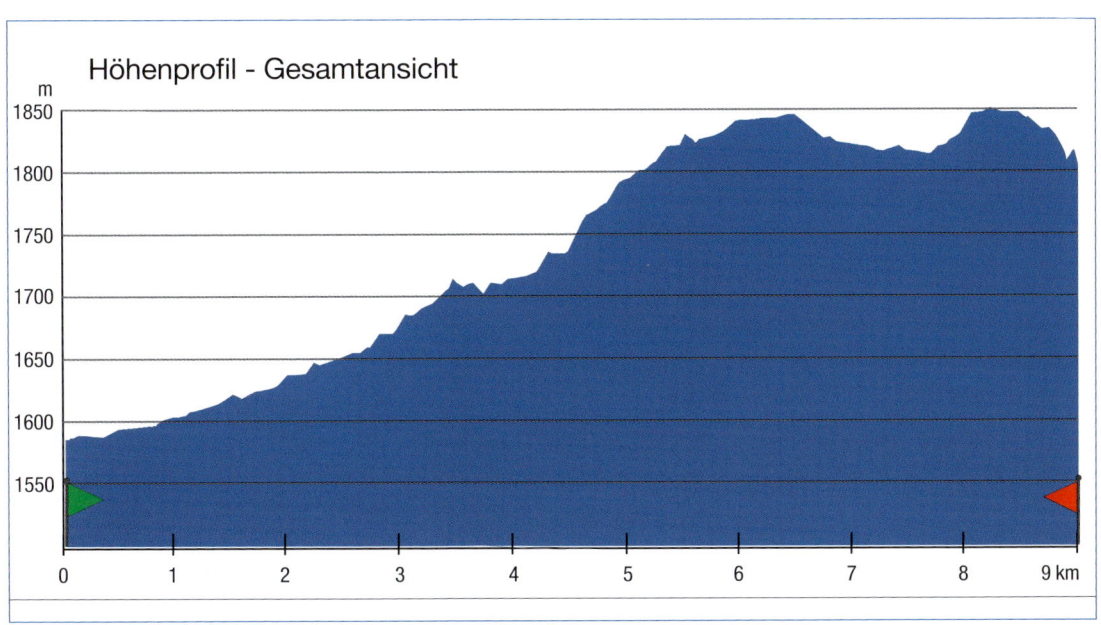

Höhenprofil - Gesamtansicht

Höchst spannend: Morgenstimmung am Hahntennjoch – wird's Wetter perfekt oder eher gefährlich für uns Biker?

HAHNTENNJOCH

Obwohl im fahrtechnischen Vergleich mit einigen der noch kommenden Pässe eher unbedeutend, ist das Hahntennjoch bei Tiroler und Allgäuer Bikern dennoch äußerst beliebt.

Und das liegt neben einer gut ausgebauten, dem Verlauf der Landschaft kurvenreich folgenden Strecke vor allem auch daran, dass uns diese Passstraße an vielen Tagen im Jahr nahezu ganz allein gehört. Nicht nur ist die Strecke für Lkws, Busse und Wohnwagen-Anhänger gesperrt, auch der Fernreiseverkehr rollt sozusagen freiwillig zu mehr als 90 % über den Fernpass Richtung Süden bzw. Norden. Das hübsche Hahntennjoch hingegen bleibt vergnügt im Schatten all der großen Pässe ringsumher und freut sich über jeden Besucher – ganz besonders natürlich über Motorradfahrer.

TOUR-TIPP

Wo Biker sich treffen
Zentrale Treffpunkte am Hahntennjoch sind natürlich die weitläufigen Parkplätze entlang der inmitten schroffer Felsen liegenden Scheitelhöhe.

TOUR-TIPP

Empfehlenswerter Einkehrschwung
Elmen im Lechtal: Café »Treibholz« auf dem Weg zum Joch – sehr zu empfehlen
Imst: Gasthof »Brucknerei« im Westen von Imst, Unterm Hohen Rain 1

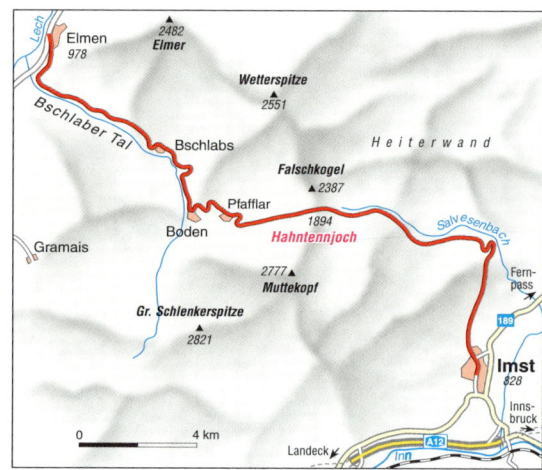

TOUR-TIPP

Sehenswertes am Wegesrand: Imst

Einen ausgiebigen Boxenstopp lohnt die an einem sonnigen Hang gelegene Stadt Imst, bietet sie doch eine Vielzahl an Attraktionen – etwa das Naturjuwel Rosengartenschlucht: Auf einer Länge von knapp 2 km gräbt sich der Schinderbach schon seit Jahrtausenden von der »Blauen Grotte« bis hinunter zur Imster Johanneskirche durch harten Fels und überwindet dabei gut 200 m Höhe. Das Schauspiel kann kostenlos besichtigt werden. In Imst befindet sich auch die Geburtsstätte der SOS-Kinderdörfer – das erste dieser Dörfer entstand hier. Auch kulturell hat das Städtchen viel zu bieten: Vom Imster »Schemenlaufen«, einem der schönsten Fastnachtsbräuche der Alpen, bis hin zu traditionellen Open-Air-Konzerten reicht das Angebot.

Die mautfreie Hahntennjochstraße ist der letzte Alpenübergang Österreichs, der für den Verkehr erschlossen wurde und nur in den Sommermonaten – meist ab Pfingsten bis zum Wintereinbruch im November – befahrbar ist. Erbaut wurde die Straße 1948–1969, sozusagen in Handarbeit von gerade einmal zehn Bauarbeitern. Deshalb dauerte ihre Fertigstellung wohl auch 21 Jahre. Bei ihrer offiziellen Eröffnung am 12. Oktober 1969 war sie eine schlichte, unendlich staubende Schotterstraße. Erst als der Verkehr deutlich über den Prognosen lag und auch noch weiterhin merklich zunahm, wurde sie nolens volens verbreitert und asphaltiert.

Dabei ist der »Hahntennen«, wie er unter Einheimischen genannt wird, ein sehr alter Übergang. Die Orte Pfafflar, Boden, Bschlabs und Gramais wurden vermut-

IM ÜBERBLICK

Name: Hahntennjoch

Land: Österreich

Region: Tirol

Passhöhe: 1894 m

Höchster Punkt der Strecke: 1900 m

Basisorte: Elmen im Lechtal und Imst

Schwierigkeitsgrad: Leicht

Anzahl der Kehren: 15

Streckenlänge: 30 km

Mautpflicht: Keine

Offizielle Wintersperre: Dezember bis Mai

Sperre für Fahrzeuge: Lkws, Busse und Wohnwagen-Gespanne

Kulinarik: Gut

Ideal kombinierbar: Mit den Pässen Nr. 1, 8 und 10 sowie dem Fernpass, der Kaunertaler und der Ötztaler Gletscherstraße

lich vom »Hahntennen« ausgehend besiedelt, und anfänglich mussten alle Lebensmittel und Waren mühsam mit Pferden, Eseln oder gar auf dem Rücken der Säumer nach Boden, Bschlabs, ja sogar bis nach Gramais transportiert werden.

Heutzutage säumen neben der Imbissbude auf der Passhöhe einige Einkehrmöglichkeiten in Form von Gasthöfen und bewirtschafteten Almen die Strecke und locken die heftig knurrenden Mägen der Reisenden. Das Hahntennjoch ist also auch ein Pass für alle Genusstourer unter uns.

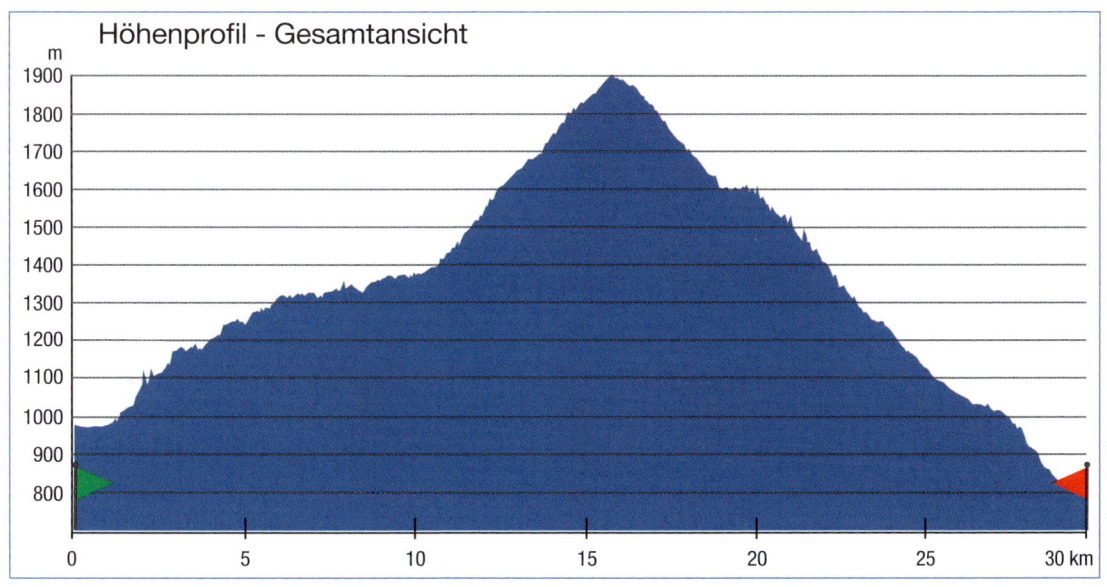

Kühtai-Selfie: Früher hätte ich so ein Bild weggeschmissen, heute bekommst du im Web dafür massenhaft Likes.

KÜHTAISATTEL

Der Genussfaktor liegt beim Kühtaisattel einmal mehr in herrlichen Landschaften rechts und links des Lenkers, für deren Betrachtung wir auch während der Fahrt genügend Muße haben, zumal die Strecke fahrtechnisch nicht allzu anspruchsvoll ist.

Die Straße ist meine Empfehlung als hervorragende Alternative zu der etwas nördlich in die gleiche Richtung führenden B 171, auf der sich Schwerlast- und Durchgangsverkehr viele Tage im Jahr stapeln. Das Sellraintal, durch das die Kühtaistraße führt, ist ein liebliches Tal mit verträumten, mäßig touristisch geprägten Orten fernab allen Rummels und aller Hektik. Okay, vielleicht zur weißen Zeit in der Wintersaison mag es hier etwas turbulenter zugehen, aber da haben wir Biker in dieser noch schneesicheren Region ja sowieso Winterpause.

TOUR-TIPP

Wo Biker sich treffen
Bei Motorradfahrern recht beliebt ist die urige Dortmunder Hütte ganz am Westrand des Sattels, bevor die Straße hinabführt – vor allem auch für ein zweites Frühstück oder für die Pause zwischendurch.

TOUR-TIPP

Empfehlenswerter Einkehrschwung
Kühtai: Der viel gelobte Gastgarten des Silzer Hofs mitten in Kühtai soll nach dem Besitzerwechsel 2016 (rechtzeitig zum Erscheinen dieses Buchs) wieder geöffnet werden – ideal gelegen für den kulinarischen Boxenstopp.
Alternativ in Kematen: Gasthof Altwirt, direkt am Dorfplatz – mit leckerer bodenständiger Küche

Die Scheitelhöhe des Sattels liegt nahe des Ortes Kühtai, der im Grunde nur aus Hotels und Gasthöfen besteht, die vor allem im Winter gut besucht sind. Im Sommer hier einen Einkehrschwung zu planen, ist ein wechselvolles Unterfangen, da man nie weiß, ob und wann ein Café oder Restaurant geöffnet hat. Entlang der gesamten Route bieten sich uns als nahezu vollwertiger, dafür vollkommen kalorienfreier Ersatz herrliche Ausblicke auf die Stubaier Alpen im Süden. Während die Anfahrt von Kematen aus auf gut ausgebauter Straße erfolgt und nur wenige echte Kurven enthält, windet sich die Strecke von Westen aus dem Ötztal kommend herrlich kurven- und kehrenreich hinan. Des-

TOUR-TIPP

Sehenswertes am Wegesrand: Piburger See

Eigentlich war es ja eine Naturkatastrophe, die das Wahrzeichen von Ötz am Eingang zum gleichnamigen Tal in der letzten Eiszeit formte: Ein gewaltiger, zunächst alles Leben vernichtender Bergsturz hatte dazu geführt, dass sich der heutige Piburger See aufzustauen begann. Eine durchaus glückliche Fügung für die Umgebung, wie sich allerdings erst später herausstellen sollte. Heute ist der Piburger See das bekannteste Bergseen-Idyll der Region und besitzt zudem bedingt durch seine Lage im alpinen Kristallgestein ein ausgesprochen »weiches« Wasser von hervorragender Qualität, dessen Temperatur im Hochsommer schon einmal auf 25° C ansteigen kann. Am Südende des Sees liegt die Badeanlage mit großen Liegeflächen und Ruderbootverleih. Badebetrieb ist von Mai bis September. Mehrere Wanderwege führen um den See herum. Und damit kein Verkehrslärm den Erholung suchenden Gast stört, ist der See nur mittels kurzem Fußmarsch zu erreichen – das Motorrad kann auf dem zentralen Parkplatz am Ortsrand abgestellt werden. Mein Tipp für einen Besuch im Kühtai: Badesachen nicht vergessen!

IM ÜBERBLICK

Name: Kühtaisattel

Land: Österreich

Region: Tirol

Passhöhe: 2017 m

Höchster Punkt der Strecke: 2040 m

Basisorte: Ötz im Ötztal und Kematen bei Innsbruck

Schwierigkeitsgrad: Leicht

Anzahl der Kehren: 11

Streckenlänge: 54 km

Mautpflicht: Keine

Offizielle Wintersperre: Keine/witterungsbedingt möglich

Sperre für Fahrzeuge: Aus dem Ötztal für Busse/Lkw über 14 t

Kulinarik: Gut

Ideal kombinierbar: Mit den Pässen Nr. 2 und 9 sowie mit Fern- und Brennerpass bzw. Kaunertaler und Ötztaler Gletscherstraße

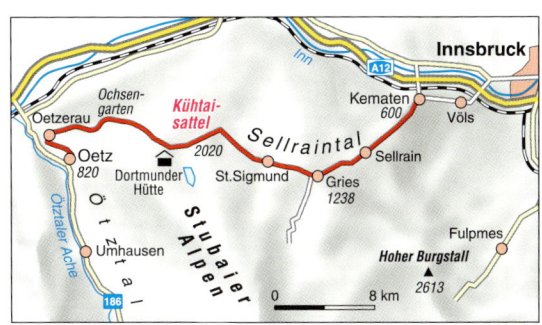

halb lautet mein Tipp: Starten Sie in Ötz im Ötztal, und wählen Sie den Weg über Oberain, Haiming und die Weiler Höpperg und Hausegg hinauf nach Ochsengarten. Dann erleben Sie sogar echtes Spitzkehren-Vergnügen (kaum jemand würde das wohl bei der Anfahrt von Osten her für möglich halten).

Vorbei am kleinen Speichersee Längenthal bietet sich uns ein optimales Trainingsgelände für die hohe Kunst des Pässefahrens.

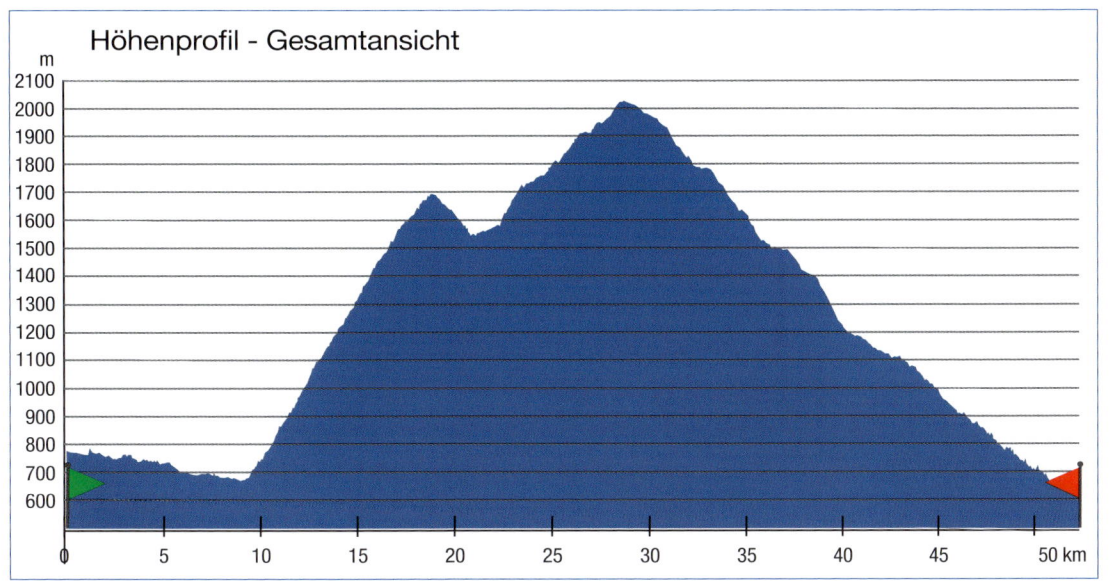

Blutgetränkter Boden: Marodierende Plünderer lösten am Ursprungpass einen Krieg zwischen Bayern und Tirol aus.

URSPRUNGPASS

Der Ursprungpass gehört zu den Alpenquerungen, bei denen wir höllisch aufpassen müssen, den Scheitelpunkt und damit die Passhöhe für das obligatorische »Ich-war-hier«-Facebook-Posting nicht gänzlich zu übersehen bzw. zu überfahren.

Denn die Strecke durch das südlich von Bayrischzell beginnende Ursprungtal ist so entspannend, so genüsslich, dass wir vor lauter Hatz an der zudem auch noch wenig ausgeprägten Passhöhe leicht vorbeirauschen.

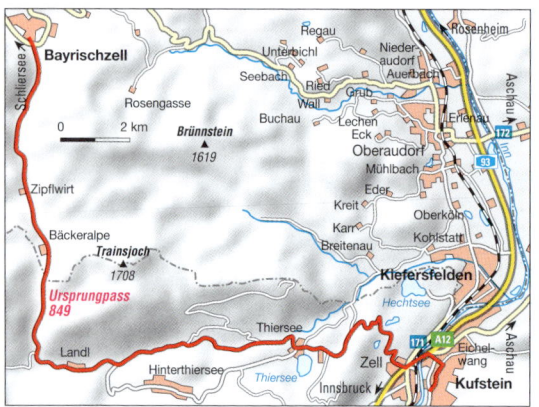

Der Pass liegt direkt in den Bayerischen Voralpen, einer Gebirgsgruppe der Nördlichen Kalkalpen. Sowohl das Ursprung- als auch das gen Osten anschließende Thierseetal sind von urzeitlichen Flussläufen geprägt, von denen heute allerdings nur noch schmale Rinnsale vorhanden sind. Entlang prächtig gelegener Almen und Berghütten windet sich die gut ausgebaute Straße zunächst gen Süden. Wir queren unbemerkt die Grenze zu Österreich, und beim Weiler Landl kurz vor dem

TOUR-TIPP

Sehenswertes am Wegesrand: Kufstein

Kufstein, die legendäre »Perle Tirols«, liegt direkt an der Grenze zu Bayern – dementsprechend schicksalsreich ist auch seine Geschichte. Umgeben von Wiesen, Wäldern und Seen und beherrscht vom imposanten Massiv des Kaisergebirges, ist das Wahrzeichen der Stadt auch heute noch die mächtige Festung. Doch die historischen Gassen haben noch viel mehr zu bieten, etwa das Nähmaschinenmuseum zu Ehren des Kufsteiner Erfinders der Nähmaschine, Josef Georg Madersperger, oder die Tiroler Glashütte, die den Besuchern die Glasmacherkunst hautnah miterleben lässt. Und in der Römerhofgasse mit ihren traditionellen Häusern steht das Denkmal für Karl Ganzer, dem beinahe unbekannten Komponisten des weltberühmten Kufstein-Lieds.

TOUR-TIPP

Empfehlenswerter Einkehrschwung
Bayrischzell: Gasthof Zur Post, Schulstr. 3 – deftig, bay-
erisch, lecker
Kufstein: das einzigartige »Purlepaus« am Unteren
Stadtplatz 18 – ein Erlebnis

IM ÜBERBLICK

Name: Ursprungpass
Land: Österreich
Region: Tirol (und Bayern)
Passhöhe: 836 m
Höchster Punkt der Strecke: 855 m
Basisorte: Bayrischzell und Kufstein
Schwierigkeitsgrad: Leicht
Anzahl der Kehren: 3
Streckenlänge: 27 km
Mautpflicht: Keine
Offizielle Wintersperre: Keine
Sperre für Fahrzeuge: Keine
Kulinarik: Picknick mitbringen!
Ideal kombinierbar: Mit den Pässen Nr. 2, 3, 4 und 5
und mit dem Sudelfeld

Ort Hinterthiersee beginnt der eigentliche Kurventanz
hinab nach Kufstein.

So herrlich unscheinbar sich der Pass heute zeigt,
so blutgetränkt ist seine Geschichte – kam es doch hier
im Mai 1809 zu folgenreichen Kämpfen zwischen den
Tirolern und einem Zusammenschluss aus Bayern und
Franzosen. Das Tiroler »Gesindel« hatte einige Plünde-
rungszüge hinüber nach Bayern unternommen, deren
Bewohner sich ohne Schutz ihrer eigenen Soldaten be-
fanden. Die bayerischen Armeen mussten nämlich gerade Napoleon an dessen Westfronten dienen. Obwohl
die aufrechten Tiroler diese Raubzüge verurteilten,

TOUR-TIPP

Wo Biker sich treffen
Die Bäckeralm im Hochtal des Passes soll – nach einem
Pächterwechsel 2016 – wieder ein empfehlenswerter
Treff sein. Ich werde es bald einmal testen.
DER Bikertreff am Ursprungpass ist allerdings das Sudelfeld gleich am Einstieg zur Nordrampe des Passes
und dort das legendäre Café Kotz in einer weiten Ap-
plauskurve – Pflicht-Boxenstopp für alle Motorradfahrer, ganz gleich aus welcher Richtung sie anreisen.

taten sie wenig dagegen, sodass sich schließlich bayerische Truppen unter Marshall Lefèbre in Bewegung
setzten, um den Plünderungen ein Ende zu setzen.
Auch am Ursprungpass trafen Tiroler und bayerische
Truppen aufeinander; die Bewohner von Thiersee un-
terwarfen sich den Soldaten und baten um Vergebung
– sie blieben verschont.

Von all den Auseinandersetzungen ist heute nur
noch in Geschichtsbüchern zu lesen, ja das Verhältnis
zwischen Bayern und Tirol könnte freundschaftlicher
kaum sein. Also meistens zumindest …

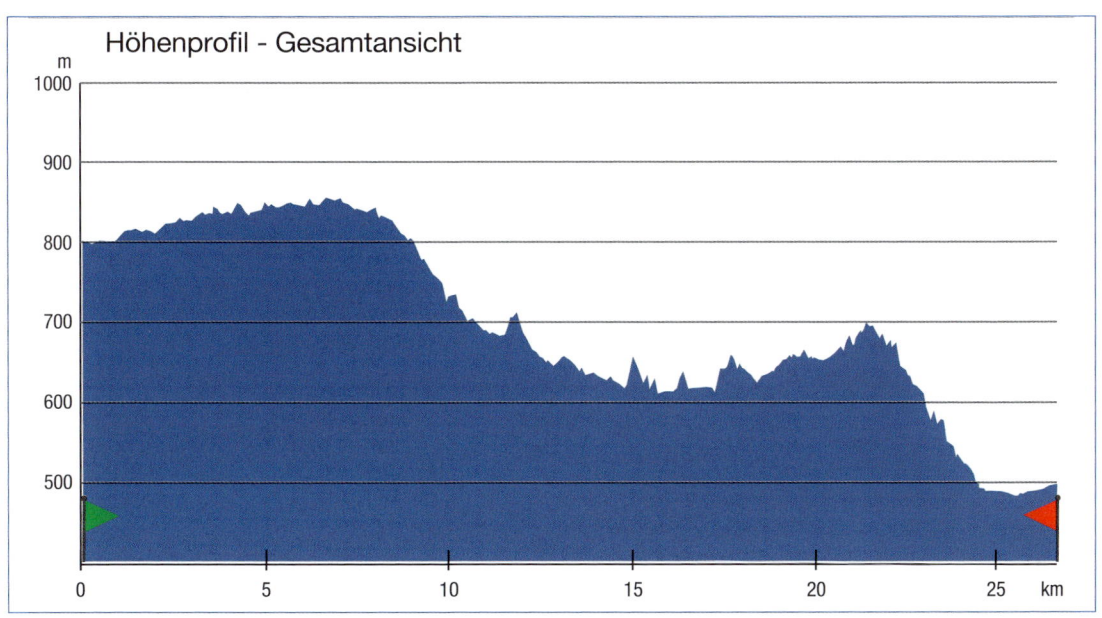

Fernab jeglichen Trubels: Das in die Jahre gekommene Schild zeigt, wie herrlich abseitig die Panoramastraße liegt.

STUBACHTAL-PANORAMASTRASSE / SCHNEIDERAU-ENZIGERBODEN

Eine Sackgasse in eines der schönsten Tauerntäler Österreichs mit 13 Kehren und vorbei an 18 Seen, 25 Gletschern und ungezählten Almen bis hinauf auf fast 1500 Meter – wenn Sie für diese Pracht einen Mautbetrag schätzen sollten, lägen Sie vermutlich komplett daneben.

Die prächtige Panoramastraße Stubachtal, auch als »Panoramastraße Schneiderau-Enzigerboden« ausgeschildert, kostet keine 10 und auch keine 5 Euro Maut

TOUR-TIPP
Wo Biker sich treffen
Der Treff am Wirtshaus Enzigerboden ist ein echter Insider-Tipp, der auch gern außerhalb dieses Buchs weitergesagt werden darf.

TOUR-TIPP
Empfehlenswerter Einkehrschwung
Das Wirtshaus Enzigerboden mit seiner leckeren regionalen Küche lohnt sowohl zum Mittagstisch als auch zur abendlichen Einkehr vor der Rückfahrt einen Besuch.
Alternativ in Uttendorf: Pizzeria am See, Sportplatzweg 2 – eine echte kulinarische Überraschung

– sie kostet uns außer Zeit und ein wenig Edelsprit keinen einzigen Cent. Eine Tatsache, die den Genuss der sauber asphaltierten Strecke nochmals deutlich erhöht!

»Stäubende Gewässer« soll der Name des Stubachs bedeuten. Bereits in den Jahren 1921–26 wurde eine erste Piste in das bis dahin beinahe von der Außenwelt abgeschlossene Hochtal gebaut, 1997–99 wurde

Vom Gletschern geformt: Einen Blick in längst vergangene Eiszeiten erlauben die Felsformationen entlang der Strecke.

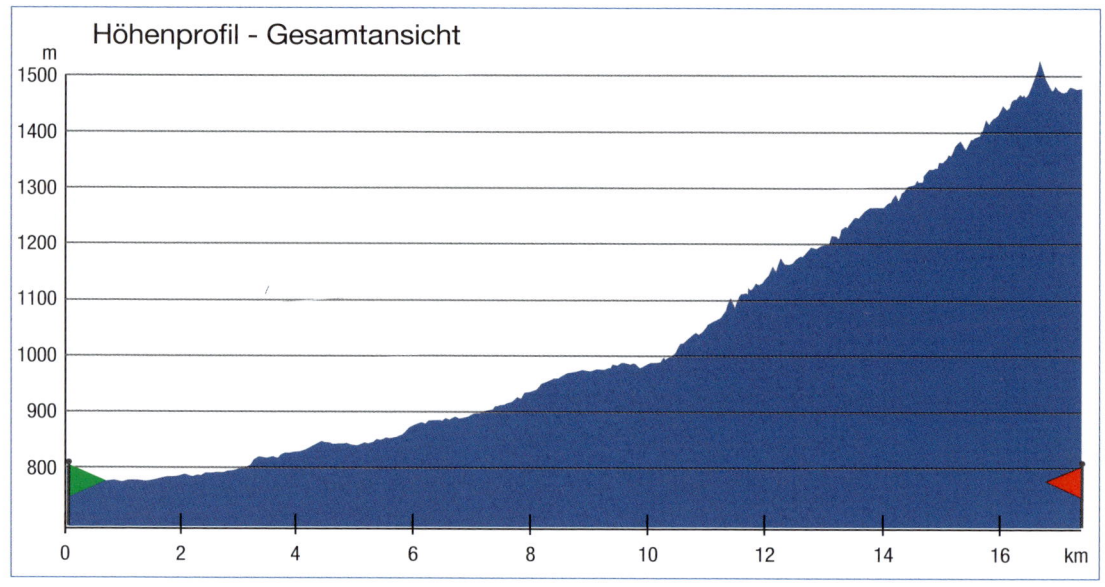

Höhenprofil - Gesamtansicht

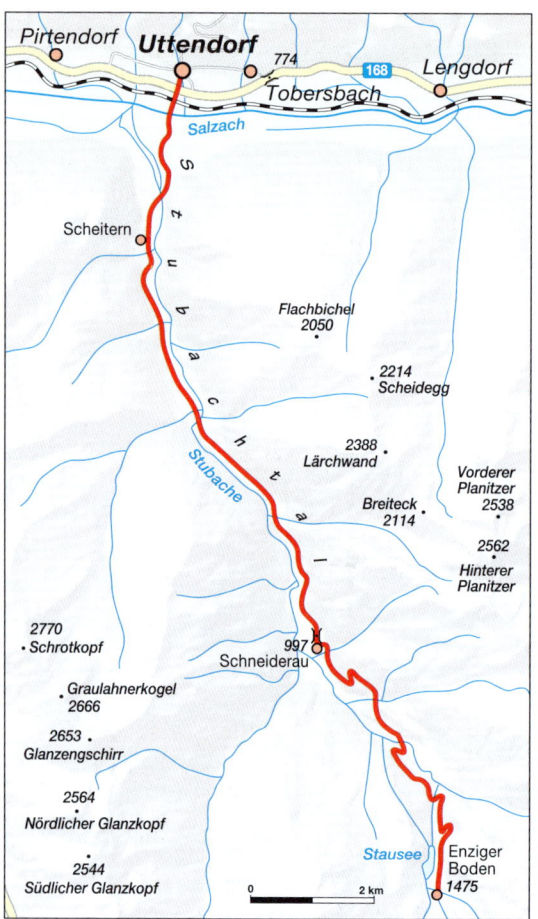

die gesamte Strecke dann bis unterhalb des mächtigen Tauernmoos-Stausees porentief saniert. Gut 55 Millionen Kubikmeter Gletscher- und Schmelzwasser kann der Stausee sammeln, seine heute 1100 Meter lange Gewichtsstaumauer zählt zu den längsten geschwungenen Staumauern Europas.

Die Österreichischen Bundesbahnen nutzen den Stausee zur Stromerzeugung für ihre Bahnlinien – bis zu 130 Megawatt jährlich kommen dabei zusammen. Eine Seilbahn hinauf zum Grünsee und zur Rudolfshütte hat den Tourismus des Hochtals zaghaft erblühen lassen, doch auch heute noch zählt die Panoramastraße zu den beinahe unbekannten Juwelen der Hohen Tauern.

Die Piste schlängelt sich an mächtigen Felsvorsprüngen und hoch aufragenden Felswänden vorbei, die einst von Gletschern geformt wurden, als das gesamte Tal mit urzeitlichem Eis randvoll gefüllt war. Sehenswert sind entlang der Piste auch einige Bergbauernhöfe, wie z. B. der Hof Wiedrechtshausen, dessen historische Wurzeln bis ins Jahr 1333 zurückreichen – damit gehört er zu den ältesten Höfen des gesamten Tals. Ihn schmückt zudem eine Sonnenuhr aus dem 18. Jahrhundert.

Vor allem im Frühjahr zur Schneeschmelze kann man auf den gesamten 13 Kilometern der Panoramastrecke unzählige Wasserfälle bewundern, die direkt aus den umliegenden Gletschern kommen. Auf dem Enzigerboden endet die offizielle Piste nahe beim gleichnamigen Alpengasthof. Die Zufahrt hinauf zum Tauernmoossee ist seit dem Bau der Seilbahn für die

TOUR-TIPP

Sehenswertes am Wegesrand: Hohe Tauern
»Dort oben ist das Gebiet, in dem die Dämonen hausen – mit knatterndem Steinschlag und stäubenden Lawinen bedrohen sie jeden Sterblichen, der sich in ihre Welt hinauf wagt ...«. Alte Chroniken warnen eindringlich davor, in die unwirtlichen Regionen der Hohen Tauern rund um Österreichs höchsten Berg, den Großglockner, vorzudringen. Dass das Gebiet in alten Zeiten tatsächlich bedrohlich und lebensgefährlich war – und auch heute noch abseits der befestigten Straßen und Wege so manches Mal sein kann –, davon zeugen nicht nur Landschaftsbezeichnungen wie Elendboden oder Beindlkar, sondern auch immer wieder die heutigen Schlagzeilen: Steinschlag, Lawinen, plötzliche Wintereinbrüche mitten im Hochsommer – all das sind Naturgewalten, mit denen die Menschen in den Tauern seit Jahrhunderten leben. Am 1. Januar 1992 trat das Tiroler Nationalparkgesetz »Hohe Tauern« in Kraft, und der mit 1800 km² größte Nationalpark Mitteleuropas war geboren. Seine Kernzone ist bis heute eine von Menschenhand unberührte Landschaft, in der wir höchstens als Wanderer zu Gast sein dürfen. In den Außenzonen konnte sich hingegen eine einzigartige Bergbauern-Kulturlandschaft etablieren, die nicht nur im Einklang mit der Natur und den Jahreszeiten lebt, sondern uns Reisenden auch einen spannenden Einblick in längst vergangene Tage bietet.

IM ÜBERBLICK

Name: Panoramastraße Stubachtal / Schneiderau-Enzigerboden

Land: Österreich

Region: Osttirol

Passhöhe: 1475 m

Höchster Punkt der Strecke: 1500 m

Basisorte: Uttendorf und Enzigerboden

Schwierigkeitsgrad: Mittelschwer

Anzahl der Kehren: 12

Streckenlänge: 18 km

Mautpflicht: Keine

Offizielle Wintersperre: Keine

Sperre für Fahrzeuge: Keine

Kulinarik: Gut

Ideal kombinierbar: Mit den Pässen Nr. 13 und 15 sowie dem Pass Thurn, der Felbertauernstraße oder der Großglockner-Hochalpenstraße

Allgemeinheit gesperrt und darf nur noch zum Unterhalt der Stauseetechnik befahren werden. Wer weiter in die Gletscherwelten vordringen möchte, dem sei eine aussichtsreiche Fahrt mit der Weißsee-Seilbahn empfohlen.

Sackgassen-Genuss: Drehen Sie ja nicht zu früh um auf Ihrem Weg hinauf zum Hochtal am Enzigerboden.

Herrliches Osttirol: Die Fahrt hinauf in die Hochtäler von Außer- und Innervillgraten führt uns in eine »andere« Welt.

VILLGRATEN-HOCHTALSTRASSE

Das Pustertal kennen Sie wahrscheinlich – die am Nordhang verlaufende Höhenstraße aber vielleicht (noch) nicht.

Mit Ausnahme der Anwohner dort oben kennt sie nämlich kaum einer – und die finden es dort oft so schön, dass sie nicht einmal das nahe Lienz, die Stadt mit der höchsten Lebensqualität Österreichs, von dort weglocken kann (alle Details dazu gibt's im Infokasten).

Bevor Sie sich nun aber die Höhenstraße gönnen, werfen Sie unbedingt einen langen Blick in die beiden Villgraten-Seitentäler, zwei Panoramastraßen-Sackgassen, die zu den schönsten des gesamten Alpenraums zählen. Direkt im Ort Heinfels am

TOUR-TIPP

Empfehlenswerter Einkehrschwung
Heinfels: Bar-Restaurant »Heimspiel« am Südrand des Orts, Panzendorf 25a – nur auf den ersten Blick »Schickimicki«

TOUR-TIPP

Wo Biker sich treffen
In den beiden Villgraten-Tälern habe ich noch keinerlei Bikertreff ausgekundschaftet. Falls Ihnen einer auffällt, bitte einfach eine Mail an mich – dankeschön!

westlichen Eingang des Pustertals, gleich nach der italienisch-österreichischen Grenze, zweigt die Piste gen Norden ab – ausgeschildert als »Villgratental-Landesstraße« und schnurstracks in die Berge führend. Außervillgraten als erster Ort des Hochtals war jahrhundertelang Ausgangspunkt für viele alpine Exkursionen; Innervillgraten und all die Weiler entlang der gesamten zweigeteilten Strecke zählen mit ihrem auch heute noch bäuerlichen Charakter zu den urigsten und schönsten Bergdörfern Österreichs. Wenn hier Luis Trenker um die Ecke biegen würde, wäre das Bild perfekt.

Um den fahrerischen und vor allem landschaftlichen Genuss mit einer klaren Steigerung zu versehen, empfehle ich Ihnen, im Ort Außervillgraten zunächst

Auch hier gilt: Wenden Sie ja nicht zu früh, ganz gleich, wie schmal die Piste vor Ihnen auch wird.

TOUR-TIPP

Sehenswertes am Wegesrand: Pustertaler Höhenstraße

»Öde, unfruchtbar«, das soll der slawische Wortstamm »Pust« des Pustertals sein. Da aber schon im frühen Mittelalter Bergbauernfamilien an den sonnenverwöhnten Nordhängen des Tals siedelten und immer mehr Einödhöfe mit atemberaubender Aussicht entstanden, streiten heute die Gelehrten darüber, ob diese Wortstamm-Deutung überhaupt stimmt. Es soll uns nicht weiter stören. Höfe wuchsen zu Weilern und Ortschaften zusammen, die sich im Lauf der Jahrhunderte durch ein Netz an sogenannten Güterwegen miteinander verbanden. Wann allerdings die erste Idee aufkam, diese Güterwege zu einer auch touristisch nutzbringenden Panorama-Höhenstraße auszubauen, das liegt im Dunkel der jüngeren Geschichte des Pustertals verborgen.

Die heutige Pustertaler Höhenstraße zählt zu den schönsten Aussichtsstraßen des gesamten Alpenraums. In Abfaltersbach, wenige Kilometer hinter der Grenze zu Italien, beginnt ihr Anstieg. Auf einer natürlichen Sonnenterrasse tummeln sich Dörfer und Weiler in einzigartiger Lage hoch über dem Talboden. Über Asch erreichen wir Anras mit seinem sehenswerten Schloss, einem echten Kulturjuwel moderner Denkmalpflege. Aufgrund seines ungewöhnlich milden Klimas war Anras einst sogar die Kornkammer des gesamten Pustertals. Das kam auch den Bischöfen von Brixen zu Ohren, die daraufhin das imposante Schloss errichten ließen, um hier in äußerst prunkvollem Ambiente ihre Sommerfrische zu genießen (schon damals waren Kirchenfürsten oft mehr dem Genuss als dem Seelenheil verpflichtet …). Von Anras aus führt die Panoramastraße weiter über die Sonnenterrasse nach Unterried und St. Justina. Rund um den Weiler Bannberg wird die Piste nicht nur recht schmal, sie windet sich auch, dem natürlichen Verlauf des Bergrückens folgend, durch dunklen Wald und entlang kleiner Almwiesen. Über Leisach geht es dann gemütlich wieder hinab ins Tal und direkt vor das Westportal von Lienz.

rechts abzuzweigen Richtung Sankt Katharina und Winkeltal. Und ich empfehle, keinesfalls zu früh umzukehren – fahren Sie jede Piste bis zum ultimativen Ende.

Zurück in Außervillgraten nehmen wir dann das Tal Richtung Innervillgraten in Angriff. Kleine Ortschaften

ÜBERBLICK

Name: Villgraten-Hochtalstraße

Land: Österreich

Region: Osttirol

Passhöhe: 1675 m

Höchster Punkt der Strecke: 1675 m

Basisort: Heinfels im Pustertal

Schwierigkeitsgrad: Leicht

Anzahl der Kehren: 0

Streckenlänge: 33 km

Mautpflicht: Keine

Offizielle Wintersperre: Keine

Sperre für Fahrzeuge: Keine

Kulinarik: Gut

Ideal kombinierbar: Mit den Pässen Nr. 12, 14, 28, 29 und 31 sowie dem nahen Staller Sattel, der Kalser Glocknerstraße und auch der Pustertaler Höhenstraße

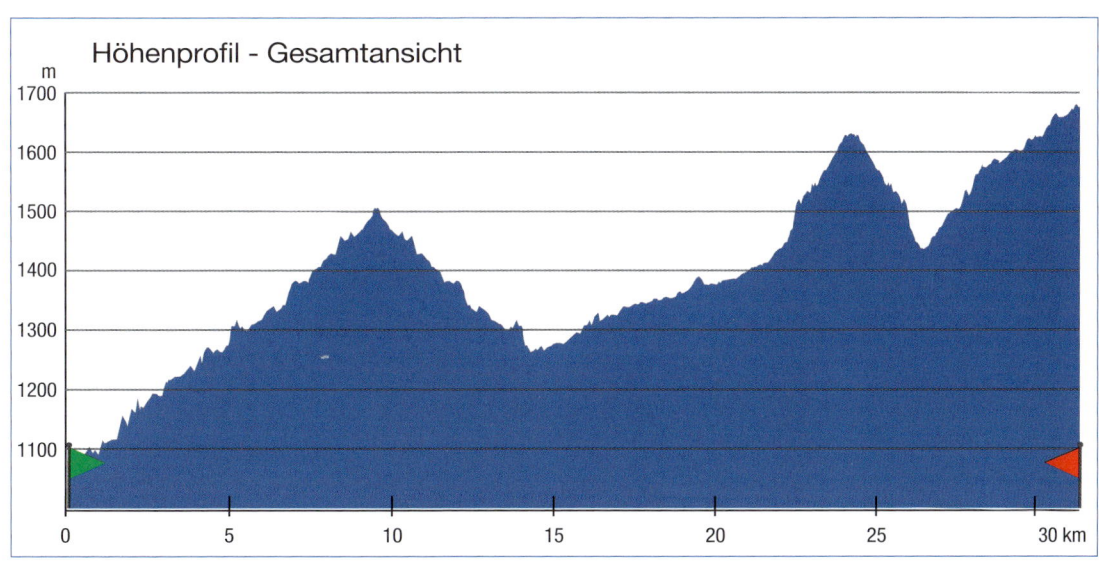

und Weiler, ein paar Gasthäuser und bewirtschaftete Berghütten, alles umrahmt von einer einzigartigen alpinen Natur – ich bin überzeugt davon, auch die Speicherkarte Ihrer Kamera wird an diesem Ort der Alpen voll werden. Genießen Sie es ausgiebig, denn zurück im Pustertal werden Sie Verkehrslärm und Hektik wie ein

Keine Bange: Selbst mit einem Sechszylinder-Boliden findet sich am Talschluss noch eine Wendemöglichkeit.

Faustschlag treffen (gleichwohl auch das Pustertal viel zu sehenswert ist, um nur als reine Durchfahrtstrecke Richtung Italien »missbraucht« zu werden).

Höhenprofil - Gesamtansicht

Standesgemäß: Schloss Weildegg bei Kötschach-Mauthen als Hintergrund passt nicht nur bei einer BMW K1600GT.

PLÖCKENPASS

Der Plöckenpass ist neben dem Nassfeldpass der einzige befahrbare Übergang über die Karnischen Alpen; die Straße führt von Kötschach-Mauthen im Kärntner Gailtal ins italienische Timau.

Vor allem im Ersten Weltkrieg war der Plöckenpass wichtiger Bestandteil der österreichisch-italienischen Front und deshalb schwer umkämpft. Zahlreiche Überreste der damaligen Befestigungsanlagen und Bunker finden sich deshalb in den umliegenden Bergen und können als eindrucksvolle Mahnmale für den Frieden heute noch besichtigt werden.

TOUR-TIPP

Wo Biker sich treffen
Das Gasthaus »Al Valico« direkt auf der Passhöhe ist ein beliebter Spontan-Treff, um nach einem schnellen Espresso oder Cappuccino die Pässetour fortzusetzen. Für die Einkehr gibt es interessantere Ziele (s. Tipp-kasten).

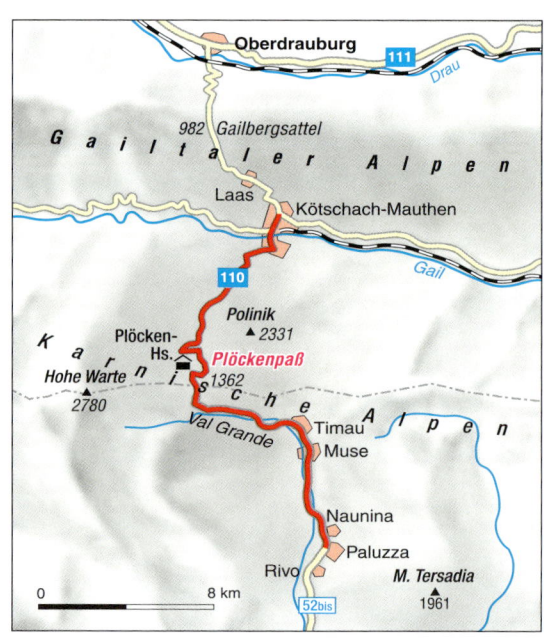

Nichts für Angsthasen: An diesem Fototag am Plöckenpass hatte ich wohl irgendwie Angst vor der Schräglage.

TOUR-TIPP

Sehenswertes am Wegesrand: Museum am Plöckenpass
Bereits die Kelten kannten und nutzten den Plöckenpass für ihre Alpen-Überschreitungen. Die Römer
bauten die Strecke zur »Via Julia Augusta« weiter
aus, und im Mittelalter freuten sich Wanderer und
Fuhrleute, die mehr oder minder schwer beladen
über den Plöckenpass zogen, beim Anblick des für
sie so manches Mal überlebenswichtigen Plöcken-
pass-Hospizes, in dem sogar Austauschpferde für die
Säumer und Transporteure bereitstanden.
1809 zogen französische Truppen während der Napoleonischen Kriege über den Pass, und 1866 besetzten
Truppen des italienischen Freischärlers Giuseppe
Garibaldi (der selbst einige Zeit im Plöckenhaus
wohnte) den strategisch wichtigen Plöckenpass.
Dann wurde der gesamte Karnische Kamm zur
Grenze zwischen Österreich und dem Königreich Italien, und der Plöckenpass als damals einzig befahr-
barer Übergang besaß eine entscheidende Schlüs-
selposition. Im Mai 1915 wurde der Karnische Kamm
Frontgebiet und der Raum um den Plöckenpass zum
Schwerpunkt der Kämpfe zwischen Österreich und
Italien. Im Herbst 1917 konnte Österreich die italienische Armee von der »Karnischen Front« zurück gen
Süden drängen.
Seit 1983 arbeiten die »Dolomitenfreunde« am Er-
halt und Ausbau des Freilichtmuseums Plöckenpass,
einer sehenswerten Anlage auf historischem Boden,
die aus mehreren Abschnitten besteht. Alle Sektoren
des Freilichtmuseums sind kostenlos zugänglich,
gelbe Informationstafeln und markieren die wichtigsten Besichtigungspunkte. Einer Reise in längst
vergangene Kriegstage als Mahnung zum friedlichen
Zusammenleben steht damit nichts im Wege. Da wir
uns aber ohne Aufsicht in alpinem Gelände bewegen, sei Vorsicht und festes Schuhwerk unbedingt
empfohlen!

Die Straße selbst ist aus Richtung Kötschach-
Mauthen kommend gut ausgebaut und in ebensol-
chem Zustand. Erst nach dem Scheitelpunkt auf
knapp 1400 Metern Höhe auf italienischer Seite
kommt man in den Genuss einiger schöner Kehren
und erfreut sich eines echten Schräglagenvergnügens
– das allerdings dann auf nicht mehr ganz so gutem
Straßenbelag. Für einen deutlichen Adrenalinschub
sorgen zudem einige spärlich oder gar nicht beleuch-

TOUR-TIPP

Empfehlenswerter Einkehrschwung
Kötschach-Mauthen: Restaurant-»Genusswerkstatt
Sonnleitner«, Mauthen 24 – echt lecker und vielfältig
Paluzza: Pizzeria »La Tambra«, Via Nazionale 76 – er-
lebenswert!

IM ÜBERBLICK

Name: Plöckenpass
Land: Österreich
Region: Osttirol und Friaul/Italien
Passhöhe: 1357 m
Höchster Punkt der Strecke: 1365 m
Basisorte: Kötschach-Mauthen und Paluzza
Schwierigkeitsgrad: Mittelschwer
Anzahl der Kehren: 18
Streckenlänge: 29 km
Mautpflicht: Keine
Offizielle Wintersperre: Keine
Sperre für Fahrzeuge: Über 3,8 m Höhe
Kulinarik: Dürftig
Ideal kombinierbar: Mit den Pässen Nr. 13, 25, 26, 27,
28 und 29 sowie mit dem nahen Nassfeldpass und der
Pustertaler Höhenstraße

tete Tunnel mit Rissen und Schlaglöchern (natürlich
stets auf der Ideallinie).

Witterungsbedingt versuchen beide Länder zwar,
den Plöckenpass ganzjährig offen zu halten, bei hohem
Schneeaufkommen kann es aber zu tageweisen Sper-
rungen kommen. Gleiches gilt auch für das Gasthaus
auf der Passhöhe, dessen Öffnungszeiten mir auch alles
andere als geregelt erscheinen …

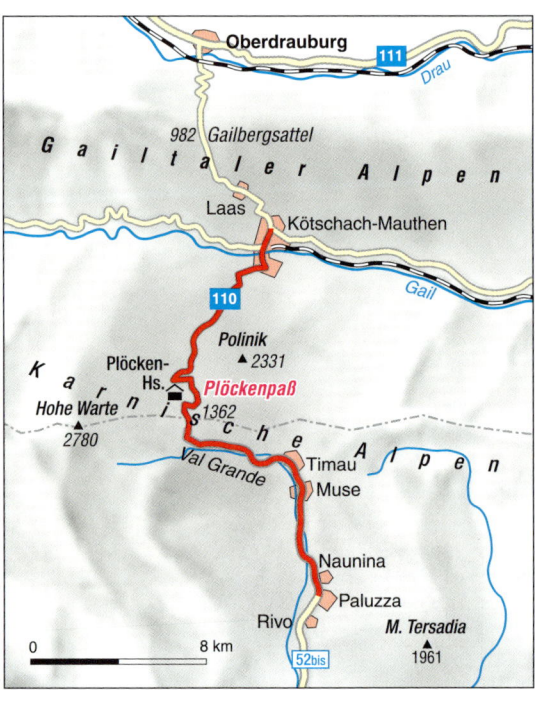

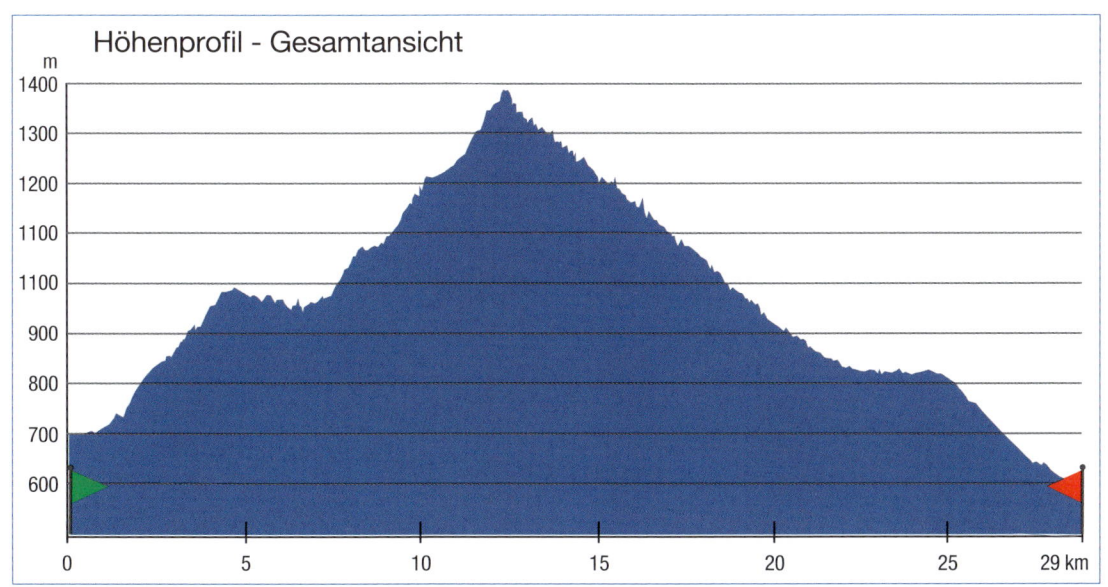

Das Gasthaus am Plöckenpass – für die schnelle Rast ganz okay

Höhenprofil - Gesamtansicht

Achtung Blitzgefahr: Nicht nur Sportbikes lieben den Dientner Sattel – auch Polizisten mit »geladenen« Radarpistolen.

DIENTNER SATTEL

Lassen Sie einmal den Ortsnamen Maria Alm am Steinernen Meer mit geschlossenen Augen auf Ihrer Zunge zergehen …

… und unwillkürlich werden Sie einen Hauch dessen erahnen, was Sie rund um den Dientner Sattel erwartet: eine grandiose Bergwelt, dominiert von den steilen Felszinnen des Hochkönig-Massivs, garniert mit horizontweiten Hochalmen und kleinen, verträumten Orten, in denen der altehrwürdige Luis Trenker auch heute noch in keinster Weise aus dem Rahmen fallen würde. Das alles kombiniert mit einer herrlich kurvigen, gut ausgebauten Panoramastrecke fernab der Hektik unserer Tage – das ist das Tourengebiet dieses Höhe-

punkts. Mein Tipp: Schalten Sie mindestens zwei Gänge zurück, und pendeln Sie in aller Ruhe mit viel Zeit im Tankrucksack durch diese irgendwie immer noch heile Bergwelt. Es lohnt sich, denn es gibt viel zu entdecken.

TOUR-TIPP

Empfehlenswerter Einkehrschwung
Saalfelden: Gasthof »Brandlwirt«, Ritzenseestr, 1 – mit leckerer regionaler Küche
Bischofshofen: Restaurant »Zum Dorfergut«, Buchberg 147 – hier ist besonders der Zwiebelrostbraten zu empfehlen, der sogar Vegetarier vom rechten Weg abbringen kann!

IM ÜBERBLICK

Name: Dientner Sattel

Land: Österreich

Region: Salzburger Land

Passhöhe: 1342 m

Höchster Punkt der Strecke: 1350 m

Basisorte: Saalfelden und Bischofshofen

Schwierigkeitsgrad: Leicht

Anzahl der Kehren: 6

Streckenlänge: 40 km

Mautpflicht: Keine

Offizielle Wintersperre: Keine

Sperre für Fahrzeuge: Keine

Kulinarik: Gut

Ideal kombinierbar: Mit den Pässen Nr. 5, 12 und 16 sowie mit dem nahen Pass Thurn und der Großglockner-Hochalpenstraße

TOUR-TIPP

Sehenswertes am Wegesrand: das Arthurhaus

Pflichtprogramm einer jeden Fahrt über Dientner und Filzensattel ist ein Abstecher hinauf zum berühmten Arthurhaus am Ende einer herrlichen Sackgasse mitten in Hochkönigs Reich. 1866 begann die Mühlbacher Kupfergesellschaft mit dem Bau der ersten Gaststätte. 1894 pachteten die Urgroßeltern der heutigen Wirtin Heidi die kleine Alm und Gastwirtschaft und bauten sie sukzessive zu einem gemütlichen 3-Sterne-Berghotel aus, das neben seiner einzigartigen Lage auch Schätze aus Küche und Weinkeller bietet und mit der Herzlichkeit des Personals und der Chefin lockt – unbedingt abbiegen, lautet hier mein Tipp.

Beispielsweise die Wallfahrtskirche Maria Alm: 1374 erstmals urkundlich erwähnt, ist ihr Kirchturm mit 83 Metern immerhin der höchste Turm des Salzburger Lands. Oder die »Triefen« in Hinterthal: Ein Naturschauspiel, bei dem Wasser über einer undurchlässigen Gesteinsschicht austritt und dabei einen regenartigen Tropfvorhang von über 100 Metern Länge bildet, der überraschenderweise vollkommen unabhängig von jeglicher Witterung zu bestaunen ist. Oder das Bergbaumuseum mit Schaustollen in

Mühlbach am Hochkönig: Zeugnisse aus 4000 Jahren Bergbaugeschichte erwarten den Besucher. Oder aber die Sennerei Schweizerhütte in Mühlbach am Hochkönig: Bereits im 19. Jahrhundert als Alm bewirtschaftet, geht der Senner wie anno dazumal gegen fünf Uhr früh seine Kühe melken; anschließend beginnt das »Kasn« – den leckeren Rohmilchkäse kann man natürlich auch an der Hütte kaufen.

Von Saalfelden aus ostwärts oder von Bischofshofen aus immer gen Westen schwingen wir auf einer durchwegs gut ausgebauten Strecke, die wochentags sporadisch auch von Lieferverkehr befahren wird, durch eine sehenswerte Bergwelt. Das ist Genusstouren der angenehmsten Art!

TOUR-TIPP

Wo Biker sich treffen

Oben am Arthurhaus natürlich, aber auch auf der Passhöhe des Dientner Sattels, am Birgkarhaus oder an der Mittereggalm.

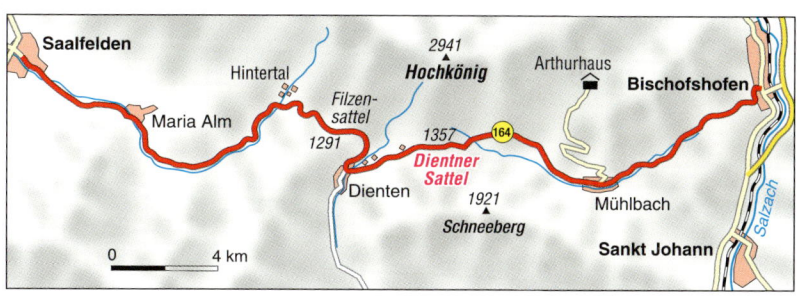

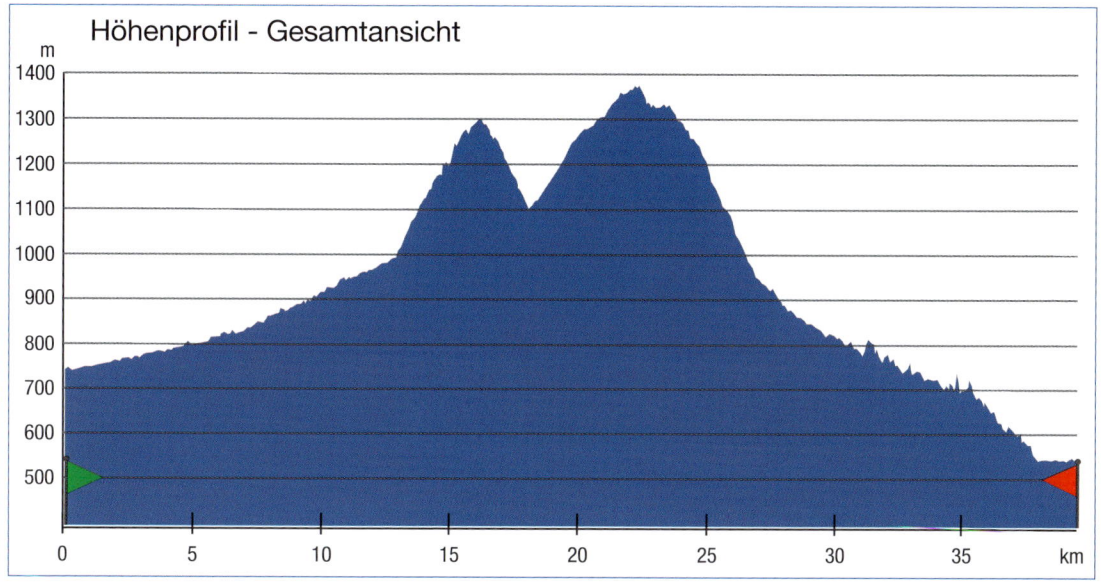

Höhenprofil - Gesamtansicht

Eigentlich logisch: Der Tauernpass – hier die Nordseite – ist die beste und mautfreie Alternative zur Tauernautobahn.

RADSTÄDTER TAUERNPASS

Er gehört zu Bikers Pflichtprogramm auf dem Weg von Salzburg Richtung Süden, Richtung Kurvenparadies Kärnten: der Radstädter Tauernpass, die landschaftlich abwechslungsreiche und dazu mautfreie Alternative zur öden Tauernautobahn.

Okay, es mag kurvenreichere Pässe geben, und zugegeben, es mag atemberaubendere Passhöhen geben – dennoch ziehe ich auf jedem Trip in den Süden diese Passstraße jeder Autobahnverbindung ohne zu zögern vor.
Die landschaftlich schönere Aussicht hat man allerdings in der Süd-Nord-Richtung: Von Mauterndorf

TOUR-TIPP
Empfehlenswerter Einkehrschwung
Nicht nur die Anfahrt auf den Berg ist ein Erlebnis, auch der Einkehrschwung in der Bürgerbergalm hoch über Radstadt (Bürgerbergweg 4) am Nordfuß des Passes – ein Aufstieg, ob per Moped, Rad oder zu Fuß, der sich allemal lohnt.

TOUR-TIPP
Wo Biker sich treffen
Obwohl die zahlreichen Tourismusbetriebe auf der Passhöhe im Sommer fast alle geschlossen sind und auf den nächsten Winter warten, treffen sich auf den großen Parkplätzen vor allem morgens Biker aus der Region für eine Tagestour. Und an Sommerwochenenden hat dazu auch schon mal das eine oder andere Café geöffnet.

kommend, durchquert man auf gut ausgebauter Rampe zunächst das Twenger Tal, bevor sich die Strecke gemächlich zur Scheitelhöhe windet. Die Straße ist sehr gut ausgebaut und erlaubt auch einmal einen kräftigen Schluck aus dem Drehmoment-Reservoir. Gewaltige Betongalerien schützen im Frühjahr und im Herbst vor dem berüchtigten Steinschlag der Tauern oder auch vor Hangrutschung und Schneelawinen. Am Scheitelpunkt des Passes selbst ist im Lauf der Jahre der beschauliche Skiort Obertauern entstanden,

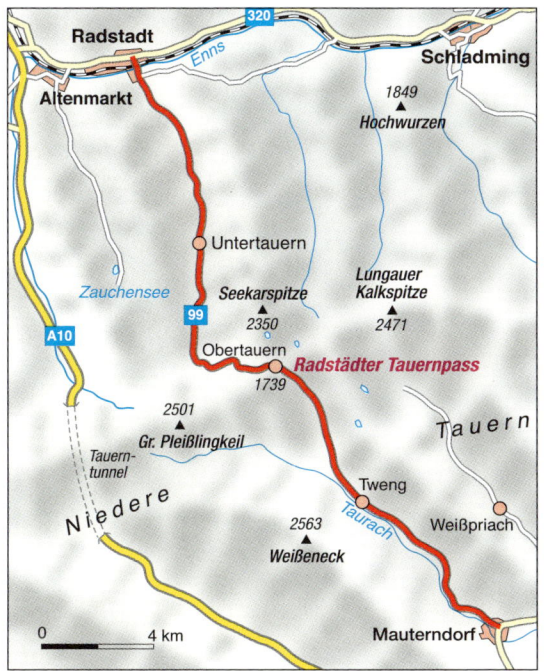

IM ÜBERBLICK

Name: Radstädter Tauernpass

Land: Österreich

Region: Salzburger Land

Passhöhe: 1738 m

Höchster Punkt der Strecke: 1750 m

Basisorte: Mauterndorf und Radstadt

Schwierigkeitsgrad: Leicht

Anzahl der Kehren: 0

Streckenlänge: 39 km

Mautpflicht: Keine

Offizielle Wintersperre: Keine

Sperre für Fahrzeuge: Pkws mit Anhänger

Kulinarik: Dürftig

Ideal kombinierbar: Mit den Pässen Nr. 15, 17 und 18 sowie der nahen Maltatal-Hochalmenstraße oder mit dem Sölkpass

dessen Hotels und Restaurants allerdings außerhalb der weißen Saison meist geschlossen sind und somit den Charme eines verschlafenen Skiressorts verbreiten.

Gen Norden schließen sich Richtung Radstadt sogar einige Kurven an, von denen man die eine oder andere durchaus auch mal als Kehre bezeichnen kann.

Das erhöht den Fahrspaß noch deutlich, zumal man auf der gesamten Strecke dem Moped die »Zügel lang geben kann« – natürlich unter Beachtung der ausgewiesenen Limits.

Fahrerisch gemäßigt anspruchsvoll ist abschließend vielleicht noch die landschaftlich sehr reizvolle Schlucht des Taurachbachs, die – gerade einmal 20 Meter breit und mit Felsen bis weit in den Himmel bestückt – Bikers Horizont abrupt beschneidet und die Straßenbauer einst vor Herausforderungen stellte. Aber auch dieses Teilstück ist ihnen durchaus gelungen.

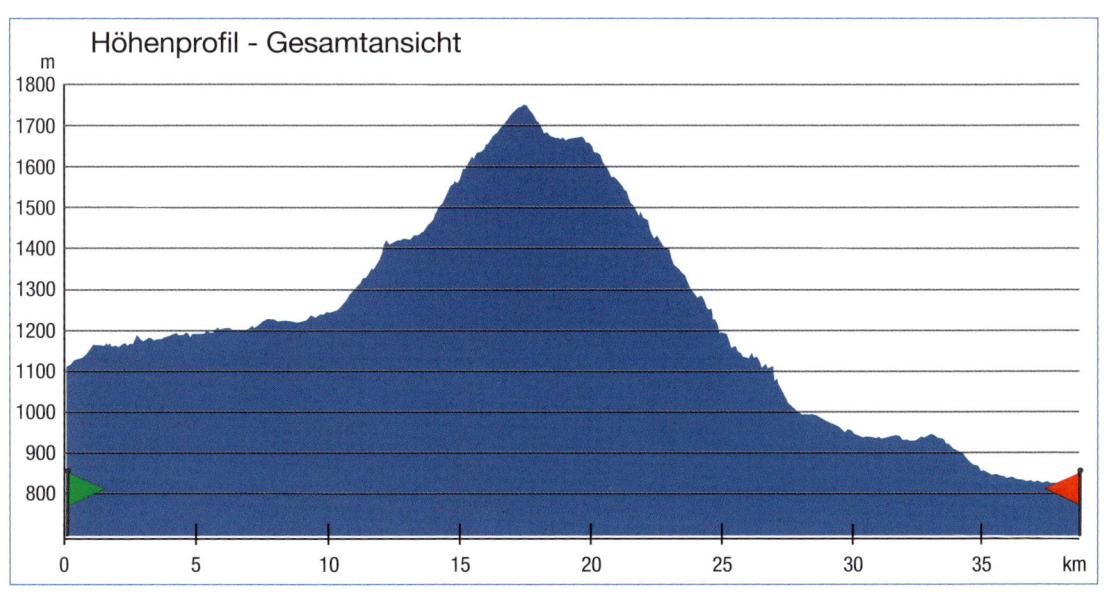

Gut investiert: Auch die Mautpflicht neuerdings tut der Schönheit der Stoderzinken Alpenstraße keinen Abbruch.

STODERZINKEN

Der Stoderzinken (2048 m) ist einer der aussichts-reichsten Gipfel des Dachsteinplateaus. Als reine „Interessentenstraße", wie es so schön im Österrei-cher Amtsdeutsch heißt, wurde 1958 die Stoderzin-ken Alpenstraße erbaut.

Die Bewohner und Anlieger der Berg- und Wochen-endsiedlung Stoder hatten sich damals zu einer Weg-genossenschaft zusammengetan und »ihre« Straße fi-nanziert. Vier Jahre später wurde sie fertiggestellt und erfreut seitdem nicht nur die Bewohner der herrlich ge-

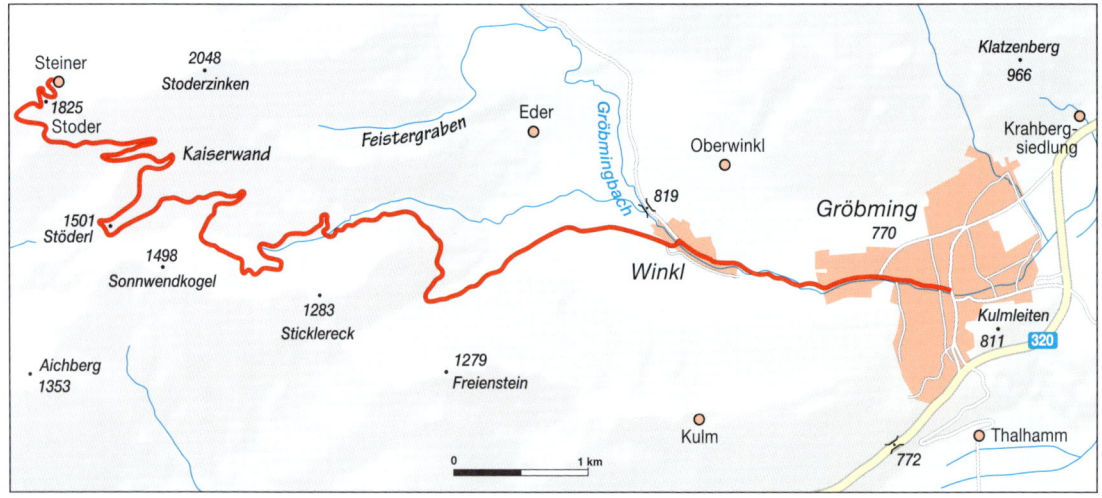

legenen Hütten und Bauernhäuser oben auf dem Sto-derzinken. Und da sie auf den letzten zwölf Kilometern eine reine Privatstraße ist und der Unterhalt bzw. die Räumung privat finanziert werden müssen, wird zwar seit Juni 2015 eine Maut erhoben, die aber angesichts der panoramareichen Streckenführung absolut ge-rechtfertigt und mit 13 Euro auch noch akzeptabel ist.

Im Westteil von Gröbming, direkt unterhalb des Dachsteinmassivs, beginnt der Anstieg zum Stoder-zinken. Auf recht schmaler Dorfstraße geht es aus dem Ort hinaus zu einem plakativen Wegweiser, der das kommende Vergnügen anpreist: zwölf Kilometer Länge, neun Prozent Steigung, Bergpanorama, Son-nenterrassen und Berggasthof. Auch Anfänger können hier bedenkenlos Gas geben, denn die Panoramastraße ist mit ihren elf Kehren kein Terrain, das Biker über-fordert. Ganz im Gegenteil: Genuss ist das Motto der Straße.

Gut 1000 Höhenmeter gilt es insgesamt zu erklim-men, und meist führt die Strecke durch dichten Tannen-wald, der ab und zu den Blick freigibt auf die umliegen-

IM ÜBERBLICK

Name: Stoderzinken

Land: Österreich

Region: Steiermark

Passhöhe: 1825 m

Höchster Punkt der Strecke: 1825 m

Basisort: Gröbming

Schwierigkeitsgrad: Mittelschwer

Anzahl der Kehren: 12

Streckenlänge: 14 km

Mautpflicht: Motorrad 13 € (bei der Rückfahrt am Automaten löhnen)

Offizielle Wintersperre: Keine

Sperre für Fahrzeuge: Keine

Kulinarik: Gut

Ideal kombinierbar: Mit dem Pass Nr. 16 sowie mit dem nahen Sölkpass oder der Tauplitzalm

den Alpengipfel. Am Ende der Straße liegen mehrere große Parkplätze; die Zufahrt zur Bergsiedlung Stoder ist nur Anwohnern und deren Gästen erlaubt.

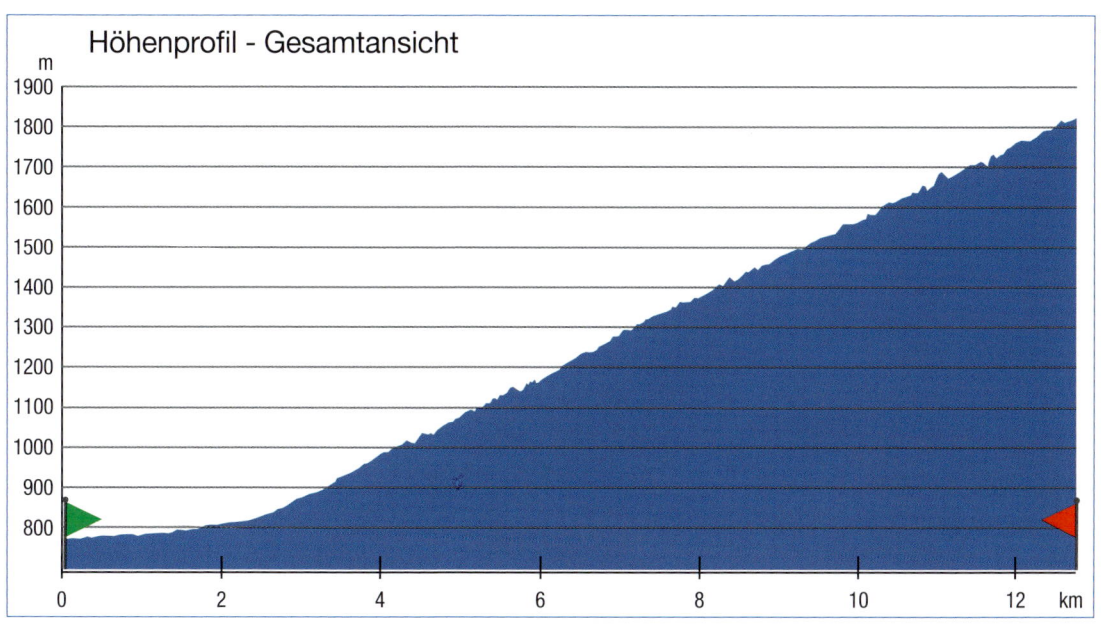

Höhenprofil - Gesamtansicht

Eine Piste nur für uns: Alle Rampen hinauf zur Flattnitzer Höhe definieren von Frühling bis Herbst das Wort Einsamkeit neu.

FLATTNITZER HÖHE

Die Flattnitzer Höhe ist vor allem bei Kärntner Bikern auch als Alternative oder Ergänzung zur Turracher Höhenstraße äußerst beliebt.

Ihre von allen drei Zufahrten gut ausgebaute Straße erlaubt es immer wieder, einen satten Schluck aus dem Drehmoment-Reservoir zu nehmen, sprich: mit ordentlich Speed den Scheitelpunkt zu erklimmen. Aufgrund ihrer relativen Unbekanntheit hat man die Piste an vielen Tagen zwischen Frühling und Spätherbst fast für sich allein.

Die Straße führt von den Basisorten zunächst durch oft dichten Mischwald bergan, nur wenige Wiesen und Almen erlauben einen weiten Blick. Die über die Flattnitzer Höhe führende Straße verbindet das Murtal mit dem Gurktal. Den Scheitelpunkt auf einer weitläufigen Hochebene dominieren einige Hotels und Gasthöfe, die sich auch für eine spontane oder ausgiebige Einkehr durchaus

empfehlen. Zudem bietet sich die Flattnitzer Höhe als Ausgangspunkt für die Erkundung der umliegenden Kärntner Nockberg- und Alpenpässe an, da sie recht zentral im Herzen des Tourengebiets liegt.

Flattnitz selbst ist mit seiner ausgesprochen gesunden Höhenlage einer der Luftkurorte Kärntens, dessen Lage bereits die Römer zu schätzen wussten – eine Raststation namens »Tarnasicis« soll hier oben gelegen haben. Der Name Flattnitz kommt von dem gleichnamigen Bach, der die Streusiedlung mit ihren wenigen Einwohnern durchfließt.

Bekannteste Sehenswürdigkeit der Region ist heute ohne Zweifel der imposante Gurker Dom, gestiftet von der Gräfin Hemma von Gurk, die schon seit Jahrhunderten als Heilige Hemma verehrt wird und die im Gurker Dom beerdigt ist. Sie ist nicht nur die Landesmutter und Schutzfrau von Kärnten, sie wird auch bei Augenkrankheiten oder vorsorglich für

TOUR-TIPP

Wo Biker sich treffen

Die im Westen fast schon in Hörweite liegende Nockalmstraße zieht Biker aus Nah und Fern magisch an – vollkommen zu Recht, wie ich finde. Dennoch »verirren« sich immer wieder Motorradfahrer auch auf die Passhöhe rund um Flattnitz und schwören sich dann nach einem langen Blick rundum, auf jeden Fall wiederzukommen!

eine gelungene Entbindung angerufen. Der Legende nach wurde Hemma in Peilenstein als Adelstochter geboren und soll sogar mit Kaiser Heinrich II. verwandt gewesen sein, an dessen Hof sie erzogen wurde. Sie heiratete Wilhelm, Graf von Friesach und Markgraf im Sanntal. Ihre beiden Söhne wurden bereits in jungen Jahren bei einer Bauernrevolte erschlagen. Wilhelm starb ebenfalls früh nach Rückkehr von einer Pilgerfahrt nach Rom, woraufhin Hemma nahezu ihr gesamtes Vermögen in die Stiftung des Doms sowie eines Klosters steckte.

Der Ort für die Kirche soll der Legende nach durch ein sogenanntes Gottesurteil bestimmt worden sein: Ein Ochsengespann mit Baumaterial für den Dom wurde das Gurktal hinaufgetrieben. An der Stelle, an der es das erste Mal stehen blieb, soll der heutige Dom erbaut worden sein. Eine weitere Geschichte erzählt von einem Bauarbeiter, der während des Dombaus mit seinem Lohn unzufrieden war und von Hemma, die jeden Arbeiter persönlich entlohnte, mehr Geld forderte.

IM ÜBERBLICK

Name: Flattnitzer Höhe

Land: Österreich

Region: Kärnten

Passhöhe: 1400 m

Höchster Punkt der Strecke: 1430 m

Basisorte: Stadl an der Mur und Glödnitz

Schwierigkeitsgrad: Leicht

Anzahl der Kehren: 1

Streckenlänge: 32 km

Mautpflicht: Keine

Offizielle Wintersperre: Keine

Sperre für Fahrzeuge: Keine

Kulinarik: Gut

Ideal kombinierbar: Mit dem Pass Nr. 16 sowie mit der nahen Turracher Höhe und mit der Nockalmstraße

Daraufhin hielt ihm Hemma ihren Geldbeutel hin und forderte ihn auf, sich seinen Lohn selbst herauszunehmen. Er griff natürlich mit vollen Händen zu, und als er anschließend nachzählte, hatte er exakt jene Summe gegriffen, die ihm ohnehin zustand.

TOUR-TIPP

Empfehlenswerter Einkehrschwung

Stadl an der Mur: Gasthof »Murtalerhof« im Zentrum – ein typisch steirischer Dorfwirt mit tollem Speisenangebot und mit speziellen Motorradwochen-Angeboten, die überzeugen!

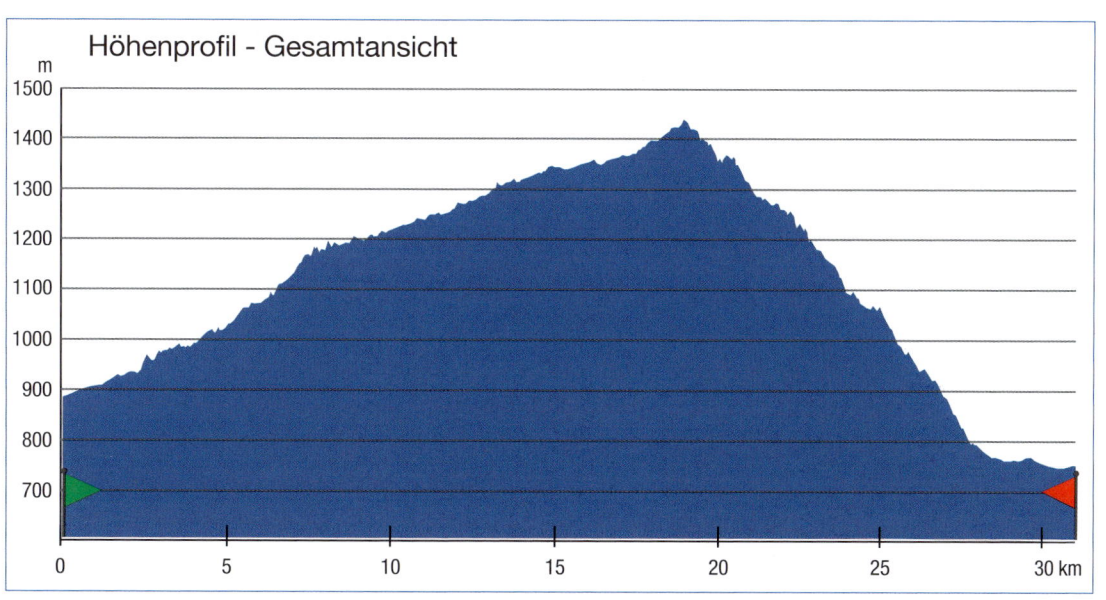

Höhenprofil - Gesamtansicht

Karawanken-Blick vom Wurzenpass: der slowenische Anteil an den Pässen dieses Buches beginnt ab Kapitel Nr. 23.

WURZENPASS

Der Wurzenpass ist einer der bis heute wenig bekannten Übergänge der Karawanken zwischen Kärnten in Österreich und dem Norden Sloweniens. Und das wird vermutlich auch auf ewig so bleiben.

Mit seiner Höhe von gerade mal 1073 Metern könnte man ihn durchaus unterschätzen, doch seine Nordrampe enthält einige satte Steigungen, und das durchaus kurvenreich auf unterschiedlich griffigem, teilweise schlechtem Straßenbelag. Da heißt es Gelassenheit bewahren und mit ruhiger Gashand dirigieren, auch wenn das Vorderrad unseres oft gepäckbeladenen Bikes so manches Mal den Bodenkontakt verlieren möchte.

Bis zur Einweihung des Karawankentunnels im Jahr 1994 war der Wurzenpass immerhin auch einer der

TOUR-TIPP

Wo Biker sich treffen

Vor allem an Wochenenden als Spontan-Treff recht beliebt ist der Kompas-Shop direkt neben den leer stehenden Grenzgebäuden auf der Passhöhe mit seinem guten Sortiment für die Tagesverpflegung. Die links anschließende Grill-Pizzeria »Korenc« ist vermutlich dauerhaft geschlossen, ich habe sie jedenfalls noch nie geöffnet erlebt.

wichtigsten Grenzübergänge Österreichs Richtung Slowenien und umgekehrt. Seit der Tunneleröffnung wälzt sich aber der Last- und Durchgangsverkehr trotz Mautpflicht überwiegend durch die deutlich in die Jahre gekommene Röhre im Karawankenfels; der Wurzenpass

IM ÜBERBLICK

Name: Wurzenpass

Land: Österreich

Region: Kärnten

Passhöhe: 1073 m

Höchster Punkt der Strecke: 1080 m

Basisorte: Villach und Kranjska Gora

Schwierigkeitsgrad: Mittelschwer

Anzahl der Kehren: 5

Streckenlänge: 25 km

Mautpflicht: Keine

Offizielle Wintersperre: Keine

Sperre für Fahrzeuge: Pkws mit Anhängern

Kulinarik: Picknick mitbringen!

Ideal kombinierbar: Mit den Pässen Nr. 20, 21, 22, 23, 24 und 25 sowie mit dem nahen Nassfeld- und dem Loiblpass

selbst besitzt seitdem nur noch touristische Bedeutung. Und das ist auch gut so, das gibt ihm einen erheblichen Charme zurück und damit die Berechtigung, in diese Pässe-Sammlung mit aufgenommen zu werden.

Gen Süden läuft der Wurzenpass zu Füßen der Karawanken aus, die Grenzstation auf dem Pass ist heutzutage mit einem gültigen Personalausweis oder Reisepass problemlos zu passieren. Alle fünf Kehren des Passes liegen auf dessen Nordseite, sodass man die Südrampe als fahrerisch durchaus langweilig bezeichnen kann. Dafür wird dann das Land um Kranjska Gora herum wieder deutlich interessanter – zumindest für den tourenden Entdecker in uns.

TOUR-TIPP

Empfehlenswerter Einkehrschwung

Villach: Restaurant »Racers«, Gewerbezeile 2 – serviert die wohl besten Burger der Stadt

Kranjska Gora: s. Details dazu im Kapitel 24.

Mein Einkehrtipp: Restavracija Lipa in der Koroska 14

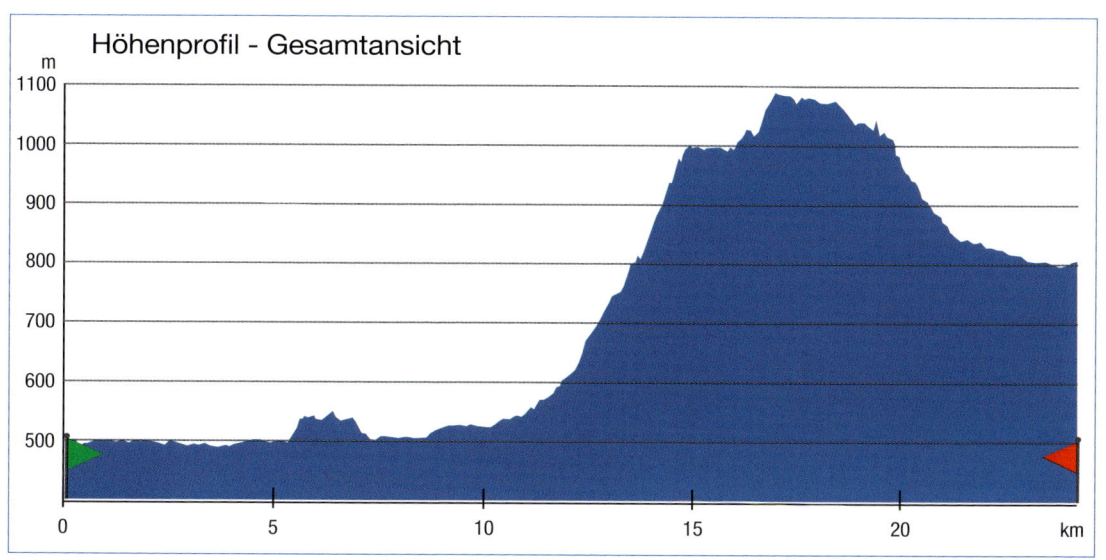

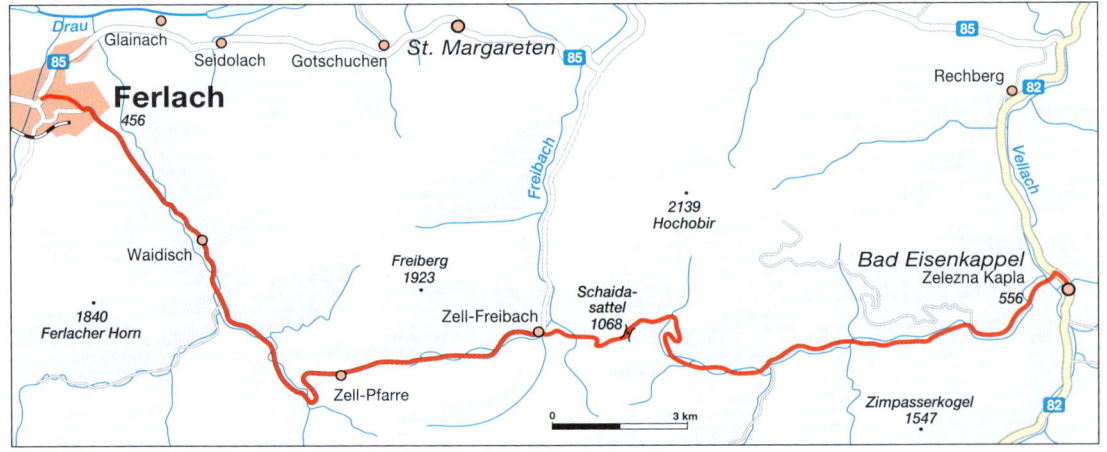

Recht mühsam: Frische Farbe in das Passfoto des Schaidasattels zu bringen gelingt nur mit bunter Sozia und bunter KTM.

SCHAIDASATTEL

Er gehört zu den »Wo-bitte-wie-bitte«-Höhepunkten im Buch, selbst ich hätte ihn glatt übersehen, hätte nicht die beste Sozia der Welt laut das Zauberwort »Passschild« im Helmfunk verbreitet.

Dabei besitzt der Schaidasattel zwei äußerst lohnende Rampen durch mehr als liebliche Landschaften ganz im Süden Kärntens, direkt an der Grenze zu Slowenien.

TOUR-TIPP

Empfehlenswerter Einkehrschwung

Für die abendliche Einkehr empfehle ich den Alpengasthof Riepl im Weiler Koprein-Petzen hoch über Eisenkappel. Hier gibt's eine äußerst leckere bodenständige Küche und zudem eine grandiose Aussicht. Wenn uns dann die Natur noch einen prächtigen Sundowner spendiert, möchte man eigentlich gar nicht mehr fort.

TOUR-TIPP

Sehenswertes am Wegesrand: Bad Eisenkappel

Bad Eisenkappel – oder wie die Einwohner sagen: Eisenkappel – ist nicht nur der südlichste Punkt Österreichs und kann eine lange Geschichte vorweisen, er bietet zudem auch viele Sehenswürdigkeiten. Der einzige Kur- und Luftkurort Österreichs wurde von der Natur reich gesegnet: Nicht nur die Obir-Tropfsteinhöhle und die Türkenschanze locken jährlich viele Besucher, auch zahlreiche historische Bauwerke wissen zu begeistern, reichen die Wurzeln des Ortes doch bis weit ins 11. Jh. zurück, als die Kapelle, die dem Ort seinen Namen gab, erstmals erwähnt wurde. Und für uns Motorradfahrer dürfte nicht minder interessant sein, dass uns gleich noch zwei weitere Pässe plus eine Panoramastraße abseits allen Trubels erwarten – mit dem Basisort Bad Eisenkappel.

Von Westen aus Ferlach kommend, geht es zunächst auf einem teilweise bewaldeten Höhenrücken entlang Richtung Südosten, und über die Weiler Waidisch und Zell erreichen wir dann ein lang gezogenes Hochtal direkt am Nordanstieg der Karawanken, dem wir Richtung Osten folgen. In Zell-Freibach setzen wir den Blinker rechts, biegen auf die Landesstraße 108 Richtung Bad Eisenkappel und »erklimmen« den einsam vor uns liegenden Sattel. Kurz nach Passieren des Sattels zweigt rechter Hand der befahrbare Weg in die Trögerner Klamm ab, ein felsenreiches Naturschauspiel, das Naturliebhaber begeistern wird.

Zurück auf der Hauptstrecke geht es schnurstracks und kurven-, aber wenig kehrenreich weiter Richtung Bad Eisenkappel durch ein liebliches Hochtal, das im

IM ÜBERBLICK

Name: Schaidasattel
Land: Österreich
Region: Kärnten
Passhöhe: 1068 m
Höchster Punkt der Strecke: 1068 m
Basisorte: Ferlach und Bad Eisenkappel
Schwierigkeitsgrad: Leicht
Anzahl der Kehren: 8
Streckenlänge: 33 km
Mautpflicht: Keine
Offizielle Wintersperre: Keine
Sperre für Fahrzeuge: Keine
Kulinarik: Picknick mitbringen!
Ideal kombinierbar: Mit den Pässen Nr. 19, 21, 22, 23, 24 und 25 sowie mit dem nahen Loiblpass

Süden bereits von den Gipfeln der Karawanken geziert wird. Die werden wir uns in den kommenden Kapiteln noch genauer ansehen, ebenso wie die ausgeschilderte, linker Hand mit zwei Zufahrten abzweigende Hochobir-Panoramastraße. Unser zweiter Basisort Bad Eisenkappel wird im Tippkasten näher erläutert.

TOUR-TIPP

Wo Biker sich treffen

Für Ausflüge in die südlich angrenzenden Karawanken trifft man sich vor allem an Sommerwochenenden gern im Café »Marktstube« in Eisenkappel oder im traditionsreichen Café »Kaffeekanne« in Ferlach.

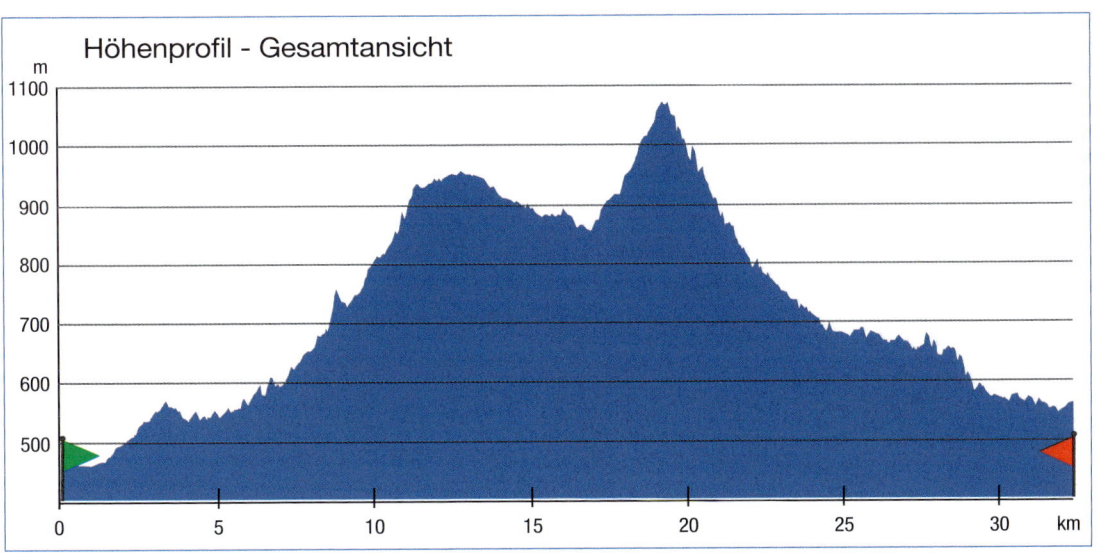

Höhenprofil - Gesamtansicht

Dem Mopedhimmel nah: Am Ende der Hochobir Straße begrüßt uns die Eisenkappler Hütte mit Gastfreundlichkeit.

HOCHOBIR-PANORAMASTRASSE

Im Kärntner Karawankengebiet erwartet uns noch ein Höhepunkt, den sich kein entdeckungsfreudiger Biker entgehen lassen sollte.

Gleichwohl dessen Entdeckung erst einmal recht happig mit 6 Euro Vorauskasse – in abgezählten Münzen bitteschön! – startet. Das verlangt nämlich der Mautautomat der Hochobir-Panoramastraße gleich am Einstieg zur Panoramastraße, in deren weiterem Verlauf

TOUR-TIPP

Wo Biker sich treffen
Die beiden Einkehr-Treffs in Eisenkappel – Café »Marktstube« (»Bei Lotte«) und Eisenkappler Hütte – und der Treff im traditionsreichen Café »Kaffeekanne« in Ferlach sind auch hier zu empfehlen. Ein Treff für Biker mit Bewegungsdrang ist der Parkplatz am Gipfel der Panoramastraße; dort beginnen einige schöne Wanderungen in die umliegenden Berge.

TOUR-TIPP

Empfehlenswerter Einkehrschwung
Wie schon erwähnt, empfehle ich eine kulinarisch lohnende Einkehr auf der Eisenkappler Hütte am Ende der Hochobir-Panoramastraße.
Bad Eisenkappel: Alpengasthof Riepl im Weiler Koprein-Petzen hoch über Eisenkappel oder die Marktstube »Bei Lotte« am Hauptplatz 24

sich allerdings rasch herausstellt, welch eine lohnende Investition wir soeben getätigt haben.

Die abschnittsweise durchaus anspruchsvolle, weil steil und schmal ansteigende Bergstrecke führt im oberen Abschnitt als Sackgasse direkt in das Wandergebiet rund um den 2139 Meter hohen Obir, das immerhin höchste Bergmassiv der nördlichen Karawanken. »Riese« soll das slowenische Wort »Obir« übersetzt be-

Lenkerbreit neu definiert: Manche Abschnitte der Panoramastraße verlaufen sehr schmal und schlecht einsehbar.

TOUR-TIPP

Sehenswertes am Wegesrand: Obir-Tropfsteinhöhle
Mitarbeiter der Bleiberger Bergwerksunion hatten
einst die zahlreichen Gänge eines wohl immensen
Tropfsteinhöhlensystems entdeckt und, soweit es ihnen technisch und körperlich möglich war, erforscht.
Und wenngleich durch die Bergbauarbeiten Teile der
Höhle beschädigt wurden, zählt die Obir-Tropfsteinhöhle heute immer noch zu den schönsten Höhlensystemen Österreichs – und zu den wohl geheimnis-
vollsten Höhlensystemen der Alpen, dessen Gänge,
Kammern und Verzweigungen bis heute noch nicht
vollständig erforscht sind. Kleine Seen, eine Vielzahl
an Stalagmiten sowie ein Stalaktit, der wie ein Haken
wächst, bilden einige der sehenswerten Schönheiten der Obir-Höhle. Kalkulieren Sie also mindestens
2–3 Std. Zeit für den Besuch der Höhle und aller
Info-Ausstellungen ein.

IM ÜBERBLICK

Name: Hochobir-Panoramastraße
Land: Österreich
Region: Kärnten
Passhöhe: 1533 m
Höchster Punkt der Strecke: 1535 m
Basisort: Bad Eisenkappel
Schwierigkeitsgrad: Mittelschwer
Anzahl der Kehren: 16
Streckenlänge: 28 km
Mautpflicht: 6 Euro für alle Klassen
Offizielle Wintersperre: Keine
Sperre für Fahrzeuge: Busse
Kulinarik: Gut
Ideal kombinierbar: Mit den Pässen Nr. 19, 20, 22, 23,
24 und 25 sowie mit dem nahen Loiblpass

deuten – angesichts der imposanten uns umgebenden
Gipfel ein absolut nachvollziehbarer Name. Zahlreiche
Stollen im Umfeld der Piste zeugen davon, dass hier
im Mittelalter wertvolles Blei zutage gefördert wurde
– unter durchaus denkwürdigen Bedingungen. Die
höchstgelegene Bleigrube war auf immerhin 2043 Metern Höhe zu finden und wurde »Hochobir« genannt.
Ab 1846 gab es hier oben auch eine der ersten mete-
orologischen Stationen der Alpen; unterhalb des Gip-
fels – nur zu Fuß erreichbar – sind noch Überreste der
Anlagen zu entdecken.

Fahrerisch und landschaftlich ist die gesamte, abschnittsweise kaum mehr als lenkerbreite Strecke ein

echter Genuss, für den wir allerdings Erfahrung im
Mopedsattel, eine ruhige Gashand und volle Konzentration benötigen. Dafür erwartet uns ganz oben ein
großer Parkplatz inmitten prächtiger alpiner Natur. Und
wen jetzt der kleine Hunger quält, dem empfehle ich
den Einkehrschwung in der Eisenkappler Hütte – vor
allem, aber nicht nur dann, wenn frischer Schweine-
braten auf der Tageskarte steht. Als »Nachtisch« und
perfekte Abrundung der Tour empfehle ich Ihnen die
Piste über den bereits beschriebenen Schaidasattel
auf 1069 Metern Höhe mit insgesamt fünf waschechten
Spitzkehren Richtung Ferlach.

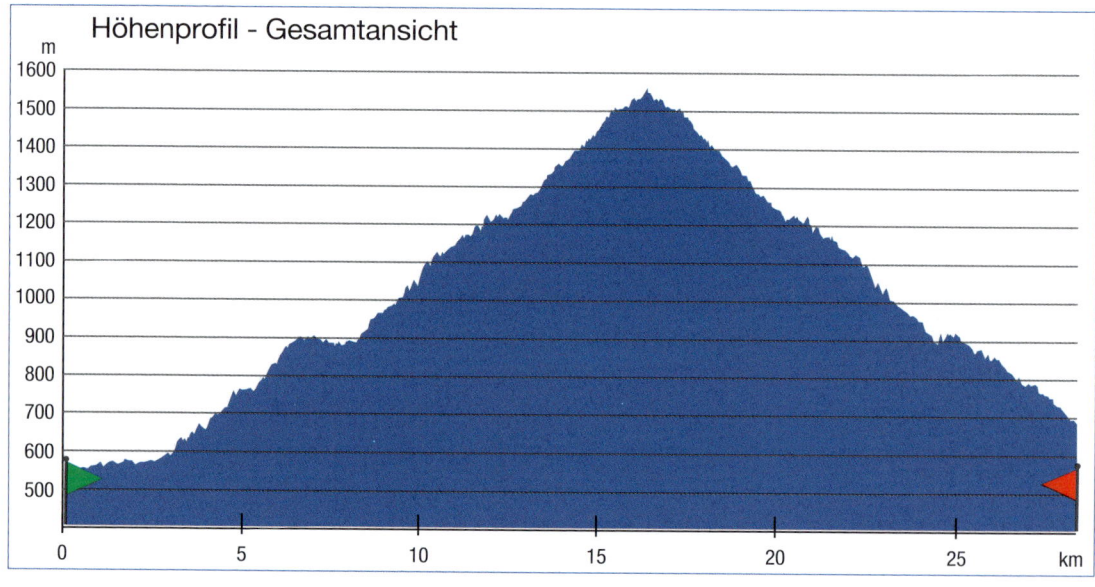

Höhenprofil - Gesamtansicht

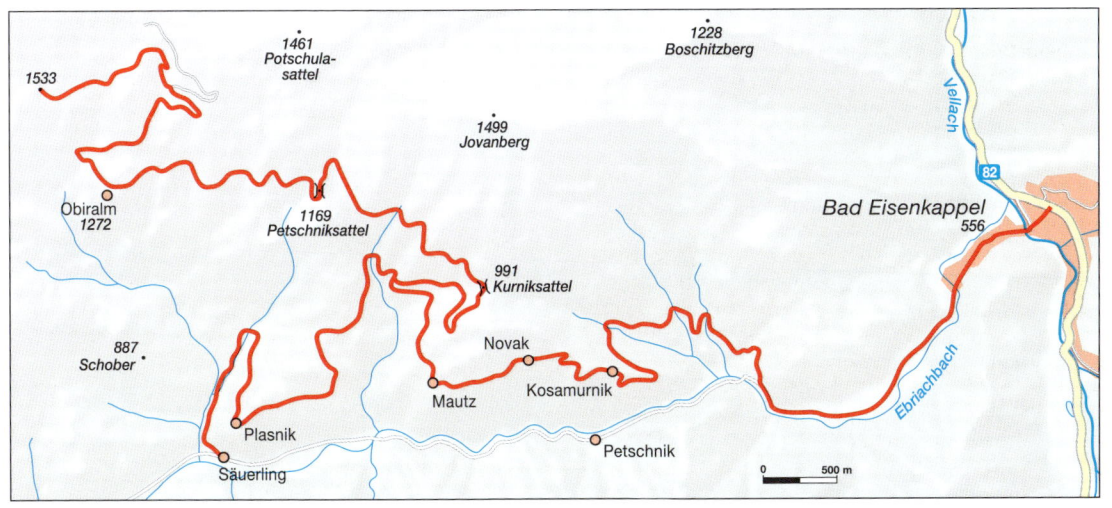

Sozias Ausblick: Auch nicht schlecht – gleichwohl ich selbst ohne Zweifel lieber vorne sitze!

Spielerei mit KTM: Auch die 1050 Adventure fühlt sich in den Karawanken äußerst wohl – egal ob on- oder offroad.

SEEBERGSATTEL / JEZERSKI VRH

Der Seebergsattel verbindet den Südosten Kärntens mit dem slowenischen Gorenjska (früher: Oberkrain) und besitzt den charmanten Vorteil, verkehrstechnisch nahezu bedeutungslos zu sein.

Und diese Tatsache beschert uns das Vergnügen, den Seebergsattel fast ganzjährig für uns allein zu haben.

Die Passstraße beginnt im Kärntner Städtchen Bad Eisenkappel (s. vorhergehende Kapitel). Die gut ausgebaute Straße windet sich mit maximal zehn Prozent Steigung durch dichte Wälder in die Höhe. Zugegeben: 1218 Meter Höhe gelten jetzt noch nicht als lebensgefährlich für Mensch und Technik, dennoch wollen die insgesamt 26 waschechten Spitzkehren mit Konzentration und ruhiger Gashand erobert werden.

TOUR-TIPP

Empfehlenswerter Einkehrschwung

Für den spontanen Hunger zwischendurch eignet sich das »Seebergstüberl« auf der Passhöhe ohne Zweifel gut. Ein weiteres den Einkehrschwung lohnendes Ziel ist der in Kapitel 20 schon erwähnte Alpengasthof Riepl im Weiler Koprein-Petzen hoch über Eisenkappel.

Die beiden Grenzstationen Österreichs und Sloweniens haben die Passhöhe nahezu komplett überbaut; nebenan liegen noch eine vermutlich private Berghütte

TOUR-TIPP

Sehenswertes am Wegesrand: die Karawanken

Sie sind Teil der Kalkalpen und markieren den südöstlichen Zipfel des gesamten Alpengürtels. Die Drau im Norden, die Sava im Süden, Karnien im Westen und das Bachergebirge im Osten reduzieren die Karawanken auf eine West-Ost-Ausdehnung von ca. 120 km sowie eine Nord-Süd-Breite von gut 40 km. Schon antike griechische Quellen berichten über die »Karwankas«, über das Reich des »Karv«, des Hirsches, wie ihn die Kelten nannten. Und seit mehr als 2000 Jahren bilden sie mit ihren nahezu geschlossenen Felskämmen eine natürliche, von West nach Ost verlaufende Grenze zwischen den Nationen – seit 1919 die zwischen Österreich und Slowenien. Nur über Wurzen-, Loiblpass und den Seebergsattel war es möglich, die Karawanken zu überqueren. Ihr höchster Gipfel, der Hochstuhl / Veliki Stol, erreicht 2237 m Höhe. Bis heute trennen die Karawanken zwei Welten voneinander: das touristisch perfekt erschlossene Urlaubsparadies Südkärntens von dem noch immer irgendwie im Dornröschenschlaf schlummernden Norden Sloweniens. Gerade auch dieser Kontrast macht die Erkundung der Karawanken so erlebenswert.

IM ÜBERBLICK

Name: Seebergsattel

Land: Österreich

Region: Kärnten

Passhöhe: 1218 m

Höchster Punkt der Strecke: 1218 m

Basisorte: Bad Eisenkappel und Jezersko

Schwierigkeitsgrad: Mittelschwer

Anzahl der Kehren: 26

Streckenlänge: 23 km

Mautpflicht: Keine

Offizielle Wintersperre: Keine

Sperre für Fahrzeuge: Keine

Kulinarik: Picknick mitbringen!

Ideal kombinierbar: Mit den Pässen Nr. 19, 20, 21, 23, 24 und 25 sowie mit dem nahen Loiblpassw

und auf österreichischer Seite eine bewirtschaftete Alm, das »Seebergstüberl« mit einfacher, aber zweifelsohne Kraft spendender Hausmannskost.

Hinab in das weite Tal des Seeländer Kessels / Jezersko wird die Straße dann schmäler und weist einige heftige Frostschäden auf. Lassen Sie es gemütlich angehen, durch die sich nur zögerlich öffnenden Wälder blitzen immer wieder nette Panoramen, die einen Blick lohnen. Erst rund um den Ort Jezersko lichtet sich der Wald endlich und gibt den Blick frei auf weite Wiesen, Weiden und Almlandschaften. Aus dem blitzsauberen Kärnten kommend, öffnet sich uns umgehend eine auch optisch andere, deutlich einfachere Welt – mit nicht minder herzlichen Menschen.

TOUR-TIPP

Wo Biker sich treffen

Direkt auf der Passhöhe, meist am Sonntag, zu einem Boxenstopp und Spontan-Treff, um die weiteren Touren zu besprechen

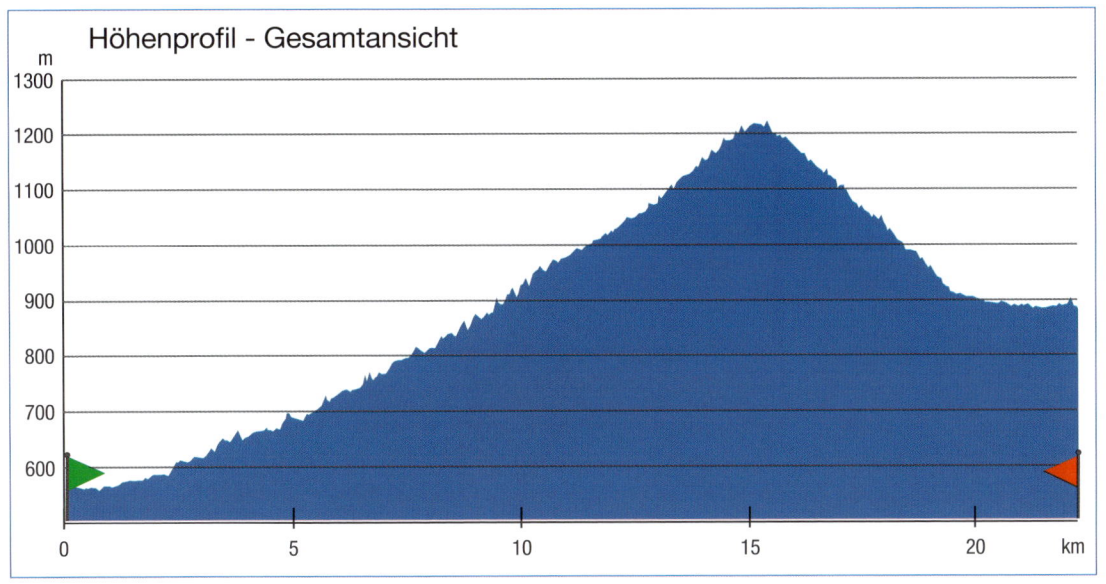

Kommt Ihnen das Bild bekannt vor?
Der Vrsic-Pass hat es auch auf den Titel
dieses Buches geschafft.

SLOWENIEN

Erster Versuch: Es ist nicht so einfach, von der Passhöhe des Paulitsch ein schönes Foto zu schießen. Vielleicht so?

PAULITSCHSATTEL / PAVLIČEVO SEDLO

Der Einsamkeitsfaktor des Paulitschsattels ist noch etwas höher als der des Seebergsattels gleich nebenan.

Und gerade deshalb sowie aufgrund der Tatsache, dass er noch satte 130 Meter höher ist, ist er ein beliebtes Etappenziel vor allem von sonntäglichen Bikern aus Kärnten und Slowenien.

Auch er markiert die Grenze zwischen dem österreichischen Kärnten und der slowenischen Region Štajerska, einstmals Untersteiermark. Beide Rampen des Passes sind sauber asphaltiert und gewartet. Auf österreichischer Seite startet die Passrampe ebenfalls in Bad Eisenkappel, der Abzweig zum Paulitschsattel

TOUR-TIPP

Wo Biker sich treffen
In der Logarska Dolina treffen sich vor allem am Wochenende nicht nur Naturfreunde und Wanderer, sondern auch Motorradfahrer aus dem Westen Sloweniens – und das sowohl wegen der zahlreichen Einkehrmöglichkeiten als auch wegen der herrlichen Picknickplätze.

TOUR-TIPP

Sehenswertes am Wegesrand: Tržic
Nicht minder sehens- und erlebenswert ist die slowenische Stadt Tržič etwas weiter im Westen und ganz am Rand der letzten echten Höhenzüge der Alpen. Tržič hat eine lange und vor allem spannende Geschichte. Bereits im frühen Mittelalter war der Markt in drei Zonen unterteilt: den Marktkern, den Hammerwerksteil und den Kirchenkomplex. Noch heute ist die Altstadt der aus sage und schreibe 35 Ortsteilen bestehenden Stadt reich gesegnet mit klassizistischen Fassaden, deren sonderbare metallene Fensterläden und Türen an einen verheerenden Brand im Jahr 1811 erinnern: Mehr als 200 Häuser wurden ein Raub der Flammen, viele der Einwohner kamen ums Leben. Für den Wiederaufbau der Stadt wurden dann eilends ganz besondere Brandschutzmaßnahmen angeordnet – eben jene metallenen Läden vor Fenstern und Türen wurden Pflicht. Nicht nur deshalb steht die sehenswerte Altstadt von Tržič seit 1985 unter Denkmalschutz.

liegt auf der linken Seite noch vor Beginn des Seebergsattel-Kehren-Potpourris. Allein 14 Kehren und einige Kurven erfreuen uns dann noch vor der Passhöhe, die

IM ÜBERBLICK

Name: Paulitschsattel/Pavličevo sedlo

Land: Slowenien

Region: Karawanken (und Kärnten/Österreich)

Passhöhe: 1338 m

Höchster Punkt der Strecke: 1400 m

Basisorte: Bad Eisenkappel und Solčava

Schwierigkeitsgrad: Mittelschwer

Anzahl der Kehren: 22

Streckenlänge: 30 km

Mautpflicht: Keine

Offizielle Wintersperre: November bis April

Sperre für Fahrzeuge: Keine

Kulinarik: Picknick mitbringen!

Ideal kombinierbar: Mit den Pässen Nr. 19, 20, 21, 22, 24 und 25 sowie mit dem nahen Loiblpass

nur mit einer spärlichen Grenzhütte überbaut recht einsam in dichtem Wald liegt.

Der österreichische Abschnitt der gesamten Passstrecke ist zwar etwas kurvenreicher, der slowenische Teil dafür schmäler und panoramareicher. Gleichwohl es meist durch dichten Wald geht, öffnet sich dieser immer wieder überraschend und gibt den Blick frei.

TOUR-TIPP

Empfehlenswerter Einkehrschwung
Tržič lohnt auf jeden Fall einen ausgiebigen Rundgang; danach empfehle ich eine Einkehr z. B. in der Pizzerija »Pod Gradom« direkt im historischen Zentrum.

Ganz besonders, wenn Sie auf slowenischem Territorium meiner Empfehlung folgen und den wohl einzigartigen Abstecher in das Hochtal der Logarska Dolina in Ihre Tagestour mit einbauen. 5 Euro kostet die Motorradmaut am Zugang der sieben Kilometer langen Hochebene, und gleichwohl die Mautstraße fahrerisch ein Kinderspiel ist, begeistert vor allem die umliegende Natur. Schauen Sie sich ausgiebig um, und wenn Sie dann der kleine Hunger quält, haben zahlreiche Alpengasthöfe sicherlich das Richtige für Sie auf der Speisekarte. Speziell Motorradfahrer und Wanderer sind Hauptzielgruppen der Infrastruktur dieses prächtigen Hochtals.

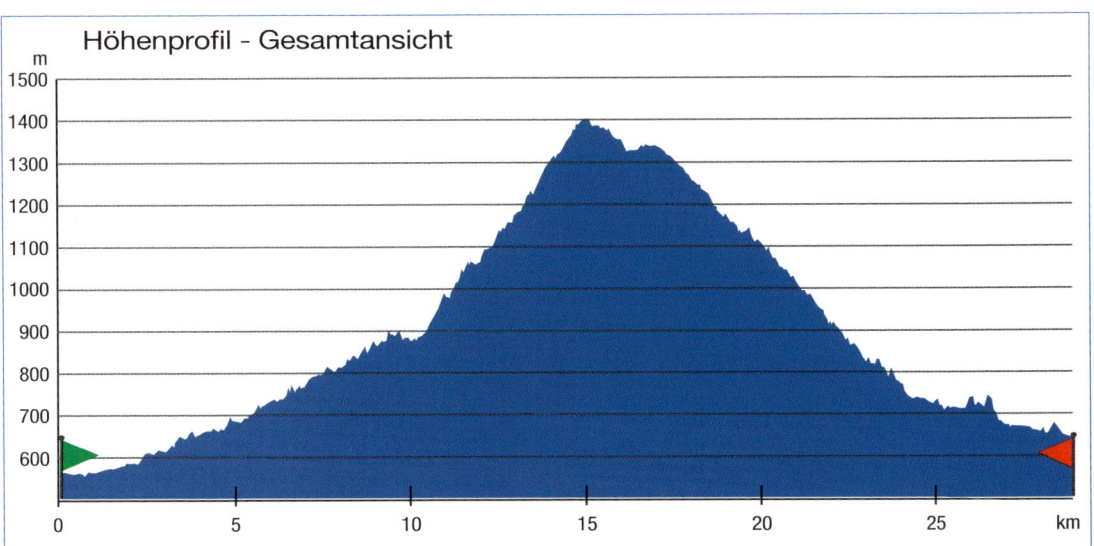

Porentief historisch: Viele Kehren des Vršic sind wie in alten Zeiten mit grobem Kopfstein gepflastert.

VRŠIČ-PASS

Im Triglavski Narodni Park, dem einzigen National-park Sloweniens erwartet uns nicht nur eine gran-diose Natur mit zahlreichen Höhepunkten.

Auch einer der markantesten Pässe der Ostalpen liegt hier, den es mit ruhiger Gashand und ordentlich Erfah-rung im Mopedsattel zu erobern gilt. Im Wintersport-paradies Kranjska Gora suchen wir den Wegweiser zum Vršič-Pass, und gleich hinter den letzten Häusern der Stadt beginnt dessen Kurventanz. Allein 24 penibel durchnummerierte und mit auf weiter Strecke histori-schem Kopfsteinpflaster belegte Kehren erwarten uns auf der Nordrampe hinauf zum 1611 Meter hoch gele-genen und damit höchsten Scheitelpunkt Sloweniens.

1914–16 wurde die Passstrecke von russischen Ge-fangenen als militärische Versorgungsstraße erbaut.

TOUR-TIPP

Wo Biker sich treffen
Die Passhöhe des »Vršič« ist der Bikertreff der Region, und wenn Sie sich von den am Rand der Legalität agierenden Parkplatzwächtern nicht beeindrucken lassen, lohnt der Boxenstopp dort oben auf jeden Fall.

TOUR-TIPP

Sehenswertes am Wegesrand: Kranjska Gora
Bereits im 14. Jh. begannen die Menschen damit, die Wälder der Region rund um Kranjska Gora zu roden, um sich anzusiedeln und den fruchtbaren Boden urbar zu machen. Strategische Bedeutung erlangte der Ort dann vor allem während des Ersten Weltkriegs, als russische Kriegsgefangene eine Heerstraße aus dem Sava- ins Soča-Tal bauen mussten. Natürlich über Kranjska Gora als zentralem Basisort. Mit dem Bau der Eisenbahn um 1870 wurde Kranjska Gora beinahe über Nacht zu einem berühmten Tourismusort, der heute vor allem im Winter von Bedeutung ist. Und das obwohl die Bahnlinie von Ljubljana ins italienische Tarvis 1966 ihren Betrieb ein-stellte. Im Sommer begeistert Kranjska Gora vor allem Wanderer und Naturfreunde durch die prächtige Land-schaft und durch die vielfältigen Freizeitmöglichkeiten, die dem Ort ein ganz besonderes Flair verleihen.

Über 400 Arbeiter kamen bei einem einzigen Lawinen-abgang im März 1916 ums Leben; ihnen gedenkt man noch heute mit einer kleinen Kapelle auf der Nordseite des Passes. Vor allem die Nordrampe des Vršič folgt historischen Planungen, ein Parkplatz, eine bewirt-schaftete Berghütte und zwei Andenkenbuden zieren den Scheitel des höchsten und schönsten Passes Slo-

IM ÜBERBLICK

Name: Vršič-Pass
Land: Slowenien
Region: Karawanken
Passhöhe: 1611 m
Höchster Punkt der Strecke: 1611 m
Basisorte: Kranjska Gora und Bovec
Schwierigkeitsgrad: Anspruchsvoll
Anzahl der Kehren: 50
Streckenlänge: 45 km
Mautpflicht: Keine
Offizielle Wintersperre: Ende Oktober bis Anfang Mai
Sperre für Fahrzeuge: Keine
Kulinarik: Dürftig
Ideal kombinierbar: Mit den Pässen Nr. 19, 20, 21, 22, 23, 25 und 26 sowie mit dem nahen Nassfeld- und dem Predilpass

weniens. Nach weiteren 26 teils engen Schleifen pendelt sich die Straße dann mit Kehre Nr. 50 mitten im Triglav-Nationalpark aus.

Unser Gleichgewichtssinn pendelt vermutlich noch eine ganze Weile nach. Vor allem, wenn wir uns auf der Passhöhe keine Zeit für eine ausgiebige Pause gegönnt haben. Apropos: An Wochenenden versuchen dort oben grimmig dreinblickende »Parkplatzwächter« mit Fantasieuniformen auch Biker, die nur kurz anhalten, mit bis zu 2,50 Euro abzukassieren. Wie es heißt, außerhalb jeglicher Legalität, aber mit deutlichem, ja beinahe unwiderstehlichem Nachdruck. Dies und die Tatsache, dass auch

Reisebusse theoretisch freie Fahrt über den 50-Kehren-Pass haben, machen den »Vršič« für Motorradfahrer vor allem wochentags empfehlenswert. Wenngleich sich das gesamte Bus- und Wohnmobilaufkommen im Umfeld des Passes noch erfreulich in Grenzen hält.

TOUR-TIPP

Empfehlenswerter Einkehrschwung
Kranjska Gora: Restavracija »Lipa«, Koroska 14
Bovec, am Südende des Vršič-Passes: Restaurant »Felix« (Mala vas Nr. 16) im Herzen der Stadt – serviert die wahrscheinlich besten Burger Sloweniens

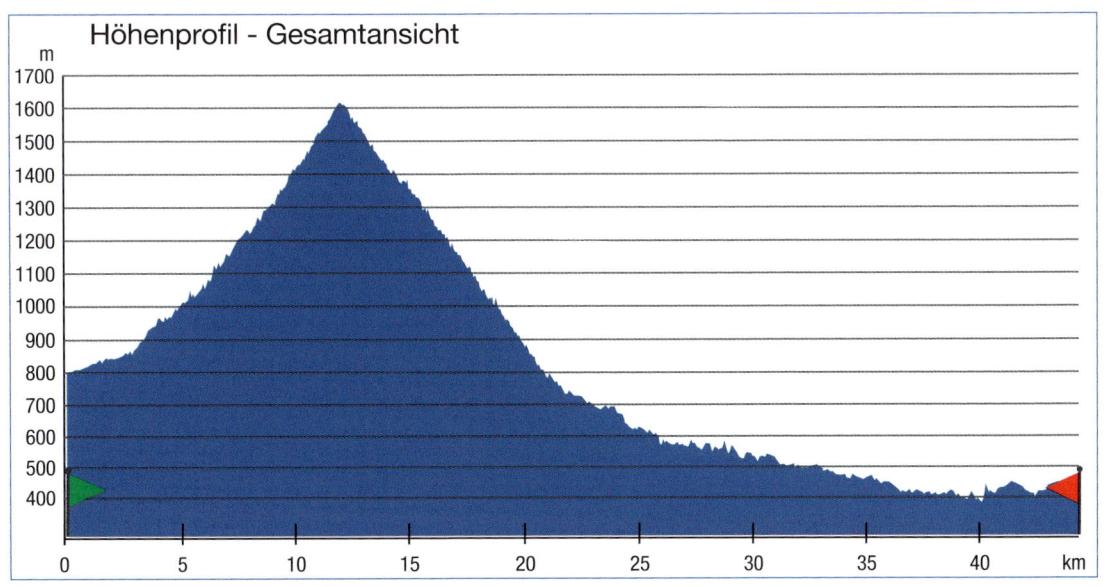

Herrlich launisch: Ob Sie die Mangart-Maut bezahlen müssen, hängt vom Wetter und der Lust des Kassierers ab.

MANGART-PANORAMASTRASSE / MANGARTSKA CESTA

Durchs das idyllische Soča-Tal fahren wir Richtung Bovec direkt zum Einstieg in die Mangartska Cesta, die Mangart-Panoramastraße.

Die gut elf Kilometer lange und zum höchsten anfahrbaren Punkt Sloweniens ansteigende Panoramastraße wurde mit ihrem atemberaubend kurvenreichen, teilweise einspurigen Verlauf wohl von motorradfahrenden Architekten konzipiert – sie besitzt mit 18 Kehren und fünf unbeleuchteten Felsentunnels auch so manchen Blutdruck in die Höhe treibenden Abschnitt. Eben jene Tunnel blocken übrigens aber auch Busse und

TOUR-TIPP

Empfehlenswerter Einkehrschwung
Mein Einkehrtipp am Fuß des Mangart: Ristorante »Chalet Al Lago« in Cave del Predil

TOUR-TIPP

Wo Biker sich treffen
Vor allem entlang der Gipfelschleife der Mangart-Panoramastraße, obwohl sie aktuell wohl noch nicht wieder legal erreichbar ist …

Wohnmobile zuverlässig ab. Doch ihr größter Clou: Die Mautstelle an der Mangartska-Planina-Alm nach zwei Kilometern ist nur selten besetzt, und die Chancen auf gebührenfreien Hochgenuss sind vor allem unter der Woche sehr gut.

Ein großes Sperrschild am Ende des Anstiegs warnte mich 2015 zwar vor der Weiterfahrt, da die in einer Schleife auf 2060 Metern Höhe endende Panoramastraße durch einen Felssturz beschädigt wurde. Das metallische Blinken von Motorrädern ganz oben in der Ferne erzählte aber von offensichtlich mangelnder Be-

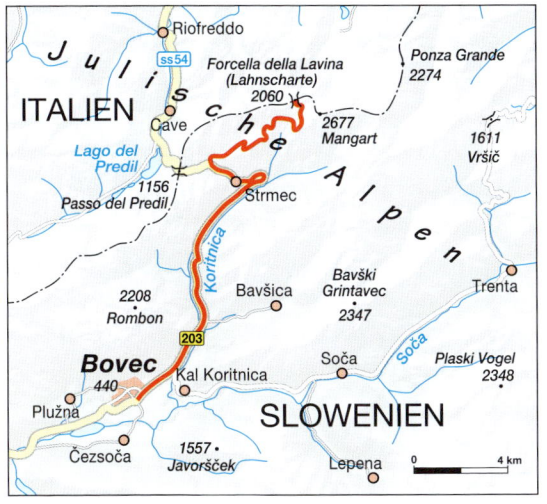

IM ÜBERBLICK

Name: Mangart-Panoramastraße

Land: Slowenien

Region: Karawanken

Passhöhe: 2060 m

Höchster Punkt der Strecke: 2060 m

Basisort: Bovec

Schwierigkeitsgrad: Mittelschwer

Anzahl der Kehren: 18

Streckenlänge: 28 km

Mautpflicht: 5 Euro für Motorräder

Offizielle Wintersperre: November bis Mai

Sperre für Fahrzeuge: Über 2,2 m Höhe

Kulinarik: Picknick mitbringen!

Ideal kombinierbar: Mit den Pässen Nr. 19, 20, 21, 22, 23, 24 und 26 sowie mit dem nahen Nassfeld- und dem Predilpass

achtung dieser Sperre. Das ließ auch in mir den Wunsch reifen, den Höhepunkt der Mangartstraße persönlich zu erfahren. Ich gab Gas, und während Sozia Kirsten in Erwartung drakonischer Strafzettel im Helmfunk heftig schimpfte, konnte ich den mächtigen Felssturz problemlos passieren.

Nachdem der Felssturz – wie ich aus dem Freundeskreis hörte – auch 2016 noch die Straße teilweise blockierte und vor allem Pkws zuverlässig abblockt, entscheiden Sie bitte selbst, inwieweit Sie dieses Fahrverbot berücksichtigen wollen.

Gleich hinter dem Felssturz öffnet sich das hochalpine Reich des Mangart (2677 m) auf der Grenze zwischen Slowenien und Italien. Rasch den Seitenständer ausgeklappt, Helm und Mopedjacke abgelegt, den letzten Proviant aus dem Rucksack gekramt und ins Gras gesetzt – der Ausblick über die Gipfel der Karawanken und der Julischen Alpen ist atemberaubend! Bringen Sie neben einem Picknick unbedingt viel Zeit mit, und genießen Sie es dort oben.

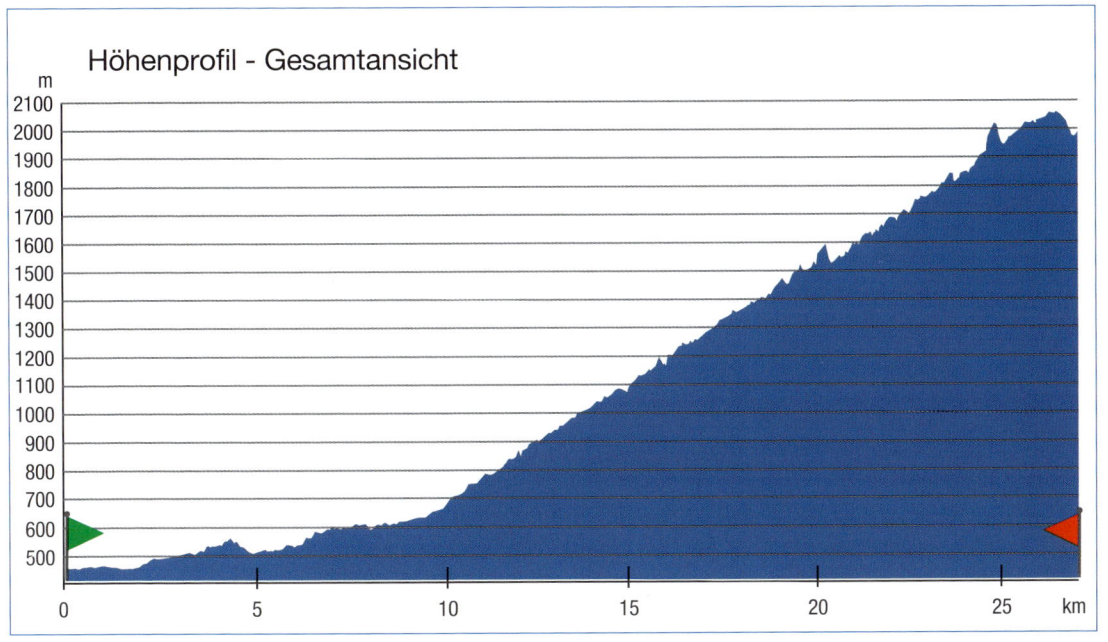

Zum Seufzen schön: Die Dolomiten
gehören zu Bikers Traumzielen – sind aber
leider oftmals völlig überlaufen.

ITALIEN

Immer schön mittig bleiben: Die Brücke über den Lago di Verzegnis ist deutlich in die Jahre gekommen.

SELLA CHIANZUTAN

Die Sella Chianzutan ist einer jener Pässe im Umland der Dolomiten, die wohl an jedem Biker-Stammtisch fragende Gesichter und heftiges Kopfschütteln hervorrufen.

Denn diesen Höhepunkt einige Kilometer südwestlich von Tolmezzo kennt fast niemand. Die über den Pass verlaufende Provinzstraße SP 1 verbindet Tolmezzo mit dem Süden des Frthe Frauls rund um Pinzano al Tagliamento und führt weiter nach Spilimbergo.

Die baumfreie Passhöhe selbst zieren eine Bar – konsequenterweise mit dem Namen des Passes – sowie ein gewaltiges Holzlager. Rechts und links der Piste liegen einige in die Jahre gekommene Skiliftanlagen sowie ein paar Berghütten. Eine wenig einladende Umgebung, wäre da nicht diese prächtige und sich durchweg in gutem Zustand befindende Passstraße mit ihren

TOUR-TIPP

Wo Biker sich treffen
An Sonntagen meist spontan auf der unbewirtschafteten Passhöhe; weitere Treffs sind mir bislang nicht aufgefallen oder genannt worden.

TOUR-TIPP

Sehenswertes am Wegesrand: Tolmezzo
Tolmezzo am Nordeinstieg der Sella Chianzutan lohnt einen Rundgang, ist die geschichtsreiche Stadt doch Hauptort der historischen Region Karnien, Herz der heutigen Karnischen Alpen. Parken Sie das Motorrad rund um die Piazza XX Settembre im Stadtzentrum und schlendern Sie ein wenig umher. Viel Sehenswertes und zahlreiche Einkehrmöglichkeiten warten auf Sie.
Und falls Sie mögen, planen Sie doch eine ausgiebige Erkundung der erwähnten Karnischen Alpen ein, die als Kontrastprogramm zu den proppenvollen Dolomiten ein echtes Erlebnis sind – gerade und ganz besonders auch fahrtechnisch. Sie zählen wie die Dolomiten zu den Südlichen Kalkalpen und formen das Grenzgebirge zwischen den österreichischen Bundesländern Osttirol und Kärnten und dem italienischen Friaul. Sie gliedern sich in den bis zu 2780 m aufragenden Hauptkamm und in die sanft gen Süden auslaufenden Karnischen Voralpen. Doch das Beste an diesem bislang vor allem Genuss-Bergsteigern bekannten Grenzgebirge sind die abwechslungsreichen Pisten und anspruchsvollen Pässe, die das gesamte Gebiet durchziehen. Garniert wird das Ganze noch durch prächtige denkmalgeschützte Dörfer, idyllische Bergseen und eine der schönsten Panoramastraßen der Alpen. Wer die hohe Kunst des Pässefahrens trainieren und dem sommerlichen Rummel der Dolomiten entfliehen möchte, der ist hier genau richtig.

Könnte eng werden: Keine Sorge, selbst das Einklappen der Spiegel der K1600GT war in diesem Fall nicht nötig.

IM ÜBERBLICK

Name: Sella Chianzutan
Land: Italien
Region: Friaul
Passhöhe: 954 m
Höchster Punkt der Strecke: 960 m
Basisorte: Tolmezzo und Flagogna
Schwierigkeitsgrad: Mittelschwer
Anzahl der Kehren: 23
Streckenlänge: 42 km
Mautpflicht: Keine
Offizielle Wintersperre: Keine
Sperre für Fahrzeuge: Keine
Kulinarik: Picknick mitbringen!
Ideal kombinierbar: Mit den Pässen Nr. 14, 24, 25, 27, 28 und 29 sowie mit dem nahen Sappadapass oder mit der Panoramica delle Vette

23 waschechten Kehren. Sie ist das absolute Highlight der Region und lockt vor allem an Sommerwochenenden zahlreiche Italo-Biker. Ganz besonders auch dann, wenn sich im Nordwesten in den Dolomiten wieder einmal die Wohnmobile und Reisebusse stapeln.

Insgesamt dreimal bin ich nun schon über die Sella Chianzutan gewedelt, und kein einziges Mal hatte die Bar auf der Passhöhe geöffnet. Deshalb gehört dieser Pass zu den wenigen in diesem Buch, bei denen ich Ihnen empfehle, ein Picknick einzupacken. Aussichtsreiche Plätze, um es genüsslich zu verzehren, finden sich entlang der Passstraße zuhauf.

Richtung Süden mehren sich dann die Kurven und Kehren, vor allem, wenn Sie rechts den Abzweig Richtung Clauzetto wählen. Die SP 55 gehört zu den norditalienischen Pisten, die meiner Meinung nach von motorradfahrenden Landschaftsarchitekten geplant und erbaut worden sind. Ein herrliches Schräglagenvergnügen, das nicht nur jeden Biker begeistert – es ist auch ein perfektes, nicht zu unterschätzendes Trainingsgelände für die hohe Kunst des alpinen Motorradfahrens.

Ein Genuss: Wäre es am Sella Chianzutan so voll, wie in den Dolomiten, wäre diese Strecke lebensgefährlich.

Höhenprofil - Gesamtansicht
m
1000
900
800
700
600
500
400
300
200
100
0
5
10
15
20
25
30
35
40 km

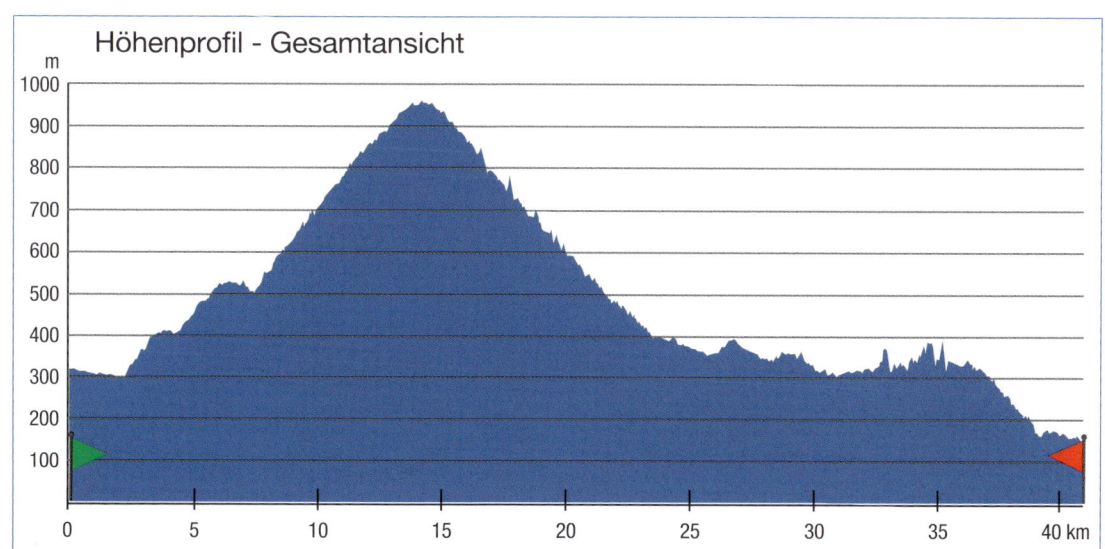

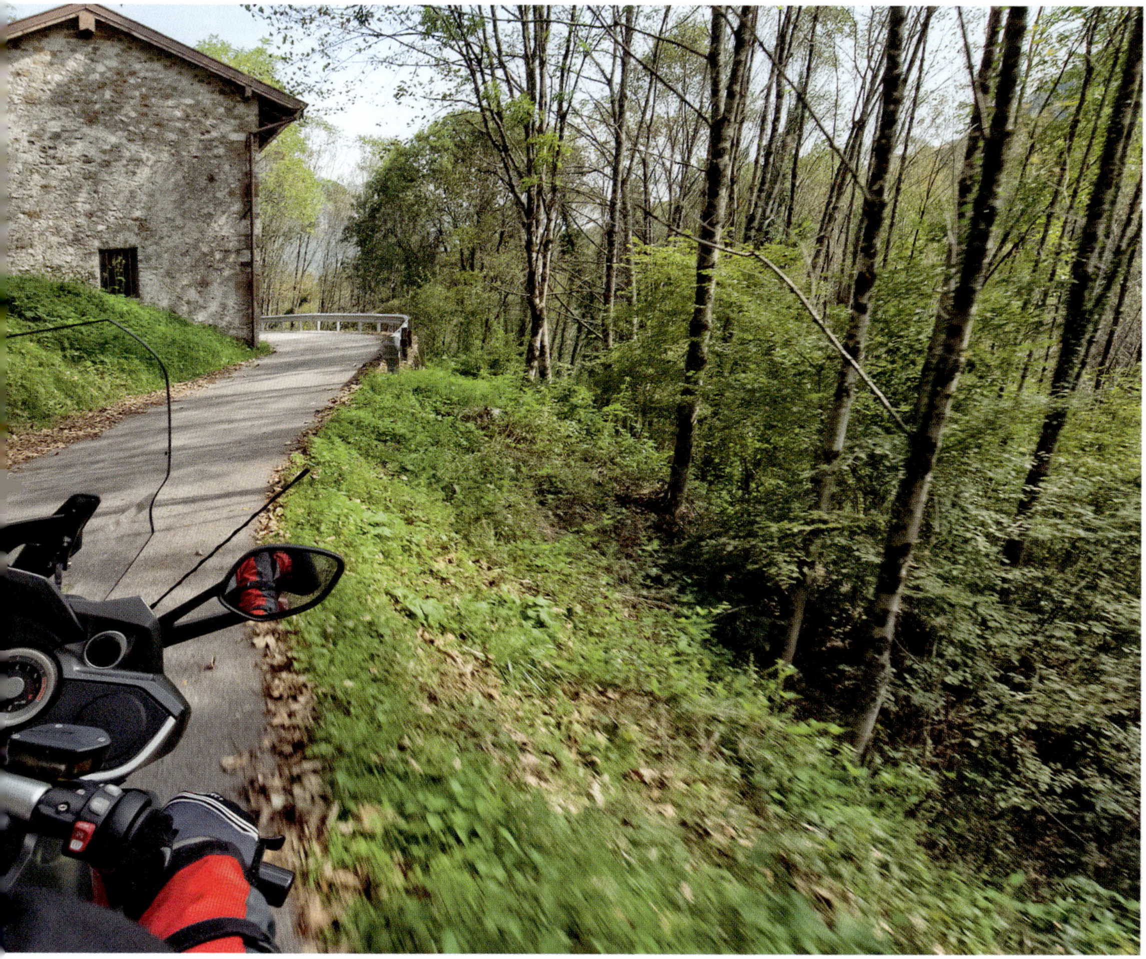

Bringen Sie Ihre Erfahrung mit: die Strecken am Monte Rest sind abschnittsweise wenig anfängertauglich.

FORCOLA DI MONTE REST / PASSO REST

Der zwar offiziell als Forcola di Monte Rest geführte, aber sonst als Passo Rest ausgeschilderte Pass ist ein weiterer fahrtechnischer Geheimtipp im Friaul.

Zwar liegt der Pass nur auf 1052 Metern Höhe, doch die Zufahrt ist gespickt mit Kurven, Kehren und dunklen Tunnels, die unsere volle Konzentration fordern. Die Straße selbst ist in recht gutem Zustand und erfreulich wenig befahren, sie führt meist durch dichten Wald, der auch im Hochsommer angenehm schattig bleibt. Die größtenteils unbeleuchteten Tunnels enthalten aber enge Kurven und Kehren und sind mit

TOUR-TIPP

Empfehlenswerter Einkehrschwung
Ampezzo: Ristorante »Al Pura«, Strada
Esterna Corso 7 – wo viele Italiener einkehren, muss es lecker sein!
Meduno: Ristorante »Ponte Maraldi« in
der Via Maraldi – traditionelle Küche
lecker zusammengestellt

Vorsicht anzufahren. Notfalls einfach kurz hupen, um die eigene Anwesenheit anzukündigen – das machen die Einheimischen auch so, und wahrlich zur Genüge.

Der Pass verbindet das Tagliamento-Tal von Ampezzo – nicht zu verwechseln mit Cortina d'Ampezzo – mit den Weiten Venetiens, insbesondere die venezianische Tiefebene ist am Südfuß des Passes nicht mehr fern. Entlang der Passstraße liegen idyllische, blitzsaubere Weiler wie Tramonti di Sopra und Tramonti di Sotto, in denen die Zeit vor vielen Jahren einfach stehen geblieben zu sein scheint. Nicht nur in den winzigen Kneipen der Dörfer erlebt man als Biker die ganz besondere Herzlichkeit, die hier noch jedem Reisenden entgegengebracht wird. Übrigens gerade auch, wenn er mit dem Motorrad unterwegs ist.

Die gesamte Passstrecke ist wirtschaftlich kaum von Bedeutung, sie wird ausschließlich von den wenigen Anwohnern genutzt und ist nicht nur deshalb

TOUR-TIPP

Sehenswertes am Wegesrand: Val Lumiei
Nördlich von Ampezzo wartet ein Naturspektakel auf den Reisenden, wie es eindrucksvoller kaum sein kann: das Val Lumiei, die Lumiei-Schlucht. Gen Nordwesten abgeriegelt von der gewaltigen Staumauer des Lago di Sauris, verbindet die in der Schlucht verlaufende historische Straße den Ort Sauris mit Ampezzo und führt im oberen Teil fast ausschließlich durch enge, beleuchtete Tunnels. Achtung: Das historische Kopfsteinpflaster in den Tunnels ist oft nass und rutschig!

angenehm frei von Lkws, rasenden Transportern oder gar Stau und roten Ampeln.

Im Süden des Passes empfängt uns der malerisch gelegene Lago di Tramonti, auch Lago di Redona genannt, ein gut zwölf Kilometer langer künstlich aufgestauter Bergsee, umgeben von einem herrlichen Alpenpanorama. Entlang des Ostufers erwarten uns einige schöne Pausenplätze, und rein theoretisch eignet sich der See auch zum Baden – seine Wassertemperatur erreicht aber selbst im Hochsommer kaum die 20-°C-Marke. Also nichts für Warmduscher ...

Nach etwa der Hälfte der Strecke erreicht man die Brücke über den Torrente Lumiei; hier kreuzt auch die alte Talstraße, die heute nicht mehr befahrbar ist. Spätestens hier sollten Sie den Seitenständer ausklappen und einen langen Blick rundum werfen, sowohl hinab in die tief eingegrabene Schlucht als auch über den Verlauf der alten Route, die sich an den Berghängen noch abzeichnet. Welch eine spektakuläre Trassenführung

IM ÜBERBLICK

Name: Forcola di Monte Rest / Passo Rest
Land: Italien
Region: Friaul
Passhöhe: 1052 m
Höchster Punkt der Strecke: 1080 m
Basisorte: Ampezzo und Meduno
Schwierigkeitsgrad: Mittelschwer
Anzahl der Kehren: 44
Streckenlänge: 45 km
Mautpflicht: Keine
Offizielle Wintersperre: Keine
Sperre für Fahrzeuge: Keine
Kulinarik: Picknick mitbringen!
Ideal kombinierbar: Mit den Pässen Nr. 14, 26, 28 und 29 und mit der nahen Forcella di Lavardet oder mit der Panoramica delle Vette

hatte man damals realisiert! Und vor allem mit welch technischen Hilfsmitteln, die mit unserer heutigen Straßenbaukunst gar nicht zu vergleichen sind. Trotz Verfall heute noch sehr beeindruckend, wie ich finde.

TOUR-TIPP

Wo Biker sich treffen
Am Nordfuß des Passes im Städtchen Ampezzo, und dort vor allem auf den Parkplätzen am Südrand rund um die Pizzeria »El Greco«, zum Tourenstart am Wochenende

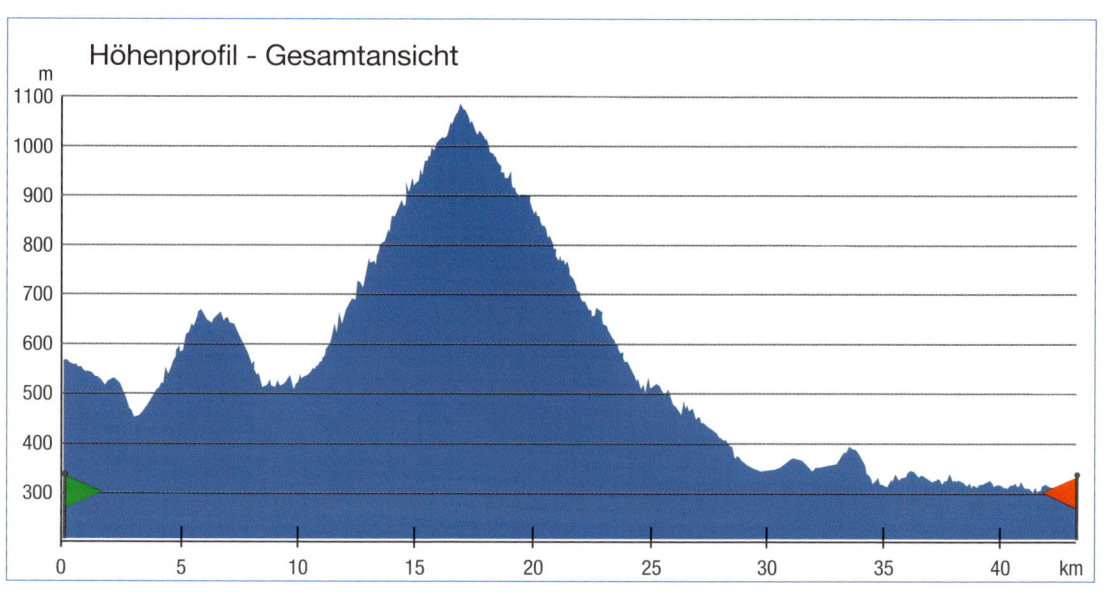

Höhenprofil - Gesamtansicht

Hält das Wetter? Ein Wetterumschwung an der deutlich alpinen Sella di Rioda darf nicht unterschätzt werden.

SELLA DI RIODA

Noch immer befinden wir uns in den Karnischen Alpen, dem bis heute eher unbekannten Kurven- und Kehrenparadies Norditaliens, im Schlagschatten der mächtigen Dolomiten.

Doch schaut man sich einmal eine hochauflösende Tourenkarte des Gebiets genauer an, dann taucht dort plötzlich und unvermutet eine Vielzahl von Pässen auf, von denen kaum ein deutscher Biker jemals gehört hat. Okay, mögen Sie jetzt sagen, das werden irgendwelche Maulwurfshügel sein, auf die man ein Passschild gestellt hat. Aber mitnichten! Nicht nur die Pässe im Karnischen Hauptkamm auf der Grenze zwischen Italien und Österreich sind durchaus herausfordernd – Stichwort Plöckenpass –, auch hier in den südlichen Karnischen Alpen finden wir

TOUR-TIPP

Wo Biker sich treffen
Vor allem einheimische Biker treffen sich sporadisch im sehenswerten Zentrum von Sauris di Sotto nördlich des Lago di Sauris – hier hauptsächlich am Samstag/Sonntag zum Tourenstart über die umliegenden Pässe.

TOUR-TIPP

Empfehlenswerter Einkehrschwung
Vigo di Cadore: Gelateria »Triestina«, Via Tommaso Da Rin 9 – Eis essen im Cadore-Tal muss einfach sein!
Ampezzo (s. auch voriges Kapitel): Ristorante »Al Pura«, Strada Esterna Corso 7

Strecken, deren Kehrenreichtum jeden Motorradfahrer porentief begeistern wird. Z. B. rund um die Sella di Rioda. Eine Vielzahl an Pässen und Panoramastrecken liegt in Sichtweite rundum und lässt sich herrlich miteinander kombinieren.

TOUR-TIPP

Sehenswertes am Wegesrand: Val Cadore
Das Cadore-Tal grenzt im Westen ans Trentino, im Norden an Südtirol und im Osten an Friaul und bildet innerhalb Norditaliens eine Besonderheit: Nicht nur, dass in zahlreichen Orten Ladinisch gesprochen wird, auch die Geschichte des Tals ist reich an spannenden Ereignissen. Die Römer breiteten sich einst hier aus, und in den Napoleonischen Kriegen wie auch im Ersten Weltkrieg waren das Tal und seine Höhenzüge schwer umkämpfte Gebiete – Stichwort Alpenfront. Und heute? Nun, heute ist das Cadore das Tal der »Gelatieri«, das Tal der Eismacher. Denn aus dem Cadore stammen nahezu alle echten italienischen Eisdielenbesitzer in Deutschland. Woran man diese »Echten« erkennt? Daran, dass sie im Sommer ihr leckeres Eis verkaufen und im Winter ihre Eisdielen zusperren, um sich in der Heimat, ihrem Cadore, zu erholen!

IM ÜBERBLICK

Name: Sella di Rioda
Land: Italien
Region: Friaul
Passhöhe: 1800 m
Höchster Punkt der Strecke: 1810 m
Basisorte: Vigo di Cadore und Ampezzo
Schwierigkeitsgrad: Mittelschwer
Anzahl der Kehren: 41
Streckenlänge: 44 km
Mautpflicht: Keine
Offizielle Wintersperre: Keine
Sperre für Fahrzeuge: Keine
Kulinarik: Picknick mitbringen!
Ideal kombinierbar: Mit den Pässen Nr. 13, 14, 26, 27, 29 und 30, mit dem nahen Sappadapass oder mit der Sella di Razzo und der Panoramica delle Vette

Aus dem Cadore, einer von den Dolomiten eingerahmten Tallandschaft, kommend, wählen wir zunächst die schmale Landstraße von Vigo di Cadore Richtung Osten und folgen den Wegweisern nach Comeglians. Durch dichte Wälder geht es bergan, und rasch befinden wir uns in einem prächtigen Kurvengemenge hinauf zum Forcella di Lavardet. Jetzt heißt es gen Süden abzweigen und über den eher unscheinbaren Scheitel der Sella di Rioda zum Lago di Sauris huschen. Ganze 20 Spitzkehren stellt uns die kaum mehr als lenkerbreite Piste vor dem Windshield bereit, und obwohl der Verkehr auf dieser Landstraße oftmals im Jahr gegen null geht, heißt es volle Konzentration bewahren.

Das obligatorische Passschild taucht unvermutet rechts am Wegesrand in einer weiten Senke auf – vielleicht entdecken Sie noch unseren »Ich-war-hier«-Aufkleber, den meine beste Sozia überall in Europa verteilt. Nicht ganz legal, aber allseits geduldet, wie man auf vielen Passschildern erkennen kann. Am idyllischen Lago di Sauris können wir erst einmal unseren heftig schunkelnden Gleichgewichtssinn beruhigen. Die restlichen Kilometer hinunter nach Ampezzo halten dann nochmals prächtige Rechts-links-Kombinationen für uns bereit.

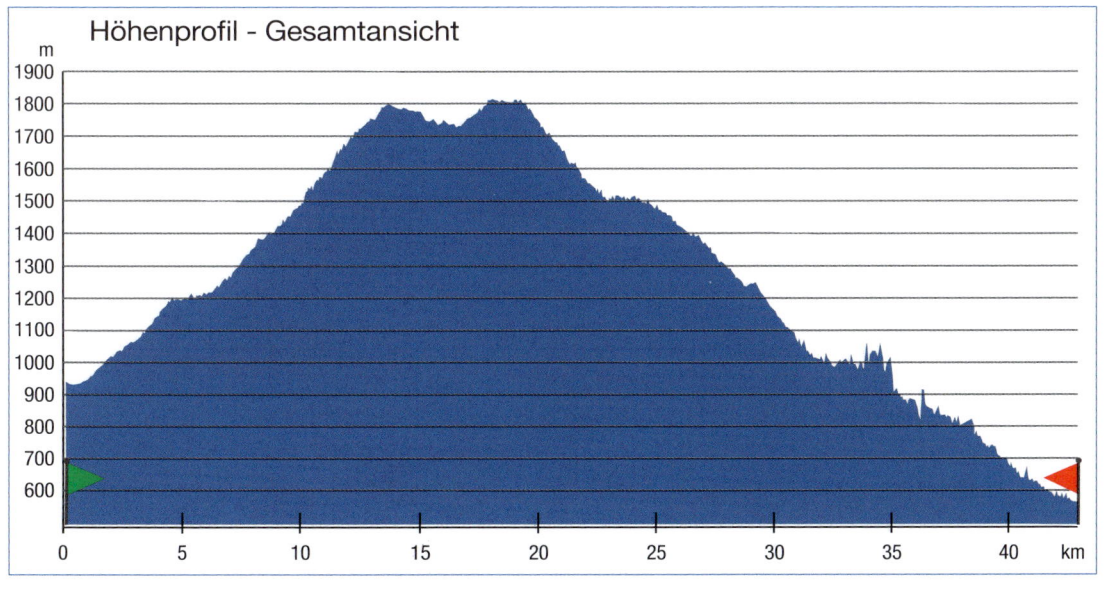

Alte Frontlinien: Denkmäler gegen Krieg und für Frieden finden sich auch in den Karnischen Alpen zuhauf.

SELLA CIAMPIGOTTO

Beide Höhepunkte, die vorhergehende Sella di Ri-oda und eben die Sella Ciampigotto, liegen an derselben Basisstrecke aus dem Cadore-Tal heraus.

Und wenngleich sie nur wenige Kilometer und Kurven auseinanderliegen, bieten beide Pässe nicht nur ganz unterschiedliche Aus- und Einblicke, sondern auch eine perfekte Gelegenheit, unserem Lebens-Roadbook zwei Höhepunkte auf einen Streich hinzuzufügen.

Richtung Westen begeistert uns die Sella Ciampi-gotto sogar mit einem echten Spitzkehren-Konglome-rat, bei dem Erfahrung im Mopedsattel recht wertvoll

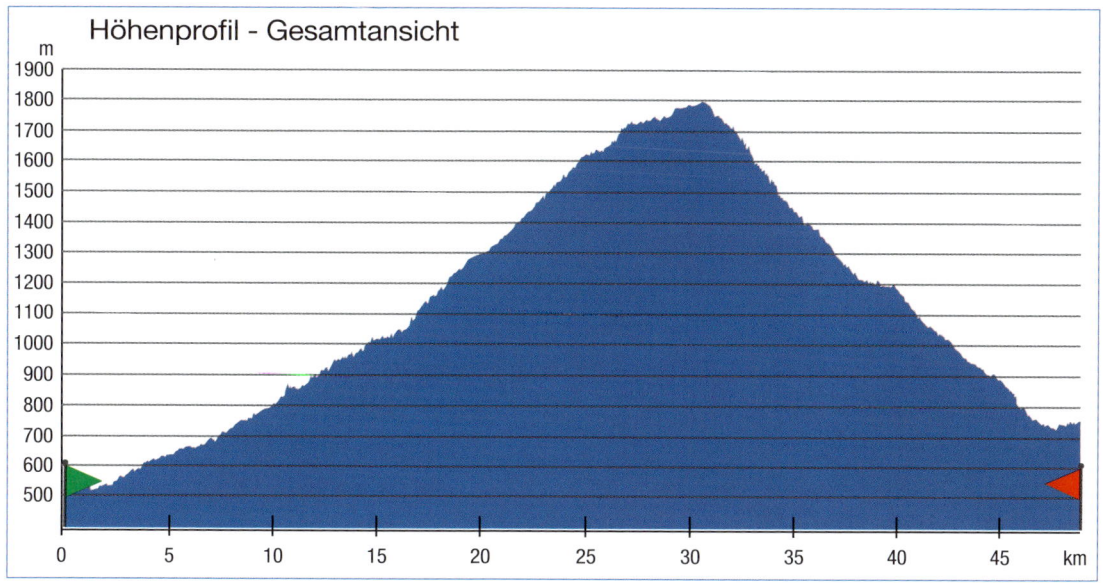

TOUR-TIPP

Sehenswertes am Wegesrand: Cortina d'Ampezzo
Zwei »Katzensprünge« Richtung Nordwesten warten
die berühmten Dolomiten auf uns. Und mit ihnen
Cortina d'Ampezzo, zweifelsohne der mondänste
Skiort Norditaliens mit gut 7000 Einwohnern und
einem Mehrfachen an Hotel- und Gästebetten. Über
die Schönheit des Ortes kann man sicherlich heftig
streiten, vor allem, wenn man unvorbereitet aus den
atemberaubenden Weiten der Dolomiten hinunter in
den immer lauten, immer quirligen und wohl immer
proppenvollen Ort schwingt. Dennoch lohnt es sich,
hier mehr als nur den Seitenständer zu einem ausgiebigen Bummel durch Jetset & Co. auszuklappen. Die
internationale Atmosphäre, die attraktiven Shopping-
meilen (goldene Kreditkarte nicht vergessen!) und
die eleganten Restaurants sind schon eine Schau für
sich. Und Cortina hat immerhin gut 1000 Jahre pralle
Geschichte zu bieten, wenngleich der Charme vergangener Jahrhunderte an vielen Stellen heutzutage
mächtig bröckelt. Cortina ist unter den Ortschaften hier
die unbestrittene »Königin«, in der sogar einige welt-
bekannte Kinohits gedreht wurden, wie z. B. »The Pink
Panther« mit David Niven und Peter Sellers oder die
James-Bond-Episode »For Your Eyes Only« mit Roger
Moore. Falls Ihnen also die Silhouette Cortinas irgendwie bekannt vorkommt – jetzt wissen Sie, warum.

IM ÜBERBLICK

Name: Sella Ciampigotto
Land: Italien
Region: Friaul
Passhöhe: 1790 m
Höchster Punkt der Strecke: 1790 m
Basisorte: Lozzo di Cadore und Comeglians
Schwierigkeitsgrad: Mittelschwer
Anzahl der Kehren: 26
Streckenlänge: 50 km
Mautpflicht: Keine
Offizielle Wintersperre: Keine
Sperre für Fahrzeuge: Keine
Kulinarik: Gut
Ideal kombinierbar: Mit den Pässen Nr. 13, 14, 26, 27,
28 und 30, mit dem nahen Sappada-Pass oder mit der
Sella di Razzo und der Panoramica delle Vette

schon gar kein Lkw verirrt sich auf diese Strecke – mit
Ausnahme vielleicht des morgendlichen Lieferverkehrs
zu den bewirtschafteten Hütten entlang der Sella Ciampigotto.

Man mag es kaum glauben beim Anblick der recht
einfach gehaltenen Holzhütte, aber vor allem die Bar
»Baita Ciampigotto« ist ein beliebter Treff bzw. Bo-
xenstopp der italienischen Motorradfahrer, und die
Kochkünste des Hüttenwirts können selbst verwöhnte
Gaumen angenehm überraschen. Deshalb lautet mein
Einkehrtipp für diesen Pass auch dementsprechend.

sein kann. Anfänger sollten hier vorsichtig unterwegs
sein – vor allem auch bei feuchtem Wetter –, finden
aber andererseits ein perfektes Trainingsgelände für
die hohe Kunst des alpinen Motorradfahrens vor. Und
das fernab jeglichen Verkehrs, denn kaum ein Pkw und

Statist der Dolomiten-Promis: Der Passo Duran gehört dazu, wird aber im Reigen der großen Pässe meist vergessen.

PASSO DURAN

Der Passo Duran ist ein waschechter Dolomiten-Pass – aber einer von denen, die kaum jemand kennt. Außer vielleicht norditalienische Ducatisti, die hier sehr gern ihrer ganz speziellen roten Leidenschaft frönen.

Denn beide Rampen des Passo Duran sind trotz Frostschäden ideal geeignet, um das schönste Hobby der Welt zu genießen, den Kurvenschwung zu optimieren und die Ideallinie zu finden. Sofern man sein Bike einigermaßen gut im Griff hat, denn die oft recht schmale, kurvenreiche Passstraße verlangt volle Konzentration. Obwohl sie 2012 auf nahezu der gesamten Länge neu und profes-

TOUR-TIPP

Wo Biker sich treffen
Direkt auf der Passhöhe an einer der beiden bewirtschafteten Hütten. Das mit viel Liebe zum Detail geführte Rifugio San Sebastiano hat mir persönlich als Boxenstopp besser gefallen als das daneben liegende Rifugio Tomé.

TOUR-TIPP

Empfehlenswerter Einkehrschwung
Agordo: Pasticceria »Saint Honore«, Via Cesare Battisti 9
Forno di Zoldo: Gelateria »Pelmo«, Piazza Santa Caterina 1 – mit dem vielleicht besten Eis der Region

sionell asphaltiert wurde, besitzt sie immer noch einige recht schmale Stellen, an denen wir für Gegenverkehr – vor allem in Form von Anwohner-SUVs – die Ideallinie unter Umständen immer mal wieder verlassen müssen.

Die Passstrecke verbindet Agordo im Val Cordevole mit dem uns schon bekannten Forno di Zoldo im Val di Zoldo. Direkt auf der Passhöhe bieten sich herrliche Ausblicke, z. B. auf den Monte Pelmo, einen der höchsten Gipfel der Dolomiten. Trotz aller Enge geht es an den meist verkehrsarmen Tagen recht zügig bergan, zahlreiche Weiler und Almen liegen rechts und links des Lenkers wie auch so manch herrliches Pausenplätzchen. Dann verschwindet die Straße in lichtem Wald, und gewürzt mit einigen

TOUR-TIPP

Sehenswertes am Wegesrand: Val di Zoldo

Das Val di Zoldo oder auch Val Zoldana rund um seinen Hauptort Forno di Zoldo ist einer der Geheimtipps für Naturfreunde in den südlichen Dolomiten. Das Tal, geformt von dem in sommerlicher Hitze nahezu austrocknenden Torrente Maè, liegt vollständig in der Provinz Belluno und wird von der landschaftlich sehr schön angelegten SP 251 erschlossen. Teile des Tals rund um den Monte Schiara gehören zum Parco Nazionale Dolomiti Bellunesi, einem 1993 gegründeten Nationalpark, der alle Zweitausender der Provinz Belluno umfasst. Die immense landschaftliche Vielfalt der Natur begeistert wohl jeden Besucher: Tief eingeschnittene Täler wechseln mit Almen und sanften Hügellandschaften, aus denen immer wieder imposante Felsformationen in den Himmel ragen. Mit immerhin 2563 m ist der Monte Schiara der höchste Gipfel des nahezu unbewohnten Nationalparks. Der 2185 m hohe Monte Rite hat sogar eine spannende Geschichte: Auf seinem Gipfel stehen die Reste eines italienischen Forts aus dem Ersten Weltkrieg. Erbaut 1911, wurde das schwer bewaffnete Fort 1917 von österreichischen Truppen kampflos erobert und 1918 kurz vor Ende des Kriegs größtenteils gesprengt. Heute beherbergen die Reste des ehemaligen Forts eines der fünf »Messner Mountain Museen«: 2002 vom Extrembergsteiger Reinhold Messner eingeweiht, wird hier über die nicht minder spannende Erschließungsgeschichte der Dolomiten informiert.

IM ÜBERBLICK

Name: Passo Duran

Land: Italien

Region: Dolomiten

Passhöhe: 1600 m

Höchster Punkt der Strecke: 1610 m

Basisorte: Agordo und Forno di Zoldo

Schwierigkeitsgrad: Leicht bis mittelschwer

Anzahl der Kehren: 8

Streckenlänge: 28 km

Mautpflicht: Keine

Offizielle Wintersperre: November bis April

Sperre für Fahrzeuge: Keine

Kulinarik: Gut

Ideal kombinierbar: Mit den Pässen Nr. 28, 29, 31, 33, 34, 35 und 36, mit der nahen Forcella Staulanza und mit dem Passo Giau

Kehren und Kurven geht es hinauf zur Passhöhe, die sich in einer kleinen Senke zwischen zwei mächtigen Dolomitengipfeln befindet. Am Parkplatz stehen zwei bewirtschaftete Berghütten und laden zur Einkehr ein. Beide Gasthäuser sind auch beliebte Etappenziele auf dem europäischen Fernwanderweg München–Venedig, der hier vorbeiführt.

Insgesamt stellt die Pässe-Kombi Staulanza–Duran meine persönliche Lieblings-Alternativroute dar, wenn ich von Cortina d'Ampezzo kommend gen Süden nach Agordo schwingen will oder auch umgekehrt. Denn sie ist deutlich weniger verkehrsreich als die Piste über Cencenighe Agordino und Alleghe.

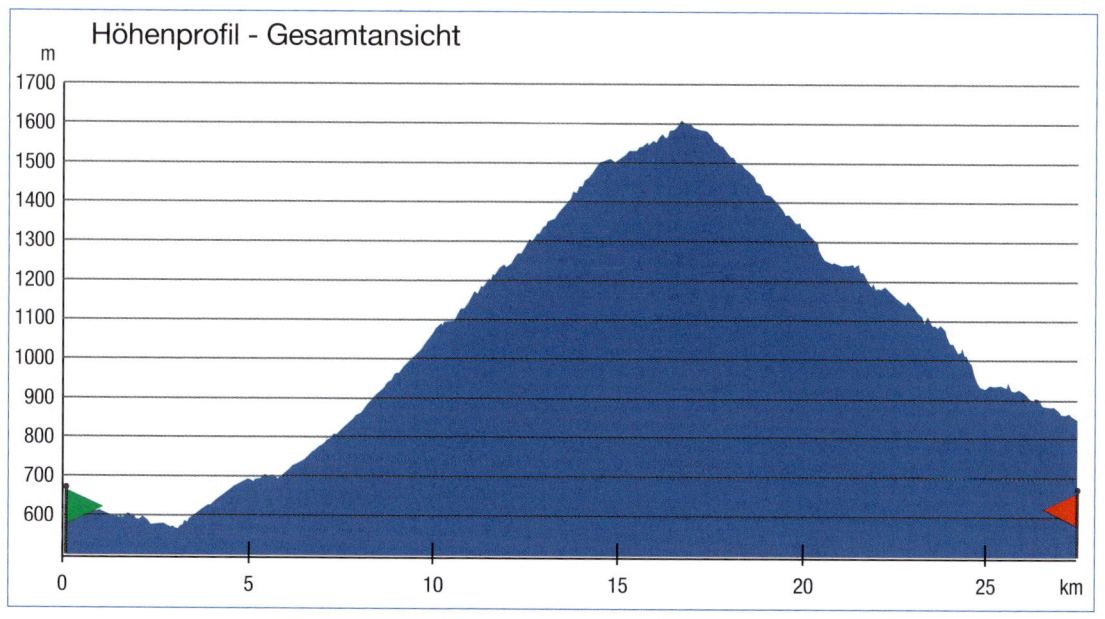

Höhenprofil - Gesamtansicht

Direkt zum Gipfel: Sowohl die Zahl der Kehren, als auch die Enge der Piste machen das Würzjoch zur Herausforderung.

WÜRZJOCH / PASSO DELLE ERBE

Das Würzjoch in Südtirol verbindet das gewaltige Eisack- mit dem Gadertal und führt auf einer Höhe von bis zu 2000 Metern über ein Hochplateau, das als Naherholungsgebiet der Brixener sehr beliebt ist.

Obwohl die gesamte Strecke gut asphaltiert ist, weist sie in ihrem oberen Drittel einige Engstellen auf, die den Begriff »lenkerbreit« neu definieren. Vor allem bei Gegenverkehr sind eine ruhige Gashand

TOUR-TIPP

Wo Biker sich treffen
Direkt auf der Passhöhe mit ihren zahlreichen Parkmöglichkeiten und Picknickplätzen

und die Beherrschung des eigenen Bikes erforderlich. Erfreulicherweise reduziert sich dieser Gegenverkehr meist auf wenige Pkws und vor allem Biker-Kollegen.

Ladinische Forscher vermuten übrigens, dass das Würzjoch schon seit vielen Jahrhunderten als Alpenquerung genutzt wird. Als Indiz dafür führen sie den in der Nähe des Jochs gefundenen Crep de la Scritüra an, den legendären »Fels mit der Inschrift«, der jedoch beim Neubau der Straße von Bauarbeitern zerstört wurde, ohne dass zuvor jemand ein Foto von der uralten, rätselhaften Inschrift machen konnte. Absicht oder Versehen, es ist nicht mehr zu klären. Forscher, die den Stein kannten, vermuten, dass es sich um einen rö-

TOUR-TIPP

Sehenswertes am Wegesrand: Brixen
Am Zusammenfluss von Eisack und Rienz liegt das über 1000 Jahre alte Brixen mit seinen uralten Gassen, gepflegten Bürgerhäusern, idyllischen Laubengängen und unzähligen Brücken. Seine lebendige Geschichte begleitet den Besucher auf Schritt und Tritt, Alleen und Parks säumen die Altstadt, Weingärten und Obstplantagen prägen die Architektur der Brixener Umgebung. Und inmitten dieser Pracht tobt das Leben: In Brixen ist immer etwas los, von Altstadtfesten über Konzerte bis zum Kellertheater reicht der proppenvolle Eventkalender. Und gleich im Osten schließt die Brixener Dolomitenstraße an, die auf 30 kurvigen Kilometern durch die nördlichen Ausläufer der Dolomiten über das Würzjoch nach San Martino in Badia führt.

IM ÜBERBLICK

Name: Würzjoch / Passo delle Erbe

Land: Italien

Region: Dolomiten

Passhöhe: 2006 m

Höchster Punkt der Strecke: 2006 m

Basisorte: Bressano/Brixen und San Martino in Badia

Schwierigkeitsgrad: Mittelschwer

Anzahl der Kehren: 36

Streckenlänge: 46 km

Mautpflicht: Keine

Offizielle Wintersperre: November bis April

Sperre für Fahrzeuge: Abschnittsweise für Busse und Fahrzeuge über 24 t

Kulinarik: Gut

Ideal kombinierbar: Mit den Pässen Nr. 30, 32, 33, 34, 37 und 39, mit dem nahen Passo di Falzarego, dem Passo Valparola oder dem Grödner und dem Sella-Joch

mischen Wegweiser handelte. Oben auf dem Joch liegt der gern besuchte Almgasthof »Ütia de Börz«, der auch ein beliebter Bikertreff der Region ist.

Hier kann man sich gute Tipps holen zu den weiteren Highlights der Region und auch den aktuellen Zustand der alternativen Westrampe des Würzjochs erfragen. Die beginnt nämlich im Örtchen Klausen/

TOUR-TIPP

Empfehlenswerter Einkehrschwung
Der erwähnte Almgasthof »Ütia de Börz« auf der Passhöhe
Im Gadertal empfehle ich die »Osteria Posta« in der Strada Picolin 42 in St. Martin – authentisch, gut und sogar noch günstig.

Chiusa und schwingt durch das Villnösstal nach Osten. Über den Weiler Funes steigt die sehr schmale Piste dann bergan und mündet schließlich in die von Brixen kommende Hauptroute.

Die Ostrampe des Würzjochs ist deutlich breiter ausgebaut, zumal hier auch eine Buslinie aus dem Gadertal kommend Wanderer auf das Joch befördert.

Achtung: Die Busfahrer haben beinahe polizeiähnliche Weisungsbefugnis und nehmen sich meist die Vorfahrt »mit Gewalt« – der Klügere gibt auch hier nach ...

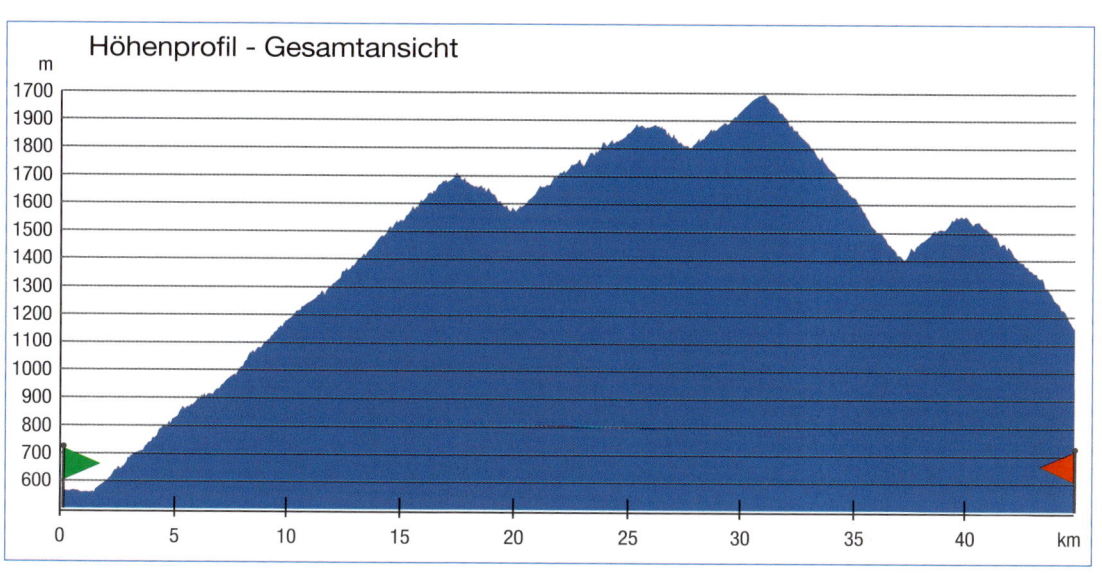

Rechter Fuß zum Gruß: Porentief cool grüßte der Kollege, als er sah, dass ich ihn mitsamt Passschild »abschoss«.

PENSER JOCH / PASSO DI PENNES

Die Highlights des Penser Jochs sind zum einen die urgewaltige hochalpine Landschaft rund um die Passhöhe auf immerhin 2200 Metern und zum anderen der weitere Weg hinunter ins Sarntal.

Wohl kaum ein anderes Tal in den Gipfelwelten Südtirols ist über die Jahrhunderte hinweg so ursprünglich, natürlich und traditionell geblieben wie das Sarntal und seine echten Sarner. Und obwohl das Tal mehr und mehr von großstadtmüden Südtirolern als neues erholsames und urgesundes Domizil gewählt wird und demzufolge entlang der einzigen Talstraße mehr und mehr Häuser gebaut werden, lohnt es sich dennoch, im gemütlichen Tempo mit stetig schweifendem Blick vom Penser Joch hinab in die quirlige Andersartigkeit des Bozener Beckens zu schwingen.

Für mich ist die Fahrt über das Penser Joch die erste Wahl, wenn es gilt, mit etwas Zeit im Tankruck-

TOUR-TIPP

Empfehlenswerter Einkehrschwung
Sterzing: Ristorante »Da Sergio«, Via Brennero 19 – direkt an der Brennerstraße
Sarentino: Gasthaus »Beim Fischerwirt«, Valdurna 16

TOUR-TIPP

Wo Biker sich treffen
Auf dem großen Parkplatz auf der Scheitelhöhe – gern auch kombiniert mit einem Einkehrschwung im Alpenrosenhof dort oben – sowie in Sterzing auf dem zentralen Untertorplatz

sack Richtung Vinschgau zu schwingen. Die zweite Wahl ist der Jaufenpass, und nur als allerletzte Alternative bleibt das Eisacktal über Brixen.

Die Nordrampe des Jochs führt von Sterzing aus durch dichten Wald, der nur wenige Blicke auf das im Dunst des Sterzinger Moors verschwindende Eisacktal erlaubt. Erst kurz vor der Scheitelhöhe öffnet sich der Wald und erlaubt eine freie Rundumsicht auf die Sarntaler Alpen. Und diese Gelegenheit zu einem weit schweifenden Blick sollten wir uns spätestens oben am Joch unbedingt gönnen. Ein Berggasthof lockt dazu mit kulinarischer Grundversorgung und ist vor allem an Wochenenden beliebter Bikertreff.

In weiten Kehren schwingt die Straße anschließend hinunter ins Sarntal. Verträumte Bergbauernhöfe und winzige Ortschaften liegen rechts und links des Lenkers auf dem Weg zum Hauptort des Tals, nach

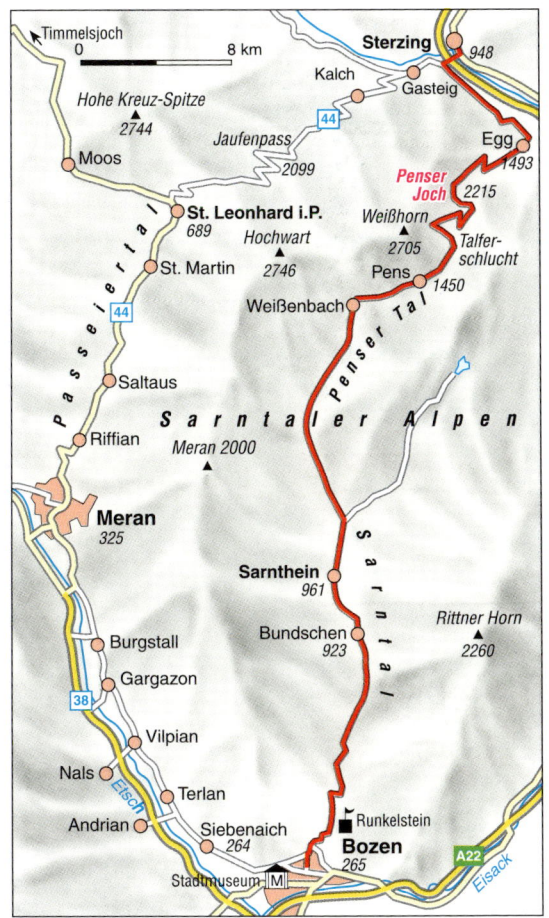

IM ÜBERBLICK

Name: Penser Joch/Passo di Pennes

Land: Italien

Region: Südtirol

Passhöhe: 2211 m

Höchster Punkt der Strecke: 2211 m

Basisorte: Vipiteno/Sterzing und Sarentino

Schwierigkeitsgrad: Mittelschwer

Anzahl der Kehren: 8

Streckenlänge: 48 km

Mautpflicht: Keine

Offizielle Wintersperre: Mitte November bis Mitte Mai

Sperre für Fahrzeuge: Über 3,5 t von 5–20 Uhr

Kulinarik: Gut

Ideal kombinierbar: Mit den Pässen Nr. 30, 31, 33, 34, 37 und 39, mit dem nahen Brenner- und dem Jaufenpass oder mit dem Timmelsjoch

Sarnthein/Sarentino. Seit Jahrhunderten bewacht von Schloss Reinegg, bietet Sarnthein einige Einkehr- und Übernachtungsmöglichkeiten inmitten einer herrlichen Alpenkulisse. Südlich von Sarnthein geht es sodann in unendlich vielen Kurven und unzähligen unbeleuchteten, z. T. »antiken« und mit Vorsicht zu befahrenden Felsentunnels am Flüsschen Torrente entlang Richtung Bozen. Bereits in den ersten Häuserfluchten dieser typisch italienischen, quirlig lauten Stadt sehne ich mich regelmäßig wieder zurück in die auch heute noch weitestgehend ursprünglich gebliebene Welt des Sarntals.

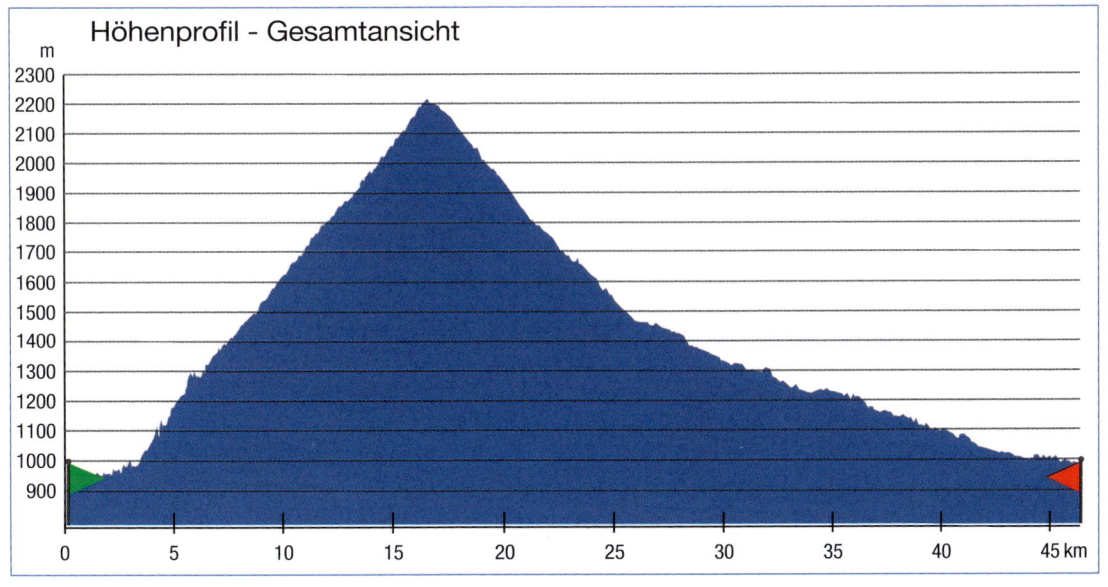

Wahrzeichen der Dolomiten: Der mächtige Felsblock der Sella-Gruppe, davor der Gruß aus dem Val Gardena

PANIDER SATTEL / PASSO PINEI

Auch der Panider Sattel bzw. Passo Pinei gehört offiziell zur »noblen« Riege der Dolomitenpässe.

Er ist allerdings »on the road« so unspektakulär, dass wir mit entsprechendem Kurvenschwung Gefahr laufen, das Passschild für das ultimative »Ich-war-hier«-Selfie komplett zu übersehen. Achtung also: Sobald sich der dichte Wald öffnet und eine Lichtung freigibt, suchen Sie intensiv rechts am Wegesrand nach dem Schild. Ich hoffe, dass es nicht wieder durch Holzfällarbeiten »umgenietet« wurde wie bei meiner letzten Befahrung 2015. Denn trotz aller Unscheinbarkeit ist der Panider Sattel genüsslich zu erfahren, vor allem seine gut ausgebaute Piste sowie die umliegenden Ausläufer der Dolomiten können durchaus begeistern. Und fünf echte Kehren schenkt er uns ganz nebenbei auch noch.

Erlebenswert quirlig sind auch seine beiden Basisorte Sankt Ulrich im Osten und Kastelruth im Westen. Tief eingebettet in die Schnittpunkte verschiedener Dolomitentäler, erwarten sie uns nicht nur mit sehenswerten Zentren, sondern auch mit so manch erinnerungswürdigem Einkehrschwung (s. Tippkasten).

Am Ende einer Sackgasse oben am Pass, die ich Ihnen als erlebenswerten Abstecher ans Herz legen möchte, erwartet uns das Hotel-Restaurant »Pinei« in einzigartiger Lage und mit echten kulinarischen Köstlichkeiten. Deshalb gehört dieser Pass zu denjenigen, die in puncto Kulinarik tatsächlich das Prädikat »Bestens« verdienen. Obwohl: So manch schönen und aussichtsreichen Picknickplatz gibt es ebenfalls entlang der Strecke. Entscheiden Sie bitte selbst nach Augenschein vor Ort ...

TOUR-TIPP

Wo Biker sich treffen
Oben auf der Passhöhe wohl nur sehr selten und sporadisch, eher gezielt dann schon am Ende des Abstechers im Restaurant »Pinei«

TOUR-TIPP

Empfehlenswerter Einkehrschwung
Kastelruth: Gasthof »Hexenkeller«, Plattenstr. 3 – mit Sonnenterrasse
Sankt Ulrich: »Mauriz-Keller«, Via Rezia 32

TOUR-TIPP

Sehenswertes am Wegesrand: die Ladiner

In Alta Badia sowie im angrenzenden Val Gardena, dem Grödner Tal, sind die Ladiner beheimatet, ein rätoromanischer Volksstamm, der seit Urzeiten die Berge und Täler im Herzen der Dolomiten bewohnt. Dabei ist Ladinien ein heutzutage auf keiner Karte mehr zu findender Kulturraum, der dennoch auf seine Besucher einen ganz besonderen Reiz ausübt. In all den Tälern findet man dreisprachige Beschilderungen und Bekanntmachungen jeweils in Deutsch, Italienisch und Ladinisch, einer geheimnisvollen rätoromanischen Sprache, deren Substanz sowohl mit dem Italienischen, mit dem Französischen und mit dem Provenzalischen als auch mit dem Katalanischen verwandt ist.

Doch nicht nur durch ihre Sprache unterscheiden sich die Ladiner ganz bewusst von anderen Volksgruppen Italiens. Auch ihre selbstbewusste Kultur, tief verwurzelt in der Welt ihrer Berge, ist erlebenswert. Seit Jahrhunderten bestimmt das Leben mit und in den Bergen das Denken und Handeln der Bewohner. Das Wissen um die natürlichen Zusammenhänge wurde bewahrt und von Generation zu Generation weitergegeben. Kein Wald wird gerodet, wo Lawinengefahr besteht, kein Haus gebaut, wo reißende Bäche und berüchtigte Fallwinde lauern. Kaum ein Fenster existiert auch heutzutage an den sonnenlosen Nordseiten der traditionellen Häuser, und ihre Dächer haben zur optimalen Schneelastverteilung genau 25° Neigung. Selbst der im 19. Jh. allmählich einsetzende Tourismus konnte das Land und seine Menschen nicht ihrer Wurzeln und Traditionen berauben. Das Museum Ladin in St. Martin in Thurn gewährt hoch interessante Einblicke in die Geschichte und Gegenwart der ladinischen Täler mitten in den Dolomiten.

IM ÜBERBLICK

Name: Panider Sattel/Passo Pinei

Land: Italien

Region: Dolomiten

Passhöhe: 1436 m

Höchster Punkt der Strecke: 1436 m

Basisorte: Sankt Ulrich und Kastelruth

Schwierigkeitsgrad: Leicht

Anzahl der Kehren: 5

Streckenlänge: 19 km

Mautpflicht: Keine

Offizielle Wintersperre: Keine

Sperre für Fahrzeuge: Keine

Kulinarik: Bestens

Ideal kombinierbar: Mit den Pässen Nr. 30, 31, 32, 34, 35, 37, 38 und 39, mit dem nahen Grödner und dem Sella-Joch, mit dem Niger- und dem Karerpass oder mit dem Passo Pordoi

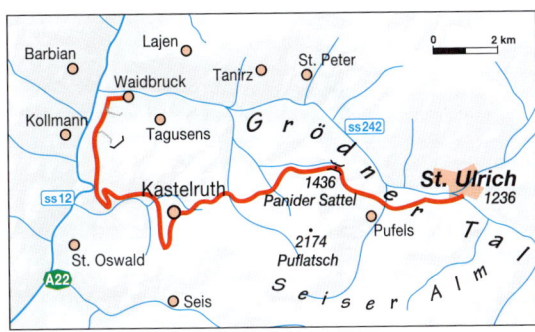

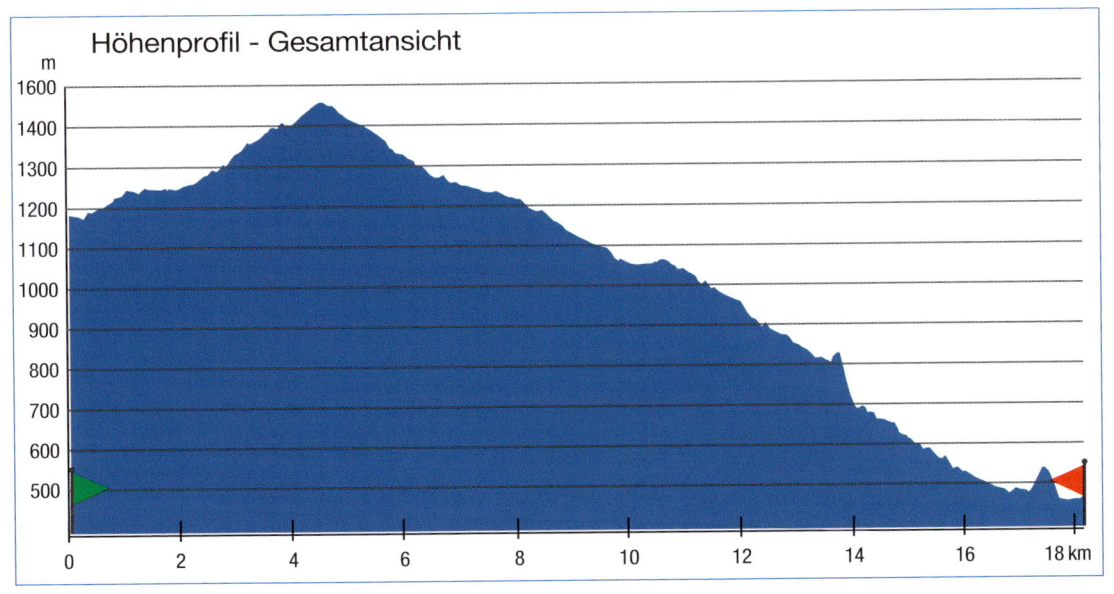

Fast zu perfekt: Sauber asphaltiert und schnurgerade steigt die Passrampe bergan – aber es warten auch echte Kehren.

PASSO ROLLE / ROLLEPASS

Auch der Passo Rolle erlangte – lange bevor er ins Visier Schräglagen suchender europäischer Biker geriet – eher traurige Berühmtheit als Teil der Hauptkampflinien des Ersten Weltkriegs.

Doch diese Tage sind längst vergangen und sollen uns heute nicht mehr daran hindern, den Passo Rolle als ein weiteres Pflichtziel auf Bikers Lebens-Roadbook abzuhaken. Dies umso mehr, als uns der Pass durch den traumhaft gelegenen Parco Naturale Panevéggio–Pale di San Martino führt. Beide Auffahrten hinauf zur Passhöhe sind fahrerisch lohnenswert und zum Teil auch anspruchsvoll, sodass mein Tipp einmal mehr lautet: Gönnen Sie sich den Passo Rolle auf jeden Fall von beiden Seiten aus.

TOUR-TIPP

Empfehlenswerter Einkehrschwung
Predazzo: Ristorante »Cocoyoc«, Via Mazzini 14 – eine gelungene Mischung aus Pizzeria und Steakhouse
Tonadico: Ristorante »La Casera« im Vorort (Localitá) Piereni – lohnt sich!

TOUR-TIPP

Wo Biker sich treffen
Direkt auf der Passhöhe auf einem der großen Parkplätze oder auch zum Einkehrschwung

Die Passstraße ist weitgehend gut ausgebaut und verläuft von Predazzo kommend zunächst Richtung Lago di Paneveggio, einem künstlich angelegten See auf gut 1500 Metern Höhe im Val Travignolo. Darin zu schwimmen ist erlaubt, aber nichts für Warmduscher – darin zu angeln, fällt uns da schon leichter. Heimische Fischarten sind z. B. Forelle und Saibling.

In vielen Kurven führt uns die Passstraße anschließend durch Wälder und über Hochalmen bergan. Rund um die Passhöhe gibt es einige Möglichkeiten zur Einkehr, und das alles ist garniert mit herrlichen Ausblicken auf die Felszinnen der Pale di San Martino-Gruppe mit immerhin einigen Dreitausendern.

Vom Pass geht es durch herrlich duftenden Nadelwald über z. T. anspruchsvolle Serpentinen allmählich bergab Richtung San Martino di Castrozza, ein typischer Touristenort, der früher auch schon Ziel so manch

IM ÜBERBLICK

Name: Passo Rolle/Rollepass

Land: Italien

Region: Trentino

Passhöhe: 1989 m

Höchster Punkt der Strecke: 1989 m

Basisorte: Predazzo und Tonadico

Schwierigkeitsgrad: Anspruchsvoll

Anzahl der Kehren: 47

Streckenlänge: 44 km

Mautpflicht: Keine

Offizielle Wintersperre: Keine

Sperre für Fahrzeuge: Keine

Kulinarik: Gut

Ideal kombinierbar: Mit den Pässen Nr. 30, 31, 32, 33, 35, 36, 37, 38 und 39, mit dem nahen Passo Fedaia, dem Passo Pordoi sowie mit Niger- und Karerpass

königlicher Berühmtheit war. Noch einmal beglückt uns ausgiebiger Kurvenzauber, bis wir in Tonadico im Val Cismon auspendeln. Hier zweigt übrigens die SS 347 zum eher unbekannten Passo Cereda ab, einem zwar hübschen Pass, den wir aber aus Platzgründen nicht in diese Sammlung mit aufnehmen konnten.

Mitten im Herzen des Naturparks liegt das hübsche Bergdorf San Martino di Castrozza, berühmt seit den letzten Jahrzehnten des 19. Jh., als es von englischen und deutschen Alpinisten entdeckt wurde. Das erste Hotel entstand 1873, und die Gästeliste des Dorfs beinhaltet große Namen wie Sigmund Freud und König Leopold von Belgien. Arthur Schnitzler schrieb in seinem Roman »Fräulein Else« zu Beginn des 20. Jh.: »Die

Luft von San Martino ist prickelnd wie der Champagner«, und Richard Strauß ließ sich hier oben zu seiner »Alpensymphonie« inspirieren.

Der umliegende Wald birgt auch heute noch so manches Geheimnis, wie z. B. das des »Mazarol«, eines wilden Mannes, der den Einheimischen die Kunst der Käsezubereitung beibrachte, oder das des »Caza Beatrik«, eines furchterregenden Menschen, der, von fünfpfötigen Hunden begleitet, gern die Wanderer erschreckt.

Sie sehen, hier oben in San Martino di Castrozza wird uns so einiges geboten.

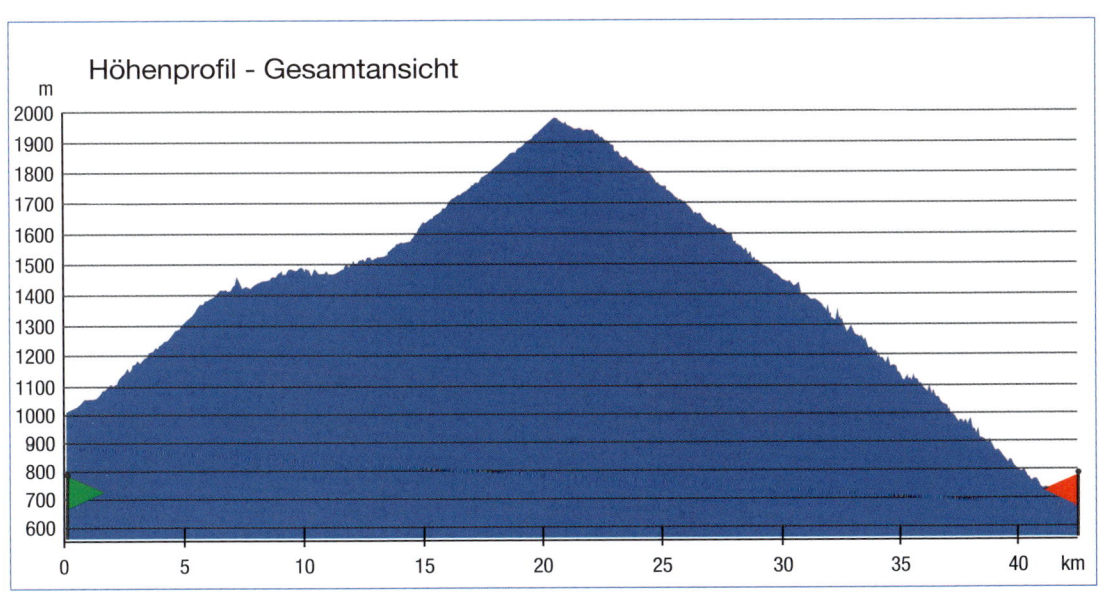

Perspektiven-Spiel: Auch am Gobbera ist das Einklappen der Spiegel noch nicht nötig, gleichwohl es sehr eng zugeht.

PASSO DI GOBBERA

Zugegeben: Mit nicht einmal 1000 Metern Höhe ist er nun nicht gerade spektakulär – dennoch gibt es 16 überzeugende Argumente, die den Passo di Gobbera zu einem echten Leckerbissen machen.

Denn das Sträßlein windet sich über 16 durchaus mittelschwere Serpentinen hinauf, garniert mit herrlichen Ausblicken auf die Bergketten. Zudem ist der idyllische Weiler Gobbera oben am Pass eine echte Schau: Eine Hand voll Häuser, eine Kneipe, ein Tante-Emma-Laden und mächtig viel Natur drumherum – das war's auch schon, aber genau das nenne ich Idylle pur!

Entlang grüner Wiesen und verfallener Scheunen windet sich die Strecke bergan. Da es einige winzige Abzweige zu beachten gibt und nicht jeder von Ihnen, liebe Leser, den Download der GPS-Daten auf der Ver-

TOUR-TIPP

Empfehlenswerter Einkehrschwung
Mezzano: Ristorante »Da Coa«, Via Carrarone Chiesa 29 – sehr beliebt auch bei italienischen Gästen

TOUR-TIPP

Wo Biker sich treffen
Entlang der gesamten Passstraße habe ich bislang noch keinen erwähnenswerten Bikertreff entdecken können – falls Sie einen finden, bitte eine Mail an mich.

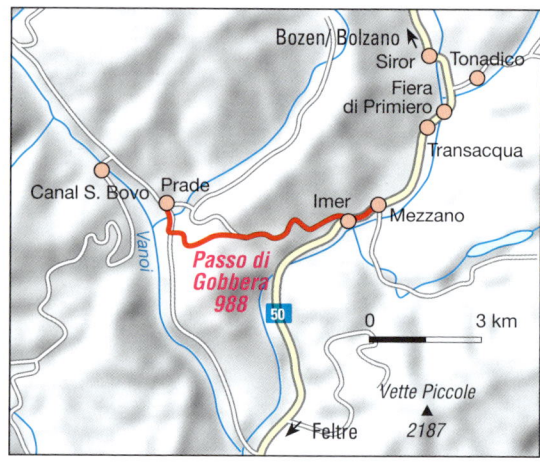

TOUR-TIPP

Sehenswertes am Wegesrand: Dolomiten

Auch wenn ich die im Norden anschließenden Dolomiten gern als Beweis für die Existenzberechtigung dieses Buchs nehme (eben, weil jenes UNESCO-Welterbe zwischen Juli und August derart überlaufen ist, dass es keinen Spaß mehr macht), gehören die Dolomiten dennoch und ohne den geringsten Zweifel zu den Höhepunkten jedes Lebens-Roadbooks. Und außerhalb jener beiden Hauptreisemonate gehören die Berge, die Pässe und Täler der Dolomiten auch zu den schönsten Reisezielen für alle Biker: preisgekrönte Landschaften, darin eingebettet ein ausgedehntes Netz an Landstraßen, das mit seinen Kurven und Kehren das perfekte Trainingsgelände für die hohe Kunst des Motorradfahrens darstellt. Und das im Gegensatz zu vielen anderen Pässen und Panoramastraßen – derzeit noch! – vollkommen maut- und gebührenfrei. Wer als Motorradfahrer noch nie in den Dolomiten »trainieren« war, der sollte das Thema unbedingt auf seine Agenda setzen. Nehmen Sie sich aber bitte mindestens eine Woche Zeit dafür, denn es gibt unendlich viel zu entdecken. Gerade auch abseits des Mopedsattels in den quirligen Städten wie Corvara oder in den oft heute noch abgeschiedenen Seitentälern.

IM ÜBERBLICK

Name: Passo di Gobbera

Land: Italien

Region: Trentino

Passhöhe: 988 m

Höchster Punkt der Strecke: 988 m

Basisorte: Canal San Bovo und Mezzano

Schwierigkeitsgrad: Mittelschwer

Anzahl der Kehren: 16

Streckenlänge: 12 km

Mautpflicht: Keine

Offizielle Wintersperre: Keine

Sperre für Fahrzeuge: Keine

Kulinarik: Dürftig

Ideal kombinierbar: Mit den Pässen Nr. 30, 31, 32, 33, 34, 36, 37, 38, 39 und 40, mit dem nahen Niger- und dem Karerpass

lags-Webseite nutzen kann, habe ich Ihnen die Reihenfolge der Weiler hier einmal aufgelistet: Canal San Bovo – SP 239 – Localitá Coroni – Localitá Prade – Localitá Cicona – Localitá Zortea – Localitá Gobbera + Passo Gobbera – SP 79 – Imer – Mezzano.

Landschaftlich vereint der Passo di Gobbera das Valle del Vanoi mit dem Valle del Primiero; im Winter ist die Passhöhe mit ihren umgebenden Berghängen ein beliebtes, nicht allzu schwieriges und familienfreundliches Wintersportparadies. Vom Frühjahr bis weit in den Herbst hinein gehört die Piste dann dem entdeckungsfreudigen Biker.

Das schmale, kurvige Sträßchen bietet wenige Gelegenheiten zur Aussicht, dafür aber viel Fahrspaß. Oben auf dem Scheitelpunkt öffnet sich der Wald und gibt den Blick frei auf den Weiler Gobbera und die Kirche San Silvestro. Damit besitzt Gobbera alles, was die Menschen hier zum Leben benötigen: eine Kirche und ein Wirtshaus. Ach ja, einen funktionierenden Brunnen mit frischem Quellwasser gibt es auch noch im Dorf.

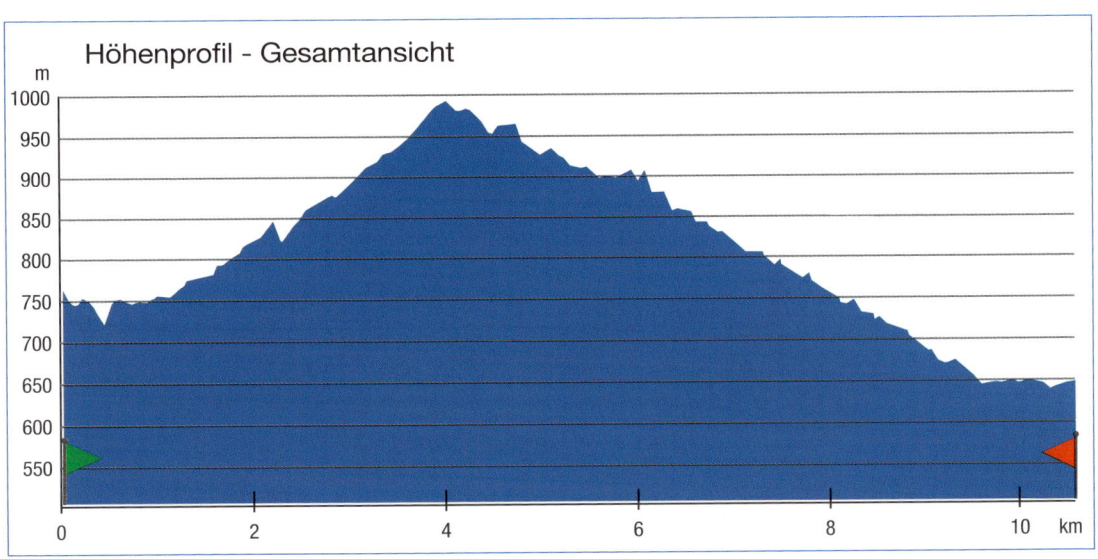

Ein Traum nicht nur für Geologen: Von Vulkanen und Gletschern geformte Felsen säumen die Passstraße des Brocon

PASSO BROCON

Mit dem Passo Brocon (auch Passo del Brocon oder di Brocon) verlassen wir das Gebiet der Dolomiten bereits wieder.

In den Bänden 1 und 2 meiner Pässe-Sammlungen habe ich schon all die berühmten Höhepunkte dieses legendären Motorradparadieses in aller Ausführlichkeit beschrieben. Falls Sie nachlesen möchten ...

Der durchgehend ordentlich asphaltierte und sehr schräglagenreiche Broconpass liegt zwischen Castello Tesino und Canal San Bovo, zwei beschauli-

TOUR-TIPP

Empfehlenswerte Einkehr

Castello Tesino: Ristorante »Al Tastavin« an der SP 75 – rein äußerlich leicht zu unterschätzen, aber mit einem Koch, der sein Handwerk versteht!
Canal San Bovo: Trattoria »La Fornace« im Vorort (Localitá) Lausen – der Abstecher lohnt sich!

TOUR-TIPP

Wo Biker sich treffen

Auf der Passhöhe treffen sich vor allem auch unter der Woche kleine Gruppen von Endurofahrern, die auf den umliegenden Offroad-Pisten umherräubern möchten. Noch sind viele Pisten legal befahrbar, solange die Natur keine Einwände hat.

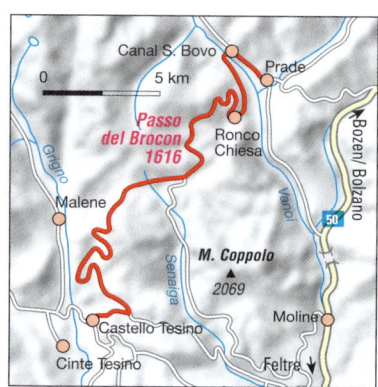

chen Basisorten, in denen das Leben wohl nur an jenen Tagen mit den bunten Wochenmärkten so richtig pulsiert. Gleich hinter Castello Tesino steigt die Passstraße bergan, und der Kurventanz beginnt. 18 Spitzkehren verteilen sich recht gleichmäßig auf beide Rampen, die gesamte Strecke ist vergleichsweise recht schmal. Auf der eher unscheinbaren Passhöhe liegt ein Gasthof, und gleich daneben steht ein martialisches Kriegerdenkmal, geschmückt mit allerlei Kriegsgerät, das an die blutige Geschichte des Passo Brocon erinnert.

Nach dem Krieg von 1866 verlor Österreich-Ungarn die gesamte Region Venetien an Italien. Wer vom Rollepass kommend in das (noch österreichische) Valsugana reisen wollte, musste zwangsläufig einige Kilometer durch italienisches Territorium. Eine Tatsache, die vor allem dem österreichischen Militär verständlicherweise enormes »Bauchweh« bereitete, woraufhin es den sofortigen Bau einer Militärstraße über den Brocon-Sattel forderte. Es sollte allerdings noch ganze vier Jahrzehnte dauern, bis die Pläne zu dieser Strecke Realität wurden. Erst 1907 begann man mit dem

TOUR-TIPP

Sehenswertes am Wegesrand: Offroad-Spaß

Apropos Abwechslung – mein Tipp für Endurofahrer an dieser Stelle lautet: Zwischen dem Gasthof auf der Passhöhe und dem Kriegerdenkmal zweigt eine anfangs noch frisch asphaltierte Single-Track-Road Richtung Westen ab, die uns zur ehemaligen Südrampe des Brocon führt. Ausgeschildert ist ein B&B-Bauernhof, entlang der Gasse zweigen aber immer wieder rechts und links Offroad-Pisten ab, die nahezu vollständig ohne Beschränkung befahrbar sind. Und die neben einer ordentlichen Portion leichten Gerölls vor allem eines zu bieten haben: prächtige Ausblicke auf die Täler um den Passo Brocon herum.
Dessen Name leitet sich übrigens von der Schneeheide (Erica carnea) ab, einem volkstümlich »brocon« genannten Heidekraut, das sich vor allem auf mitteleuropäischen Berggipfeln sehr wohl fühlt und jedes Frühjahr herrlich bunte Farbtupfer in die Landschaft zaubert.

IM ÜBERBLICK

Name: Passo Brocon
Land: Italien
Region: Trentino
Passhöhe: 1616 m
Höchster Punkt der Strecke: 1647 m
Basisorte: Castello Tesino und Canal San Bovo
Schwierigkeitsgrad: Leicht
Anzahl der Kehren: 18
Streckenlänge: 33 km
Mautpflicht: Keine
Offizielle Wintersperre: Keine
Sperre für Fahrzeuge: Keine
Kulinarik: Gut
Ideal kombinierbar: Mit den Pässen Nr. 30, 33, 34, 35, 37, 38, 39, 40 und 41

Bau der 45 Kilometer langen Straße, die 1909 feierlich eingeweiht wurde. Rund 3 Millionen Österreichische Kronen kostete die Strecke, das wären heutzutage umgerechnet nur wenige Hunderttausend Euro und damit also ein echtes Schnäppchen.

Doch bereits 1918 versank die Straße in der Bedeutungslosigkeit, da sich der Grenzverlauf zwischen Italien und Österreich geändert hatte und ganz Südtirol zu Italien kam. An der Bedeutung der Passstraße hat sich seitdem kaum etwas geändert, heute wird sie vor allem von Einheimischen benützt – und von Bikern auf der Suche nach einer höchst kurvenreichen Abwechslung.

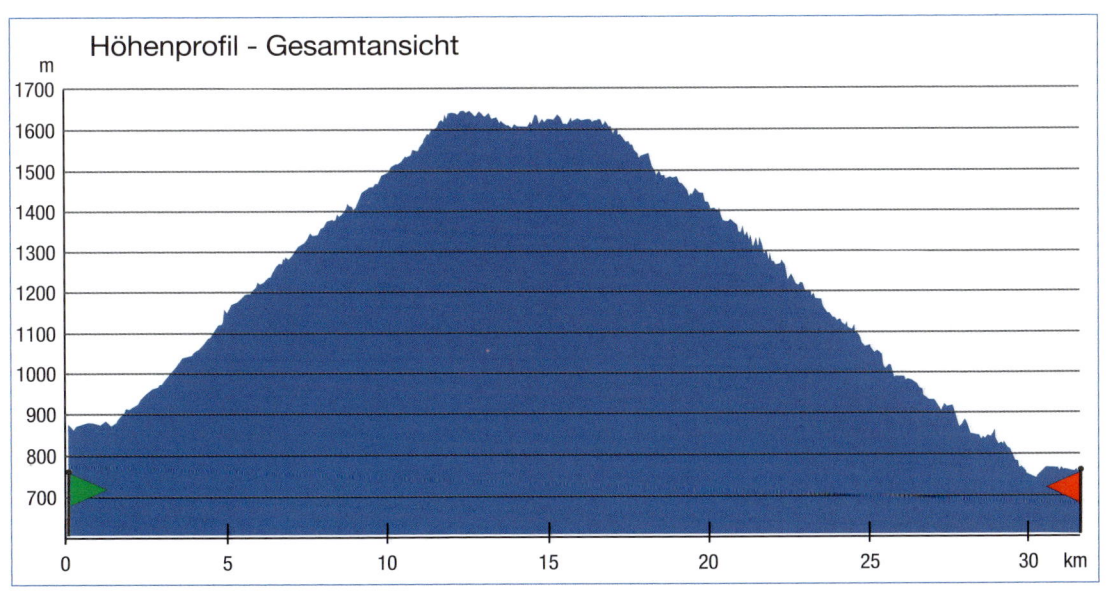

Hupen sinnlos: Alpine Rindviecher haben die Ruhe weg, ihnen gehört die Welt. Aber wehe, ein Boxermotor brummt herbei.

PASSO DI LAVAZÈ / LAVAZEJOCH

Mit dem Passo di Lavazè erkunden wir einen Höhepunkt des Trentinos, dessen Kurvenvergnügen und Fahrspaß keinesfalls geringer ist als das der nördlich liegenden Pässe der Dolomiten.

Nur die uns umgebenden Landschaften ändern sich ein wenig, sie bleiben zwar deutlich alpin, doch bekommen sie einen südländischen Touch. Das Flair des Südens weht uns sozusagen ins offene Visier und bietet gänzlich andere Sinneseindrücke.

Der Passo di Lavazè ist die perfekte Einstimmung auf eben jenes Trentino, jenen »Schmetterling« Norditaliens, dessen geografische Form uns tatsächlich an jene luftig leichten, stets zur Sonne strebenden

TOUR-TIPP

Empfehlenswerter Einkehrschwung
Cavalese: Botega »Dal Pan Betta«, Via Sorelle Sighel 10 – mit riesiger Auswahl

TOUR-TIPP

Sehenswertes am Wegesrand: Passo d'Oclini
Ein Highlight des Passo di Lavazè: Oben an der Passhöhe zweigt zwischen den Gasthöfen ein Weg Richtung Westen ab – zum noch recht unbekannten und nur winzig ausgeschilderten Passo d'Oclini (Jochgrimm). Mein Tipp: Gönnen Sie sich unbedingt diesen 8 km langen Sackgassen-Abstecher auf knapp 2000 m Höhe. Kurvenreich geht es durch lichten Tannenwald und weite Hochalmen auf ordentlicher Piste bergan. Vorsicht ist nur vor den hier frei weidenden Kühen geboten. Sie sind extrem neugierig und betrachten Wege und Wiesen – zu Recht – als ihr ureigenstes Territorium. Am Passo d'Oclini gibt es mehrere Berggasthöfe, in denen die Einkehr mit einem noch deutlich grandioseren Ausblick garniert wird als auf dem gut 200 m tiefer gelegenen Passo di Lavazè. Freunde von Bergwanderungen finden hier oben ebenfalls ein weites Betätigungsfeld unterschiedlichster Schwierigkeitsgrade. Und wer nicht unbedingt einkehren möchte, kann sein mitgebrachtes Picknick an unzähligen herrlichen Aussichtsplätzen genießen.

Angst vor Schräglage? Nein, gleich neben der Kamera kam ein Reisebus angeschossen, der dann das Bild versaute.

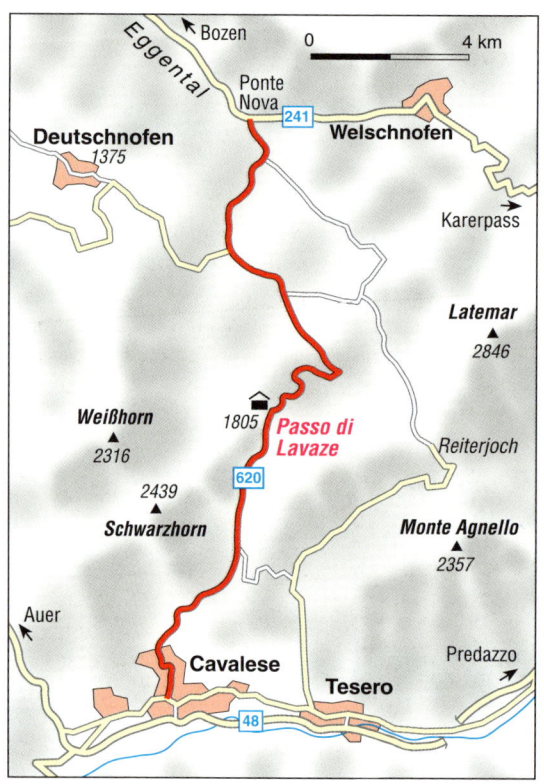

IM ÜBERBLICK

Name: Passo di Lavazè/Lavazejoch
Land: Italien
Region: Trentino
Passhöhe: 1808 m
Höchster Punkt der Strecke: 1989 m (am Passo Oclini)
Basisorte: Ponte Nova und Cavalese
Schwierigkeitsgrad: Leicht
Anzahl der Kehren: 9
Streckenlänge: 25 km
Mautpflicht: Keine
Offizielle Wintersperre: Keine
Sperre für Fahrzeuge: Keine
Kulinarik: Gut
Ideal kombinierbar: Mit den Pässen Nr. 31, 33, 34, 35, 36, 38 und 39, mit dem nahen Niger- und dem Karerpass, mit dem Passo Pordoi und dem Sellajoch

Weg zur Arbeit teilen. In den Dörfern entlang der Strecke scheint die Zeit so manches Mal lange schon stehen geblieben zu sein, obwohl nach Jahren der Landflucht inzwischen immer mehr Menschen in die Bergdörfer zurückkehren, um sich eine neue Heimat fernab aller Hektik zu schaffen.

Die Natur spendiert dazu Ausblicke, die wohl jeden begeistern: Von Norden aus dem Val d'Ega kommend, verabschieden uns im Rücken die gewaltigen Südhänge der Dolomiten, während vor unserem Windshield bereits das Val di Fiemme winkt und lockt.

»Flattermänner« erinnert. Und auch der Lavazè liegt – außerhalb des Monats August – völlig abseits allen Trubels, seine Rampen müssen wir uns höchstens mit einigen Lieferfahrzeugen und den Anwohnern auf dem

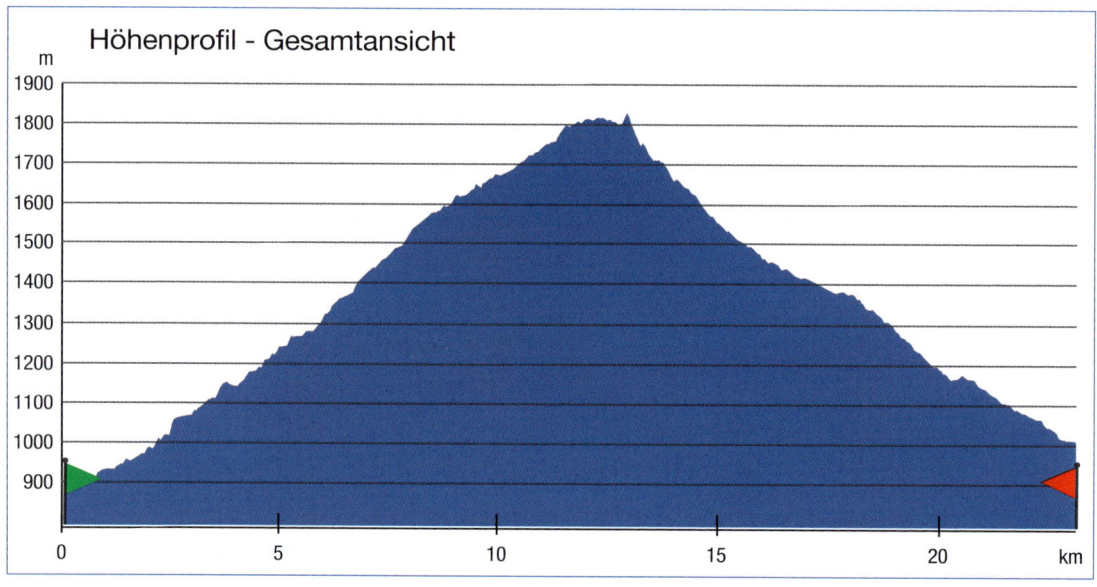

Höhenprofil - Gesamtansicht

Zunächst folgt die Passstraße einem kleinen Flüsschen durch dichten Wald, und in gemütlichen Rechts-links-Kombinationen geht es gemächlich bergan. Oben auf der Passhöhe haben sich mehrere, fast schon obligatorische Berggasthöfe angesiedelt und bieten einen entspannten Einkehrschwung, sogar mit kleinem Badesee. Der ist allerdings aufgrund der Höhenlage des Passes wahrlich nichts für Warmduscher.

Die Südrampe des Passo di Lavazè führt in mehreren Abschnitten zunächst durch lichte Wälder sowie im unteren Verlauf über weite Hochalmen, die einen herrlichen Ausblick auf das Val di Fiemme erlauben. Der Straßenzustand des gesamten Passes ist gut, sodass

TOUR-TIPP

Wo Biker sich treffen

Direkt auf der Passhöhe auf den großen Parkplätzen oder aber im Zentrum von Cavalese zu Beginn einer Tour. Der Abzweig zum Passo d'Oclini ist weniger beliebt, weil er wohl zu kurz ist.

wir uns fahrerisch auf weiter Strecke immer wieder auch auf die sich bietenden Ausblicke konzentrieren können. Wer Cavalese, dem quirlig lauten Hauptort des Val di Fiemme rasch wieder entkommen möchte, sollte sich noch vor der nördlichen Stadtgrenze in Varenna rechts halten und z. B. über Castello di Fiemme und Molina zum Passo del Manghen hin abzweigen.

Stets lohnender Abstecher: Am Passo d'Oclini bietet sich uns ein noch schöneres Panorama, als unten am Lavazè.

Unser Pass – unser Spaß: An vielen Tagen im Jahr sind Biker fast die einzigen, die den Manghen in vollen Zügen genießen.

PASSO DEL MANGHEN / MANGHENPASS

Der Passo del Manghen ist einer der eher unscheinbaren, fahrtechnisch aber nicht unbedingt anspruchslosen Pässe im Osten der Doppelprovinz Südtirol-Trentino.

Die Schwierigkeit des Passo del Manghen liegt vor allem in seinem Straßenzustand, der – aufgrund der Tatsache, dass es sich um keine bedeutende Verkehrsverbindung handelt – eher vernachlässigt wird. Seinen Charme (und daher meine Empfehlung) macht auf der anderen Seite exakt eben jene Tatsache aus, dass wir ihn an vielen Tagen im Jahr nahezu ganz für uns haben. Und allein das stellt einen deutlichen Anreiz dar, den Pass zu er-fahren.

Der nördliche Basisort des Passes ist das hübsche Dorf Molina südwestlich von Cavalese. Aber Achtung: Der Wegweiser zum Passo del Manghen ist leicht zu übersehen. Am besten orientieren Sie sich in Molina einfach Richtung Süden, queren den Aviso und folgen dem deutlich kleineren Rivo di Cadino südwärts in die Berge. Immer schmaler wird die Straße unter unseren Reifen, und schließlich tauchen wir in dichten Nadel-

wald ein. Die ersten einsamen Serpentinen geben uns zwar das Gefühl, allein auf weiter Flur zu sein, doch Vorsicht: Die Bewohner der umliegenden Dörfer rechnen meist ebenso wenig mit Gegenverkehr. Bleiben wir deshalb schön in unserer Spur – soweit das möglich ist.

TOUR-TIPP

Sehenswertes am Wegesrand: Val die Fiemme
Das Val di Fiemme rund um Cavalese zählt zu den schönsten und geschichtsträchtigsten Tälern des Trentino. Prähistorische Funde belegen, dass bereits in der Steinzeit Jäger hier lebten. Später kamen die Römer und führten erbitterte Besatzerkriege gegen die Bevölkerung. Auch nach dem Niedergang des Römischen Reichs kam keine Ruhe auf. Die Herrschaftsverhältnisse wechselten z. T. rascher als das Wetter. Ostgoten, Langobarden und Franken kamen und gingen, und im karolingischen Reich war das Val di Fiemme sogar einmal südlichste Provinz Deutschlands. Ein Jahrhundert lang (bis 1918) war das Trentino Österreich angegliedert, und nach dem Ersten Weltkrieg, als die Frontlinie zu Österreich im Trentino verlief, wurden die heutigen Grenzen der Region Trentino-Südtirol festgelegt. Heute ist das gesamte Trentino eine autonome Provinz Italiens.

Komplett freie Ideallinie: Am Manghen können wir die hohe Kunst des alpinen Motorradfahrens ausgiebig trainieren.

Wo Biker sich treffen
Direkt auf der Passhöhe am Kreuz sowie nach einigen Kehren gen Norden unterhalb an der einfachen bewirtschafteten Berghütte

Unterhalb der Passhöhe weitet sich der Blick auf durchaus alpine Szenerien. Eine einfache Berghütte mit ein paar Sonnenbänken lockt zur Einkehr, oben auf der Passhöhe steht ein einfaches Kreuz.

Hinunter nach Borgo geht es noch eine Spur kurvenreicher als auf dem Hinweg. Beide Abschnitte der Passstraße tragen vollkommen zu Recht das »Grüne Band besonderer landschaftlicher Schönheit«. Der Passo del

Manghen ist schlichtweg ein Pass für den Genießer, der weder höchste Höhen noch schwierigste Spitzkehren benötigt, um sich rundherum wohlzufühlen.

Mein Tipp: Legen Sie oben am Kreuz des Passo del Manghen eine ausgiebige Pause ein, und genießen Sie es, den freien Blick auf die Berge und das herrliche Val di Fiemme.

Das tief verwurzelte Demokratieverständnis der Menschen im Val di Fiemme verdeutlicht u. a. der soge-

TOUR-TIPP

Empfehlenswerter Einkehrschwung
Borgo Valsugana: Ristorante »Sale & Pepe«, Via XI Febbraio 4 – gut gewürzt und richtig lecker

Auf der Suche nach dem Weg? Für echte Offroader gibt es am Gipfel des Manghen leider keinen »Spielplatz«.

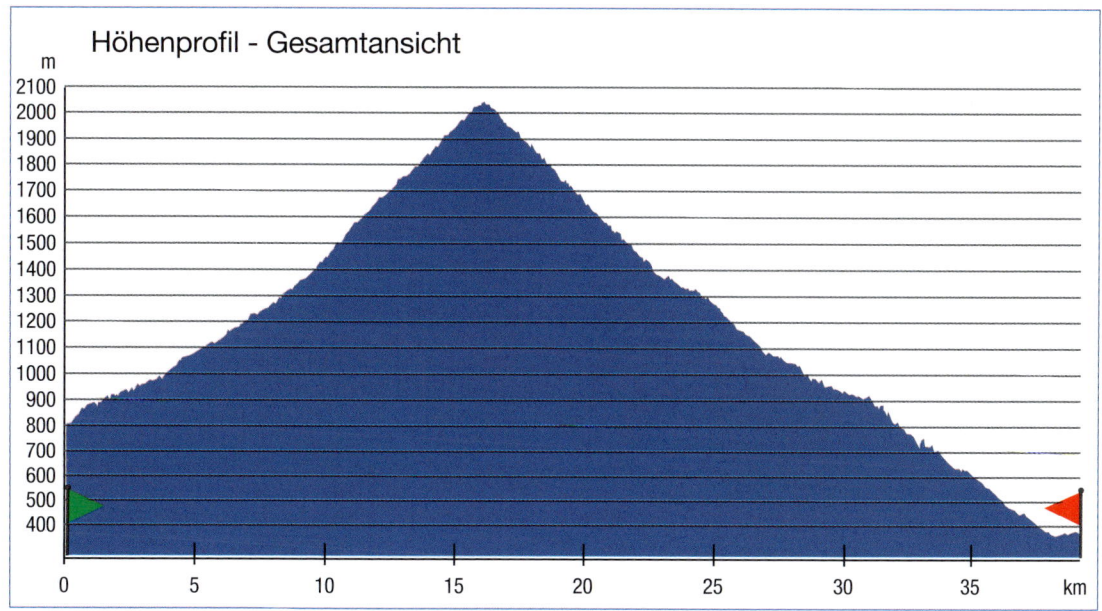

nannte »Banc de la Reson«, der »Tisch der Vernunft«. In der Pfarrei Pieve dell'Assunta bei Cavalese gibt es seit Urzeiten einen großen Stadtpark, in dessen Mitte sich zwei Steinkreise befinden, in deren Zentrum ein runder Steintisch steht. An diesem einzigartigen Tisch Italiens wurden einst alljährlich am 15. August die Versammlungen der Gemeinde Fleims abgehalten und alle wichtigen Fragen der Gemeinde diskutiert und entschieden. Dabei wurde jeder Bürger gehört und konnte mit seiner Stimme über das Wohl und die Zukunft der Gemeinde mitentscheiden.

IM ÜBERBLICK

Name: Passo del Manghen/Manghenpass

Land: Italien

Region: Trentino

Passhöhe: 2047 m

Höchster Punkt der Strecke: 2047 m

Basisorte: Molina und Borgo Valsugana

Schwierigkeitsgrad: Anspruchsvoll

Anzahl der Kehren: 32

Streckenlänge: 40 km

Mautpflicht: Keine

Offizielle Wintersperre: Keine

Sperre für Fahrzeuge: Über 7,5 t

Kulinarik: Picknick mitbringen!

Ideal kombinierbar: Mit den Pässen Nr. 33, 34, 35, 36, 37, 39, 40 und 41

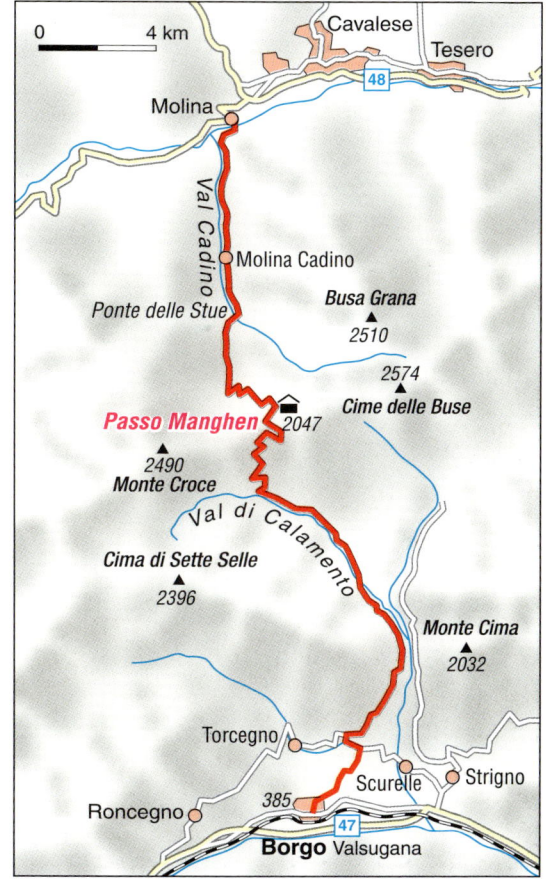

Zweifelsohne sehenswert: Gleichwohl die Passhöhe des Mendola komplett zugebaut ist, lohnen Pass und Boxenstopp.

PASSO DELLA MENDOLA / MENDELPASS

Der Mendelpass war schon immer die Sprachgrenze zwischen Tirol und dem Trentino. Heute verläuft am Passo della Mendola die historische Nord-Süd-Grenze der autonomen Doppelprovinz Trentino-Südtirol.

Die 1880–85 erbaute Passstraße ist aufgrund ihrer verkehrstechnischen Bedeutung ganzjährig befahrbar, es besteht allerdings ein Verbot für Wohnanhänger.
Von Ronzone im Westen aus weist die als SS 42 ausgeschilderte Mendelpassstraße auf weiter Strecke eher Bundesstraßencharakter auf mit weit geschwungenen Kurven und bequemen Steigungen. Erst im Bereich der Passhöhe erfreuen einige Kehren den Biker. Die Passhöhe auf 1362 Metern ziert eine Vielzahl an Hotels, Gasthöfen und Einkehrmöglichkeiten, z. T. mit herrlichen Terrassencafés, aus denen sich die ankommende Bikerschar bequem beobachten lässt. Direkt an der Passhöhe zweigt zudem eine gut vier Kilometer lange Sackgassen-Stichstraße zum

TOUR-TIPP

Wo Biker sich treffen
Direkt oben auf der Passhöhe an den Parkplätzen oder in den zahlreichen Gasthöfen

TOUR-TIPP

Sehenswertes am Wegesrand: Bozen
Bozen/Bolzano ist die Landeshauptstadt Südtirols und als solche natürlich Sitz der Südtiroler Landesregierung und des Südtiroler Landtags. Zudem ist die Stadt seit 1964 stolzer Bischofssitz. Einerseits bietet sie mit ihrer überschäumenden Lebendigkeit alle Annehmlichkeiten, die man sich nach einem langen Tag im Sattel wünschen kann, mit praller Geschichte zum Anfassen, vermischt mit diesem luftig leichten, typisch italienischen Flair. Die engen Stadtviertel mit ihren schattigen Gassen ersticken andererseits aber tagein, tagaus auch wieder im wohl niemals ruhenden Verkehr.

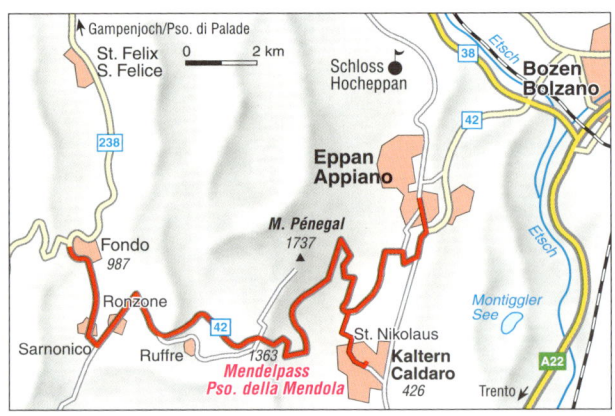

1737 Meter hohen Gipfelplateau des Penegal ab, die man sich mit genügend Zeit im Tankrucksack unbedingt gönnen sollte.

Auf der Ostseite des Passo della Mendola schwingt die Straße in engen Kurven und zwei Hand voll Kehren hinab ins Etschtal, dem Herzen Südtirols. Dichter Bergwald versperrt zwar meist die Aussicht, aber ein paar Ausweichbuchten gestatten den einen oder anderen Blick hinunter ins Tal und nach Bozen.

Mein Tipp: Geben Sie der Stadt eine Chance, denn sie hat wahrlich viel zu erzählen. Der Talkessel von Bozen war ursprünglich bis weit ins Mittelalter hinein wegen seiner Sümpfe und der häufigen Überschwemmungen unbewohnbar. Seit ihrer Gründung vor mehr als 800 Jahren ist Bozen nun eine Handelsstadt, die vor allem aus ihrer strategisch wertvollen Lage an den traditionellen Handelswegen von Venedig nach Augsburg stetig Kapital schlagen konnte. Jene Handelsstraßen mussten allerdings auch nachhaltig gesichert werden, und so ergab es sich, dass das Bozener Becken heute mit ca. 40 Burganlagen auf engstem Raum die größte Burgendichte Europas besitzt.

IM ÜBERBLICK

Name: Passo della Mendola/Mendelpass
Land: Italien
Region: Trentino und Südtirol
Passhöhe: 1362 m
Höchster Punkt der Strecke: 1375 m
Basisorte: Cavareno und Appiano
Schwierigkeitsgrad: Mittelschwer
Anzahl der Kehren: 20
Streckenlänge: 26 km
Mautpflicht: Keine
Offizielle Wintersperre: Keine
Sperre für Fahrzeuge: Abschnittsweise für Fahrzeuge über 19 t und/oder 12 m Länge respektive Anhänger
Kulinarik: Bestens
Ideal kombinierbar: Mit den Pässen Nr. 33, 34, 35, 36, 37, 38 und 40, mit dem nahen Passo Campo Carlo Magno und mit dem Tonalepass

1918 wurde Südtirol und damit auch Bozen von Italien annektiert. Um den Menschen der Region Arbeit zu geben, wurden weitläufige Industrieareale aus dem Boden gestampft, die auch heute noch den ersten Eindruck von der Stadt prägen. Bozen wuchs sprunghaft, und dieses Wachstum ist noch nicht beendet. International berühmt geworden ist Bozen durch die Entdeckung des »Ötzi«, der Gletschermumie in den angrenzenden Südtiroler Alpen, die im Südtiroler Archäologiemuseum zu sehen ist.

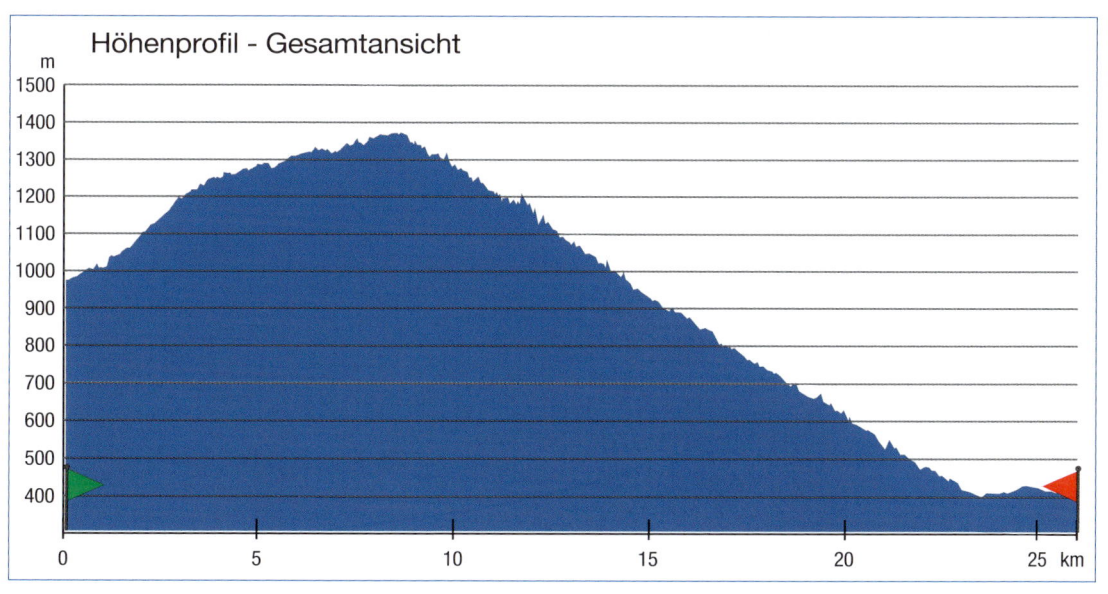

Treibt den Blutdruck: Die Kaiserjägerstrasse ist die perfekte Ergänzung zum Sommo – allerdings nicht anfängertauglich.

PASSO DEL SOMMO

Der Passo del Sommo gibt sich mit 1345 Metern Höhe redlich Mühe, ist aber sicherlich nicht dazu geeignet, um am Bikerstammtisch daheim mit seiner »Eroberung« zu protzen.

Aber nicht nur als Ergänzung zum Passo Coe und zum Valbona (s. Kapitel 41) ist er zu empfehlen, auch als eigenständige Route vom Etschtal hinüber zum herr-

TOUR-TIPP

Wo Biker sich treffen
Direkt auf der Passhöhe – auch beliebt bei Enduristen, die auf den umliegenden panoramareichen Pisten herumräubern

lichen Seen-Doppelpack Lago di Caldonazzo und Lago di Levico ist er meine erste Wahl.

Wir verlassen Folgaria Richtung Osten und nehmen sogleich den Anstieg hinauf zur Passhöhe in Angriff. Drei Kehren und eine Hand voll Kurven später stehen wir inmitten einer weiten Hochebene und suchen eben diese Passhöhe. Die haben Sie direkt bei einer kleinen Kapelle und beim Abzweig eines ausgeschilderten Höhenwegs zum Forte Sommo Alto gefunden. Das Passschild versteckt sich am Beginn der Offroadpiste bei

TOUR-TIPP

Empfehlenswerter Einkehrschwung
Folgaria: Osteria »Coe«, Via Caduti Malga Zonta 7
Caldonazzo: »Spaghetti Club«, Localitá Costa an der SS 47 – der Name ist Programm!

diversen Kriegstrümmern. Überall in den umliegenden Hügeln verbergen sich nämlich noch die Reste alter Festungswerke aus dem Ersten Weltkrieg. Das oberhalb der Ortschaft Fondo Grande gelegene und noch recht gut erhaltene ehemalige Fort Sommo Alto ist ein beliebter Exkurs italienischer Enduristen, die trotz eines klaren Verbotsschilds im Mopedsattel zu den frei zugänglichen Festungsanlagen huschen. In deren unterirdischen Gängen – Achtung: Steinschlag- und Einsturzgefahr! – gibt es noch so manche Zeitzeugnisse zu entdecken. Hoch spannend, wie mir einige Biker berichteten, aber eben auch nicht ganz legal zu erkunden …

Richtung Caldonazzo beginnt dann der eigentliche Kurventanz des Passes – wir können uns sogar noch den wohl völlig unbekannten Passo della Fricca einverleiben, einen auf 1135 Metern Höhe gelegenen Sattel, dessen Scheitelpunkt allerdings untertunnelt ist. Die historische Passstrecke über den Berg ist zwar noch sichtbar, aber offiziell gesperrt und mit einer Schranke gesichert.

Eine hochinteressante und fahrerisch anspruchsvolle Alternative zum Passo della Fricca ist die östlich über den Monte Rovere verlaufende Kaiserjägerstraße, die allerdings nicht anfängertauglich ist. Unsere Passstraße pendelt nun im idyllischen Caldonazzo direkt an zwei der schönsten Badeseen des Trentino aus. Haben Sie Handtuch, Badehose und/oder Bikini eingepackt? Dann nichts wie ab in das angenehm warme Wasser!

IM ÜBERBLICK

Name: Passo del Sommo
Land: Italien
Region: Trentino
Passhöhe: 1341 m
Höchster Punkt der Strecke: 1341 m
Basisorte: Folgaria und Caldonazzo
Schwierigkeitsgrad: Leicht
Anzahl der Kehren: 10
Streckenlänge: 20 km
Mautpflicht: Keine
Offizielle Wintersperre: Keine
Sperre für Fahrzeuge: Keine
Kulinarik: Picknick mitbringen!
Ideal kombinierbar: Mit den Pässen Nr. 34, 35, 36, 37, 38, 39 und 41, mit dem nahen Andalosattel oder mit der Monte-Baldo-Höhenstraße

Schmuckstück: Passhöhe des Sommo mit Kapelle

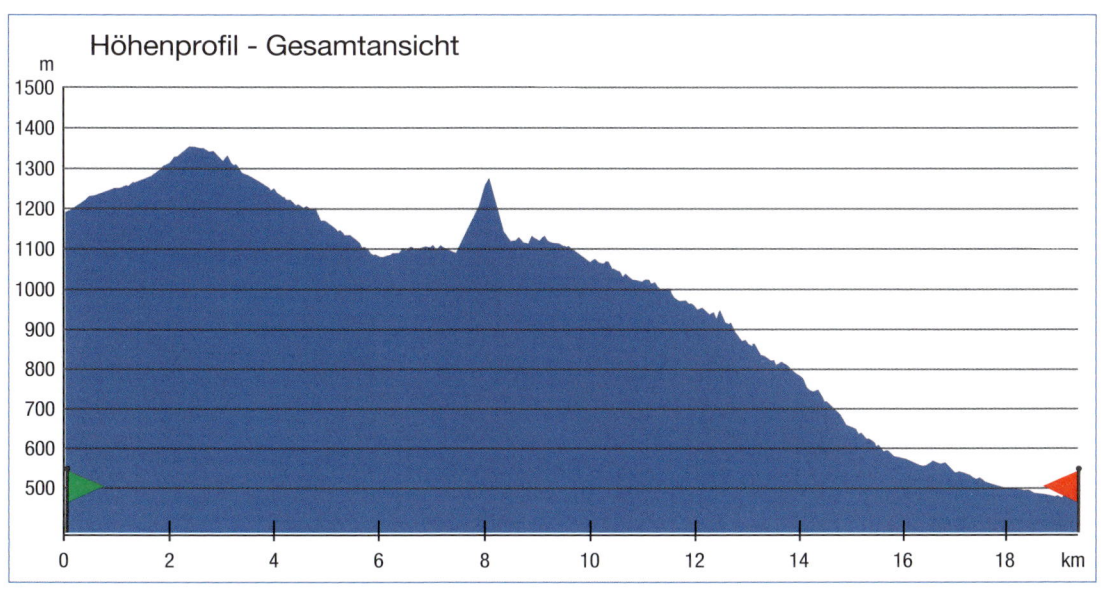

Doppelpass-Spaß: Den Passo Coe (oben) mit dem Valbona zu kombinieren, liegt nicht nur nahe, es ist fast alternativlos.

PASSO COE MIT PASSO VALBONA

Auch im herrlichen Südosten des Trentino gibt es ein Pässe-Doppelpack, über das es sich zu berichten lohnt: den Passo di Valbona (auch Valico di Valbona genannt) und den Passo Coe.

Eine liebliche hügel-, aber auch aussichtsreiche Landschaft erwartet uns hier am Übergang der südlichen Dolomiten in das Etschtal. Unser Basisort Folgaria, eine 3000-Seelen-Gemeinde, besitzt nicht nur Wurzeln, die immerhin bis in das 12. Jahrhundert zurückreichen, sondern auch eine äußerst spannende Geschichte: die der geheimnisvollen Zimbern in Oberitalien, eines wohl auf bajuwarische Wurzeln zurückgehenden Volksstamms, den es irgendwann einmal nach Oberitalien verschlagen hat. Knapp 1000 Menschen sprechen heute noch das Zimbrische, die meisten leben im Trentino.

Gen Süden verlassen wir Folgaria und wedeln hinauf zum Passo Coe. Die verkehrsarme Straße verläuft

TOUR-TIPP

Empfehlenswerter Einkehrschwung
Folgaria: Osteria »Coe«, Via Caduti Malga Zonta 7
Arsiero: Trattoria »Irma«, Via Crosara 1 – sehr beliebt auch bei Einheimischen

TOUR-TIPP

Wo Biker sich treffen
Entlang der Passhöhe vor allem des Coe, um von dort aus die umliegenden Höhenwege offroad zu erkunden (Achtung, nicht alle sind freigegeben!)

landschaftlich sehr schön, und zahlreiche Kurven und einige Kehren später stehen wir oben auf der wahrlich unscheinbaren Passhöhe des Coe auf 1610 Metern Höhe. Westlich der Passhöhe liegen die Reste zweier österreichischer Festungen aus dem Ersten Weltkrieg

TOUR-TIPP

Sehenswertes am Wegesrand: das Trentino
Das Trentino ist – gemeinsam mit Südtirol – die bekannteste und bei uns Deutschen beliebteste Region Norditaliens, direkt an der sonnenverwöhnten Südalpenseite. Nur 100 km südlich des Brenners gelegen, beginnt dort die Motorradsaison bereits im März mit freien Straßen, sonnenverwöhnten Landschaften und angenehmen Temperaturen. Trento als »Kopf«, der tiefe Einschnitt des Etschtals als der »Körper«, die Täler, Berge und Hochebenen rechts und links als die »Flügel« – mit genügend Abstand betrachtet, ähneln die geografischen Umrisse des Trentino tatsächlich einem Schmetterling, und so mag es nicht verwundern, dass dieses luftig leichte, zur Sonne strebende Wesen zur Symbolfigur der gesamten Provinz gemacht wurde.

IM ÜBERBLICK

Name: Passo Coe (mit Passo Valbona)
Land: Italien
Region: Trentino
Passhöhe: 1610 m
Höchster Punkt der Strecke: 1784 m am Valbona
Basisorte: Folgaria und Arsiero
Schwierigkeitsgrad: Leicht bzw. mittelschwer
Anzahl der Kehren: 13
Streckenlänge: 35 km
Mautpflicht: Keine
Offizielle Wintersperre: Keine
Sperre für Fahrzeuge: Keine
Kulinarik: Picknick mitbringen!
Ideal kombinierbar: Mit den Pässen Nr. 34, 35, 36, 37, 38, 39 und 40 und mit der nahen Monte-Baldo-Höhenstraße

und erzählen von der blutigen Vergangenheit des Passes. Eine Kinderskipiste und eine Bar sehen wir hier oben auch noch, ehe wir weiter gen Südosten huschen.

Die gut ausgebaute Straße schwingt nun durch ein weites Hochtal mit zahlreichen Felsengipfeln am Horizont und steigt dann fast unmerklich nochmals 170 Höhenmeter bergan. Das obligatorische Passschild des Valbona habe ich allerdings in all den Jahren vergebens gesucht – irgendwo rund um eine kleine Weggabelung der SP 92 musste es einmal gestanden haben. Apropos: Einige Offroadpisten zweigen entlang der Passstraße nach rechts und links ab und führen zu den Gipfelplateaus der umliegenden Berge. Die Ausblicke dort oben sind zwar bei Kaiserwetter grandios, leider sind einige

Pisten aber seit Kurzem für motorisierte Fahrzeuge gesperrt. Echte Offroader sollten sich zumindest die nicht gesperrten Pisten aber unbedingt einmal gönnen – sie sind mit leichten Enduromaschinen gefahrlos zu erforschen.

Hinab nach Arsiero sollten Sie sich noch den Abzweig Richtung Pedescala gönnen – weitere 23 anspruchsvolle Kehren bekommen Sie als Belohnung geschenkt.

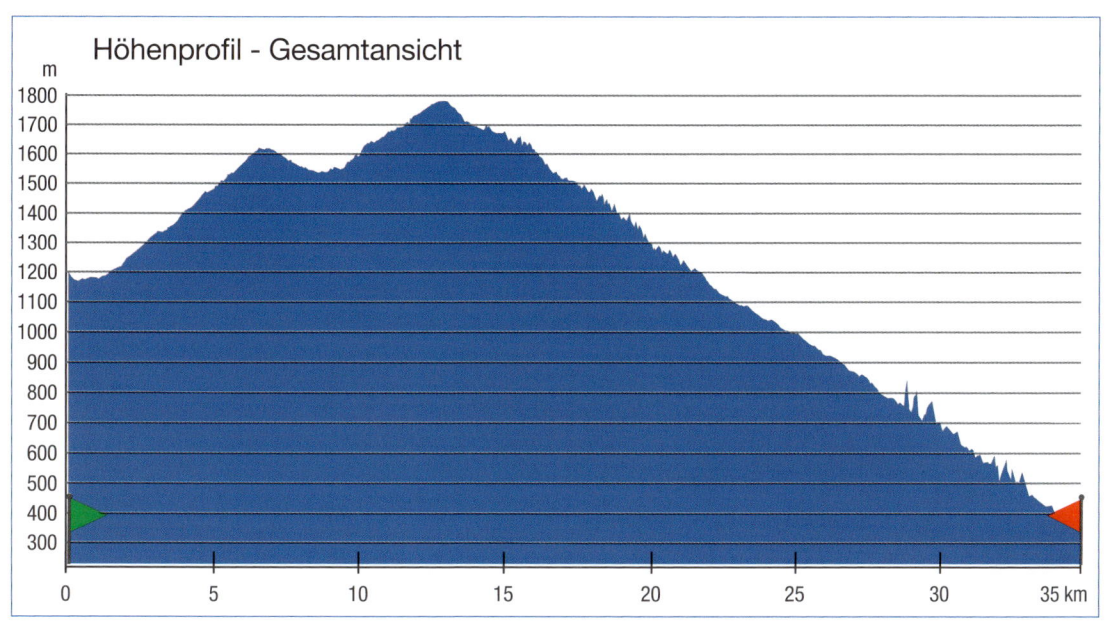

Höhenprofil - Gesamtansicht

Hat Spaß gemacht: Auch Sozia Kirsten hat der Crocedomini gefallen – allerdings ohne Offroad-Abzweig.

PASSO DI CROCEDOMINI

Der Passo di Crocedomini (auf manchen Karten auch Croce Domini geschrieben) ist einer jener typischen Alpenpässe, der Wanderern, Mountainbikern und uns Motorradfahrern allein gehören sollte.

Denn vor allem seine Südostrampe vom Westufer des Idrosees herauf hat es in sich. Kurvenreich und stellenweise sehr schmal liegt sie vor dem Windshield und verlangt volle Konzentration sowie eine recht sichere Hand im Umgang mit dem eigenen Bike.

Offiziell gesperrt ist die Strecke für alle Fahrzeuge über 2,2 Meter Breite, leider hält sich nicht jeder Auto-

TOUR-TIPP

Wo Biker sich treffen
Direkt am Rifugio Passo Crocedomini bzw. (zumindest alle leidenschaftlichen Offroader) am nahen Goletto delle Crocette

fahrer daran – oder berücksichtigt einfach seine weit ausladenden Außenspiegel nicht. Wenn sich dann zwei Pkws auf der Südostrampe treffen, ist auch für nachfolgende Biker »Schicht im Schacht«, sprich: kein Vorbeikommen mehr.

Auf der kargen Passhöhe erwarten uns herrliche Alpenpanoramen sowie ein bei Motorradfahrern sehr beliebtes kleines Gasthaus, das Rifugio Passo Croce-

TOUR-TIPP

Empfehlenswerter Einkehrschwung
Das Rifugio Passo Crocedomini bietet einfach Küche, Getränke und Verpflegung. Für den größeren Hunger vor oder nach der Passerfahrung empfehle ich:
Breno: »La Taverna del Bracconiere« im Vorort (Localitá) Degna – mit der besten Pizzenauswahl der Region; Nahe Bagolino: Ristorante »Villa la Pausa«, San Giacomo 42 in Ponte Caffaro – lecker Essen mit prächtigem Seeblick, toll!

Name: Passo di Crocedomini

Land: Italien

Region: Lombardei

Passhöhe: 1892 m

Höchster Punkt der Strecke: 1930 m

Basisorte: Breno und Bagolino

Schwierigkeitsgrad: Anspruchsvoll

Anzahl der Kehren: 46

Streckenlänge: 42 km

Mautpflicht: Keine

Offizielle Wintersperre: November bis Mai

Sperre für Fahrzeuge: Über 2,2 m Breite

Kulinarik: Gut

Ideal kombinierbar: Mit den Pässen Nr. 43, 44, 45, 36 und 47 und mit der nahen Monte-Baldo-Höhenstraße

domini, das auch als Bikertreff weithin in der Region bekannt ist und nicht nur an den Wochenenden zahlreich frequentiert wird. Besondere Aufmerksamkeit bekommen hier natürlich all diejenigen, die direkt von Süden über die teilweise recht grob geschotterte und ausgewaschene Tre-Valli-Panoramastraße und den gut 2000 Meter hohen Goletto delle Crocette kommen. Die offiziell befahrbare, mit mehreren Offroadpassagen ausgestattete und fast 20 Kilometer lange Höhenstraße

beginnt am Passo del Maniva (auch: Giogo del Maniva), einem vor allem im Skizirkus bekannten Höhepunkt im Süden des Crocedomini.

Bei unserer Fotoproduktion im Sommer 2016 war die Tre-Valli-Piste über den Goletto delle Crocette allerdings wegen eines Murenabgangs unterbrochen und von heftigen Regenfällen in den Wochen zuvor arg in Mitleidenschaft gezogen worden. Aufräumarbeiten waren aber deutlich hörbar im Gange.

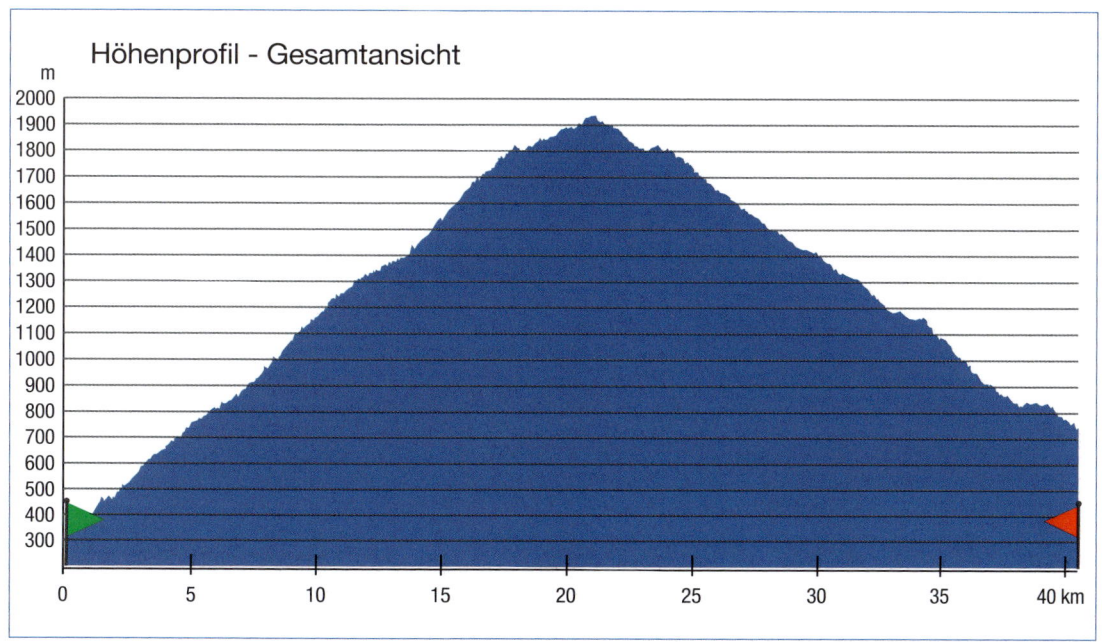

Höhenprofil - Gesamtansicht

Dieser Abzweig ist Pflicht: Gönnen Sie sich diesen Abstecher unbedingt, er ist das unbekannte Highlight am Mortirolo.

PASSO DELLA FOPPA UND PASSO DEL MORTIROLO

Den Passo della Foppa und den Passo del Mortirolo in zwei separate Höhepunkte zu teilen, hieße wahrlich »Erbsen zu zählen«.

Denn beide Pässe liegen – betrachtet man es geografisch und mit Millimeterpapier – nur wenige Meter auseinander. So wenige, dass sich beide Pässe sogar ein

TOUR-TIPP

Sehenswertes am Wegesrand: Pianaccio-Abstecher
Zunächst schwingt eine auskömmlich breite Piste vom Passo del Mortirolo weg Richtung Westen, vorbei an einigen Berghütten, die Urlauber im Sommer mieten können. Hinter den letzten Häusern und gänzlich frei von höherem Bewuchs schlängelt sich die kaum mehr als lenkerbreite Strecke dann auf einer Höhe von fast 2100 m dahin und bietet atemberaubende Ausblicke auf die noch heile Alpenwelt. Das Ganze verziert mit herrlich liegenden Picknickplätzen – genießen Sie es dort oben!

TOUR-TIPP

Wo Biker sich treffen
Einen expliziten Treff am oder im Umfeld des Foppa/Mortirolo habe ich bis heute nicht entdeckt. Wundert mich aber auch nicht weiter, denn der berühmte Tonale und auch der Gavia-Pass liegen beinahe schon in Sicht- und Hörweite.

gemeinsames Schild teilen. Macht aber nichts, denn der Foppa/Mortirolo ist in vielerlei Hinsicht geradezu prädestiniert für dieses Buch: Zum einen sind beide Rampen von Beginn an für alle Fahrzeuge über 7,5 Tonnen strikt gesperrt (auch keine Zubringer und dergleichen) und im oberen Bereich sogar für Fahrzeuge über 3,5 Tonnen. Zum anderen sind beide Rampen herrlich kurvenreich, schmal und wohl von motorradaffinen Landschaftsarchitekten geplant worden, bei denen ich mich – unbekannterweise – ausdrücklich bedanken möchte.

Einzigartig: Es gibt Orte, da möchte ich für immer bleiben. Dieser hier oberhalb von Pianaccio ist einer davon.

Und nach dem Mortirolo-Scheitelpunkt zweigt eine Zubringerpiste zu einigen Berghütten ab, die Sie sich unbedingt gönnen sollten. Folgen Sie dazu einfach dem Wegweiser »Loc. Pianaccio«, und genießen Sie die Fahrt mit voller Konzentration (s. Tippkasten). Z. B. auch als Zeitvertreib, wenn vor Ihnen die Passstraße

TOUR-TIPP

Empfehlenswerter Einkehrschwung
Nahe Lovero: Pizzeria »Strapizza«, Via XXV Aprile in Sernio
Incudine: Ristorante »Malga Mortirolo«, Via Piave 16 in Monno, kurz vor Incudine

des Foppa/Mortirolo mal wieder für einige Stunden gesperrt ist wegen eines dieser in ganz Italien beliebten Radrennen. Denn seitdem der Mortirolo regelmäßiger anstrengender Bestandteil der Giro-d'Italia-Rundfahrt ist, planen auch andere Radlergruppen und -vereinigungen diesen Pass regelmäßig in ihre Streckenplanung mit ein. So wie im Juli 2016, als diese Bilder entstanden und unsere Weiterfahrt zum Passo di Guspessa gleich im Südwesten des Mortirolo durch örtliche Carabinieri strikt untersagt wurde.

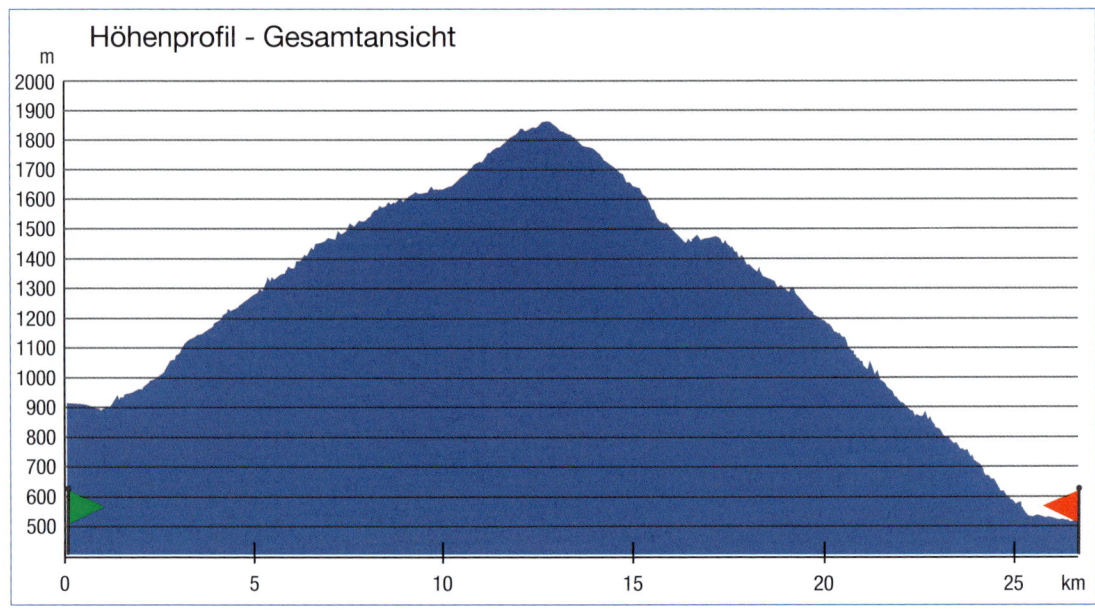

Etwas unterhalb der Passhöhe liegt ein Denkmal für die 2004 in Rimini verstorbene Radrennlegende Marco Pantani, und bei jeder Giro-d'Italia-Etappe über den Foppa/Mortirolo bekommt der Sieger dieser Bergetappe den Preis »Cima Pantani«.

Schon seit dem Mittelalter war der Mortirolo ein beliebter »Ausweichpass«, wenn es mal wieder zu gefährlich wurde, über den westlich liegenden Aprica zu reisen. Aus dem Jahr 1526 gibt es Berichte, nach denen Reisegruppen sogar im Dezember noch über den Mortirolo zogen, begleitet von fünf bis zehn starken Männern, die das Eis zerschlugen und den Schnee beiseite räumten, damit die Pferde Tritt fanden. Welch ein Abenteuer muss das gewesen sein – ohne heizbare Sättel und ABS oder gar Stollenreifen!

Ebenso wie die Pisten des Guspessa und Foppa sind auch die heutigen Trassierungen des Mortirolo dem italienischen Militär zu verdanken. Das erbaute nämlich in den Bergen zwischen Veltlin und Stilfser Joch so viele Befestigungsanlagen, dass ein umfangreiches Netz an Versorgungsstraßen nötig war, um all die Soldaten auf den Höhen mit Lebensmitteln und Munition auszustatten – denn diese mussten dort oben oft monatelang ausharren.

Von der Sonne verwöhnt: Die Herberge am Passo del Mortirolo ist ab und zu auch als Bikertreff recht beliebt.

Höhepunkt der Bergamasker Alpen: Der Vivione gehört zu den fahrerisch und landschaftlich prächtigsten Pässen Italiens.

PASSO DEL VIVIONE

Die Bergamasker Alpen bzw. die Alpi Orobie, wie sie ausgeschildert sind, gehören zu den wohl unbekanntesten Kurvenrevieren Norditaliens.

Und der Passo del Vivione ist wohl einer der schönsten (und einsamsten) Pässe in eben jenen Alpi Orobie – ein Höhepunkt, der in keiner Tourenplanung für diese Region fehlen darf!

Offiziell verbindet die als SS 294 ausgeschilderte, gut ausgebaute Straße das Valle Paisco in der Provinz Bergamo mit dem Valle di Scalve in der Provinz Brescia, doch ihre Bedeutung für den Verkehr ist so unwichtig, dass wir sie allemal nur mit einigen Rennradlern und Bikerkollegen teilen müssen. Das umso mehr, als ihre Westrampe so schmal und kehrenreich in die Berge

TOUR-TIPP

Empfehlenswerter Einkehrschwung
Eben jenes Rifugio mit seinen beiden freundlichen Wirtsleuten sowie dem mächtigen »Wachhund« ist auch mein erster Anlaufpunkt, wenn es gilt den kleinen Hunger zwischendurch zu stillen. Oder den Koffeinspiegel zu heben, denn die imposante Kaffeemaschine der Wirtsleute ist von echt italienischem »Blut«. Malegno: Ristorante »Al Ponte«, Via Cavour 14 – winzig und typisch italienisch

TOUR-TIPP

Sehenswertes am Wegesrand: Alpi Orobie
Zwischen Comer und Iseosee gelegen, sind die Bergamasker Alpen für mich immer dann ein lohnendes Ziel, wenn die legendären Dolomiten im Osten mal wieder viel zu voll und die Oberitalienischen Seen im Westen zu heiß (und zu voll) sind und ich dennoch südlich des Alpenhauptkamms um die Kurven flitzen möchte. Denn die Strecken und vor allem auch die Sackgassen hoch in die Täler des gut 80 km langen Gebirgszugs sind ein Genuss für den tourenden Entdecker. Das weitgehend aus Kalkstein bestehende Gebirge gehört zu den Südlichen Kalkalpen, die Provinzen Lecco, Bergamo und Sondrio teilen sich all die bis zu imposanten 3000 m Höhe aufragenden Prachtgipfel. Vor allem für Wanderer und Naturfreunde sind die Alpi Orobie eine Freude, aber auch Biker – mit und ohne Motor – finden hier exzellente Trainings- und Tourenbedingungen.

emporsteigt, dass ich an dieser Stelle eine ausdrückliche Warnung an alle Anfänger und Wiedereinsteiger aussprechen möchte! Falls Sie dennoch nicht auf das »Gipfelglück« am bewirtschafteten Rifugio des Vivione verzichten möchten, wählen Sie als Anstieg die etwas moderatere Ostrampe, und schwingen Sie über die anspruchsvolle Westrampe mit gut eingestellten Bremsen vorsichtig bergab.

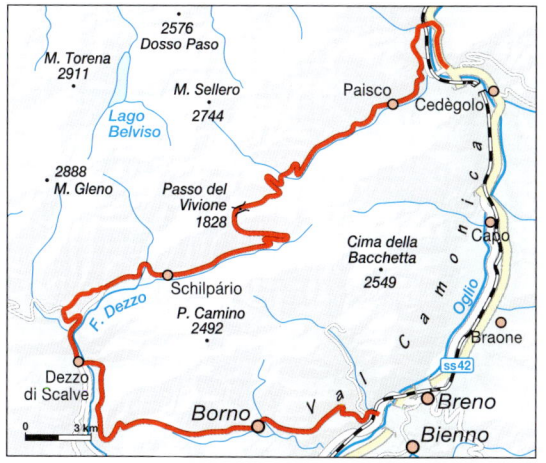

IM ÜBERBLICK

Name: Passo del Vivione

Land: Italien

Region: Lombardei/Bergamasker Alpen

Passhöhe: 1828 m

Höchster Punkt der Strecke: 1828 m

Basisorte: Forno Allione und Malegno

Schwierigkeitsgrad: Anspruchsvoll

Anzahl der Kehren: 40

Streckenlänge: 70 km

Mautpflicht: Keine

Offizielle Wintersperre: November bis Mai

Sperre für Fahrzeuge: Keine

Kulinarik: Gut

Ideal kombinierbar: Mit den Pässen Nr. 42, 43, 45, 46, 47, 48 und 49, mit dem nahen Tonale- und mit dem Aprica-Pass

Gut 1300 Höhenmeter sind mit maximal zwölf Prozent Steigung zu überwinden, und oben auf der weitgehend waldlosen Passhöhe inmitten eines weiten Hochtals erwartet uns ein hochalpines Panorama, das jedem Besucher in Erinnerung bleiben wird. In den 1920er-Jahren soll Kurt Mair, der Autor der wohl allerersten in Buchform »gepressten« Alpenstraßen-Sammlung, als erster Ausländer mit dem Auto über den Pass gefahren sein. Er veröffentlichte seine Schwärmerei dann unter dem Namen Passo Gaffione, der sich bis heute in so mancher Lektüre wiederfindet.

Rund um die Passhöhe sind auch heute noch Spuren uralter Militärstraßen und Befestigungen sichtbar. Auch hier glaubte das italienische Militär sich ausbrei-

ten zu müssen, um das Vaterland zu schützen. Nun ja ... wer Details dazu erfahren möchte, lese die riesige italienische Hinweistafel am Pass. Oder genieße stattdessen einfach den himmlischen Frieden, den wir heutzutage dort oben finden.

TOUR-TIPP

Wo Biker sich treffen

Natürlich direkt oben am bewirtschafteten Rifugio Passo del Vivione, einem ganz besonders panoramareichen Treff

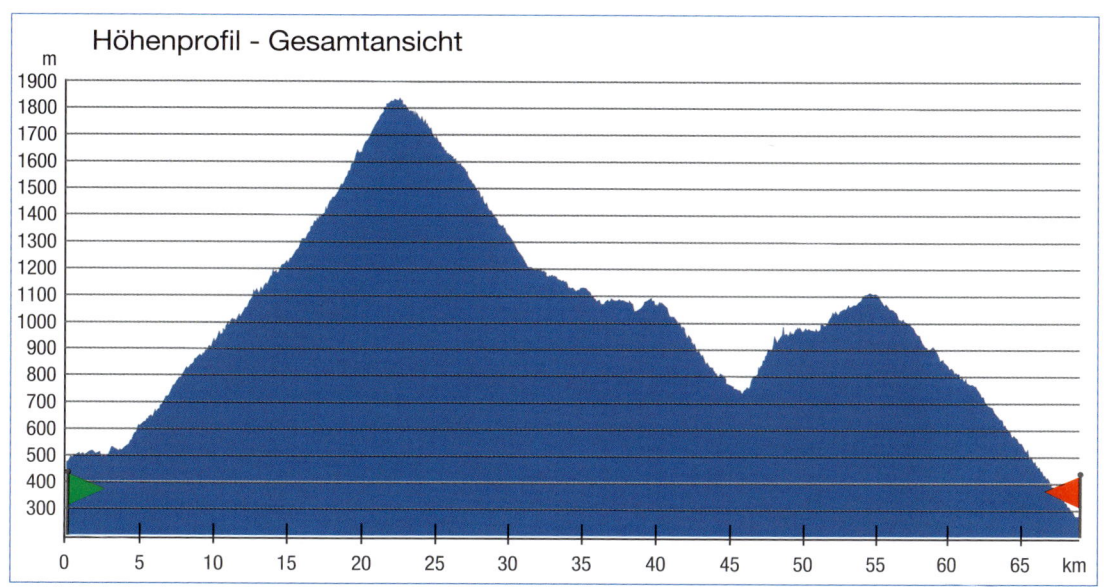

Höhenprofil - Gesamtansicht

Zweifelhaft: Auf die Stabilität der Absicherungen am Presolana sollten wir uns nicht verlassen, lieber auf unser Können.

PASSO DELLA PRESOLANA / GIOGO DELLA PRESOLANA

Die richtig guten Zeiten haben der Passo della Presolana bzw. seine um die Passhöhe verstreut liegenden Hotels und Gastronomiebetriebe vermutlich lange schon hinter sich.

Ja, so manch faszinierend baufälliges Albergo hätte bestimmt eine lange, vielleicht sogar spannende Geschichte zu erzählen – wenn denn noch jemand zuhören, sprich: der Historie eine Chance geben würde. Aber selbst wenn das Gemäuer günstig »zu schießen«

wäre, ich würde mich nicht trauen, der Zahn der Zeit hat einfach schon zu heftig daran genagt.

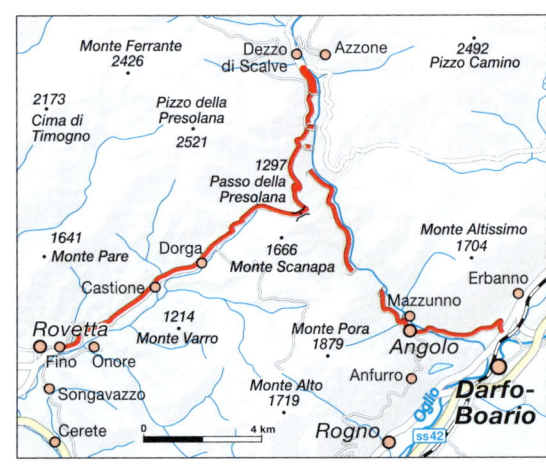

TOUR-TIPP

Empfehlenswerter Einkehrschwung
Rovetta: Pasticceria »Fantoni«, Via Alcide de Gasperi 18 – mit einer Auswahl, die viele deutsche Bäckereien in den Schatten stellt
Boario Terme: Ristorante »La Curt«, Via Quattro Novembre 2

TOUR-TIPP

Wo Biker sich treffen

Im hübsch angelegten Stadtzentrum von Lovere am Nordufer des Iseosees, nur einen Katzensprung südlich von Boario Terme – gern nach der Tour zu Pizza und Pasta oder zu einem Absacker. Die Passhöhe selbst ist dagegen eher unbedeutend als Treff – höchstens einmal am Sonntagvormittag als Startpunkt zu einer Tour.

Der Tourismus rund um die Passhöhe hat sich ganz dem weißen Sport verschrieben. Die über den zumindest früher mal im Wintersport recht bekannten Pass führende SS 671 verbindet das Valle di Scalve mit

TOUR-TIPP

Sehenswertes am Wegesrand

Der norditalienische Idro- und Iseosee sind die perfekte Alternative zum im Sommer stets proppenvollen Gardasee. Hier noch ein paar Worte zum Iseosee: Der erwartet uns direkt am Südfuß des Presolana, dort, wo die Bergamasker Alpen sanft gen Süden auslaufen. Mit 65 km² Fläche ist er der viertgrößte aller Oberitalienischen Seen und bei Seglern und Surfern der Geheimtipp in Norditalien. Vor allem morgens und abends treffen hier kräftige Fallwinde auf den See und sorgen für satten Vortrieb. Um den See herum führt eine in den Fels gesprengte Fahrstraße, von der man schöne Ausblicke auf die im Wasser »dümpelnden« Inseln Monte Isola, Isola di Loreto und Isola di San Paolo genießt. Letztere befindet sich übrigens im Privatbesitz der italienischen Waffenhersteller-Dynastie Beretta, deren Büchsen- und Pistolen-Geschichte bis ins Jahr 1526 zurückreicht.

IM ÜBERBLICK

Name: Passo della Presolana/Giogo della Presolana

Land: Italien

Region: Lombardei

Passhöhe: 1297 m

Höchster Punkt der Strecke: 1310 m

Basisorte: Rovetta und Boario Terme

Schwierigkeitsgrad: Mittelschwer

Anzahl der Kehren: 12

Streckenlänge: 36 km

Mautpflicht: Keine

Offizielle Wintersperre: Keine

Sperre für Fahrzeuge: Keine

Kulinarik: Picknick mitbringen!

Ideal kombinierbar: Mit den Pässen Nr. 42, 43, 44, 46, 47, 48 und 49

Clusone im Westen. Für heutige Ansprüche sind die umliegenden Wintersportgebiete vermutlich zu unspektakulär, weshalb der Presolana bald schon ganzjährig in der Bedeutungslosigkeit versinken könnte.

Aber exakt das macht ihn ja dann vielleicht wieder zu einem Erlebnis für uns Motorradfahrer. Fahrtechnisch interessant sind sowohl die West-Ost- als auch die Ost-West-Richtung – es erwarten uns ganze zwölf Kehren mit bis zu 14 Prozent Steigung. Das macht Laune und ungemein Lust auf mehr – s. dazu auch meine Kombivorschläge.

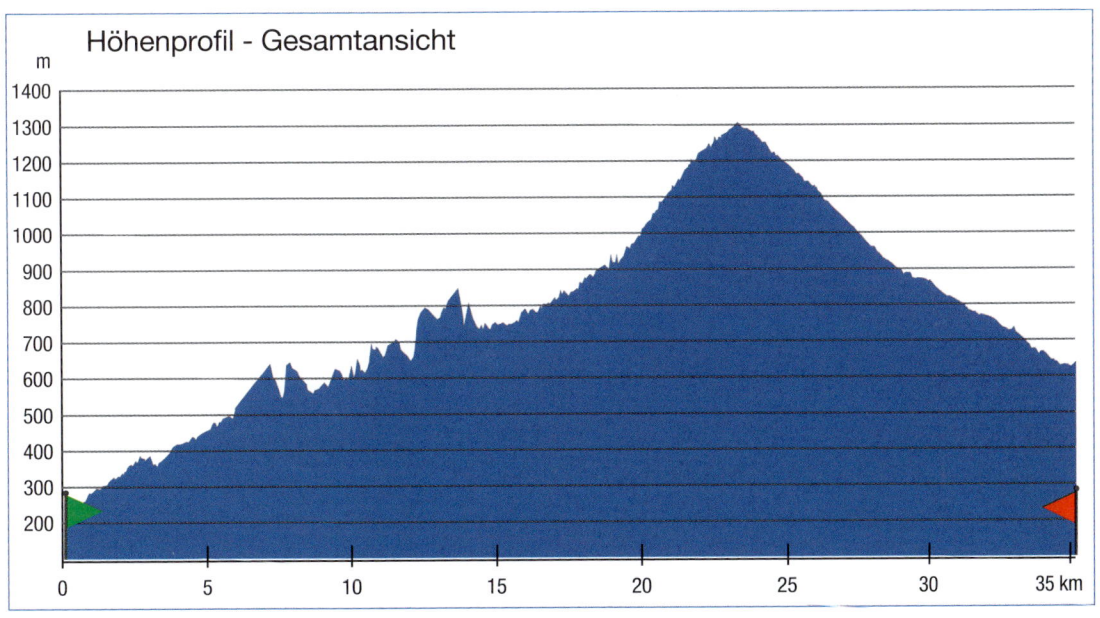

Höhenprofil - Gesamtansicht

Waschplatz: Am Quellbrunnen oben am Zambla lassen sich auch Visier und Windshield kostenlos reinigen – bei Bedarf.

COLLE DI ZAMBLA / PASSO DI ZAMBLA

Zugegeben: Auch die Passhöhe des Zambla wird vermutlich in diesem Leben keinen Preis mehr für besondere Schönheit gewinnen.

Dafür aber finden Hungrige und Durstige mit einem Ristorante dort oben einen Einkehrschwung, in dem wir uns kräftigen können für alle weiteren Kurvengenüsse.

TOUR-TIPP

Wo Biker sich treffen
Der Parkplatz auf der Passhöhe des Zambla gilt als Spontantreff, vor allem am Morgen, um zu weiteren Touren aufzubrechen. Das quirlige Städtchen Oltre il Colle an der Westrampe des Passo di Zambla besitzt im Zentrum mehrere schöne Bars und Eis-Cafés (samt großräumigen Parkmöglichkeiten), in denen sich vor allem am Wochenende gern einheimische Biker treffen.

TOUR-TIPP

Empfehlenswerter Einkehrschwung
Direkt auf der Passhöhe des Zambla: Ristorante-Pizzeria »Al Trapper« – mit ausgezeichneter Küche
Oltre il Colle: Bar-Pasticceria »Manenti« im Zentrum – mit Profi-Gelatieri

Besonders reizvoll sowohl in fahrtechnischer als auch in landschaftlicher Hinsicht ist zweifelsohne die Ostrampe des Passo di Zambla, die am Abzweig in Ponte Nossa beginnend nicht nur durch ein liebliches Hochtal sanft ansteigt – sie schenkt uns auch immerhin zehn Spitzkehren in des Wortes reinster Bedeutung. Richtung Westen leitet uns die Rampe dann durch einige im Sommer recht uncharmante, meist großflächig geschlossene Wintersportzentren in Kombination mit acht weiteren Kehren und ungezählten Kurven hinunter nach Serina.

TOUR-TIPP

Sehenswertes am Wegesrand: Bergamo

Bergamo im Westen des Passo di Zambla als ausgiebigen Zwischenstopp nicht nur bei einer Reise durch die Bergamasker Alpen zu wählen, empfiehlt sich aus mehreren Gründen. Zum einen fasziniert die auch heute noch mittelalterlich anmutende Stadt mit ihrer Mixtur aus Geschichte, Tradition und Moderne. Andererseits bietet sie Annehmlichkeiten, die wir Biker uns nicht nur für einen Zwischenstopp wünschen: Umgeben von original venezianischen Mauern, verwandelt sich die historische Altstadt Bergamos, die Cittá Alta, jeden Sommerabend in eine typisch italienische Flaniermeile – man trifft sich auf der Piazza Vecchia unter dem imposanten Stadtturm. Dessen Glocken erinnern auch heute noch allabendlich um 22 Uhr an das einst obligatorische Schließen der gewaltigen Stadttore. Zahlreiche Restaurants bieten eine große Auswahl an regionaler Küche, und Pizzabäcker versorgen diejenigen, die den verdienten Feierabend lieber flanierend verbringen, mit herrlich duftendem Fingerfood vom Feinsten.

Eines gilt es in Sachen Bergamo sicherlich zu beachten: den Berufsverkehr auf den Aus- und Einfallstrecken der Stadt. Der ist morgens wie abends nervenaufreibend. Ach ja: Und falls Ihnen beim Namen der Stadt irgendwas »in den Ohren klingelt«: Italiens bedeutendste Helmschmiede Nolan hat dort in einem unscheinbaren Vorort ihren Hauptsitz.

Der Bonus des Colle di Zambla liegt in den vielfältigen Kombinationsmöglichkeiten mit den umliegenden Höhepunkten, die, zu einer Tour zusammengefasst, wohl weit mehr als einen Tag im Mopedsattel randvoll mit Kurvenspaß füllen können (s. Tippkasten).

IM ÜBERBLICK

Name: Colle di Zambla

Land: Italien

Region: Lombardei

Passhöhe: 1265 m

Höchster Punkt der Strecke: 1265 m

Basisorte: Serina und Ponte Nossa

Schwierigkeitsgrad: Mittelschwer

Anzahl der Kehren: 18

Streckenlänge: 27 km

Mautpflicht: Keine

Offizielle Wintersperre: Keine

Sperre für Fahrzeuge: Keine

Kulinarik: Gut

Ideal kombinierbar: Mit den Pässen Nr. 42, 43, 44, 45, 47, 48 und 49

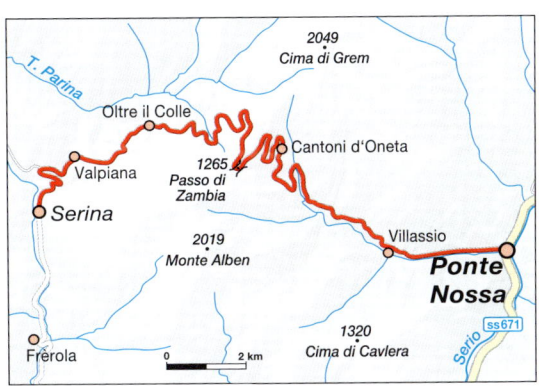

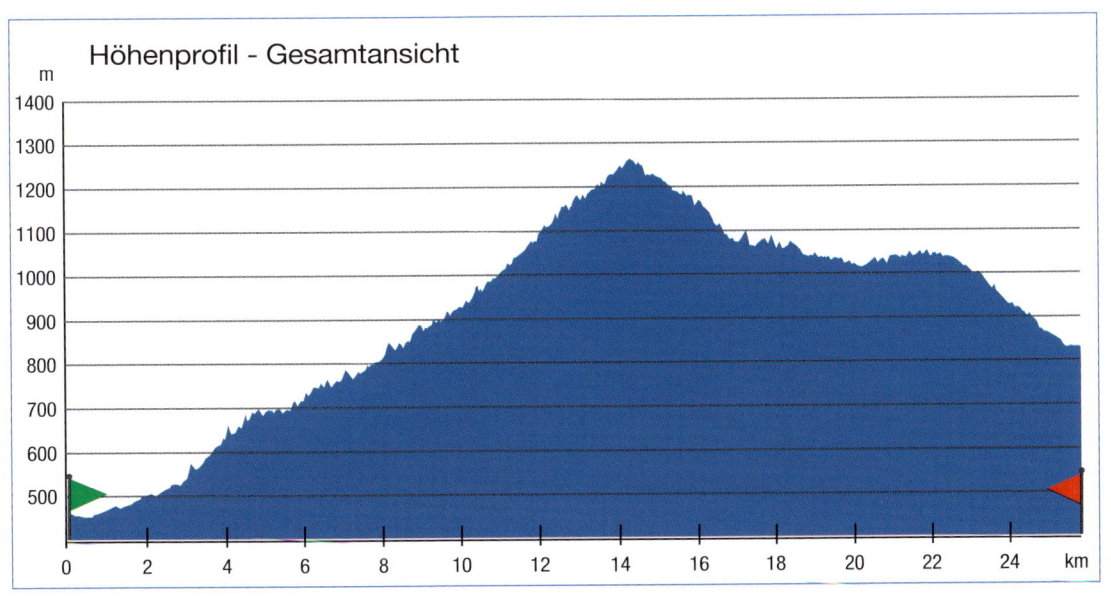

Höhenprofil - Gesamtansicht

Lizenz zum Fritieren: Unternehmerische Eigeninitiative ist stets begrüßenswert, auf dem San Marco müsste sie nicht sein.

PASSO DI SAN MARCO

So unscheinbar, ja rein optisch schon fast unansehnlich der vorhergehende Pass auch war – der San Marco hingegen ist nicht nur fahrerisch, sondern auch landschaftlich ein großer Genuss.

Und er kann auch noch mit einer spannenden Geschichte aufwarten. Die reicht weit zurück ins frühe Mittelalter, als der Pass wichtiger Teil der Handelsroute zwischen Venedig und Süddeutschland war. Im Spätmittelalter wurde der Übergang in den Bergamasker Alpen ebenfalls noch oft genutzt, in manchen Sommern zog ein ansehnlicher Strom an Säumern, an Menschen und Waren über den Scheitel. Damals nannte man ihn noch Montagna del Giogo, wenig später dann auch Monti di Averara bzw. Averara-Pass nach einem Weiler am Südende des eigentlichen Saumpfads. Die heutige Bezeichnung Passo San Marco erhielt er erst ab ca. 1594 – sie erinnert an den heiligen Markus, den Schutzpatron der venezianischen Händler und Reisenden.

Nicht nur die zogen ab dem späten Mittelalter in großer Zahl über den San Marco, was sicherlich auch einer der Gründe war, warum man damit begann, den Saumpfad weiter auszubauen und zu befestigen. Die

TOUR-TIPP

Wo Biker sich treffen
Auf der Passhöhe treffen sich die Freunde des sehr kommunikativen Imbisswagen-Besitzers, Biker hingegen eher spontan und ohne Verabredung.

Nordrampe aus dem Veltlin herauf war vergleichsweise zügig erneuert und verbreitert worden; die Bergamasker Südseite dagegen war weiterhin ein gefährlich steiler und unwegsamer Pfad. Erst als über 40 Gemeinden aus dem Val Brembana den Senat von Venedig um Hilfe – vor allem auch finanzieller Art – baten und dabei auf die strategische Bedeutung des Passüberganges hinwiesen, begann man auch den südlichen Teil auszubauen. Allerdings eher zögerlich, sah man im fernen Venedig doch nicht unbedingt die Notwendigkeit, viel Geld in den Ausbau der Route über den Passo di San Marco zu investieren. Erst die zolltechnisch lukrativen Pläne eines gut ausgebauten Handelswegs von Venedig über Bergamo, den San Marco und den Splügenpass bis nach Chur und Süddeutschland führten dann überraschend zügig zu einem endgültig befestigten Ausbau der Passstrecke.

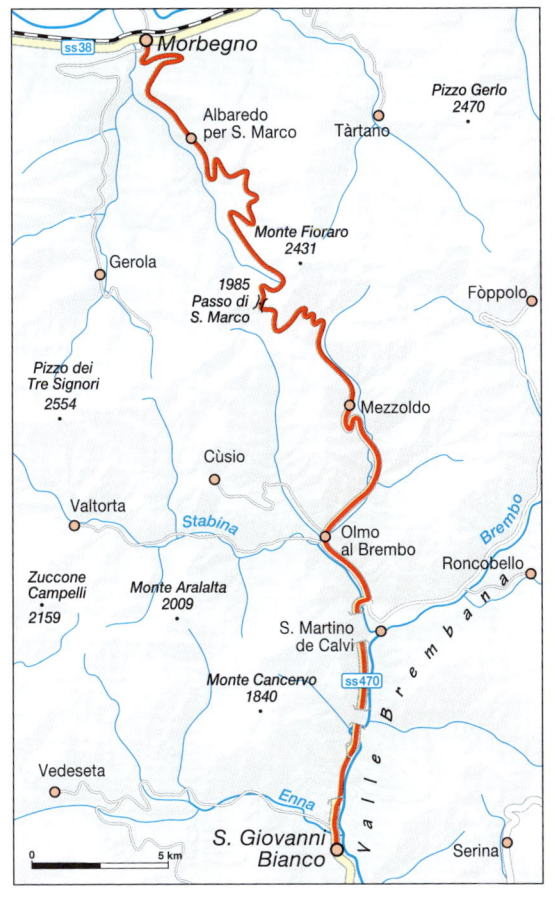

IM ÜBERBLICK

Name: Passo di San Marco

Land: Italien

Region: Lombardei/Bergamo

Passhöhe: 1985 m

Höchster Punkt der Strecke: 1985 m

Basisorte: San Giovanni Bianco und Morbegno

Schwierigkeitsgrad: Anspruchsvoll

Anzahl der Kehren: 39

Streckenlänge: 58 km

Mautpflicht: Keine

Offizielle Wintersperre: November bis Mai

Sperre für Fahrzeuge: Keine

Kulinarik: Picknick mitbringen!

Ideal kombinierbar: Mit den Pässen Nr. 42, 43, 44, 45, 46, 48 und 49

Heute entführt uns das herrliche Kehrengemenge von San Giovanni Bianco im Süden direkt in die Bergwelt der Bergamasker Alpen. Nach 39 waschechten Spitzkehren pendelt die Strecke in Morbegno aus. Die Passhöhe selbst »schmücken« zwei mächtige Strommasten – einer davon mit einer integrierten Schutzhütte, wie ich sie noch nie in den Alpen gesehen habe – sowie ein recht martialisches Kriegerdenkmal plus Schautafeln. Ach ja: Und an schönen Tagen steht hier ein Imbisswagen mitsamt Bierbänken. Das war's dann auch schon.

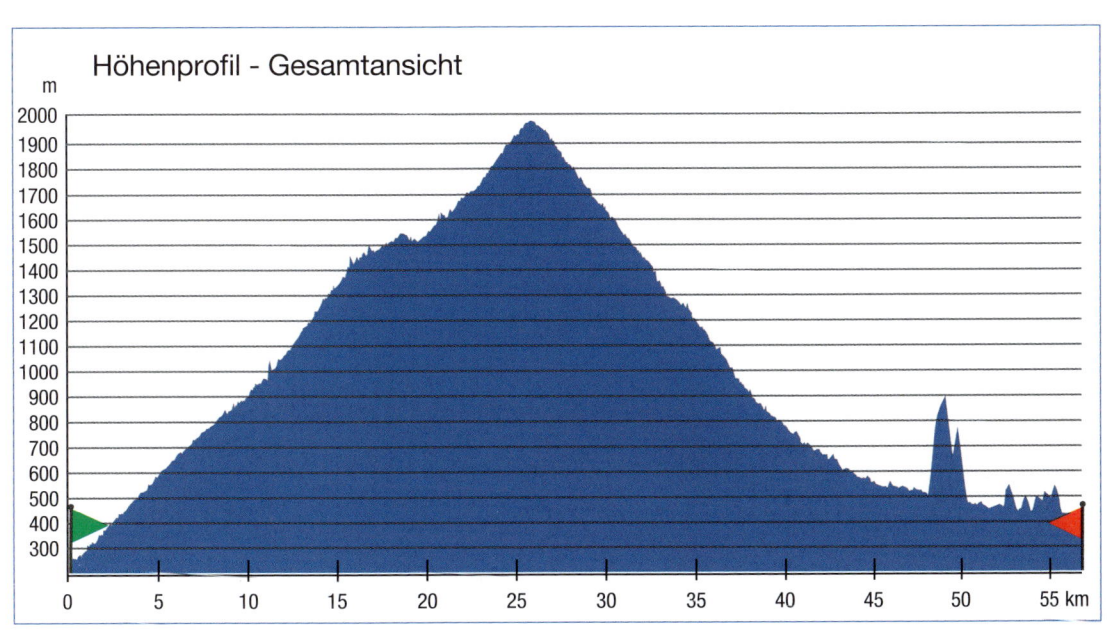

Höhenprofil - Gesamtansicht

Echt geheim: Sie steht auf keiner Karte, in keinem Verzeichnis – dabei bietet die Agueglio- Straße 30 km puren Genuss.

PASSO-DI-AGUEGLIO-PANORAMASTRASSE

Ich liebe es, mit einer detailliert geplanten Route auf dem Navi frühmorgens in den Tourentag zu starten – und das aus zweierlei Gründen.

Zum einen habe ich mich mit der Planung der Route auf selbige gut vorbereitet und ahne schon, wo die schönsten Fotostopps liegen werden. Ein weiterer Vorteil: Sobald ich einen lohnenden ungeplanten Abstecher entdecke, kann ich diesen ohne geringstes Zögern

TOUR-TIPP

Empfehlenswerter Einkehrschwung
Varenna: »Varenna Caffé«, direkt an der Uferpromenade (Contrada Scoscesa) – mit prächtigem Blick über den Comer See
Nahe Cortenova: Ristorante-Pizzeria »La Fonte«, Via Vittorio Emanuele II in Introbio, südöstlich von Cortenova

TOUR-TIPP

Wo Biker sich treffen
Entweder direkt am Gedenkstein oben auf der Passhöhe oder (vor allem morgens) unten in Varenna am Lago di Como

in meine Tour einbauen. Weiß ich doch, dass mich das Navi am Lenker jederzeit wieder zu meiner geplanten Runde zurück leitet. Oft schon bin ich spontan einfach abgebogen, wie auch an diesem Tag, als ich die plötzlich ausgeschilderte »Scenic Route« über den Passo di Agueglio entdeckte – ein Abstecher, der geradezu prädestiniert ist für dieses Buch.

In Varenna am Ostufer des Lago di Como beginnt der Aufstieg zu dieser vielleicht einzigartigen einsamen Panoramastraße. Folgen Sie dem Wegweiser nach Perledo und Esino Lario hoch hinauf in die Berge. Wir schwingen von einer Rechts-links-Kombination in die

PASSO-DI-AGUEGLIO-PANORAMASTRASSE

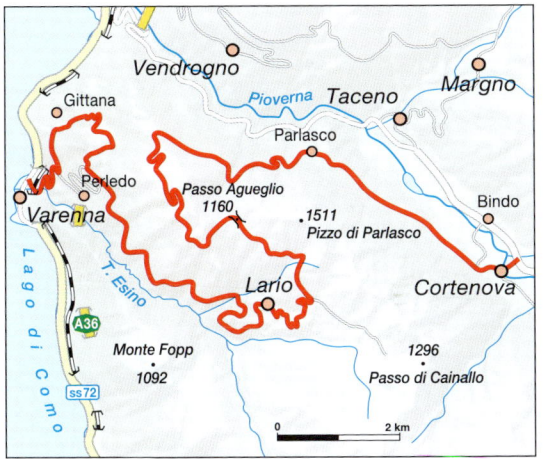

IM ÜBERBLICK

Name: Passo-di-Agueglio-Panoramastraße
Land: Italien
Region: Lombardei
Passhöhe: 1160 m
Höchster Punkt der Strecke: 1175 m
Basisorte: Varenna und Cortenova
Schwierigkeitsgrad: Mittelschwer bis anspruchsvoll
Anzahl der Kehren: 26
Streckenlänge: 30 km
Mautpflicht: Keine
Offizielle Wintersperre: Keine
Sperre für Fahrzeuge: Keine
Kulinarik: Picknick mitbringen!
Ideal kombinierbar: Mit den Pässen Nr. 42, 43, 44, 45, 46, 47 und 49

nächste, allein 20 Kehren erwarten uns auf den ersten Kilometern durch dichten Wald. Nur wenige Ausblicke auf den herrlichen Comer See gestattet uns der dichte Bewuchs – das macht aber nichts, denn so lenkt nichts unsere Aufmerksamkeit von der abschnittsweise durchaus anspruchsvollen Piste ab. Hinter Esino Lario geht es sogleich weiter mit dem Kurventanz; nur ganz im oberen Bereich rund um das Passschild und den Scheitelpunkt der Strecke öffnet sich der Wald und gibt den Blick frei auf die prächtigen Oberitalienischen Seen. In einer Scheitelkurve erwartet uns dann ein Gedenkstein samt Aussichtspunkt – ein idealer Platz für ein Picknick.

Ganz allmählich senkt sich die Straße nun wieder hinab ins Tal, der Wald schließt sich um uns herum, und

in Parlasco, einem verschlafenen Weiler im Herzen der Alpi Orobie, pendelt unser Gleichgewichtssinn schließlich porentief begeistert aus.

Geschichtliche oder anderweitig relevante Details über diese recht neu ausgeschilderte und vergleichsweise ordentlich asphaltierte Panoramastraße konnte ich bislang auch in italienischen Motorrad- und Rad-Foren nicht herausfinden. Nur allgemeine Schwärmerei über diesen waschechten Geheimtipp. Genießen Sie die Fahrt, und nehmen Sie ein Picknick mit für den Panoramapunkt ganz oben an der Strecke: Es lohnt sich!

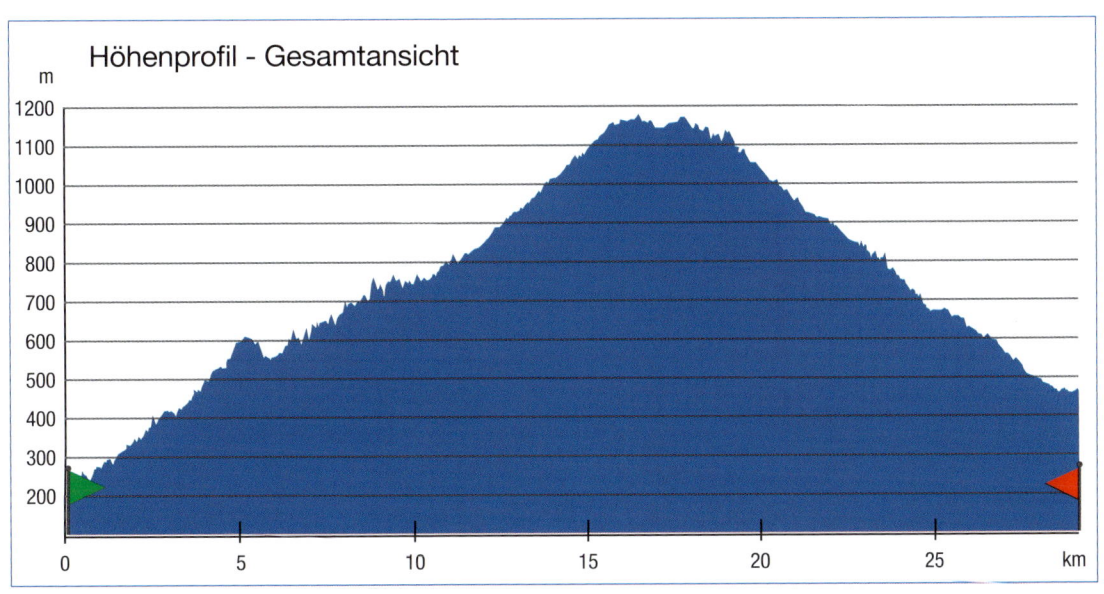

Fest in deutscher Hand: Nicht nur fahrerisch, auch kulinarisch ist der San Pietro eine ausdrückliche Empfehlung wert.

CULMINE DI SAN PIETRO

Man spricht Deutsch auf dem Culmine di San Pietro. Okay, das ist jetzt nicht das Hauptargument für diesen beinahe unscheinbaren, aber nicht minder anspruchsvollen Höhepunkt in den Alpi Orobie.

Aber Tagliatelle in Fleischsoße, kräftiger Bergteller, gemischte Käseplatte und hausgemachter Kuchen sind zumindest vier der zahlreichen guten Argumente, diesen Pass in das Buch mit aufzunehmen – und besser noch: ihn zu erfahren.

Am Ostufer des hier noch Lago di Lecco heißenden Abschnitts des Comer Sees schlagen wir uns sogleich hoch in die Berge und erklimmen über einsame Bergdörfer wie Valcava oder Berbenno sowie noch einsamere Gehöfte und Almen in zahlreichen Kurven und

TOUR-TIPP

Wo Biker sich treffen
Beide Restaurants auf der Passhöhe sind beliebte Treffs der Biker, vor allem auch um einen Tourentag genüsslich ausklingen zu lassen. Meine Empfehlung lautet: Berg- und Käseteller sowie hausgemachter Kuchen aus deutscher Küche – denn der Mut, sich als Deutscher in der Abgeschiedenheit der Bergamasker Alpen selbstständig zu machen, muss belohnt werden.

TOUR-TIPP

Empfehlenswerter Einkehrschwung
Lecco: »Gyrosteria da Yorgo«, Via Tonio da Belledo – ein mutiger Grieche im Herzen Norditaliens: lecker!
Barzio: Bar »Sole e luna«, Via Martiri P. Barziesi 34 – mal was anderes

einer sehr anspruchsvollen Zahl echter Kehren den Culmine San Pietro, einen dicht bewaldeten Pass auf gut 1250 Metern Höhe, dessen Rampen sich durch atemberaubende, schluchtartige Täler nach oben schrauben. Plötzlich öffnet sich der dichte Wald für einen Augenblick und gibt den Blick frei auf zwei Berggasthöfe, von denen einer den offiziellen Passnamen tragen darf und der andere mit hausgemachtem Kuchen und deutscher Küche lockt. Und dem Namen »Belvedere« alle Ehre macht, denn der Ausblick von der Terrasse ist prächtig. Vor allem im Winter, wenn die meisten Bäume entlaubt sind, kann unser Blick weit schweifen über die Hügel der westlichen Bergamasker Alpen – aber es besteht auch die Gefahr, dass beide Gasthäuser zu dieser Zeit geschlossen haben. Eine Tatsache, die dem Fahrgenuss hier hinauf jedoch keinen Abbruch tut.

Weiter geht die Fahrt Richtung Süden, und sofort schließt sich der Wald erneut um uns herum. Der nun

Erinnerungen: »Durch diese hohle Gasse muss er kommen ...« – spielt woanders, passt aber zur Rampe des San Pietro.

IM ÜBERBLICK

Name: Culmine di San Pietro

Land: Italien

Region: Bergamo

Passhöhe: 1256 m

Höchster Punkt der Strecke: 1340 m

Basisorte: Lecco und Barzio

Schwierigkeitsgrad: Sehr anspruchsvoll

Anzahl der Kehren: 70

Streckenlänge: 96 km

Mautpflicht: Keine

Offizielle Wintersperre: Keine

Sperre für Fahrzeuge: Keine

Kulinarik: Gut

Ideal kombinierbar: Mit den Pässen Nr. 42, 43, 44, 45, 46, 47 und 48

recht schmalen Piste gilt unsere volle Aufmerksamkeit, zumal uns neben zahlreichen uneinsehbaren Kurven auch noch weitere Kehren erwarten. Und folgen Sie auf dem Weg ganz spontan einem der zahlreichen Abzweige, dann gibt es noch viel mehr zu entdecken: z. B. das Val Brembilla oder das Val Taleggio, zwei herrlich unterschiedliche Täler, in denen wir ganz entspannt motorradtouren können.

TOUR-TIPP

Sehenswertes am Wegesrand: Val Taleggio

Apropos: Der Taleggio-Käse machte das gleichnamige Tal weltberühmt. Der Weichkäse mit heute streng geschützter Herkunftsbezeichnung wurde angeblich schon von den Römern hergestellt, und der heutige Taleggio soll auf Rezepturen aus dem 10. Jh. beruhen und damit einer der ältesten Weichkäse der Welt sein. Dokumente aus dem 13. Jh. belegen dies. Nur im Herbst und im Winter wurde er einst hergestellt, also zu einer Zeit, wenn die Kühe »müde« waren vom Almabtrieb. »Stracche« nennt das der Italiener oder »stracchino«, den Käse aus der Milch der »müden Kühe«. Unzählige Höhlen in den Felswänden des Tals dienten den Bauern seit Jahrhunderten zur Herstellung des berühmten Taleggio-Käses mit seinem ganz speziellen 48-prozentigen Fettanteil. Giacomo Casanova war derart begeistert davon, dass er nach intensiven Verkostungen beschloss, eine Käse-Enzyklopädie zu schreiben. Er hat dieses sicherlich gewaltige Werk allerdings nie fertiggestellt – nun ja, bekanntlich war er ja dann auch mit anderen Sinnesfreuden sehr beschäftigt. Heute wird der Taleggio zwar auch aus pasteurisierter Milch »nimmermüder« Kühe in Fabriken hergestellt, nach alter handwerklicher Tradition und damit deutlich kräftiger im Geschmack wird er nur noch in den Ortschaften des Val Taleggio produziert.

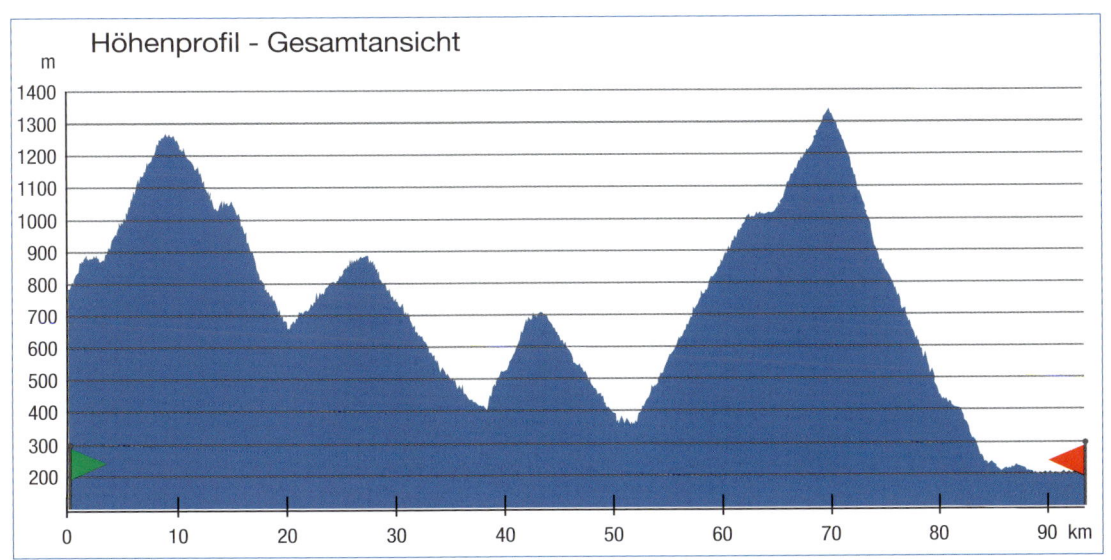

Höhenprofil - Gesamtansicht

Seltenheit: Frei einsehbare Streckenabschnitte
sind selten auf der sehr anspruchsvollen
Piste des San Pietro.

Auf Abwegen: Rund um den Colle del Lis gibt es viel zu entdecken – gönnen Sie sich so viele Abzweige, wie möglich.

COL DEL LYS / COLLE DEL LIS

Es ist leider blutgetränkter Boden, auf dem sich die heutigen Bauwerke samt Passstraße rund um den Colle del Lis befinden.

Über 2000 Widerstandskämpfer aus den umliegenden Tälern wurden hier zwischen 1943 und 1945 von NS-Schergen und Faschisten ermordet. An sie erinnert heute das einzigartige Rundturm-Denkmal auf der Passhöhe, an dem alljährlich Anfang Juli eine Gedenkversammlung stattfindet – gegen das Vergessen und für den Frieden.

TOUR-TIPP

Empfehlenswerter Einkehrschwung
Lanzo Torinese: »La Yogurteria«, Via Roma 4 – für alle, die auf ihre Ideallinie achten wollen
Almese: Ristorante »L'Ostricaro«, Via Roma 35 – nicht nur Meeresfrüchte und Fisch sind hier sehr schmackhaft!

TOUR-TIPP

Wo Biker sich treffen
Auf dem großen Parkplatz rund um das Kriegerdenkmal auf dem Pass, vor allem am Wochenende

Friedlich ist es heute auf der Passhöhe viele Tage im Jahr. Zwar ist der Col del Lys der einzige Fahrstraßen-Übergang zwischen dem norditalienischen Susa- und dem Viù-Tal – aber obwohl das eigentlich richtig viel Verkehr bedeuten würde, gehören beide Rampen dieses Passes viele Tage im Jahr uns fast allein. Vor allem mit Lastern muss nicht gerechnet werden, da der Pass für Schwerlastverkehr – mit Ausnahme der örtlichen Buslinie – gesperrt ist. Rennradler und Ducatisti aus dem Ballungsraum rund um Turin schätzen den Pass nicht nur aufgrund seiner Abgeschiedenheit, sondern auch weil er sich perfekt in verschiedene Rundtouren einbauen lässt. Ein guter Hinweis für uns orts-

IM ÜBERBLICK

Name: Col del Lys/Colle del Lis

Land: Italien

Region: Piemont

Passhöhe: 1311 m

Höchster Punkt der Strecke: 1311 m

Basisorte: Lanzo Torinese und Almese

Schwierigkeitsgrad: Mittelschwer

Anzahl der Kehren: 26

Streckenlänge: 43 km

Mautpflicht: Keine

Offizielle Wintersperre: Keine

Sperre für Fahrzeuge: Keine

Kulinarik: Picknick mitbringen!

Ideal kombinierbar: Mit dem Pass Nr. 51

fremde Biker, sich die Umgebung des Passes einmal genauer anzusehen.

Aus dem gewaltigen Turiner Becken kommend, beginnt der Aufstieg zum Pass in der Ortschaft Almese. Der Pass mitsamt umliegendem Naturpark ist weiträumig ausgeschildert. Gleich nach den letzten Häusern von Almese beginnt der Kurven- und Kehrentanz,

ganze zehn Spitzkehren erfreuen uns bis hinauf zur weitläufigen Passhöhe mit riesigem Parkplatz, einigen Gedenktafeln und schönen Rundumblicken.

Der weitaus schönere Kurventanz folgt dann allerdings nördlich des Passes: Über die Weiler Bertesseno und Col San Giovanni geht es nach Venera. Ab hier können Sie jeden sich bietenden Abzweig wählen – Sie werden stets mit schmalen, sehr kurven- wie auch kehrenreichen Sträßchen belohnt werden. Und gleichwohl viele Pisten durch waldreiche Hügel führen, öffnet sich immer wieder einmal der Blick hinab in den Dunst des Turiner Beckens, dem wir so erfolgreich entkommen sind.

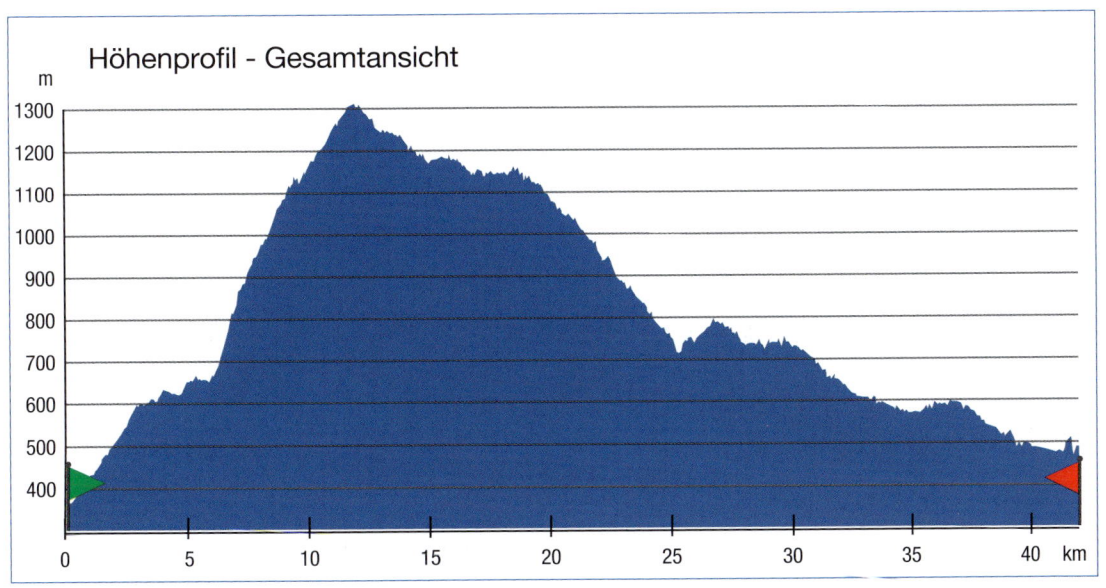

Traum aller Enduristen: Der Aufstieg zum Colle Sommeiller empfiehlt sich nur mit einer Enduro und viel Erfahrung.

COLLE SOMMEILLER / COL DE SOMMEILLER

Lässt man einmal die Skiliftstation nahe dem italienischen Breuil-Cervinia außer Acht, dann haben wir mit dem auf 2995 Metern Höhe (!) liegenden Hochplateau des Colle Sommeiller den höchsten mit motorisierten Fahrzeugen legal befahrbaren Punkt der Alpen vor uns.

Normalerweise würde das nun auch bedeuten, dass es hier vor Pkws, Wohnmobilen und Reisebussen nur so wimmelt. Dies ist aber nicht der Fall, denn der Colle Sommeiller ist in seiner letzten und fahrtechnisch entscheidenden Passage ein reiner Offroad-Pass, der ein gerüttelt Maß an Erfahrung verlangt und zudem ausschließlich von tatsächlich geländetauglichen Fahrzeugen befahren werden kann.

Benannt ist der Sommeiller nach dem 1871 verstorbenen französischen Ingenieur Germain Sommeiller, der u. a. auch für den Bau des legendären Fréjus-Tunnels verantwortlich war. Die einstige und heute weit-

gehend renaturierte Zufahrt zum Hochplateau des Sommeiller wurde gebaut, um den Zugang zu einem dort oben liegenden Gletscherskigebiet sicherzustellen. Nach mehreren schweren Lawinenunglücken sowie dem überraschend starken Abschmelzen der Gletscherzunge wurde das Skigebiet allerdings in den 1960er-Jahren komplett aufgegeben.

Der Wintersportort Bardonecchia ist Ausgangspunkt auf dem Weg zum Sommeiller. Auf kaum mehr als lenkerbreiter Asphaltpiste geht es zunächst bis in das Hochtal von Rochemolles. Erst ab hier beginnt der eigentliche Offroad-Aufstieg, ab hier ist auch für

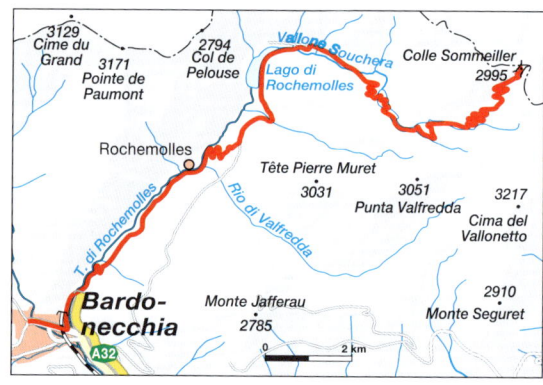

TOUR-TIPP

Empfehlenswerter Einkehrschwung
Bardonecchia: Ristorante »La Tavola Rotonda«,
Via Genova 4 – denn nach dieser Tour muss Biker
sich ordentlich stärken!

TOUR-TIPP

Wo Biker sich treffen

Beim »Stella-Alpina« alljährlich am 2. Juli-Wochenende oder von Juni bis September bei Passierbarkeit der Piste (auch unter der Woche) im Hochtal von Rochemolles

Straßenmaschinen und normale Pkws Schluss. Nur – möglichst leichte – Enduros und eine Vielzahl an 4x4-SUVs machen sich dann an die Auffahrt zum Fuß des berühmten Fahnenhügels auf 3000 Metern Höhe. Der wurde übrigens von findigen Geländewagenfahrern einst errichtet, um die offiziell für die 3000er-Marke fehlenden Höhenmeter noch hinzuzumogeln.

Der Reiz, aber auch der Anspruch der Fahrt auf das Hochplateau des Sommeiller besteht darin, dass die gesamte Piste nicht nur grob geschottert und wenig instandgehalten ist, sondern auch durch Regen und Schneeschmelze sehr tiefe Rinnen und Auswaschungen aufweist, die vor allem in den Kehren ein Manövrieren selbst mit leichten Enduromaschinen erheblich erschweren. Hinzu kommt, dass der Boden abseits der Geröllpiste extrem matschig und rutschig sein kann, sodass Ausweichmanöver kaum zu fahren sind. Erwartungsgemäß liegt der Schnee im Gipfelbereich bis weit in den Sommer hinein, und in manchen Jahren muss die Piste sogar speziell für das legendäre »Stella-Alpina-Motorradtreffen« grob von weiträumigen Altschneefeldern befreit werden.

IM ÜBERBLICK

Name: Colle Sommeiller/Col de Sommeiler

Land: Italien

Region: Piemont

Passhöhe: 2995 m

Höchster Punkt der Strecke: 2995 m

Basisort: Bardonecchia

Schwierigkeitsgrad: Sehr anspruchsvoll

Anzahl der Kehren: 49

Streckenlänge: 26 km

Mautpflicht: Keine

Offizielle Wintersperre: Ende Oktober bis Anfang Juni

Sperre für Fahrzeuge: Abschnittsweise Fahrverbot für alle Fahrzeuge von Fr–So 9–17 Uhr

Kulinarik: Picknick mitbringen!

Ideal kombinierbar: Mit dem Pass Nr. 50, mit dem nahen Col de Mont Cenis samt Petit Mont Cenis, mit dem Col du Télégraphe und mit dem Col du Galibier

Direkt am Gipfelplateau mit dem winzigen Lago Sommeiller ist der Aufstieg dann geschafft; die Weiterfahrt zum »Fahnenhügel« ist seit 2007 verboten, weil extrem gefährlich.

Aufgepasst: Generell gibt es jährlich vom 1. Juni bis zum 30. September an Freitagen, Samstagen und Sonntagen ein Fahrverbot von 9–17 Uhr, das auch kontrolliert wird! Auffahrten an den anderen Wochentagen sind nicht reglementiert.

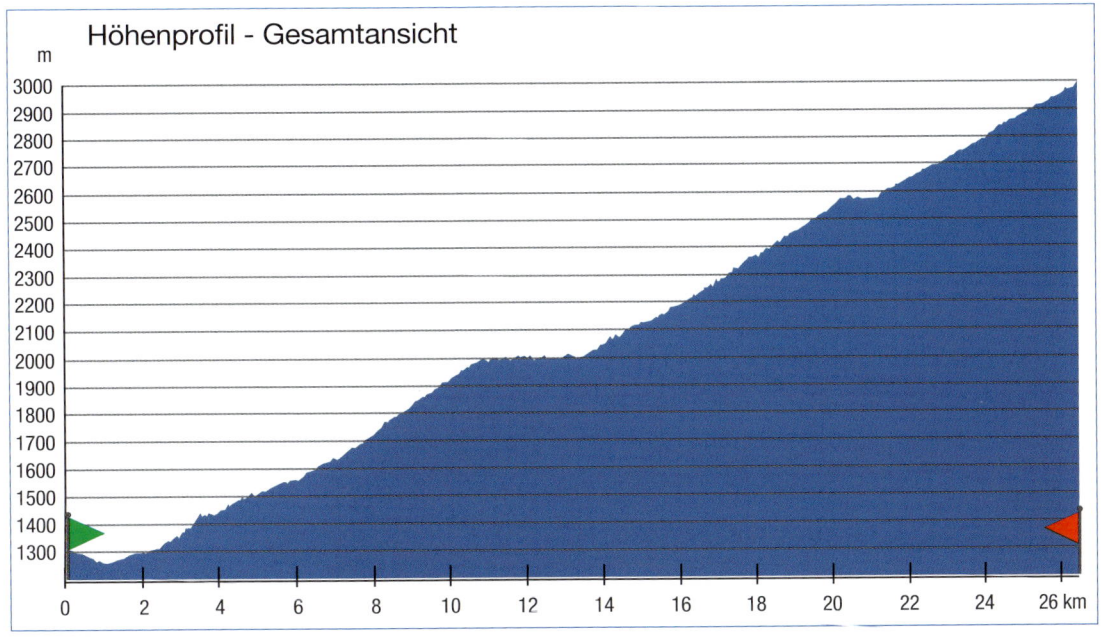

Höhenprofil - Gesamtansicht

4 Buchstaben = 1 Legende: Die LGKS gehört zu den alpinen Traumstraßen aller »alten Hasen« im Mopedsattel.

LGKS – LIGURISCHE GRENZKAMMSTRASSE / ROUTE DU MARGUAREIS

Sie ist die »Königin« aller Offroadpisten, die Legende der Südalpen, der Traum jedes bergbegeisterten Motorradfahrers: die LGKS, die Ligurische Grenzkammstraße!

Die ehemalige Militärstraße führt auf fast 65 Kilometern Länge gänzlich frei von Asphalt und Absicherungen entlang der französisch-italienischen Grenze. Zum größten Teil oberhalb von 2000 Metern Höhe verlaufend, verband die Piste einst die zahlreichen Befestigungsanlagen dort oben im Gebirge und führt

TOUR-TIPP
Wo Biker sich treffen
Vor allem am Einstieg zum Offroadteil ab dem Col de Tende; unterwegs auf den Höhenlagen und bei den wenigen Zeltmöglichkeiten dort oben

TOUR-TIPP
Empfehlenswerter Einkehrschwung
Castel Vittorio: Osteria »Del Portico«, Via Umberti 6 – schlemmen wie bei »Mamma«

z. B. zum Forte Centrale am Colle di Tenda, erbaut um 1880, als die Region noch zu Italien gehörte. Insbesondere zwischen den beiden Weltkriegen wurde die LGKS intensiv benutzt, erweitert und instandgesetzt, um die Truppenbewegungen zwischen den einzelnen Alpenfestungen so rasch wie möglich durchführen zu können. Doch noch niemals hat ein einziger Abschnitt der gesamten Strecke eine Schaufel Asphalt oder Beton gesehen. Und das ist auch gut so, denn damit kann sie sich – vielleicht bis in Ewigkeit – den Ruf als abenteuerlichste Offroadpiste der Alpen bewahren.

Nie waren Pausen wichtiger: Der Blick auf einen der noch recht »ordentlichen« Abschnitte der LGKS sagt uns alles.

IM ÜBERBLICK

Name: Ligurische Grenzkammstraße/Route du Marguareis

Land: Italien

Region: Grenzregion zu Frankreich

Passhöhe: 2235 m

Höchster Punkt der Strecke: 2390 m

Basisorte: Tende/Col di Tenda und Castel Vittorio

Schwierigkeitsgrad: Sehr anspruchsvoll

Anzahl der Kehren: Mindestens 202

Streckenlänge: 65 km

Mautpflicht: Keine

Offizielle Wintersperre: Keine

Sperre für Fahrzeuge: Für alle ohne Geländetauglichkeit

Kulinarik: Picknick mitbringen!

Ideal kombinierbar: Mit den Pässen Nr. 90, 91, 92, 93, 97, 98, 99 und 100, mit dem nahen Col de la Lombarde, mit dem Col du Larche, dem Col de la Couillole u. v. m.

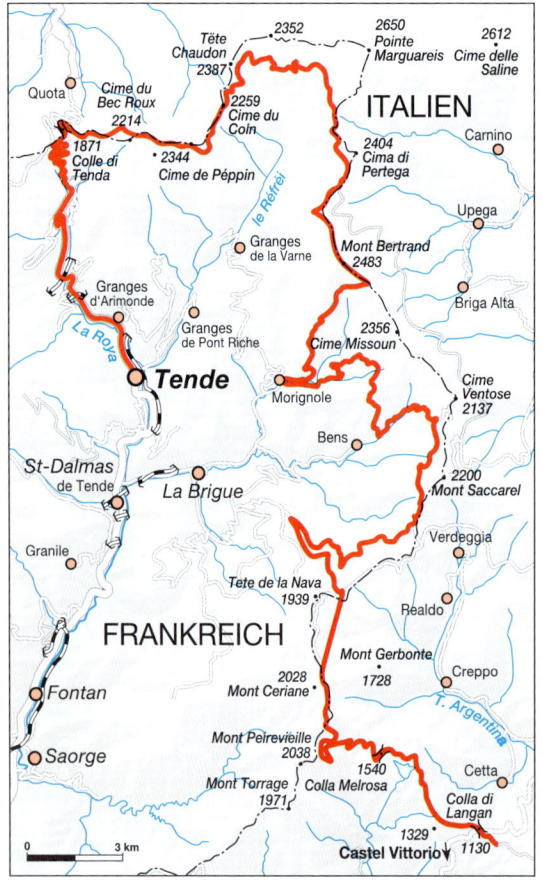

Im Norden beginnt am Colle di Tenda das Abenteuer mit Blicken auf das erwähnte Fort; dann geht es in atemberaubender Trassenführung mit nicht minder fantastischen Panoramen durch eine unwirtliche hochalpine Welt. Neben natürlichem Fels wurde die Piste mit Tonnen von grobem Schotter aufgeschüttet, Randabsicherungen fehlen zur Gänze, und vor allem in den Kehren müssen wir starke Auswaschungen, Furchen und Spurrillen meistern, die selbst Fahrern leichter Enduros das Leben schwermachen.

Erst im Südabschnitt beginnt ab Kilometer 36 der »liebliche« Teil der Strecke, der zwar durch lichte Laub- und Nadelwälder führt, aber an Abenteuer-Charakter nichts einbüßt. Denn neben einer Vielzahl an eng gesetzten Spitzkehren haben hier im Lauf der Jahrzehnte immer wieder Felsstürze und Murenabgänge die eh schon ramponierte LGKS noch weiter beschädigt. Viele Stellen sind nur notdürftig oder gar mit leichten Felstreppen ausgebessert worden. Noch nie waren Erfahrung im Sattel, Stehvermögen und Kondition wichtiger als auf dieser Piste!

Eine weitere Schwierigkeit sei auch noch erwähnt: Da die LGKS auch bei 4x4-Offroadern und SUVs beliebt und berüchtigt ist, sollten wir an manchen Engstellen Geduld und Hilfsbereitschaft mitbringen, um die oft überforderten Dosenfahrer nicht noch weiter zu stressen. Miteinander geht auch hier deutlich einfacher als gegeneinander!

Noch ein Tipp zur perfekten Vorbereitung: Auf YouTube gibt es eine Vielzahl an Videomitschnitten von Fahrten über die LGKS – wer unsicher ist, ob er/sie und das Bike diese Strapaze schaffen, einfach mal vorab diese Videos anklicken.

TOUR-TIPP

Sehenswertes am Wegesrand: Monaco

Der Kontrast könnte wahrlich nicht größer sein: Das irgendwie immer noch märchen- und geschichtenreiche Fürstentum Monaco liegt fast schon in Sichtweite am Südfuß der LGKS und ist nicht nur als Belohnung für all die vorangegangenen Mühen einen Tagesausflug wert. Denn der Besuch inmitten traditioneller Eleganz in Kombination mit einer mehr als prächtigen Küstenlandschaft bleibt in Erinnerung. Auch das obligatorische Sehen-und-Gesehenwerden macht in Monte Carlo mit seiner illustren Gesellschaft ganz besonders Spaß. Für eventuelle Shoppingtouren sollte das Konto allerdings gut gefüllt bzw. das Kreditkartenlimit möglichst unbegrenzt sein. Für einen koffeinhaltigen Boxenstopp unten am historischen Hafen mit seinen millionenteuren Jachten reicht es aber allemal.

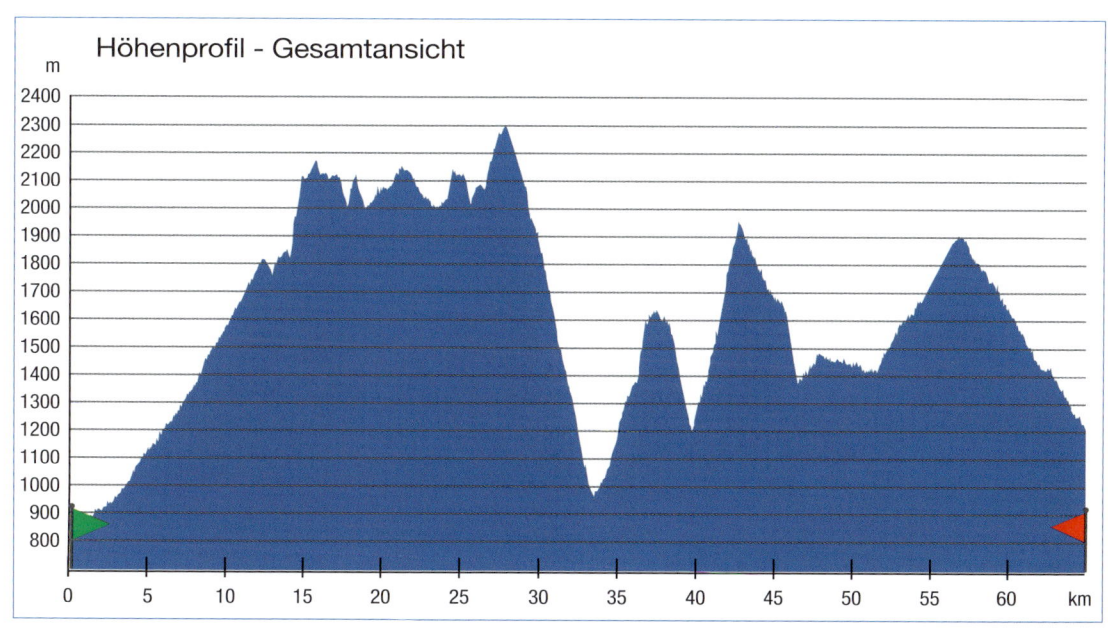

Höhenprofil - Gesamtansicht

Im Süden wirds »lieblicher«: Der Südabschnitt der LGKS wird deutlich grüner, ist aber nicht minder anspruchsvoll.

Wanderer und Mountainbiker genießen es schon lange – Motorradfahrer rauschen oft nur durch das prächtige Aosta.

COL TZE CORE / COL TZECORE

Die letzten drei italienischen Pässe abseits des Trubels liegen im herrlichen Aostatal und lassen sich perfekt zu tagesfüllenden Touren miteinander kombinieren.

Und das in einer Region, die zu den schönsten des gesamten Alpenraums zählt, wie vor allem sportlich ambitionierte Mountainbiker und Wanderer seit Jahren schon wissen.

TOUR-TIPP

Empfehlenswerter Einkehrschwung
Saint-Vincent: Pizzeria »Gi & Gi«, Via Biavaz 9 – große Pizzen zu fairen Preisen
Verrès: Ristorante »Carpe Diem«, Via Circonvallazione 125 – sogar mit »Herzchen-Pizza« für Verliebte

TOUR-TIPP

Wo Biker sich treffen
Selten und wenn, dann nur an Sommerwochenenden oben auf der Passhöhe. Weitere echte Treffs habe ich auf meinen Touren noch nicht entdeckt.

Beginnen wir den Kurventanz mit dem wohl unbekanntesten aller Aostatal-Pässe: dem Col Tzecore. Manchmal in einem Wort, manchmal in zweien geschrieben, aber immer den gleichen Höhepunkt kennzeichnend. Dessen Eroberung empfehle ich aus dem idyllischen Saint-Vincent heraus am Nordrand des mächtigen Aostatals, wo der Anstieg zum Tzecore beginnt. Folgen Sie einfach den Wegweisern Richtung Orbeillaz, Emarese und Arbaz hinauf in die Berge. Hinter den letzten Häusern des Ortes geht es dann unverzüglich in die Schräglage, und ganze 17 Spitzkehren

IM ÜBERBLICK

Name: Col Tze Core/Col Tzecore

Land: Italien

Region: Aostatal

Passhöhe: 1623 m

Höchster Punkt der Strecke: 1623 m

Basisorte: Saint-Vincent und Verrès

Schwierigkeitsgrad: Mittelschwer

Anzahl der Kehren: 38

Streckenlänge: 34 km

Mautpflicht: Keine

Offizielle Wintersperre: Keine

Sperre für Fahrzeuge: Keine

Kulinarik: Picknick mitbringen!

Ideal kombinierbar: Mit den Pässen Nr. 54, 55, 67 und 68, mit dem nahen Großen und mit dem Kleinen Sankt-Bernhard-Pass

sowie eine Menge Kurven auf enger Piste erfreuen den Gleichgewichtssinn.

Auf einer winzigen Lichtung steht er dann – der hölzerne Pfeiler mit der geschnitzten Passmarkierung fügt sich perfekt in die Landschaft ein. Ein Wegweiser und ein paar Infos für Wanderer – das war es dann

auch schon in Sachen Passhöhe. Deshalb verstehen Sie nun auch meinen Hinweis: Picknick mitbringen! Einige Wiesen und Almen vor allem an der Westrampe des Passes bieten dazu ein panoramareiches Ambiente, in dem auch Sie bestimmt gern den Seitenständer ausklappen werden.

Die Ostrampe führt uns über Arbaz und Challand-Saint-Anselme wieder hinab ins Aostatal – garniert mit weiteren 21 eigenhändig gezählten Kehren. Gönnen Sie sich doch auch noch den nahen Col de Joux (s. nächstes Kapitel).

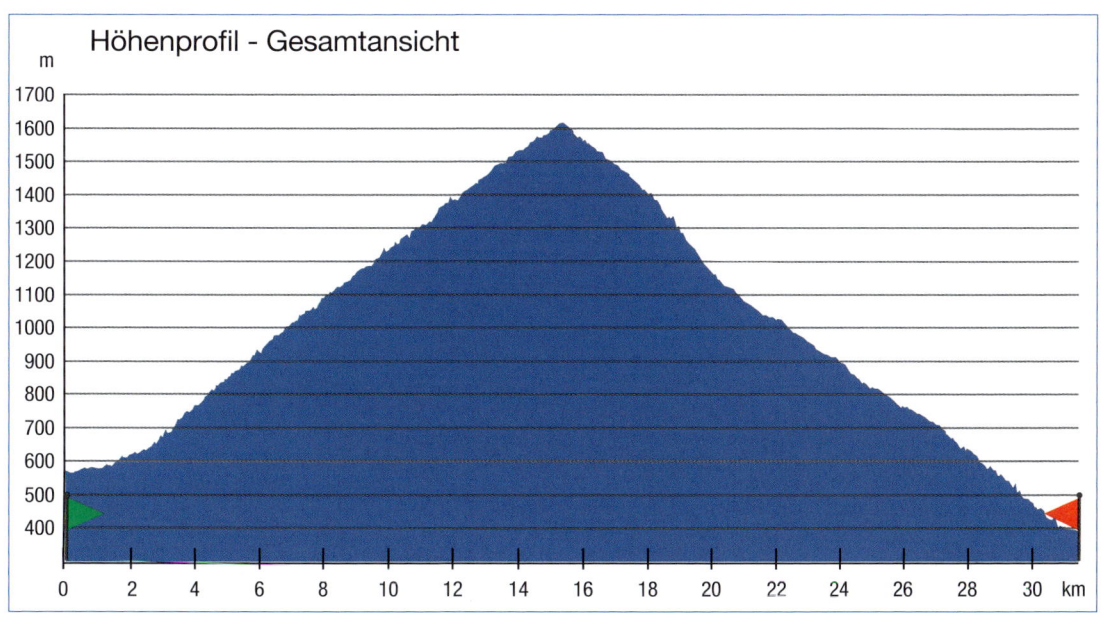

Kleines Verwirrspiel: Französische Passnamen in den Italo-Alpen? Die Lösung gibt es in Kapitel 55 auf Seite 155.

COL DE JOUX / COLLE DI JOUX

Falls Sie den Col de Joux (auch Colle di Joux ge- nannt) als eigenständigen Pass erobern wollen, empfehle ich Ihnen dies von Westen her, vom Städtchen Saint-Vincent im Aostatal aus.

Dort liegen uns dann zwei Varianten vor dem Reifen: Entweder der Anstieg über die Weiler Moron und Sa- lirod mit insgesamt 18 Kehren bis zum Passschild oder der Anstieg mit dem »Schlenker« über Cillian, Estaod, Emarese und Eresaz mit immerhin 26 waschechten Kehren und unzähllgen Kurven. Beide Varianten ha- ben ihren Reiz insbesondere auch darin, dass sie vor allem im unteren Abschnitt immer wieder prächtige Panoramablicke über den gesamten oberen Teil des

TOUR-TIPP

Sehenswertes am Wegesrand: Aosta
Quirlig und oft auch laut präsentiert sich der Touren- standort der Region: der Hauptort Aosta am Südfuß des Großen Sankt-Bernhard-Passes. 3000 Veteranen der legendären römischen Prätorianergarde gründeten vor gut 2000 Jahren die schachbrettartig angelegte Stadt nicht nur zur Sicherung der Handelsroute über den Kleinen Sankt-Bernhard-Pass, sondern auch als ihren Altersruhesitz inmitten der prächtigen Umgebung. Nach der Fertigstellung einer Maultiertrasse über den Großen Sankt-Bernhard-Pass nahm die Bedeutung Aostas wei- ter zu. Und obwohl vieles aus jenen Tagen heute zerstört ist, hat dieser Tourenstandort noch viel zu erzählen. Und bietet uns alle Annehmlichkeiten, die wir nach kehren- reichem Tagwerk mehr als verdient haben.

Frühherbst im Aosta-Tal – eine der schönsten Jahreszeiten für unsere Touren

TOUR-TIPP

Wo Biker sich treffen

Rund um den Col de Joux habe ich noch keinen echten Treff entdeckt, auch meine Herbergswirte im Tal konnten mir bislang keinen benennen. Falls Sie einen finden, schicken Sie bitte gern die Daten per Mail an mich.

Aostatals erlauben. Selten in meinem Leben habe ich im Mopedsattel reisend das Tempo freiwillig derart gedrosselt, um möglichst viel Zeit zum Schauen zu haben, wie bei diesen beiden Passrampen. Rund um den Scheitelpunkt des Col de Joux selbst schließt sich

dann der Wald wieder und verhindert weit schweifende Blicke.

Hinab nach Brusson im Val d'Ayas erfreuen uns dann nochmals zwölf Kehren und der Anblick des Bergdorfes Brusson, das sich sowohl dem Winter- als auch dem Sommertourismus geöffnet hat. Seit dem Mittelalter sollen hier auf einer durchschnittlichen Höhe von 1300 Metern schon Menschen leben. Beim Anblick der Ortschaft, umgeben von einer mehr als prächtigen Alpenwelt, werden auch Sie wissen, warum. Über 4000 Meter hoch ragen die Berge an den Flanken des Val d'Ayas in den hier oft blauen Himmel und locken

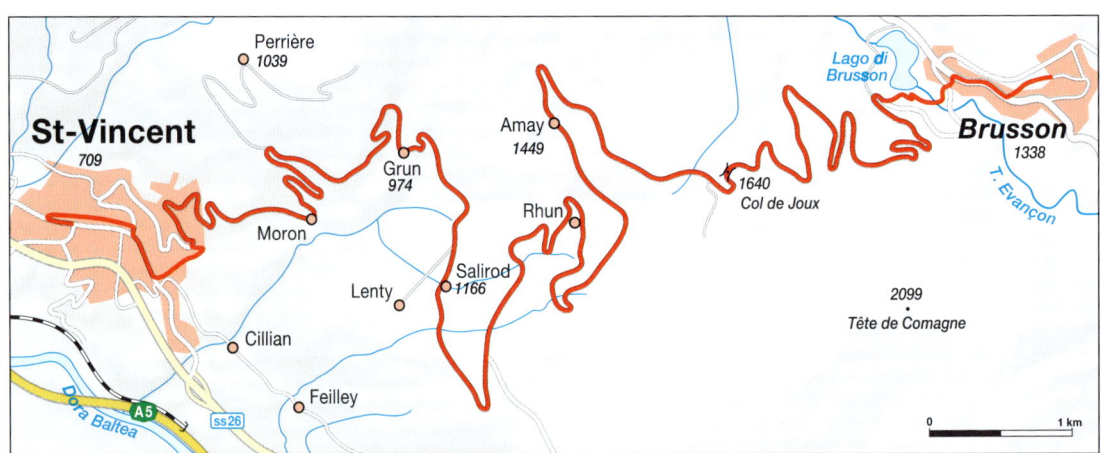

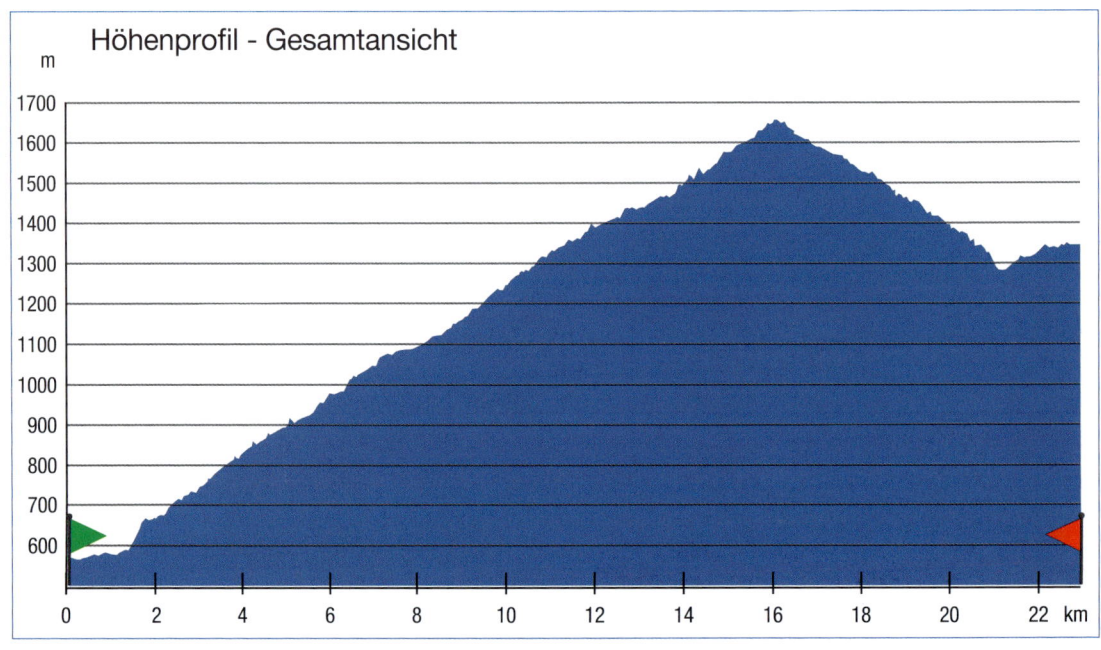

TOUR-TIPP

Empfehlenswerter Einkehrschwung
Saint-Vincent: Pizzeria »Gi & Gi«, Via Biavaz 9 – große Pizzen zu fairen Preisen
Brusson: Ristorante »La Baguette«, Via/Rue Trois Villages – der Name ist auch hier Programm, es darf aber auch Pizza sein.

seit Jahrhunderten nicht nur Wanderer und Bergsteiger.

Neun weitere Pässe plus Col de Joux und Tzecore empfiehlt die Tourismus-Info des Val d'Ayas dem Besucher, bis auf die beiden hier beschriebenen sind es allerdings allesamt Höhepunkte, die nur zu Fuß oder mit dem Mountainbike zu erobern sind. Macht aber nichts, denn es gibt noch einen weiteren befahrbaren Höhepunkt des Aostatals, den ich an dieser Stelle nicht unerwähnt lassen möchte. Im nächsten Kapitel gibt es alle Infos dazu.

IM ÜBERBLICK

Name: Col de Joux
Land: Italien
Region: Aostatal
Passhöhe: 1640 m
Höchster Punkt der Strecke: 1640 m
Basisorte: Saint-Vincent und Brusson
Schwierigkeitsgrad: Mittelschwer
Anzahl der Kehren: 30 bzw. 38
Streckenlänge: 23 km
Mautpflicht: Keine
Offizielle Wintersperre: Keine
Sperre für Fahrzeuge: Keine
Kulinarik: Picknick mitbringen!
Ideal kombinierbar: Mit den Pässen Nr. 53, 55, 67 und 68, mit dem nahen Großen und dem Kleinen Sankt-Bernhard-Pass

Traumhaft: Eine Berghütte im Aosta – hier am Col de Joux – das wäre einer von vielen Träumen, die ich noch habe.

Herbstgenuss: Hoch über den Nebelwelten des Tales geht es zur Passhöhe des San Marco. Das bleibt in Erinnerung.

COLLE SAN CARLO

Der Große Sankt-Bernhard-Pass als nördliches Tor ins Aostatal und der Kleine Sankt-Bernhard-Pass als südwestliche Tür in die Französischen Seealpen sind bekannt, berühmt und u. a. Teil meines ersten Pässe-Buchs in diesem Verlag.

Und sie gehören auch zu denjenigen Pässen, die lange schon im Fokus sämtlicher motorisierter Reisender stehen – mit allen Vor- und Nachteilen, wie eingangs beschrieben. Auch der Colle San Carlo liegt direkt an einer Hauptreiseroute – der vom Aostatal hinüber nach Frankreich – und wird dennoch so herrlich oft übersehen oder links liegen gelassen, dass es selbst heutzutage noch ein ausgesprochener Genuss ist, ihn zu erfahren. Z. B. als Alternativstrecke zur Nordrampe des Kleinen Sankt Bernhard, denn exakt in jenem Anstieg ist er zu finden.

Den nördlichen Einstieg zum San Carlo finden wir im Städtchen Morgex im oberen Aostatal, fast schon in

TOUR-TIPP

Empfehlenswerter Einkehrschwung
Morgex: Pizzeria »Vecchio Forna«, Via Don Oldone Cretaz 2 – Pizza und Pasta perfekt zubereitet
La Thuile: Ristorante »La Grotta«, Via M. Collomb – so typisch italienisch, dass man gern wiederkommt

TOUR-TIPP

Wo Biker sich treffen
Natürlich locken Großer und Kleiner Sankt Bernhard uns Biker geradezu magisch an – das »spürt« auch der Colle San Carlo, denn in puncto Bikertreff ist hier meistens »tote Hose«.

Sichtweite zum mächtigen Mont-Blanc-Tunnel. Von Süden über die SS 26 kommend, erreichen Sie das Ortsschild von Morgex an einem großen Kreisverkehr. Dort bitte Obacht geben, denn der Anstieg zum Colle San

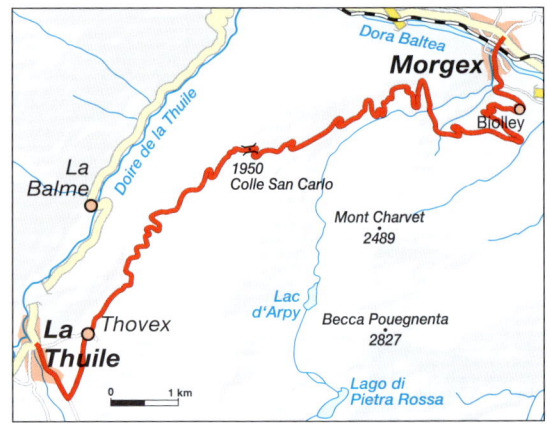

TOUR-TIPP

Sehenswertes am Wegesrand: Savoyen

Die gesamte Region Aosta gehörte seit dem 11. Jh. zum Herrschaftsgebiet des Hauses Savoyen, eine der bedeutendsten Dynastien Europas, aus der bis 1946 u. a. die Könige Italiens entstammten. Mehrmals geriet Aosta im Lauf der Jahrhunderte unter französische Herrschaft, wurde 1861 aber endgültig der Provinz Turin und damit dem italienischen Königreich zugesprochen. Dafür gingen der nördlich des Mont-Blanc-Massivs liegende Teil Savoyens sowie die Grafschaft Nizza an Frankreich. Nur was den höchsten Gipfel der gesamten Alpen betrifft, jenen Mont Blanc oder Monte Bianco, der mit seinen 4810 m Höhe hier seit 1861 die Grenze zwischen Italien und Frankreich bildet, herrscht bis heute Uneinigkeit – beide Länder beanspruchen die Gipfelregion im ewigen Eis und damit das Privileg des höchsten Alpengipfels für sich. Da dieser für Biker wohl zeitlebens unerreichbar sein wird – zumindest im Mopedsattel –, sollte uns das nicht weiter stören.

IM ÜBERBLICK

Name: Colle San Carlo

Land: Italien

Region: Aostatal

Passhöhe: 1950 m

Höchster Punkt der Strecke: 1970 m

Basisorte: Morgex und La Thuile

Schwierigkeitsgrad: Mittelschwer

Anzahl der Kehren: 36

Streckenlänge: 18 km

Mautpflicht: Keine

Offizielle Wintersperre: Keine

Sperre für Fahrzeuge: Keine

Kulinarik: Picknick mitbringen!

Ideal kombinierbar: Mit den Pässen Nr. 53, 54, 67, 68, 72, 73, 74, 75, 77, 78 und 79, mit dem nahen Großen und dem Kleinen Sankt-Bernhard-Pass, mit dem Col de l'Iséran

Carlo beginnt exakt hier, und zwar links in der vierten Ausfahrt des Kreisels. Ein kleines Schild in der braunen Farbe für ausgewählte Sehenswürdigkeiten weist Ihnen den Weg über den Fluss Dora Baltea, der das gesamte Tal einst formte. Die Straße führt durch ein kleines Industriegebiet, vorbei an einigen Häusern und beginnt dann mit dem Anstieg zur Passhöhe. Und sie schenkt uns bereits jetzt 22 Kehren und unzählige Kurven als Belohnung für unseren Entdeckerdrang. Teile der Strecke sind zwar etwas ramponiert und reich an Schlaglöchern, aber man ist vor allem nach einem Winter stets

bemüht, diese Stellen zumindest vorläufig zu flicken. Entlang der gesamten Strecke liegen Wohnhäuser mit herrlichem Ausblick auf das gesamte Tal und den im Hintergrund beinahe formatfüllend aufsteigenden Mont Blanc (s. auch Tippkasten).

Die Südwestrampe des Colle San Carlo schwingt dann in Kurven und Kehren hinab nach La Thuile, um von dort die letzten Höhenmeter des vor uns liegenden Kleinen Sankt-Bernhard-Passes zu überwinden. Aber der gehört nicht in dieses Buch, wenngleich sich der Verkehr über diesen Pass noch in Grenzen hält.

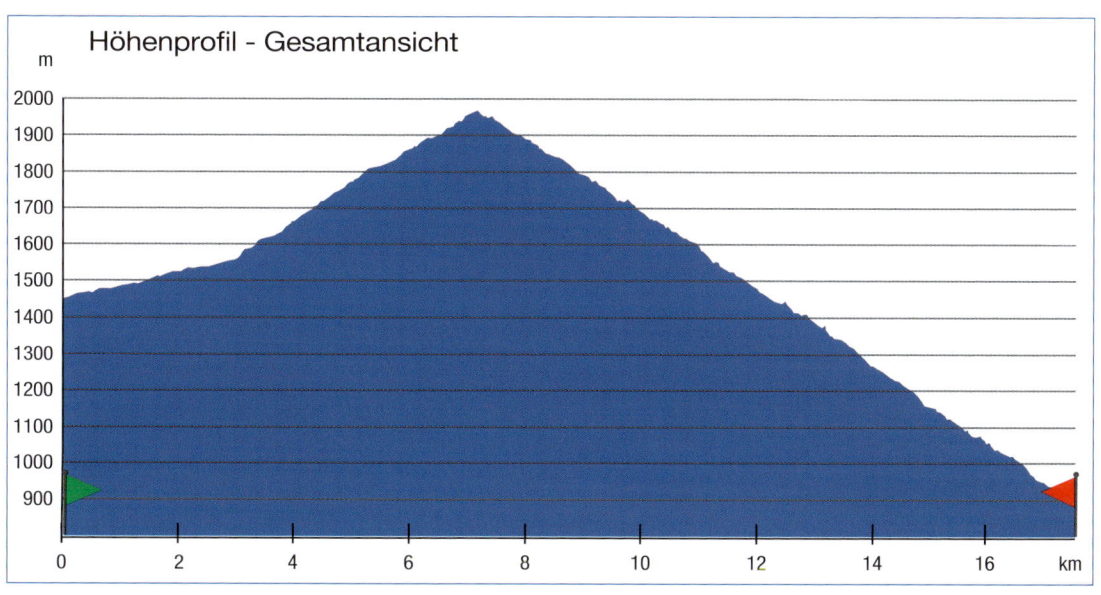

Höhenprofil - Gesamtansicht

Herrliches Alpengärtlein:
Trotz strenger Limit und harter Bußen –
gönnen Sie sich eine Portion Schweiz.
Immer mal wieder ...

SCHWEIZ

Miteinander: Weidevieh ist mir lieber, als jeder Dosenfahrer. Obwohl: Letztere ka..... meistens nicht direkt auf die Piste.

SATTELEGG

Das oder die Sattelegg – beide Artikel werden verwendet, wir bleiben hier aber einmal bei dem von Schweizern benutzten.

Die Sattelegg also ist ein Pass im Kanton Schwyz, der die Orte Willerzell am Sihlsee mit Siebnen unweit des Zürichsees oder, geografisch gesagt, das Hochtal von Einsiedeln mit dem Wägital verbindet. Schon im Mittelalter war der einst »Miesegg« genannte Scheitel Teil des Pilgerwegs vom Wägital zum Kloster Einsiedeln. Während des Zweiten Weltkriegs wurde dieser Weg zu einer Militärstraße ausgebaut, und seit 1990 ist er eine Kantonsstraße (Schweizer Bundesstraße). Direkt an der Passhöhe liegt das auch bei Schweizer Bikern sehr beliebte Bergrestaurant Sattelegg in einzigartiger Lage vor dem imposanten Panorama der Glarner und

der Wägitaler Alpen. Vor allem an Sommerwochenenden treffen sich hier bereits früh am Morgen die »Töfffahrer«, um zu gemütlichen Exkursionen ins Umland aufzubrechen.

Eine ordentliche Portion Kehren finden wir dann auf der Ostrampe des Passes hinunter nach Siebnen am Südufer des Zürichsees. Aber auch sie sind selbst für

TOUR-TIPP

Empfehlenswerter Einkehrschwung
Willerzell: Berggasthaus Güteregg im Güteregg – eine Einkehr mit grandioser Aussicht
Siebnen: Gasthof Gustav, Glarner Str. 16 – mit den wohl besten Pizza- und Pasta-Variationen der Region

Wo Biker sich treffen
Direkt im Bergrestaurant Sattelegg, dem Bikertreff der Region bzw. wie es in der Schweiz heißt: dem »Töfftreff«

Fahranfänger problemlos zu fahren, da die Straße – typisch für Schweizer Verhältnisse – sehr gut ausgebaut und in tadellosem Zustand ist.

Perfekt erweitern lässt sich die Sattelegg z. B. mit der Ibergeregg südwestlich des Sihlsees. Und wer eine ausgiebige, ja beinahe tagesfüllende Rundtour plant, kann den im Süden angrenzenden Pragelpass mit dem einzigartigen Klöntal hinzukombinieren und bekommt so eine landschaftlich und fahrerisch sehr abwechslungsreiche Runde von gut 150 Kilometern Länge. Eine Runde, die mit dem Pragelpass sogar einen gehörig anspruchsvollen Streckenabschnitt besitzt. Details zu

TOUR-TIPP

Sehenswertes am Wegesrand: Zürichsee
Sein eigentlicher Name Züricher See ist in der Schweiz nicht gebräuchlich, sein Hauptzufluss ist die Linth aus dem Kanton Glarus. Das Wasser des Zürichsees hat geprüfte Trinkwasserqualität, und bei schönem Wetter sind die Seepromenaden besonders rund um die Stadt Zürich äußerst beliebte Flaniermeilen und Ziel vieler Ausflügler. Der See selbst begeistert neben Badegästen vor allem auch Taucher sowie Kapitäne von Segel- und Motorbooten, die sich das Wasser mit den Fährschiffen teilen.

IM ÜBERBLICK

Name: Sattelegg
Land: Schweiz
Region: Schwyz/Zentralschweiz
Passhöhe: 1190 m
Höchster Punkt der Strecke: 1190 m
Basisorte: Willerzell und Siebnen
Schwierigkeitsgrad: Leicht
Anzahl der Kehren: 7
Streckenlänge: 17 km
Mautpflicht: Keine
Offizielle Wintersperre: Keine
Sperre für Fahrzeuge: Keine
Kulinarik: Gut
Ideal kombinierbar: Mit den Pässen Nr. 57 und 58 und mit dem nahen Klausenpass

diesem Kurvenparadies und zum malerischen Klöntaler See finden Sie im nächsten Kapitel.

Das nahe Zürich ist das wohl wichtigste Wirtschafts- und Kulturzentrum der Schweiz und hat sich dennoch einen gemütlichen, kleinstädtischen Charme bewahrt. Sehenswert, weil weltberühmt sind die Bahnhofstraße, eine Shopping-Passage der Luxusklasse, sowie die Altstadt mit ihren verwinkelten Gassen, winzigen Plätzen, Cafés und urgemütlichen Kneipen. Buchen Sie doch einmal eine geführte Stadtbesichtigung, die Sie geschichtenreich zu den interessantesten Orten der Zürcher Altstadt führt – ein Erlebnis für alle Besucher.

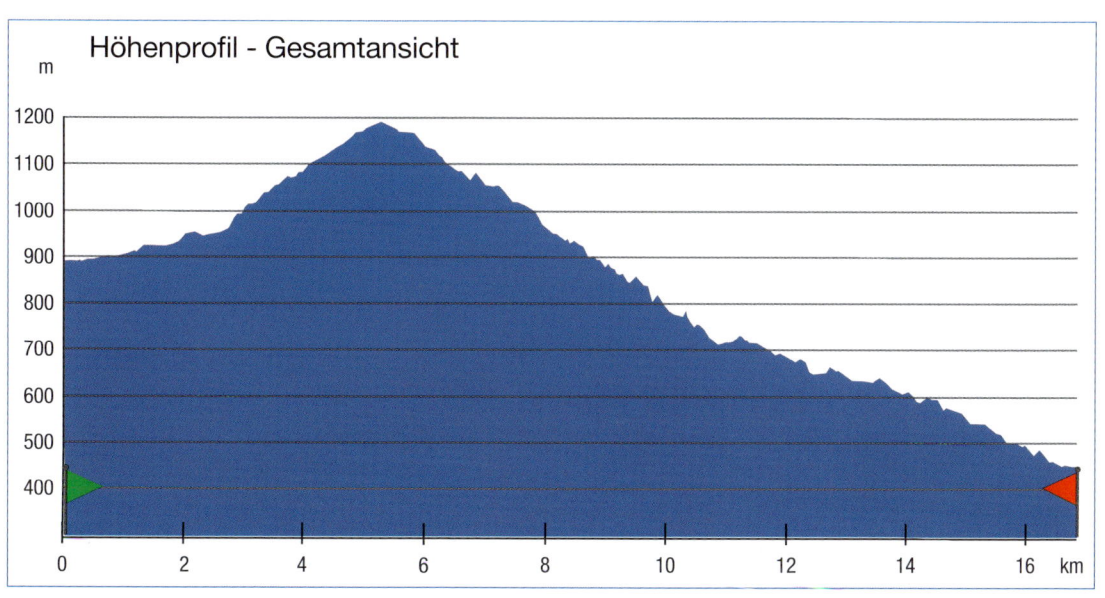

Höhenprofil - Gesamtansicht

Dem Ziel nah: Vor allem der Westabschnitt der Passstraße hat Engstellen, die mit Erfahrung gemeistert werden wollen.

PRAGELPASS

Selbst auf so manch aktuell verkaufter Landkarte ist der Pragelpass immer noch ausschließlich als gestrichelte Linie und damit als Fußweg eingezeichnet.

TOUR-TIPP

Wo Biker sich treffen
Unter der Woche oben auf der Passhöhe mit weiter Aussicht und herrlich gelegenen Picknickplätzen

Doch lassen Sie sich davon bitte nicht verwirren: Man kann diesen Pass tatsächlich befahren – ich beweise es Ihnen mit diesen Bildern. Die Passstraße verläuft im Grunde weitgehend parallel zum Klausenpass von Schwyz durchs hübsche Muotathal am Klöntalersee vorbei hinunter nach Glarus. Oder auch umgekehrt, ganz wie es Ihre Tourenplanung verlangt.

Die Straße zeigt sich im oberen Bereich mehrheitlich nahezu einspurig, einige deutliche Anstiege verlangen volle Aufmerksamkeit. Erfreulicherweise hält sich

der Verkehr auf dem Pass in Grenzen, nur bei einheimischen Schweizer »Töfffahrern« gilt auch er als

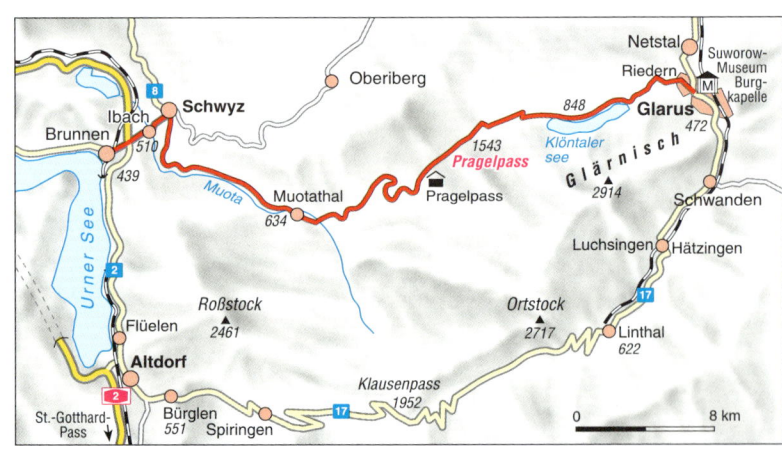

TOUR-TIPP

Empfehlenswerter Einkehrschwung
Schwyz: Gasthof Point, Schlagstr. 135 – lecker Essen zu (für Schweizer Verhältnisse) absolut akzeptablen Preisen
Glarus: Gasthof »Bergli«, Berglistr. 50 (etwas oberhalb der Stadt) – mit grandioser Aussicht und guter Küche

Geheimtipp. Die schlichte Passhöhe zieren eine kleine Kirche und einige hübsch gelegene Pausenplätze mit Bänken.

Achtung: An Wochenenden gilt bislang von Glarus aus ein Fahrverbot für motorisierte Fahrzeuge, das allerdings – so hört man – demnächst eventuell gekippt werden soll. Vor allem die Gasthöfe rund um den herrlich gelegenen Klöntalersee drängen darauf.

Der Klöntalersee liegt auf ca. 850 Metern Höhe am Rand einer kleinen Siedlung mit Gasthäusern und Zeltplatz. »Endlich kommt uns in der Ferne der Klöntalersee zu Gesicht (...) Wem es glückt, hier eine günstige Beleuchtung, also Sonnenstrahl, womöglich Abendsonnenstrahl, vorzufinden, wird diesen Punkt für einen der schönsten in der Schweiz erklären«, so schwärmte bereits Carl Spitteler, einer der bekanntesten Schweizer Lyriker und Schriftsteller.

Im Sommer wird das Klöntal auch mit Postautobussen von Glarus aus bedient, die uns dann auf der schmalen Piste – übrigens mit polizeiähnlicher Weisungsbefugnis – entgegenkommen. Ausweichen müssen in der Regel nur die anderen Fahrzeuge, niemals

IM ÜBERBLICK

Name: Pragelpass
Land: Schweiz
Region: Schwyz und Glarus
Passhöhe: 1548 m
Höchster Punkt der Strecke: 1565 m
Basisorte: Schwyz und Glarus
Schwierigkeitsgrad: Mittelschwer
Anzahl der Kehren: 13
Streckenlänge: 53 km
Mautpflicht: Keine
Offizielle Wintersperre: November bis Mai
Sperre für Fahrzeuge: Sa/So für alle Fahrzeuge im Scheitelbereich keine Durchfahrt möglich
Kulinarik: Picknick mitbringen!
Ideal kombinierbar: Mit den Pässen Nr. 56 und 58 und mit dem nahen Klausenpass

die Postbusse. Der Klügere gibt auch diesmal einfach nach. Dennoch lohnt die wunderschöne Landschaft nicht nur den Besuch des Klöntalersees, sondern auch die Weiterfahrt über den Pragelpass.

Zum Bespiel auch ins naheliegende Heidiland. Der Schweizer Schriftstellerin Johanna Spyri (1827–1901) gelang mit ihrer Romanfigur Heidi der internationale Durchbruch. Heidis Erlebnisse wurden in über 50 Sprachen übersetzt und in ebenso vielen Millionen Exemplaren verkauft. Das originale Heididorf steht übrigens in Maienfeld südlich des Walensees.

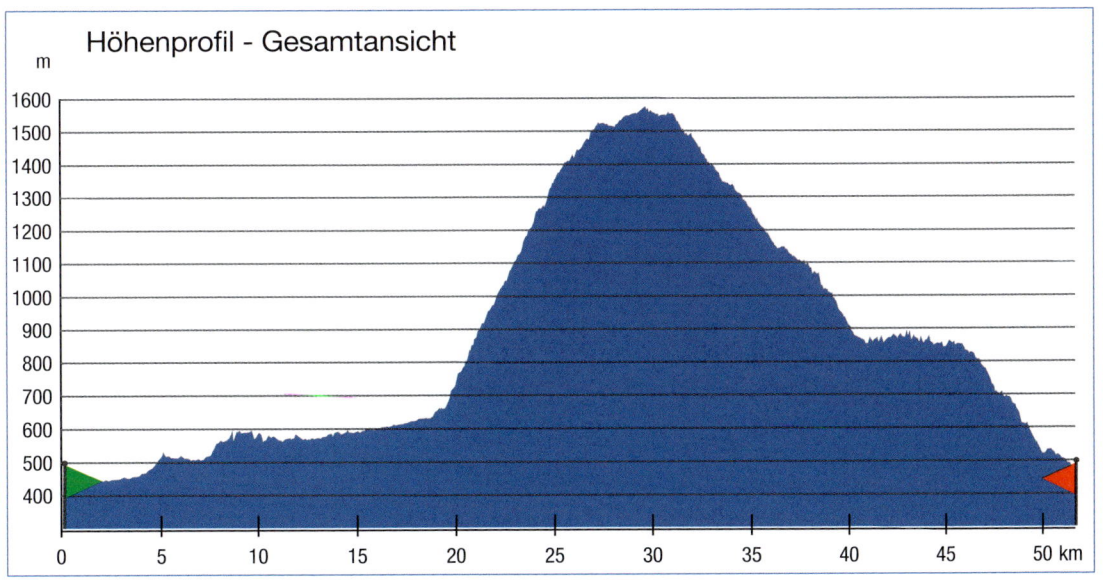

Höhenprofil - Gesamtansicht

Einmalig: Von allen Ländern Europas lässt sich wohl nur die Schweiz allein anhand der Optik ihrer Häuser identifizieren.

IBERGEREGG

Fahrtechnisch einfach, aber dennoch ein sehr beliebter »Töfftreff« der Schweizer Biker – so lässt sich die Ibergeregg kurz beschreiben.

Etwas ausführlicher formuliert dann etwa so: Die Ibergeregg ist ein weitgehend unbekannter Pass im Kanton Schwyz, der die Ortschaften Schwyz und Oberiberg miteinander verbindet. Und schon mit dem Ausgangsort Schwyz haben wir ein typisches Schweizer Städtchen, dessen Geschichte wohl kaum spannender sein könnte. Denn in Schwyz befindet sich nicht nur das Bundesbriefmuseum mit dem Bundesbrief von 1291, also der Gründungsurkunde der Schweizeri-

TOUR-TIPP

Empfehlenswerter Einkehrschwung
Schwyz: Gasthof Point, Schlagstr. 135
Oberiberg: Dorfbäckerei Schefer, Jessenenstr. 2 – mit der vielleicht größten Auswahl aller Schwyzer Bäcker!

TOUR-TIPP

Wo Biker sich treffen
Direkt auf der Passhöhe im Ski-Restaurant, das auch im Sommer – zumindest an den Wochenenden – geöffnet hat.

schen Eidgenossenschaft. Am reich verzierten Rathaus wird auch von der blutigen Schlacht bei Morgarten nahe dem Ägerisee berichtet, wo 1315 die Bürger aus Schwyz, Uri und Unterwalden erstmals ihre Unterdrücker, die Habsburger, in die Flucht schlugen. Und direkt gegenüber dem gewaltigen Morgarten-Schlachtgemälde am Schwyzer Rathaus liegt das nette Café »Kreuz & Quer« (auch »Rossini« genannt), das ich für einen Boxenstopp sehr empfehlen kann.

Das Gebiet rund um die Passhöhe der Ibergeregg ist ganzjährig ein beliebtes Ausflugsziel, im Winter gibt es hier sogar zwei Skilifte. Rund um die Passhöhe liegen zudem zahlreiche Hoch- und Flachmoore, die

TOUR-TIPP

Sehenswertes am Wegesrand: Zentralschweiz

Die Zentralschweiz umfasst die berühmten Urkantone – also die ersten Kantone der Eidgenossenschaft – Uri, Schwyz sowie Ob- und Nidwalden. Gemeinsam mit Luzern und Zug bilden sie die »Erlebnisregion Vierwaldstättersee«, deren Herz eben jener wohl berühmteste See der Zentralschweiz ist. Umrahmt von hohen Bergen im Süden und Osten sowie weiten hügelreichen Landschaften im Norden und Westen, hat die Zentralschweiz dem Besucher nicht nur enorm abwechslungsreiche Landschaften zu bieten. Hier ist auch die spannende Entstehungsgeschichte des Landes allerorten präsent, die sich im Grunde immerfort um die Frage aller Fragen dreht: Gab es ihn tatsächlich, jenen Wilhelm Tell, den sagenhaften Schweizer Freiheitskämpfer? In Sarnen, dem Hauptort des Kantons Obwalden steht der Hexenturm, heute das Obwaldner Staatsarchiv mit dem berühmten »Weißen Buch von Sarnen«, einer der ältesten Urkundensammlungen der Schweiz. Und in diesem Buch wird von den Männern namens »Thall« (Wilhelm Tell) und »Gijssler« (Hermann Gessler) berichtet und von jener dramatischen Gehorsamsverweigerung, die Schiller zu seinem weltberühmten Drama inspirierte. Historisch belegt hingegen ist die Geschichte der Rütliwiese, jenem geheimnisvollen Ort, an dem sich in der mondlosen Nacht auf den 1. August 1291 die Abgesandten von Schwyz, Uri und Unterwalden trafen, um an Eidesstatt zu schwören, ihr Land von der Herrschaft der Habsburger Landvogte zu befreien. Friedrich Schiller ersetzte einen der Abgesandten aus dramaturgischen Gründen durch Wilhelm Tell und ließ ihn das feierliche Bündnis schwören, das seitdem als der Beginn der Schweizer Eidgenossenschaft gilt. Seit 1994 ist der 1. August sogar der höchste Schweizer Nationalfeiertag.

IM ÜBERBLICK

Name: Ibergeregg

Land: Schweiz

Region: Schwyz/Zentralschweiz

Passhöhe: 1408 m

Höchster Punkt der Strecke: 1408 m

Basisorte: Schwyz und Oberiberg

Schwierigkeitsgrad: Leicht

Anzahl der Kehren: 8

Streckenlänge: 17 km

Mautpflicht: Keine

Offizielle Wintersperre: Keine

Sperre für Fahrzeuge: Keine

Kulinarik: Gut

Ideal kombinierbar: Mit den Pässen Nr. 56 und 57 und mit dem nahen Klausenpass

zu einem Naturschutzgebiet zusammengefasst wurden.

Über die Ibergeregg führte ab dem Spätmittelalter ein Saumpfad, der um 1873 zu einer befestigten Straße ausgebaut wurde. Schon seit 1947 gibt es – zumindest im Sommer – auch eine direkte Linienbusverbindung zwischen Schwyz und Oberiberg.

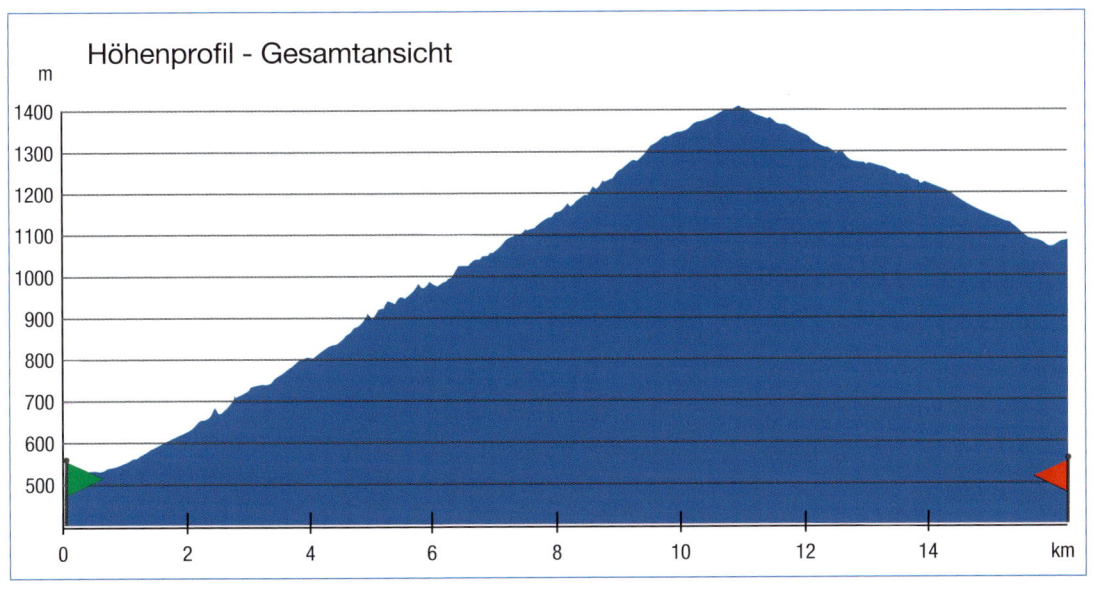

Höhenprofil - Gesamtansicht

Bitte abwägen: Der Aufstieg zur Griesalp – hier im unteren Abschnitt – will wohl überlegt sein, da sehr anspruchsvoll.

GRIESALP

Diese sehr anspruchsvolle Sackgasse ist nichts für Fahranfänger oder Gelegenheits-Motorradfahrer. Selbst alpenerfahrene Biker habe ich an der Mautstelle im Kiental schon umkehren sehen.

Denn die letzten Kilometer hinauf zum herrlichen Almplateau auf der Griesalp zählen zu den schwersten Strecken, die ich jemals im Motorradsattel erobert habe. Aber ausschließlich allein und frei von Gepäck.

Die Mautstraße hinauf zur Griesalp ist mit bis zu 28 Prozent Steigung die steilste Postbusstrecke Europas

TOUR-TIPP

Empfehlenswerter Einkehrschwung
Im Kiental: Berggasthaus Golderli (ausgeschildert) – rustikal, naturverbunden, köstlich
Reichenbach im Kandertal: Gasthof Bären, Dorfstr. 21 – das kulinarische Ziel im Kandertal

– dieser Satz schildert schon die gesamte Problematik der panoramaarmen Piste: eine enorme Steigung, hautenge Kehren und ein regelmäßig verkehrender, die Piste komplett ausfüllender Postbus mit polizeiähnlicher Weisungsbefugnis. Noch Fragen dazu?

Dabei beginnt alles zunächst so beschaulich und harmlos. Das Kiental, das einstige Viehzentrum des Berner Oberlands, begeistert mit einer Vielzahl an prachtvollen Bauernhäusern. Die einzige Straße des Tals steigt zwar unmittelbar nach Reichenbach sofort mit guten 15 Prozent bergan und stimmt uns auf kommende Highlights ganz an ihrem Ende ein, doch zunächst einmal ist alles eher ein genüssliches Kinderspiel. Durch den Weiler Kiental erreichen wir ein idyllisches Zwischenplateau mit einem fröhlich mäandrierenden Bachlauf und einigen Almen – erst einige Kilometer

TOUR-TIPP

Sehenswertes am Wegesrand: Thunersee

Der Thunersee im Norden des Kandertals ist ein Alpensee im Berner Oberland, gut 50 km² groß und mit einer maximalen Tiefe von 220 m. Seit 1835 gibt es auf dem See eine berühmte Passagierschifffahrt, heutzutage mit immerhin 10 Schiffen, darunter dem historischen Schaufelraddampfer »Blümlisalp« sowie einem weithin bekannten Drachenschiff. An seinem Westufer liegt das sehenswerte Städtchen Thun direkt am Ausfluss der Aare aus dem Thunersee. Der historische Stadtkern mit dem Schlossberg, der Unterstadt, der Oberen Hauptgasse und dem Bälliz lohnt eine ausführliche Erkundung. Jener Bälliz ist eine Insel in der Aare, die seit dem 14. Jh. zur Stadt gehört und seit 1988 eine riesige Fußgängerzone, eine beliebte Flaniermeile sowie das kulturelle Zentrum der Stadt ist.

weiter stehen vermutlich dann aber auch Sie zweifelnd vor der Mautstelle und dem Steilanstieg zur Griesalp. Inmitten einer herrlich grünen Bergwelt warnt eine überdimensionale Hinweistafel vor dem Kommenden: 28 Prozent Steigung auf ausgesetzter, kehrenreicher und nur wenig mehr als lenkerbreiter Piste, natürlich mit Gegenverkehr in Form des straßenfüllenden Postbusses alle 30 Minuten oder der Geländewagen der Bauern. Ach ja, und nicht zu vergessen: mit dem einen oder anderen angstgeschwitzten Touristen.

Mein Tipp: Sind Sie ein erfahrener Biker und solo auf Ihrer von Seitenkoffern befreiten Maschine unterwegs, gönnen Sie sich diesen Abstecher über die steilste Postbusstrecke der Alpen, vorbei an rauschenden Sturzbächen hinauf auf die Alpe. Ein schöneres

IM ÜBERBLICK

Name: Griesalp

Land: Schweiz

Region: Berner Oberland

Passhöhe: 1407 m

Höchster Punkt der Strecke: 1445 m

Basisort: Reichenbach im Kandertal

Schwierigkeitsgrad: Sehr anspruchsvoll

Anzahl der Kehren: 18

Streckenlänge: 15 km

Mautpflicht: Umgerechnet 5 Euro für Motorräder

Offizielle Wintersperre: November bis April

Sperre für Fahrzeuge: Keine offizielle, aber Achtung: Buslinie!

Kulinarik: Gut

Ideal kombinierbar: Mit den Pässen Nr. 63, 64, 65 und 66, mit dem nahen Jaun-, mit dem Grimsel- und dem Furkapass

Pausenplätzchen findet sich selten. Aber achten Sie unbedingt auf das Hupzeichen des Postbusses – der hat IMMER Vorfahrt. Anfänger oder randvoll beladene Bikes sollten an der Mautstelle umdrehen – auch ich habe es schon zweimal getan. Kein Grund sich zu schämen!

TOUR-TIPP

Wo Biker sich treffen

Auf dem Parkplatz vor der Mautschranke zur Griesalp (zu Diskussionen, ob oder ob nicht …); ansonsten auch auf einem der Parkplätze im Kandertal

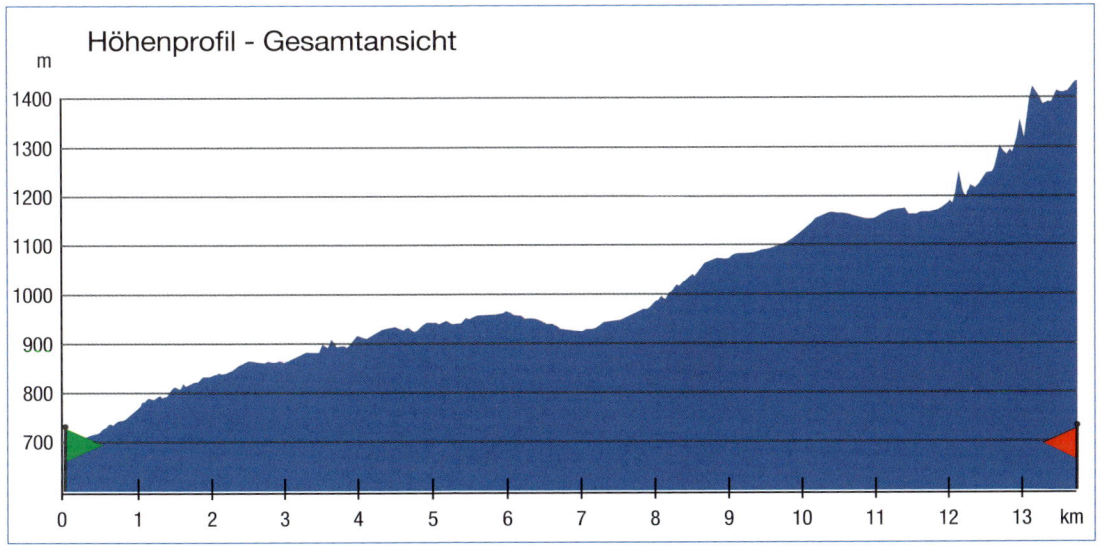

Höhenprofil - Gesamtansicht

Schweizer Idylle: Das Passwangtal definiert den Begriff »abseits allen Trubels« völlig neu. Ein »Must have« in diesem Buch.

PASSWANGPASS

Obwohl der Pass seit vielen Jahrzehnten schon untertunnelt und sein eigentlicher Scheitelpunkt somit nur Wanderern und Mountainbikern vorbehalten ist, lohnt sich auch die Motorradtour über diesen eher unbekannten Pass im Schweizer Jura sehr.

Die Passwangstraße verläuft leicht westlich des eigentlichen Kamms und verbindet das Laufental und das sogenannte Schwarzbubenland mit Balsthal am

TOUR-TIPP

Wo Biker sich treffen
Ob die »Biker's Lounge« nahe beim Pass bereits als »Töfftreff« angenommen wurde, konnte ich auf meinen bisherigen Touren nicht feststellen, da ich immer außerhalb der Öffnungszeiten »aufschlug«. Wagen wir es doch einmal, dort einen Einkehrschwung zu zelebrieren.

TOUR-TIPP

Empfehlenswerter Einkehrschwung
Balsthal: Restaurant »Balsthal«, Falkensteiner Str. 1 – grundsolide leckere Hausmannskost
Nahe Breitenbach: Gasthof »Rathausstuebli«, Hauptstr. 6 in Laufen, westlich von Breitenbach

Jura-Südrand. Balsthal gilt gleichzeitig auch als nördliches Tor in das beschauliche Schweizer Mittelland, eine Region in diesem herrlichen Alpengärtlein, die einen ganz eigenen Charakter besitzt. Die Passstraße erreicht eine Höhe von gut 950 Metern und durchsticht die Felsregion des Passwanggipfels in einem ca. 200 Meter langen Scheiteltunnel.

Schon im Mittelalter zogen die Säumer über diesen Pass und transportierten ihre Waren zwischen Mittelland und Rheintal hin und her, wie das Historische Lexikon der Schweiz zu berichten weiß. 1730 wurde der

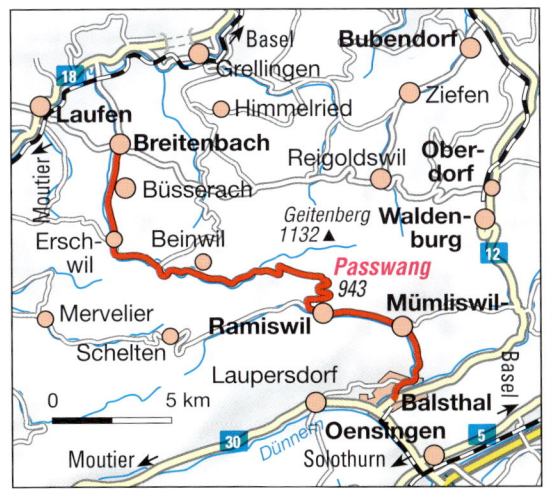

IM ÜBERBLICK

Name: Passwangpass
Land: Schweiz
Region: Solothurn
Passhöhe: 950 m (1204 m)
Höchster Punkt der Strecke: 975 m (Scheiteltunnel)
Basisorte: Balsthal und Breitenbach
Schwierigkeitsgrad: Leicht
Anzahl der Kehren: 8
Streckenlänge: 27 km
Mautpflicht: Keine
Offizielle Wintersperre: Keine
Sperre für Fahrzeuge: Keine
Kulinarik: Picknick mitbringen!
Ideal kombinierbar: Mit den Pässen Nr. 61 und 62

Passwang erstmals urkundlich erwähnt. Rund um das Jahr 1935 soll dann mit der Untertunnelung des Scheitels begonnen worden sein; wann genau der Tunnel fertiggestellt wurde, ist schwer zu recherchieren, da auch die üblichen Jahresangaben an den mächtigen Mauersteinen des Portales heute nahezu unlesbar sind.

Und was ist nun das Schöne am Passwangpass? Das ist die Landschaft, in der er liegt. Zunächst steigt die Piste gemütlich durchs Guldental bergan Richtung Ramiswil, es geht über weite Almen und durch lichte Waldstücke. Mümliswil, das größte Dorf im Guldental, ist rasch durchquert, und kurz nach dem Abzweig Richtung Scheltenpass beginnt die Piste vor uns deutlich anzusteigen. Einige Serpentinen würzen den Kurventanz, ohne uns zu überfordern, und lassen uns viele Gelegenheiten, uns mal rechts, mal links des Lenkers umzuschauen. Kurz vor dem Scheiteltunnel will uns dann ein Gasthof-Wegweiser zum »Alpenblick« vom rechten Weg abbringen – Zeit für einen Boxenstopp mit Aussicht sollte aber immer sein, zumal dort eine »Biker's Lounge« zu finden ist, die alle Zweiradler ansprechen soll.

Die Nordrampe schenkt uns nochmals einige Kehren, bevor sie recht unspektakulär im Haufendorf Breitenbach im Süden Basels auspendelt.

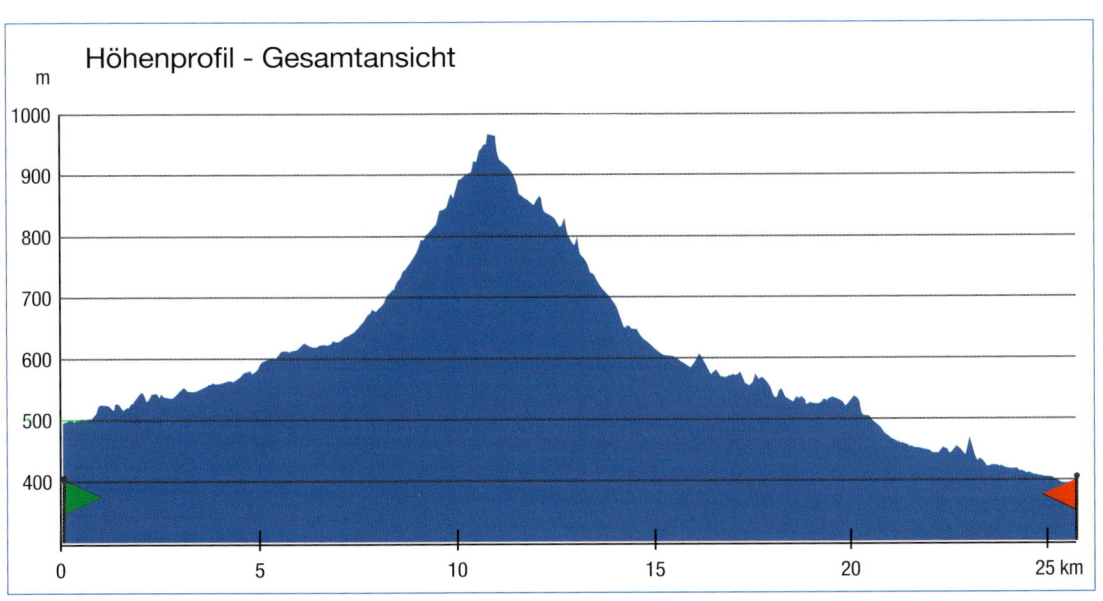

Strenge Regeln: Tempo 80 auf Schweizer Landstraßen – rund um Schelten- und Passwangpass stört das überhaupt nicht.

SCHELTENPASS

Der Scheltenpass lässt sich nicht nur herrlich einfach mit dem Passwangpass kombinieren, die Landschaft, in der er »schwingt«, ist sogar noch deutlich erlebenswerter und beschaulicher als die des Nachbarpasses.

Der Schelten, von den Einheimischen auch »La Scheulte« genannt, verbindet das Schweizer Jura mit dem Kanton Solothurn – korrekterweise sei erwähnt: inklusive einer winzigen Passage auf Berner Territorium. Auf der Passhöhe auf 1051 Metern gibt es zwar

TOUR-TIPP

Wo Biker sich treffen
An den Wochenenden auf der Passhöhe des Schelten mit dem wohl schönsten Panorama der gesamten Strecke

keine Wirtschaft, entlang der Westrampe liegen aber einige Gasthöfe, die sich für einen Einkehrschwung anbieten. Auf dem Berner Anteil der Passhöhe erhebt sich die winzige Kapelle Sankt Antonius, auf der Ostseite windet sich die Straße durch das landschaftlich äußerst reizvolle Guldental hinunter nach Ramiswil und weiter nach Balsthal.

Der historische Passübergang über den Schelten wurde aus militärstrategischen Gründen im Ersten Weltkrieg ausgebaut, da er vor allem auf seiner Westseite durch eine Schlucht begrenzt recht leicht kontrolliert werden

TOUR-TIPP

Empfehlenswerter Einkehr-schwung

Balsthal: Restaurant »Balsthal«, Falkensteiner Str. 1
Delémont nahe Vicques: Rotisserie »De la Tour-Rouge«, Rue de Porrentruy 10 – mit einer Köchin, die ihr Handwerk versteht

TOUR-TIPP

Sehenswertes am Wegesrand: Solothurn

Solothurn ist für mich eine der schönsten Städte der Schweiz. Sie trägt vollkommen zu Recht das Prädikat »Schönste Barockstadt der Schweiz« und empfängt jeden Besucher mit viel Sehenswertem. Parken Sie das Motorrad am besten am Rand des riesigen Amtshausplatzes, schlendern Sie vorbei am dicken Burristurm durch das Bieltor, und spazieren Sie in der angrenzenden Fußgängerzone durch das historische Solothurn. Dabei passieren Sie unzählige Straßencafés und Kneipen mit ebenso vielen Gründen zur Einkehr.

IM ÜBERBLICK

Name: Scheltenpass

Land: Schweiz

Region: Solothurn

Passhöhe: 1051 m

Höchster Punkt der Strecke: 1051 m

Basisorte: Vicques und Balsthal

Schwierigkeitsgrad: Leicht

Anzahl der Kehren: 6

Streckenlänge: 31 km

Mautpflicht: Keine

Offizielle Wintersperre: Keine

Sperre für Fahrzeuge: Keine

Kulinarik: Dürftig

Ideal kombinierbar: Mit den Pässen Nr. 60 und 62

konnte. Eine Gedenktafel unterhalb der Passhöhe auf Solothurner Seite erinnert daran. Auch im Zweiten Weltkrieg war der Scheltenpass immer noch eine wichtige West-Ost-Verbindung, die von der Schweizer Armee zwischen 1939 und 1942 mit zahlreichen Bunkern und Panzersperren gesichert wurde. Zwar sind die meisten Relikte aus diesen Kriegstagen heute in dichtem Wald versteckt, wer sich allerdings rund um die Passhöhe auf die Suche nach ihnen begibt, wird rasch fündig.

Hier beginnen und kreuzen zudem einige beliebte Wanderrouten, z. B. Richtung Delémont oder auf die Hohe Winde, einen 1200 Meter hohen Aussichtsgipfel im Schweizer Jura.

An klaren Tagen reicht der Blick von hier von den Vogesen über den Schwarzwald im Norden bis hinunter zu den Walliser Alpen ganz im Süden. Kein Wunder, dass die Hohe Winde zu den beliebtesten Ausflugszielen im gesamten Schweizer Jura zählt.

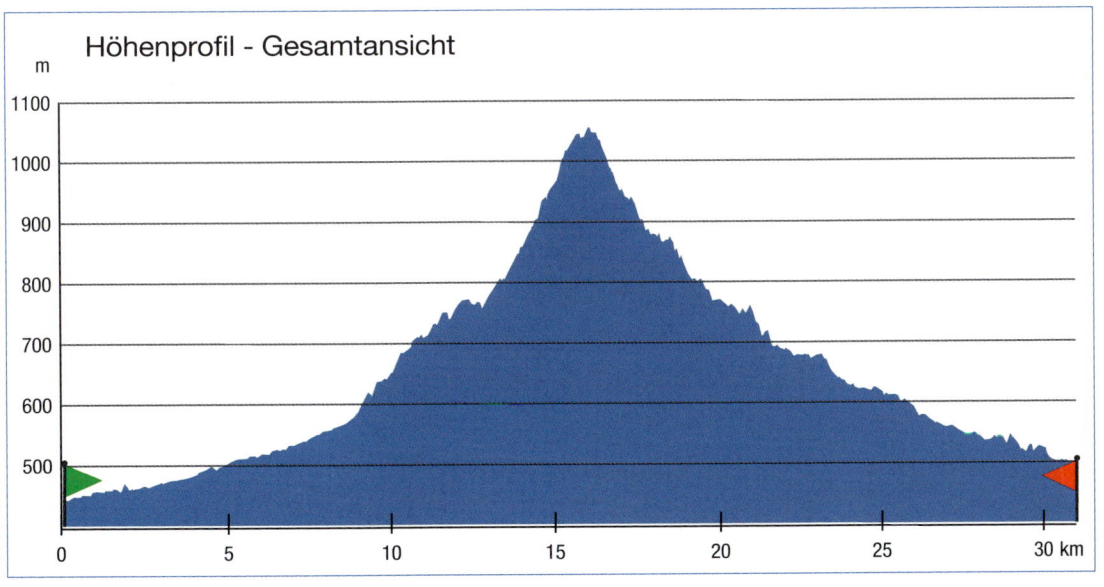

Höhenprofil - Gesamtansicht

Geschwind wie der Wind: Der Pierre Pertuis lässt sich herrlich zügig angehen, bietet aber wenig Weitblick.

COL DE PIERRE PERTUIS

Unser nächster Schweizer Pass abseits des Trubels ist ein echter »No-name« – einer jener Höhepunkte, die man niemals aktiv sucht und auf vielen Karten auch gar nicht findet.

Einer jener Pässe, die einem plötzlich, beinahe überfallartig begegnen und mit ihrer unscheinbaren Einzigartigkeit tief beeindrucken. Und das im Falle des Pierre Pertuis wohl schon seit vielen Jahrtausenden, denn der Name »Pierre Pertuis« leitet sich vom lateinischen »petra pertusa« ab, einem von der Natur geformten und von Menschenhand erweiterten Felsentunnel, durch den in den Zeiten der Römer ein einfacher Handelsweg von Aventicum im Schweizer Mittelland an den Rhein bei Basel führte. Jener auch heute noch ersichtliche Felsdurchgang liegt gut 300 Meter nördlich der heutigen Passhöhe und wurde bis Anfang des 20. Jahrhunderts sogar als offizielle Scheitelhöhe genutzt.

Da der Passübergang vor allem auch für das Schweizer Militär interessant, der Felstunnel allerdings für Militärfahrzeuge zu eng war, baute das Militär während der sogenannten Mobilmachung zwischen 1914 und

TOUR-TIPP

Empfehlenswerter Einkehrschwung
Biel/Bienne: Restaurant »Räblus«, Route de Neuchâtel 90 (direkt am See) – für Freunde frischer Fischspezialitäten

1918 einfach eine neue Passstraße, die den seit Urzeiten genutzten Felstunnel schlichtweg umging. Und ihn damit in seiner ebenfalls seit Urzeiten erhaltenen Form für die nächste Ewigkeit konservierte. 1932 mussten Schweizer Arbeitslose die Passstraße dann nochmals erneuern und erweitern. Gänzlich in der Bedeutungslosigkeit versank der Col de Pierre Pertuis allerdings, als man Anfang der 1990er-Jahre begann, einen gut zwei Kilometer langen Basistunnel durch den Berg zu

TOUR-TIPP

Wo Biker sich treffen
In Biel/Bienne direkt im Zentrum, vor allem am Sonntagmorgen zu Beginn der Tour. Entlang der Passstrecke habe ich noch keinen expliziten Treff ausmachen können.

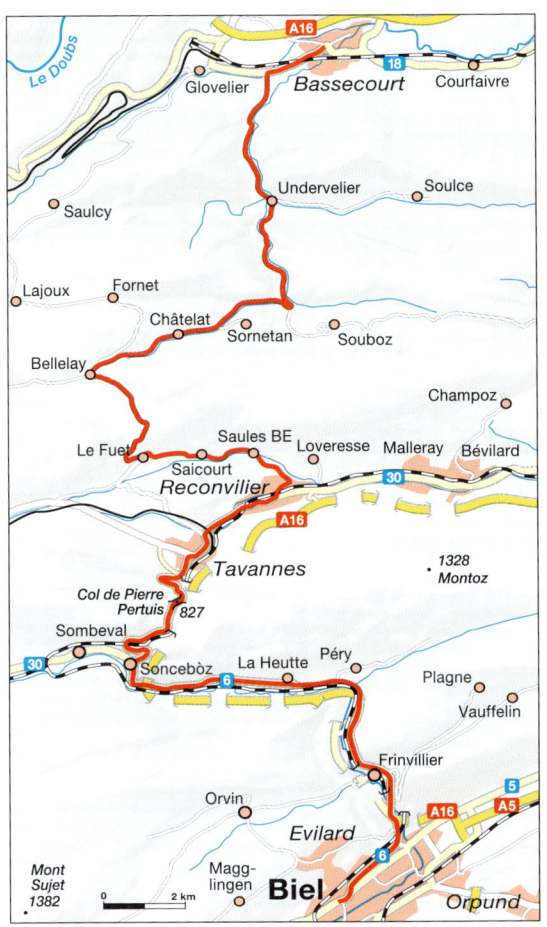

IM ÜBERBLICK

Name: Col de Pierre Pertuis

Land: Schweiz

Region: Berner Jura

Passhöhe: 827 m

Höchster Punkt der Strecke: 950 m

Basisorte: Biel/Bienne und Bassecourt

Schwierigkeitsgrad: Leicht

Anzahl der Kehren: 5

Streckenlänge: 45 km

Mautpflicht: Keine

Offizielle Wintersperre: Keine

Sperre für Fahrzeuge: Keine

Kulinarik: Picknick mitbringen!

Ideal kombinierbar: Mit den Pässen Nr. 60 und 61

bohren, der 1997 eingeweiht und dem Verkehr übergeben wurde.

Und exakt darin liegt heutzutage ihr ganz besonderer Reiz, denn die alte Passstraße wurde keinesfalls dem Verfall überlassen, sondern erwartet uns in tadellosem – fast schon Schweiz-typischem – Zustand zum Kurventanz im Berner Jura. Mit gut zehn Prozent Steigung und immerhin fünf waschechten Kehren zwar ein sehr kurzes Vergnügen, doch nicht nur die sich uns bietenden Panoramen entlang der Strecke sind sehenswert. Auch die beiden Basisorte Biel/Bienne und Bassecourt lohnen einen Blick, ja vielleicht sogar einen Boxenstopp, reicht ihre Geschichte doch bis weit ins frühe Mittelalter zurück.

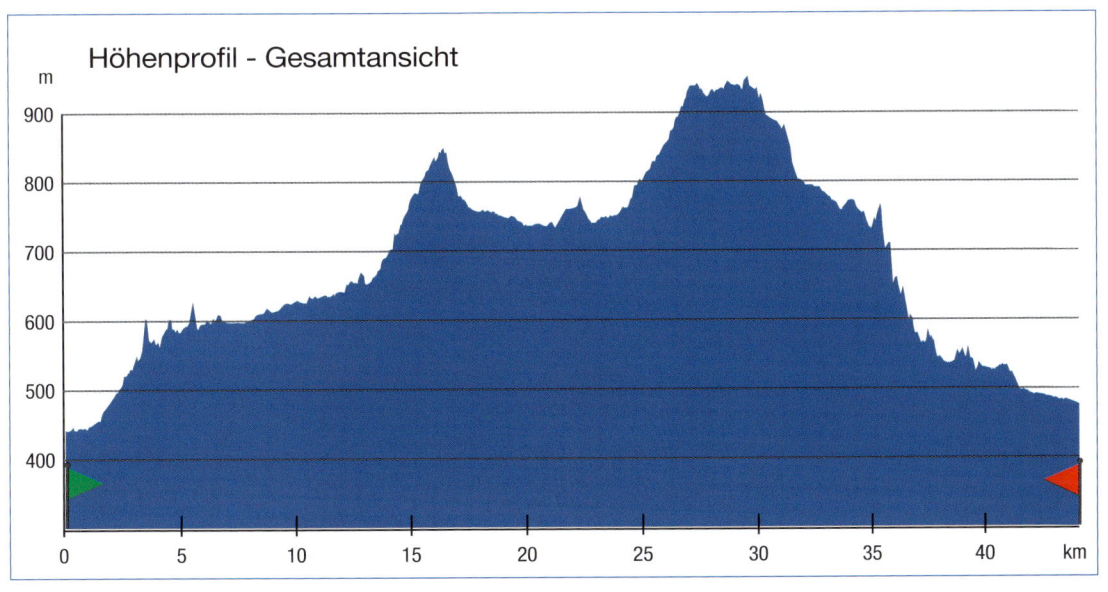

Herbstkleid: Im Frühling und ganz besonders im Herbst ist eine Reise über den Col des Mosses besonders farbenfroh.

COL DES MOSSES

Auch an diesem »international« weitgehend unbekannten Schweizer Höhepunkt begeistert gleich auf den ersten Blick das Panorama entlang der Passhöhe.

Auf dem Col des Mosses liegen uns die Waadtländer Alpen sozusagen zu Füßen. Also jener Teil der Alpen, der dem Schweizer Kanton Waadt oder Vaud zuge-

TOUR-TIPP

Empfehlenswerter Einkehrschwung
Aigle: Restaurant »Les Messageries«, Rue du Midi 19 – Hausmannskost, schmackhaft und reichlich, so muss es sein!
Bulle: Restaurant »Le Tresor des Cinq Epices«, Rue du Bourgo 5 – allein der Name macht schon Lust auf eine Einkehr

TOUR-TIPP

Wo Biker sich treffen
Im Zentrum von Aigle im »Café de la Place« in der Rue du Midi, hauptsächlich am Wochenende zum zweiten Frühstück und zur anschließenden Tour

rechnet wird. Für uns normalerweise unsichtbar, aber nichtsdestotrotz geografisch durchaus bedeutend ist die Tatsache, dass der Col des Mosses mit seinen 1445 Metern Höhe immerhin die Wasserscheide zwischen Rhône und Rhein bildet. Eine Tatsache, die wohl den hier bereits siedelnden Menschen der Bronzezeit recht »wurscht« gewesen sein dürfte, war für sie doch allemal entscheidend, dass der Boden fruchtbar war und das Land gut zu verteidigen. Ab Mitte des 15. Jahrhunderts gab es hier den ersten Saumpfad, 1475 wurde dieser urkundlich erstmals erwähnt. Wertvolles Salz

Morgenstund: Typisch Schweizer Kirchlein am Fuß des Col des Mosses – auch ein ideales Pausenplätzchen.

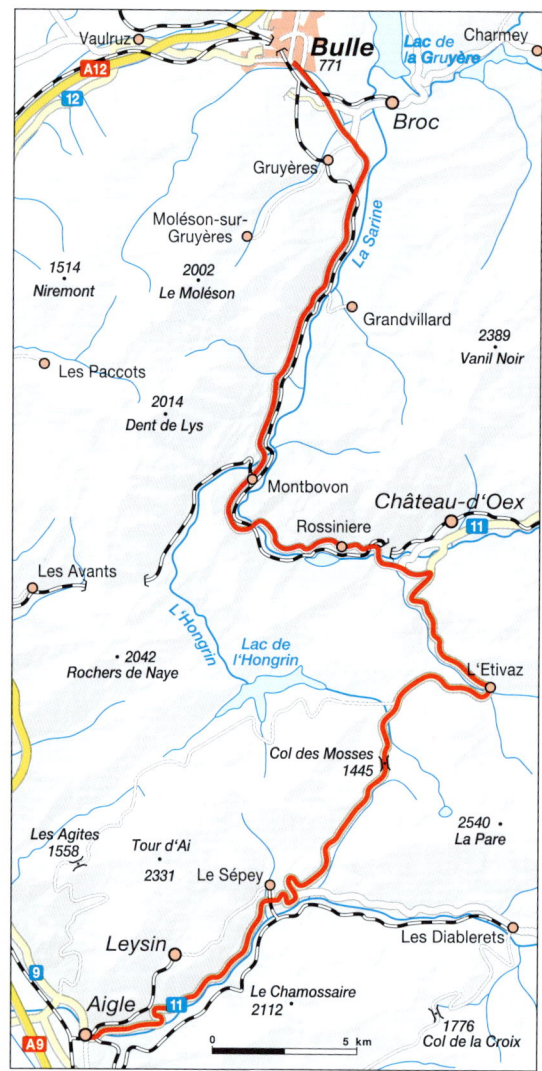

IM ÜBERBLICK

Name: Col des Mosses

Land: Schweiz

Region: Waadt

Passhöhe: 1445 m

Höchster Punkt der Strecke: 1445 m

Basisorte: Aigle und Bulle

Schwierigkeitsgrad: Leicht

Anzahl der Kehren: 8

Streckenlänge: 59 km

Mautpflicht: Keine

Offizielle Wintersperre: Keine

Sperre für Fahrzeuge: Über 32 t

Kulinarik: Picknick mitbringen!

Ideal kombinierbar: Mit den Pässen Nr. 59, 64, 65, 66, 67, 68, 69, 70, 71, 72, 73, 74, 75, 76, 77, 78, 79 und 80

die Passhöhe sowie des ganzjährig sehenswerten Weilers Ormont-Dessus. Der ist auch im Mopedsommer für Touristen da und erwartet uns nicht nur zu einem schnellen Boxenstopp.

TOUR-TIPP

Sehenswertes am Wegesrand: Genfer See

Durchschnittlich 11 Jahre sollen die Wasser der Rhône benötigen, um einmal von Ost nach West durch den Genfer See zu fließen. Hauptsächlich sie sind es, die den 580 km² großen See nördlich von Martigny – übrigens der größte der Schweiz – speisen. Neben Frankreich, dem knapp 40 % des Genfer Sees gehören, teilen sich drei Schweizer Kantone – Genf, das Wallis und mehrheitlich das Waadt – den Rest. Eben jenes Waadt stellt auch landschaftlich wie kulturell den wohl größten Kontrast zu den Finanzzentren Genf und Lausanne oder gar den Hochburgen europäischer High Society Vevey und Montreux dar. Gerade diese Mixtur auf engstem Raum macht aber auch den ganz besonderen Reiz der Region aus. Von Montreux' Uferpromenade genügt ein satter Dreh am Gasgriff, und schon befindet man sich in einer gänzlich anderen Welt. Natürlich haben wir weite Strecken – vor allem am Nordufer des Genfer Sees – kaum jemals für uns allein. Doch vor allem an den Wochenenden trifft sich hier auch der Schweizer »Töfffahrer« sehr gern mit seinesgleichen zum Sehen-und-Gesehenwerden, Benzingespräche in herrlicher Umgebung inklusive. Das Waadtland im Norden des Sees zählt hingegen zu den eher ruhigen Regionen der Schweiz; hier kann man gemütliches Motorrad-Touren exzessiv betreiben. Zu entdecken gibt es in den Dörfern und Städten auch abseits des Mopedsattels viel.

Hat schon etwas: Ein Sundowner samt Cocktail am Genfer See ist zwar etwas teurer, besitzt aber besonderen Charme.

aus der Region um Bex wurde über den Pass in andere Regionen transportiert.

1868 wurde der historische Saumpfad zu einer Fahrstraße ausgebaut, die im 20. Jahrhundert mehrfach erweitert und in eine Postbuslinie integriert wurde. Das kam vor allem auch dem einst verschlafenen Weiler Les Mosses auf der Passhöhe zugute, der sich im Skitourismus im Lauf der Jahre einen Namen machen konnte. Zur weißen Jahreszeit ist der Col des Mosses deshalb recht stark frequentiert, in der hier aufgrund der geringen Höhenlage recht früh im Jahr beginnenden Motorradsaison – spätestens ab Mai – versinkt er aber alljährlich erneut in der relativen Bedeutungslosigkeit, trotz einiger herrlicher Wandergebiete rund um

Höhenprofil - Gesamtansicht
m
1500
1400
1300
1200
1100
1000
900
800
700
600
500
400
0
5
10
15
20
25
30
35
40
45
50
55
km

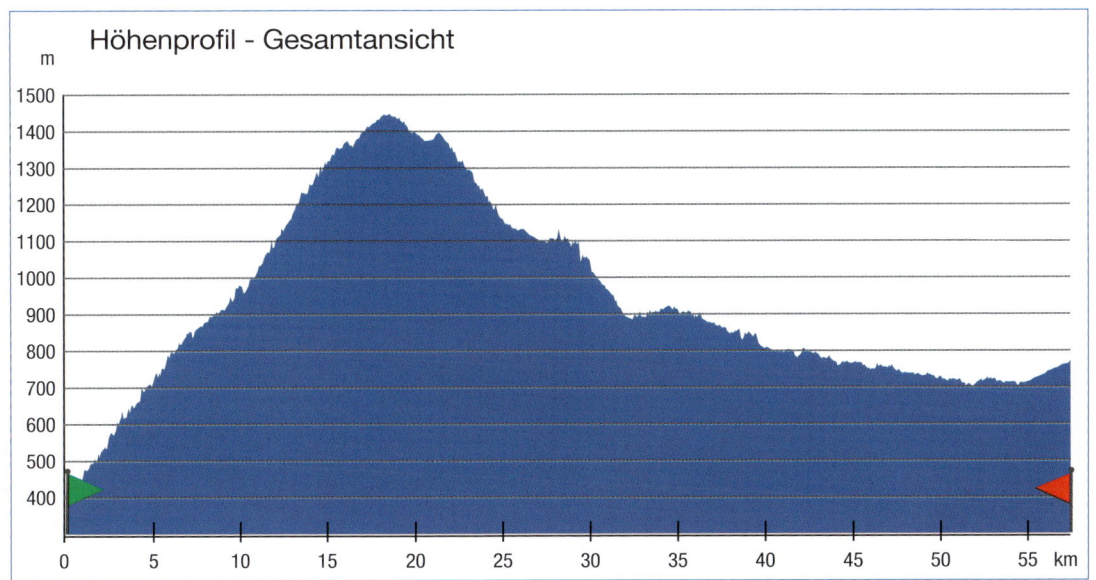

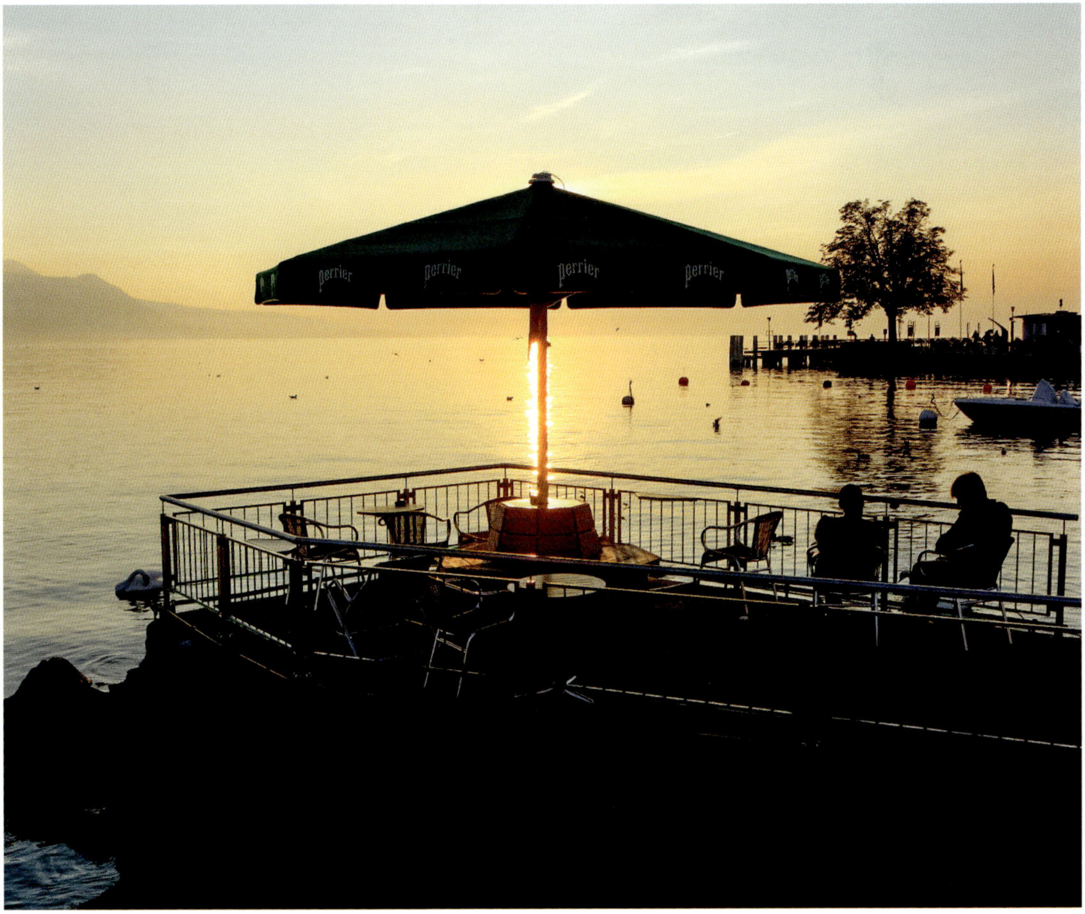

Ja wo ist es denn? In der Umgebung von Les Diablerets ist kaum etwas zu erkennen von Auswüchsen des Skitourismus.

LES DIABLERETS

»Teufelshörner« lautet die wörtliche Übersetzung von Les Diablerets eigentlich – doch heutzutage verbindet man damit wohl eher den »weißen Sport«, den Wintersport.

»Okay, aber was hat das nun in diesem Buch zu suchen«, werden Sie sich vielleicht gerade fragen? Nun, die gleichnamige, bis über 3200 Meter aufragende und stark vergletscherte Gebirgsgruppe in den Waadtländer Alpen ist nicht nur Ziel der Wintersportler, das Hochtal um sie herum bietet uns Motorradfahrern vom

TOUR-TIPP

Empfehlenswerter Einkehrschwung
Ormont-Dessus: Restaurant »Le Cerf« im Ortsteil Le Sepey – tolle Auswahl und faire Preise
Les Diablerets: »La Buvette a Pepone« am Creux de Champs – hoffen Sie, dass das Restaurant geöffnet hat, und dann bitte unbedingt ausprobieren!

späten Frühling bis in den frühen Herbst hinein ein traumhaftes Terrain für eine ausgiebige Kurvenhatz. Eine Hatz, die dann in der selbst ernannten »Hochburg des Abenteuer-Bergsports« ihren – zumindest – geografischen Höhepunkt erlebt, mit sehr viel erlebenswertem Lokalkolorit.

Dabei soll der Teufel – »le Diable« – einst in den lebensfeindlichen Felswänden um Les Diablerets gehaust haben. Im Mittelalter war der Ort rund um die Passhöhe deshalb verflucht, kaum jemand traute sich überhaupt hinauf. Und wenn, dann beeilte man sich, noch weit vor Einbruch der Dunkelheit wieder zurück im Tal zu sein. Denn sobald die Sonne untergegangen war, kam »le Diable« aus seinem Felsenreich und holte sich die unvorsichtigen Menschen.

Heute ist der Aufstieg vom Bergdorf Ormont-Dessus Richtung Westen völlig frei von Lebensgefahr zu bewältigen. Über eine für den Wintersport gut ausgebaute Straße schwingen wir gen Osten und warten

TOUR-TIPP

Wo Biker sich treffen

Les Diablerets gehört noch zu den Bikerzielen, die wir nur mit Schweizer »Insidern« teilen müssen – wenn überhaupt –, denn zu sehr locken all die umliegenden namhaften Pässe. Ein echter Bikertreff hat sich in Les Diablerets wohl noch nicht etabliert.

bis zum Höhepunkt im Herzen von Les Diablerets vergeblich auf echte Kehren. Die finden sich erst auf dem weiteren Weg Richtung Gsteig und hinab nach Gstaad – aber auch nur gerade einmal vier Stück. Das unbestrittene Highlight dieses Passes abseits des (Winter-) Trubels ist zweifelsohne die hochalpine Landschaft rundum. Und die lässt sich allerorten von panoramareichen Plätzen aus sehr gut betrachten.

IM ÜBERBLICK

Name: Les Diablerets
Land: Schweiz
Region: Waadt
Passhöhe: 1900 m
Höchster Punkt der Strecke: 1935 m
Basisort: Ormont-Dessus
Schwierigkeitsgrad: Leicht
Anzahl der Kehren: 10
Streckenlänge: 30 km
Mautpflicht: Keine
Offizielle Wintersperre: Keine
Sperre für Fahrzeuge: Keine
Kulinarik: Gut
Ideal kombinierbar: Mit den Pässen Nr. 59, 63, 65, 66, 67, 68, 69, 70, 71, 72, 73, 74, 75, 76, 77, 78, 79 und 80

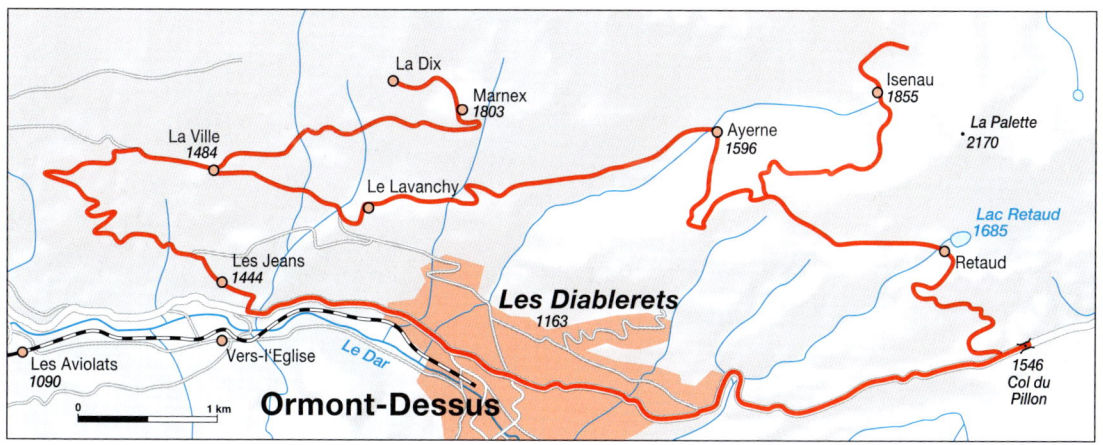

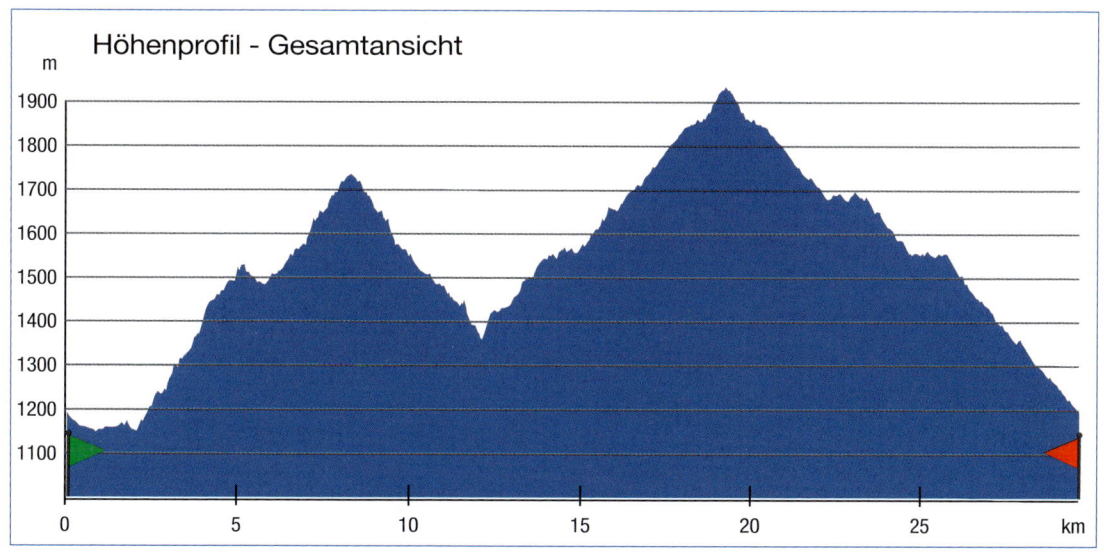

Achtung Verwechslungsgefahr: Dieser Pass liegt im Schweizer Jura und weitab von Hektik, Stau oder gar Ampeln.

COL DE LA CROIX (JURA)

Wie viele Col de la Croix es insgesamt in den Alpen und ihren Ausläufern gibt, konnte ich bis heute nicht recherchieren. Allein drei davon sind mir persönlich aber gut bekannt – so auch dieser Col de la Croix, der die beiden Jurastädte Saint-Ursanne und Courgenay miteinander verbindet.

TOUR-TIPP

Empfehlenswerter Einkehrschwung

Saint-Ursanne: Restaurant »Les deux Clefs«,
Rue du 23 Juin – gut essen in historischen Gemäuern
Courgenay: Restaurant »Bea-Ba«, Pre-Voiny 12 –
klingt anders, ist es auch

Nicht spektakulär in seiner Trassenführung, nicht schwer zu erfahren und schon gar nicht geeignet, um am Stammtisch grenzenlosen Respekt oder auch nur herzhaftes Schulterklopfen der Bikerkollegen zu ernten, besitzt dieser nur auf den ersten Blick unscheinbare

TOUR-TIPP

Wo Biker sich treffen
Während meiner letzten Fotofahrt im Sommer 2015 ist mir kein »Töfftreff« entlang der Strecke ins Auge gestochen. Falls Sie einen entdecken, bitte Info an mich.

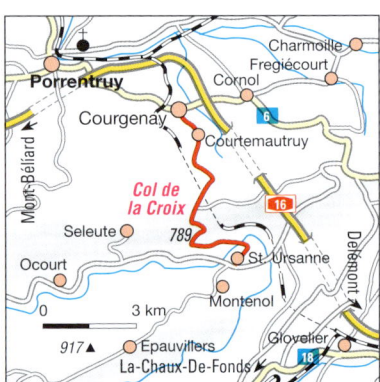

Pass dennoch seine Berechtigung in meiner Sammlung der schönsten Alpenpässe. Denn er bietet uns einige erlebenswerte Highlights.

Das Erste ist sein wunderhübscher Basisort Saint-Ursanne, ein historisches Kleinod im engen Tal des Doubs. Dessen Talboden ist oft nur 100 Meter breit und von steilen, dicht bewaldeten und felsenreichen Flanken gesäumt. Saint-Ursanne liegt an jener Stelle, an der um 619 der Eremit Ursicinus gelebt haben soll. Missionare gründeten dann über dessen Grab ein Kloster, das 849

TOUR-TIPP

Sehenswertes am Wegesrand: Martigny

In seinem Namen bewahrt Martigny die Erinnerung an den Sendboten Martinus aus dem 4. Jh., nach dem der von Kelten gegründete Ort 57 v. Chr. benannt wurde. Über 2000 Jahre Geschichte füllen die Chronik des sehenswerten Walliser Städtchens, und wenngleich Martigny heute vor allem ein wichtiger Verkehrsknotenpunkt ist, besitzt der Ort dennoch zahlreiche touristische Sehenswürdigkeiten, wie z. B. das Schloss Bâtiaz oder die Wassermühle Semblanet. Und nicht zu vergessen das Musée et Chiens du Saint-Bernard mit Exponaten zum berühmtesten Lawinenhund der Welt namens »Barry« – jawohl, das ist der Stammvater jener Bernhardiner-Hunderasse, die bis heute zu den beliebtesten Familienhunden der Welt gehört! Vor allem im Zentrum Martignys lässt es sich abends herrlich unterhaltsam zwischen Einkaufs- und Einkehrmöglichkeiten flanieren. Für Motorradtouren ins Umland sollten wir allerdings recht früh aufbrechen, denn die morgendliche Rushhour darf nicht unterschätzt werden.

IM ÜBERBLICK

Name: Col de la Croix (Jura)

Land: Schweiz

Region: Jura

Passhöhe: 789 m

Höchster Punkt der Strecke: 789 m

Basisorte: Saint-Ursanne und Courgenay

Schwierigkeitsgrad: Leicht

Anzahl der Kehren: 5

Streckenlänge: 9 km

Mautpflicht: Keine

Offizielle Wintersperre: Keine

Sperre für Fahrzeuge: Keine

Kulinarik: Picknick mitbringen!

Ideal kombinierbar: Mit den Pässen Nr. 59, 63, 64, 66, 67, 68, 69, 70, 71, 72, 73, 74, 75, 76, 77, 78, 79 und 80

erstmals in einer Urkunde erwähnt ist. 1139 wird der Ort Sancti Ursicini genannt, das mittelalterliche Städtchen erhielt 1338 die Marktrechte. Von 1793 bis 1815 gehörte Saint-Ursanne zu Frankreich, 1815 kam es zum Kanton Bern, und mit dem Bau der Bahnlinie Glovelier–Porrentruy erwachte es auch aus seiner Isolation. Saint-Ursanne ist heute nach Delémont und Porrentruy die wichtigste historische Stadt im Kanton Jura und besticht vor allem durch das malerische mittelalterliche Stadtbild und durch die Brücken über den Doubs. Und auf exponiertem Fels nördlich der Stadt stehen die

Ruinen einer einst mächtigen Burg, deren Steine allerdings auch zum Brücken- und Mauerbau in der Stadt verwendet wurden.

Die Passhöhe selbst definiert den Begriff »unscheinbar« wohl neu und sorgt dafür, dass es Courgenay am Nordende des Passes nicht allzu schwer fällt, uns erneut zu begeistern. Denn auch dieser Ort kann auf viele Jahrhunderte spannende Siedlungsgeschichte zurückblicken. Zwar sind im historischen Kern der Stadt nur noch wenige Bauten aus dem 18./19. Jahrhundert erhalten geblieben, dennoch lohnt es sich, den Seitenständer auszuklappen und einen ausgiebigen Rundgang zu unternehmen – inklusive einer zünftigen Einkehr (s. Tipp).

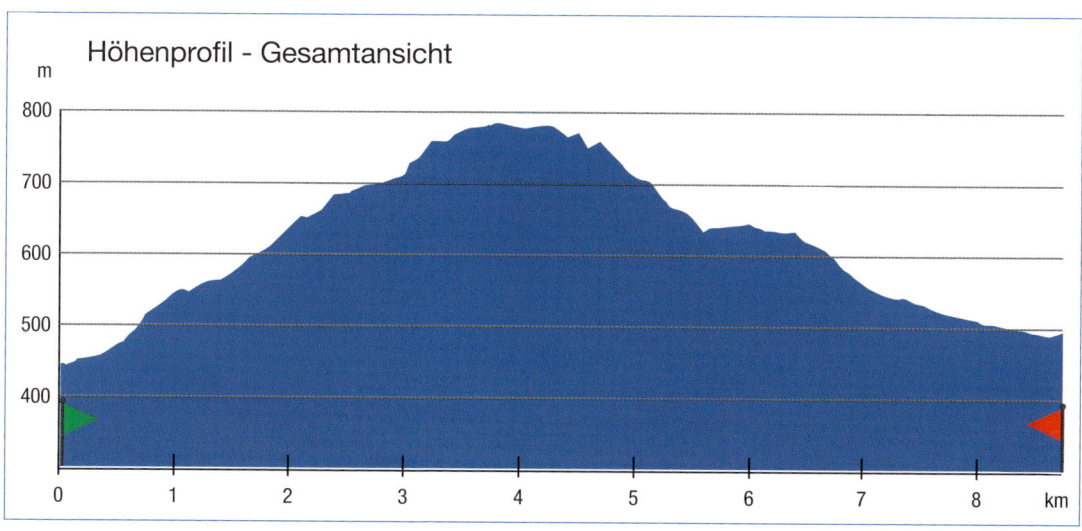

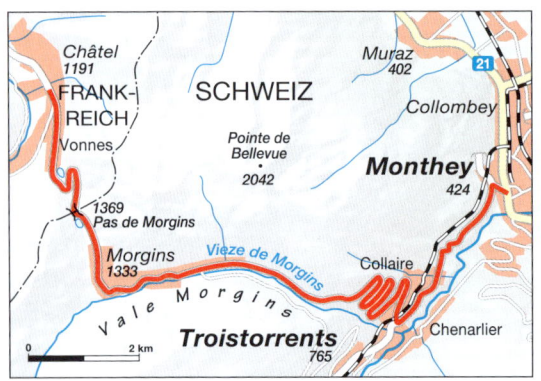

Nichts für Warmduscher: Sozia Kirstens Gänsehaut ist beinahe schon durch ihre Mopedkluft hindurch zu erkennen.

PAS DE MORGINS

Peter II. von Savoyen wird auf Anhieb womöglich nicht einmal studierten Historikern bekannt sein, aber der reisefreudige Sohn von Thomas I. von Savoyen machte den Pas de Morgins weithin berühmt.

1260 zog er mit seinen Truppen über den Pass, fiel ins Wallis ein und sicherte sich dort weite Landstriche. Der »kleine Karl der Große«, wie er im Lauf der Zeit nicht zuletzt aufgrund seiner recht aggressiven Art genannt

TOUR-TIPP

Wo Biker sich treffen
Der Parkplatz am Passschild ist vor allem am Wochenende morgens ein beliebter Treff für gemeinsame Touren im Département Haute-Savoie.

wurde, wusste bereits früh seinen Reichtum an Land zu mehren. Kaum mehr als ein schmaler Saumpfad reichte Peter damals aus, seine Truppen Richtung Osten zu treiben. Erst um 1569 wurde der Weg erweitert und befestigt. Damals markiert der Pass bereits die Grenze zwischen dem Wallis und Savoyen, heute zwischen Frankreich und Schweiz. 1870 wurde der Pfad zu einer gepflasterten Straße ausgebaut; Grenzsteine aus dem 18./19. Jahrhundert erinnern heute noch an die durchaus bewegte Vergangenheit des Pas de Morgins.

TOUR-TIPP

Empfehlenswerter Einkehrschwung
Monthey: »Coffee Lounge & Burger Bar«, Rue du Coppet – auch hier ist der Name Programm!
Châtel: Restaurant »La Table Savoyarde« an der Route du Linga – Hausmannskost nach Savoyer Art

TOUR-TIPP

Sehenswertes am Wegesrand: Haute-Savoie
Das französische Departement Haute-Savoie ganz im Nordosten Frankreichs liegt direkt an der Grenze der Schweizer Kantone Genf und Wallis und des italienischen Aostatals. Es ist ein durchgehendes Gebirgsland, das im Süden von der mächtigen Mont-Blanc-Gruppe gekrönt wird. Dazwischen liegen idyllische Täler, weite und panoramareiche Hochebenen und beschauliche, typisch französische Dörfer und Städte. Für herrliche Kontraste sorgt im Norden der berühmte Genfer See, von dessen 580 km² Fläche immerhin ein Drittel zum Département Haute-Savoie gehört. Und wie es sich für ein echtes Gebirgsland gehört, besitzt die mit 4400 km² recht überschaubare Region eines der höchsten »Pass-Aufkommen« Frankreichs – gut 20 Stück listet mein Lieblingsprogramm »Motorrad Tourenplaner« auf. Diese sind verbunden durch ein dichtes Netz an winzigen Landstraßen, von denen wir uns nun eine gehörige Portion gönnen wollen.

Aus dem mächtigen Rhônetal kommend, beginnt der Kehrentanz des Passes sogleich zwischen den letzten Häusern des Walliser Städtchens Monthey. Elf waschechte Kehren und viele weitere Kurven bestätigen unsere Entscheidung, diesen Pass zu erfahren ebenso wie die westlich sodann vor uns liegende Region Haute-Savoie, in der die Passrampe gemütlich auspendelt. Denn diese französische Region gehört nicht nur für mich zu den schönsten Alpenregionen Frankreichs. Und das Beste an ihr: Sie liegt vollkommen fernab jeglicher touristischer Hektik in einer Art Dornröschenschlaf.

IM ÜBERBLICK

Name: Pas de Morgins

Land: Schweiz

Region: Wallis

Passhöhe: 1369 m

Höchster Punkt der Strecke: 1380 m

Basisorte: Monthey und Châtel

Schwierigkeitsgrad: Mittelschwer

Anzahl der Kehren: 11

Streckenlänge: 20 km

Mautpflicht: Keine

Offizielle Wintersperre: Keine

Sperre für Fahrzeuge: Keine

Kulinarik: Gut

Ideal kombinierbar: Mit den Pässen Nr. 63, 64, 65, 67, 68, 69, 70, 71, 72, 73, 74, 75, 76, 77, 78, 79 und 80

Doch bevor Sie Richtung Abondance in diese prächtige Tourenregion hinabtauchen, klappen Sie unbedingt auf der weitläufigen Passhöhe nochmals den Seitenständer aus, und schauen Sie sich ausgiebig um. Es wird Ihnen gefallen, was Sie sehen: Alpine Landschaften, hohe Berge und ein verträumter Bergsee – der Lac de Morgins – laden mindestens zur ausgiebigen Rast. Falls Sie allerdings an einem heißen Sommertag ein Bad im See präferieren, seien Sie gewarnt: Das ist kein Projekt für Warmduscher, denn der Lac de Morgins, umgeben von Hochmooren und Biotopen, erwärmt sich auch im Sommer auf kaum mehr als 15 °C!

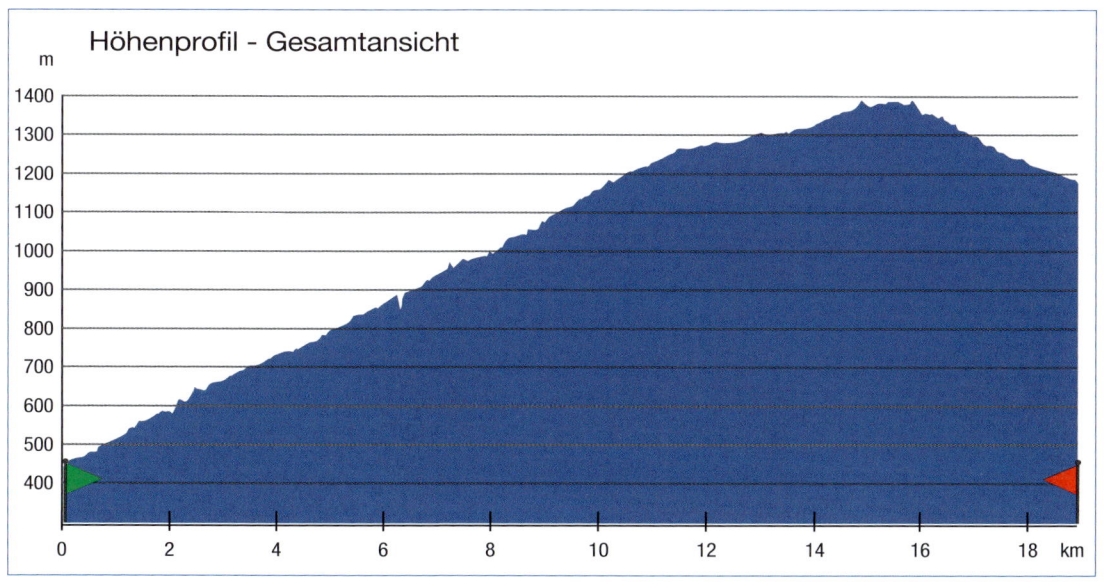

Begeisterungsfähig: Der Col de la Forclaz erfreut nicht nur durch prächtige Panoramen, sondern auch eine tolle Piste.

COL DE LA FORCLAZ (SCHWEIZ)

Der Col de la Forclaz verbindet das westliche Wallis mit den Savoyer Alpen in Norditalien und stellt eine wichtige Verkehrsverbindung zwischen dem Genfer See, dem Rhônetal und Chamonix dar.

Die Schokoladenseite des Col de la Forclaz ist zweifelsohne seine Ostrampe – vom hübschen Walliser Städtchen Martigny kommend, führt sie zunächst durch horizontweite Weinberge einige Höhenmeter bergan. Gute zehn Prozent Steigung und eine ordentlich ausgebaute Straße gestatten immer wieder weit schweifende Blicke über all die landschaftliche Pracht. Mehrere Parkbuchten entlang der Strecke erlauben auch den gefahrlosen ausgiebigen Rundumblick. Vor allem im Herbst zur Weinlese wuselt es in den oft steilen Hängen vor Menschen und kleinen Traktoren. Dann präsentiert sich das Land von seiner wohl farbenfrohesten Seite. Nach

gut sieben Kilometern verlassen wir die Weinberge und tauchen ein in dichten, schattigen Wald, der uns bis unter die Passhöhe begleitet. Diese prägen ein paar Häuser, eine Imbissbude sowie ein Gasthof mit einigen Zimmern. Das Ganze eher Marke »unspektakulär«. Doch das wird sich Richtung Chamonix noch ändern – versprochen!

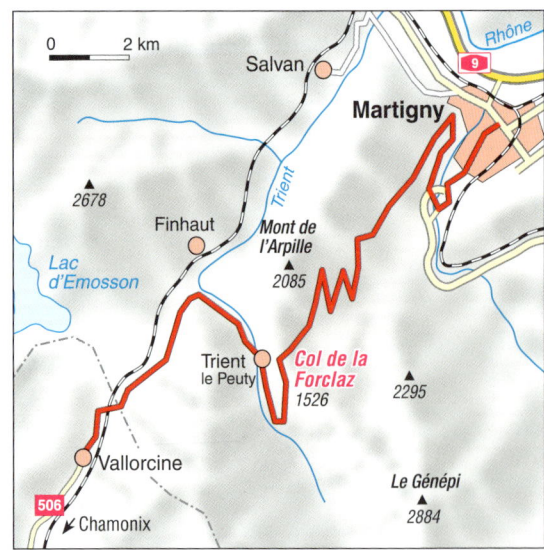

TOUR-TIPP

Empfehlenswerter Einkehrschwung
Martigny: Restaurant »Le 360«, Rue du Leman 18 – gutes Essen mit tollem Rundumblick
Vallorcine: »Le Café Comptoir« im Herzen des Orts – lohnt einen Boxenstopp zu jeder Jahreszeit
Zum Boxenstopp in Chamonix: Bistro & Bakery »Bighorn« am Place Edmond Desailloud

TOUR-TIPP

Sehenswertes am Wegesrand: Chamonix

Zu Füßen des gewaltigen Mont-Blanc-Massivs liegt das quirlige, erlebenswerte Bergdorf Chamonix-Mont-Blanc – oder kurz: Chamonix – mit seinen zwei Gesichtern: dem winterlich-weißen Rummelplatz der Eitelkeiten und Möchte-Gern-Promis und dem sommerlichen Beinahe-Geheimtipp für alle Genießer einer mehr als grandiosen Bergwelt. Und zu Letzteren zähle ich auch uns Biker. 2015 war Chamonix immerhin »Alpenstadt des Jahres«; es begeistert zu jeder Jahreszeit nicht nur mit seiner einzigartigen Lage. Vor allem im Sommer fasziniert die Alpenstadt auch mit einem »Luis-Trenker-heile-Welt-Image«, und das Zentrum quillt über vor Bergsteigern und Naturfreunden, die oft nur ein Ziel haben: einmal im Leben oben auf dem Gipfel des Mont Blanc zu stehen, ganz gleich, ob mit einer der höchsten und spektakulärsten Seilbahnen Europas – der Télépherique de L'Aiguille du Midi – oder tatsächlich zu Fuß mit oder ohne erfahrenen Bergführern.

IM ÜBERBLICK

Name: Col de la Forclaz

Land: Schweiz

Region: Wallis

Passhöhe: 1526 m

Höchster Punkt der Strecke: 1537 m

Basisorte: Martigny und Vallorcine

Schwierigkeitsgrad: Mittelschwer

Anzahl der Kehren: 7

Streckenlänge: 28 km

Mautpflicht: Keine

Offizielle Wintersperre: Keine

Sperre für Fahrzeuge: Keine

Kulinarik: Dürftig

Ideal kombinierbar: Mit den Pässen Nr. 63, 64, 65, 66, 68, 69, 70, 71, 72, 73, 74, 75, 76, 77, 78, 79 und 80 und mit dem nahen Großen Sankt-Bernhard-Pass

Auf der Südwestrampe wird die Straße deutlich schlechter, es gilt zudem einen unbeleuchteten Tunnel mit ruhiger Gashand zu überstehen. Vorbei an zwei kleinen Berg- und Grenzdörfern geht es hinunter an die Grenze zwischen Frankreich und der Schweiz.

Bevor uns anschließend das französische Bergsport-Paradies Chamonix begrüßt, dürfen wir mit dem Col des Montets noch einen kleinen, auf 1461 Metern Höhe gelegenen Zwischen-Pass mitnehmen, der sich uns auf landschaftlich und fahrerisch abwechslungsreicher Strecke präsentiert. Dann aber beginnt der Rummel von Chamonix, den Sie sich – obwohl eher

auf die Ruhe und Abgeschiedenheit der Bergwelt stehend – dennoch einmal kurz gönnen sollten. Mein Tipp: Suchen Sie sich in einem der zahlreichen Cafés ein aussichtsreiches Plätzchen, und genießen Sie bei einem entspannten Café au lait das bunte Treiben des Ortes.

Anschließend liegen ja sowieso die schönsten Pässe der französischen Seealpen direkt vor unseren Reifen. Auch von ihnen sind viele abseits des Trubels sortiert (s. dazu die nächsten Kapitel). Also tief durchatmen, Chamonix auf sich wirken lassen und dann abtauchen in den hektikfreien Kehrentanz der Seealpen.

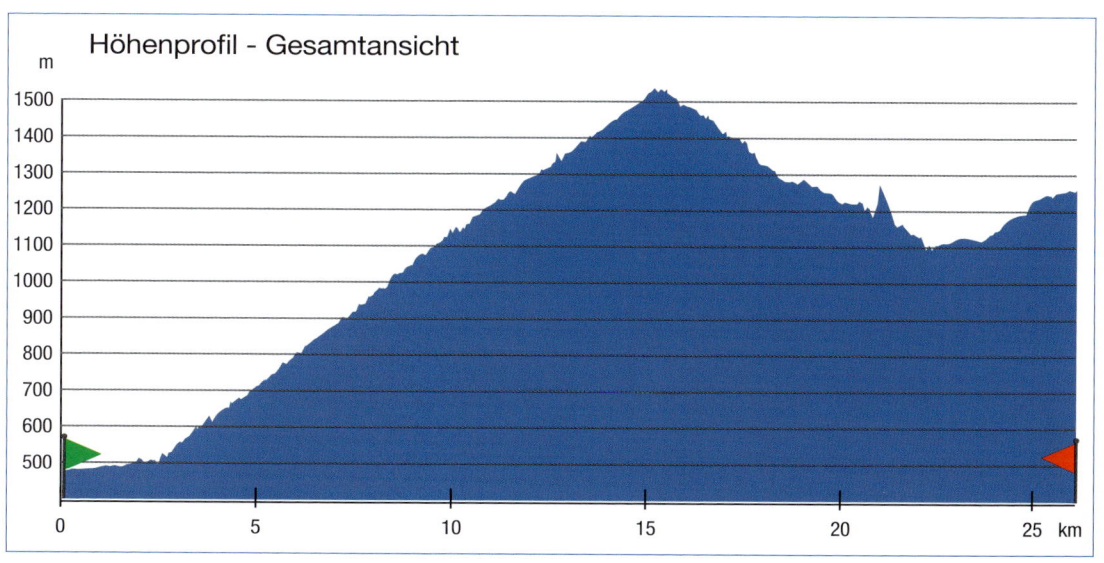

Ein Ort für den Lebensabend: Ein Chalet am Lac de Champex zu mieten, das wäre schon noch ein Traum von mir.

COL DE CHAMPEX

29 waschechte Kehren auf gerade einmal 26 Kilometer Länge – Sie beginnen zu ahnen, weshalb ich den Col de Champex als sehr anspruchsvoll einstufe.

Der Pass liegt im französischsprachigen Teil des Schweizer Kantons Wallis und bietet die herausfordernde Alternative zur perfekt ausgebauten, aber auch extrem verkehrsreichen Kantonsstraße 21, die über Sembrancher hinauf zum Großen Sankt-Bernhard-Pass führt. Der Einstieg zum Aufstieg auf den Col de Champex befindet sich direkt im Weiler Les Valettes gleich südlich von Martigny.

Vor allem die Nordrampe des Passes verlangt mit ihren 22 engen und sehr steilen Kehren mitten im dunklen

Wald eine satte Portion hochalpine Erfahrung im Mopedsattel – andernfalls wird aus dieser Fahrt sehr rasch echter Stress. Erst kurz vor dem Weiler Champex entlang der Passhöhe, garniert mit einem malerisch gelegenen See, öffnet sich der Wald und erlaubt erholsame Rundumblicke auf ein Hochplateau, wie es schöner kaum hätte von der Natur modelliert werden können. Der Ferienort Champex ist bekannt wegen seiner prächtigen Chalets, und eine private Stiftung unterhält hier oben einen der artenreichsten Alpengärten der Schweiz mit über 2000 Bergpflanzen aus aller Welt. Am südlichen Ortsrand liegen noch die Reste einer Artilleriefestung aus dem Zweiten Weltkrieg, die besichtigt werden können. Und wer die eigentliche Passhöhe sucht: die liegt direkt am nördlichen Ortseingang – das Ortsschild »Champex-Lac« selbst stellt im Grunde auch das Passschild dar.

Die Südostrampe hinab nach Orsières schenkt uns dann nochmals sieben Spitzkehren, bevor wir in

TOUR-TIPP

Wo Biker sich treffen
Direkt am Lac de Champex in einer der zahlreichen Einkehrmöglichkeiten

TOUR-TIPP

Sehenswertes am Wegesrand: Großer St. Bernhard
Der Große Sankt-Bernhard-Pass, auf 2469 m gelegen, dominiert natürlich das Umland um den Col de Champex. Er verbindet das Wallis mit dem Piemont in Italien und war schon zu Zeiten der Römer einer der wichtigsten Alpenübergänge. Um 1050 gründete Bernhard von Aosta das Hospiz auf dem Pass. Viele Berühmtheiten nutzten dann den Pass auf ihren Reisen nach Rom, so z. B. Karl der Große, Heinrich IV., Friedrich I. und auch Napoleon Bonaparte, der im Mai 1800 mit 40 000 Mann über den Pass nach Italien zog. In Bourg-St-Pierre an der Nordrampe soll der große kleine Franzose damals im nach ihm benannten »Café Napoléon« gefrühstückt haben; sein Lehnstuhl wird bis heute ehrfürchtig präsentiert.

IM ÜBERBLICK

Name: Col de Champex

Land: Schweiz

Region: Wallis

Passhöhe: 1498 m

Höchster Punkt der Strecke: 1498 m

Basisorte: Martigny und Orsières

Schwierigkeitsgrad: Sehr anspruchsvoll

Anzahl der Kehren: 29

Streckenlänge: 26 km

Mautpflicht: Keine

Offizielle Wintersperre: Keine

Sperre für Fahrzeuge: Keine

Kulinarik: Gut

Ideal kombinierbar: Mit den Pässen Nr. 53, 54, 55, 63, 64, 65, 66, 67, 69, 70, 71, 72, 73, 74, 75, 76, 77, 78, 79 und 80, mit dem nahen Großen Sankt-Bernhard-Pass

die bundesstraßengleiche Rampe hinauf zum Großen Sankt-Bernhard-Pass einbiegen.

Direkt auf der Passhöhe des Sankt Bernhard befinden sich das Hospiz und: die berühmteste Hundezucht der Welt, die mit dem braun-weißen Hund und dem bekannten Schnapsfässchen um den Hals. Legendär wurde der Bernhardiner durch seinen unfehlbaren Ortssinn, durch seine gute Nase und durch Wetterfestigkeit und Ausdauer. Heutzutage gilt der Bernhardiner als idealer Familienhund und ist dementsprechend gefragt. Bis zu fünf Jahre müssen Sie auf einen echten Bernhardiner vom Großen Sankt Bernard warten – die legendäre Zucht auf dem Pass können Sie aber sofort besichtigen. Erwarten Sie nur bitte kein Kuscheltier-Paradies – die Hundezucht ist durchaus kommerziell aus- und eingerichtet.

TOUR-TIPP

Empfehlenswerter Einkehrschwung
Martigny: Restaurant »Le 360«, Rue du Leman 18
Lac de Champex: Restaurant »La Table du Glacier« an der Route du Lac – Vielfalt in hochalpiner Umgebung

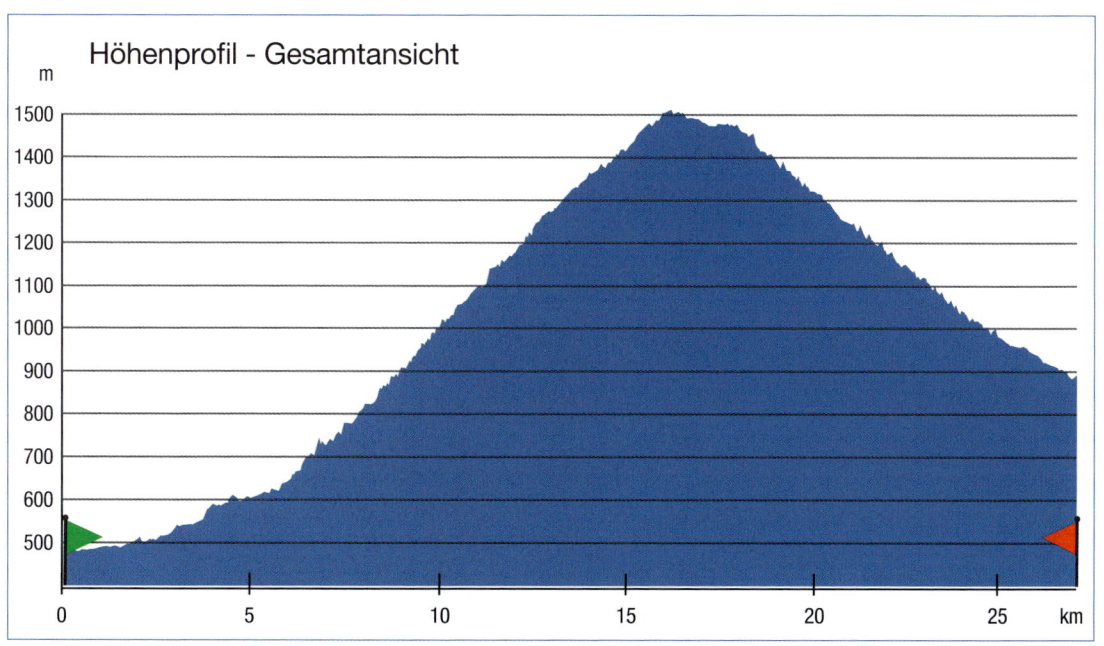

Der Hauch des Südens: Frankreichs hier versammelte Pässe schenken uns ein Kurventerrain der Extraklasse.

FRANKREICH

Doppelpack Nr. 2: Noch einmal habe ich zwei Pässe in einem Kapitel gesammelt. Es wird Ihnen gefallen!

COL DE TERRAMONT MIT COL DE JAMBAZ

Der Col de Terramont mit dem Col de Jambaz und auch die beiden nächsten Pässe, Col de l'Encrenaz und Col des Fleuries, sind nur einige Beispiele für Motorradfahrers Herrlichkeiten, die uns die Region Haute-Savoie zu bieten hat.

Recht flach und unscheinbar präsentiert sich uns der Scheitelpunkt des Terramont, Sie müssen sogar aufpassen, das Passschild am Rand einer Wiese für das obligatorische »Ich-war-hier-Selfie« nicht zu überse-

hen. Beide Pässe – Terramont und Jambaz – bieten herrliche Ausblicke auf eine nur auf den ersten Blick herkömmliche Mittelgebirgslandschaft: Weite Wiesen, kleine Wälder und sanfte Hügel formen ein Bild, in das sich nicht nur die Passstraßen perfekt einfügen. Auch unsere Mopeduhr tickt umgehend eine Runde langsamer und lässt Zeit entstehen für ausgiebigen Genuss.

Den finden wir ausdrücklich, sobald wir die Basisorte der Pässe-Kombi möglichst weit auseinander-

TOUR-TIPP

Wo Biker sich treffen
Die Region Haute-Savoie – obwohl nicht nur von mir schon seit Jahren empfohlen – liegt immer noch im touristischen Dornröschenschlaf. Explizite Bikertreffs finden sich auch entlang dieser Strecke (bislang) keine.

TOUR-TIPP

Empfehlenswerter Einkehrschwung
Thonon-les-Bains: Restaurant »17 Cote Lac« direkt am See (Boulevard de la Corniche) – Einkehr mit herrlichem Seeblick
Saint-Jeoire: Restaurant »Les Sapins«, Vielle Route 131 – schmackhafte regionale Küche

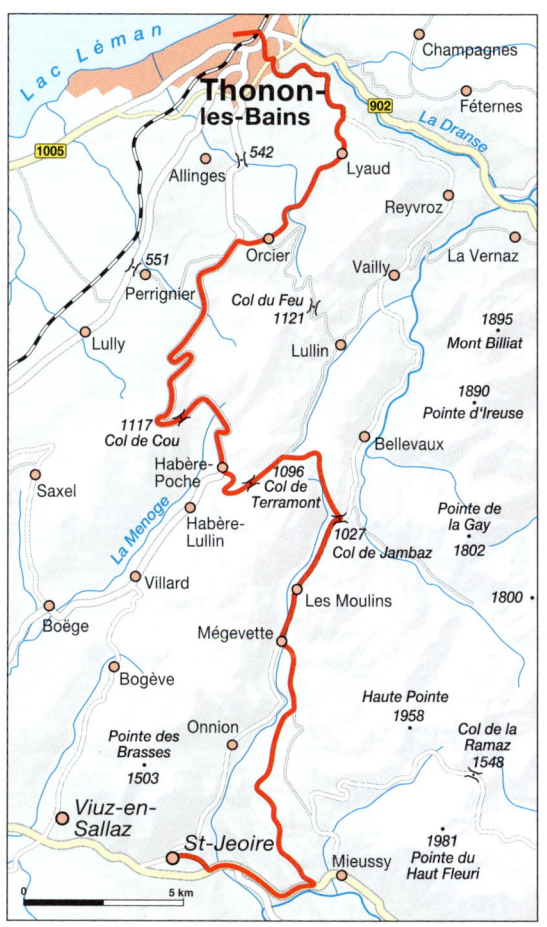

IM ÜBERBLICK

Name: Col de Terramont mit Col de Jambaz

Land: Frankreich

Region: Haute-Savoie

Passhöhe: 1096 m

Höchster Punkt der Strecke: 1105 m

Basisorte: Thonon-les-Bains und Saint-Jeoire

Schwierigkeitsgrad: Mittelschwer

Anzahl der Kehren: 8

Streckenlänge: 53 km

Mautpflicht: Keine

Offizielle Wintersperre: Keine

Sperre für Fahrzeuge: Keine

Kulinarik: Picknick mitbringen!

Ideal kombinierbar: Mit den Pässen Nr. 63, 64, 65, 66, 67, 68, 70, 71, 72, 73, 74, 75, 76, 77, 78, 79 und 80

legen. Z. B. Allinges oder Thonon-les-Bains im Norden und Saint-Jeoire im Süden. Dann entsteht eine Strecke, die uns mit acht durchaus anspruchsvollen Kehren und einer Unmenge an Kurven tief erfreuen kann. So wie der Blick auf den herrlichen Genfer See ganz zu Beginn der Fahrt. Schauen Sie sich um, bevor Sie gen Süden starten, und genießen dann einfach die Fahrt über Hügel und Hochebenen, durch Weiler und Dörfer. Die Navigation ist simpel – folgen Sie einfach der Beschilderung Richtung Bonneville bzw. diesem Roadbook: Armoy – Trossy – Orcier – Habère-Poche – Mégevette – Saint-Denis – Ley – Saint-Jeoire.

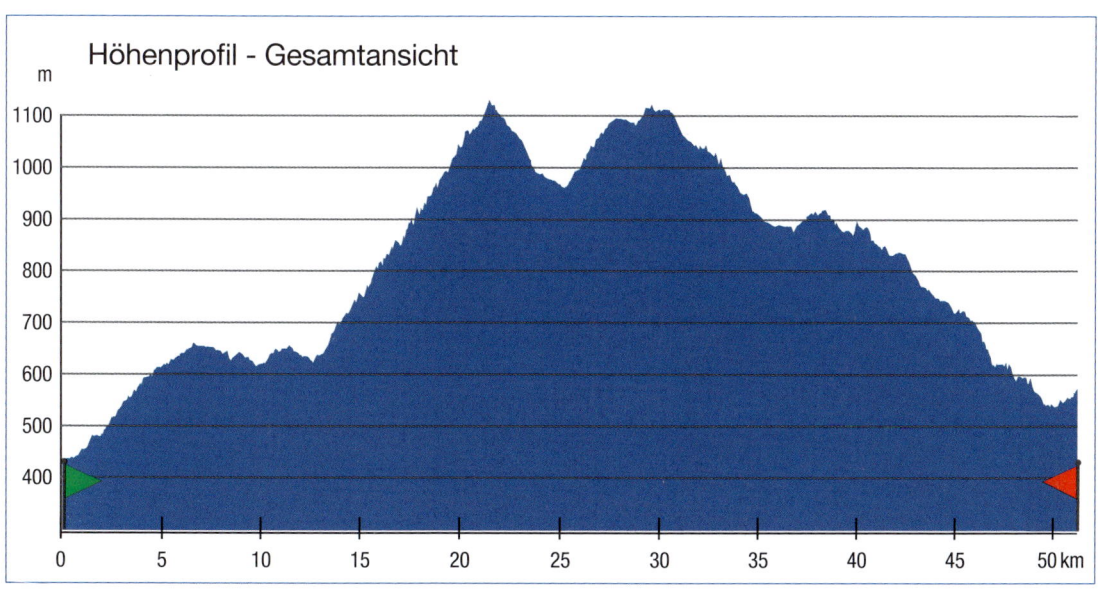

Der Bikertreff am Pass: Die Wirtsleute oben am Encrenaz leben den Begriff Gastfreundschaft.

COL DE L'ENCRENAZ / COL DE L'ANCRENAZ

Der Col de l'Encrenaz ist ein weiterer Scheitelpunkt dieser Region, der Ihnen neben erheblichem Fahrvergnügen vor allem auch eines beweisen soll: welch ein herrliches Kurvenrevier die gesamte Region der Haute-Savoie uns Bikern bietet.

Und mögen auch die echten Zweitausender-Pässe hier mehr als selten sein, so haben uns diese extrem kurvenreichen »Mittelgebirgs-Höhepunkte« dennoch all das zu geben, was wir uns im Mopedsattel an Fahrvergnügen wünschen.

Der Aufstieg zum Col de l'Encrenaz beginnt im Grunde schon im Städtchen Marignier im Giffre-Tal; dann führt uns ein Blitzabstecher nach Saint-Jeoire und anschließend geht's immer Richtung Mieussy. Ab jetzt beginnt der Kurven- und Kehrentanz – aber aufgepasst: Einige Beschilderungen nennen den Pass auch »Col de l'Ancrenaz«. Die winzige Passstraße ist eine

TOUR-TIPP

Wo Biker sich treffen
Direkt auf der Passhöhe mit großem Parkplatz und Bar-Restaurant, dessen Wirtsleute Motorradfahrer gern bewirten

landschaftlich äußerst schöne Alternative zum Morzine-Zubringer, der vergleichsweise stark befahrenen D 902 über Les Gets und den Col des Gets. Nach vielen Kehren und noch mehr Kurven können wir bereits oben

TOUR-TIPP

Empfehlenswerter Einkehrschwung
Cluses: Restaurant »Chiang Mai«, Rue Joseph Nicollet 8 – warum nicht einmal einen Chinesen in Frankreich versuchen, es lohnt sich!
Samoëns: »Mimy's Crêpes« im Herzen von Samoëns – ideenreich und lecker

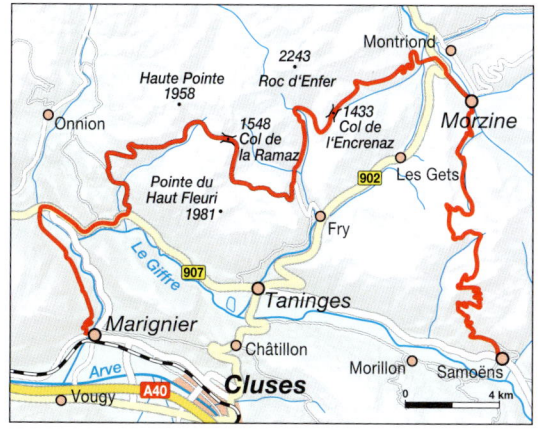

IM ÜBERBLICK

Name: Col de l'Encrenaz/Col de l'Ancrenaz

Land: Frankreich

Region: Haute-Savoie

Passhöhe: 1433 m

Höchster Punkt der Strecke: 1675 m

Basisorte: Marignier und Samoëns

Schwierigkeitsgrad: Anspruchsvoll

Anzahl der Kehren: 51

Streckenlänge: 73 km

Mautpflicht: Keine

Offizielle Wintersperre: Keine

Sperre für Fahrzeuge: Keine

Kulinarik: Gut

Ideal kombinierbar: Mit den Pässen Nr. 63, 64, 65, 66, 67, 68, 69, 71, 72, 73, 74, 75, 76, 77, 78, 79 und 80

am Pass den Seitenständer ausklappen und die Aussicht genießen. Oder den Einkehrschwung in der Ancrenaz-Bar zelebrieren – die Wirtsleute brauen einen wirklich guten Kaffee und bieten dazu einige Snacks sowie echte Gastfreundschaft.

Die Abfahrt nach Nordosten ist etwas breiter ausgebaut als die Südwestrampe und bietet zudem schöne, leicht zu fahrende Kehren, auf denen wir nicht nur ausgiebig nach der Ideallinie Ausschau halten können, sondern auch nach dem Ziel am Fuß der Passrampe: dem Bergdorf Morzine, einem herrlich verschlafenen Alpendorf, das sich sogar schon als Etappen-Zielort der »Tour de France« einen Namen gemacht hat. Doch bevor Sie vielleicht hier zu einem mittäglichen Boxenstopp den Seitenständer ausklappen – mein Tipp:

»Dotty's Coffee House« in der Rue du Bourg 152, echt lecker und interessant –, sollten Sie immer, wenn das Gelände vor unserem Windshield einen freien Blick erlaubt, den Blick Richtung Süden schweifen lassen. Dort leuchtet an klaren Tagen fern am Horizont das schneeweiße Massiv des Mont Blanc herüber. Und dem kommen wir am Nachmittag noch ganz nah.

An dieser Stelle möchte ich Ihnen noch das Bergdorf Taninges südwestlich von Morzine als perfekte Ergänzung ans Bikerherz legen. Schauen Sie sich dort unbedingt einmal um. Und gönnen Sie sich den Abstieg nach Samoëns – 28 Kehren erwarten Sie dort.

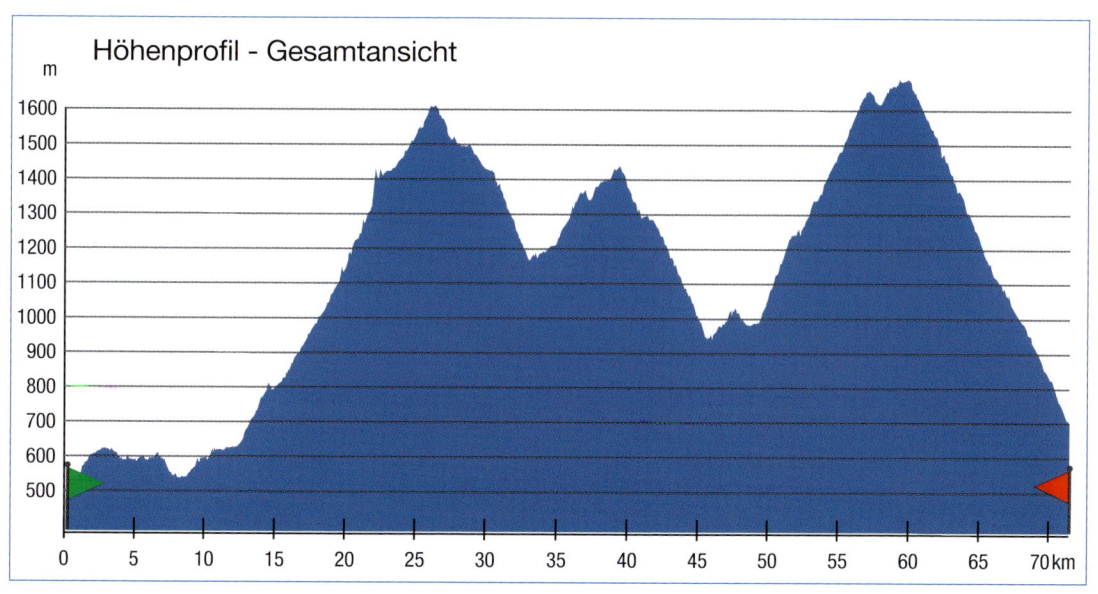

Mach mal Pause: Auch am Col de Fleuries lohnt es sich, einen Pausensnack auszupacken und sich umzuschauen.

COL DES FLEURIES

Auf gerade mal 920 Metern Höhe müssen wir uns auf dem Col des Fleuries wahrlich keinerlei Sorgen um die Sauerstoffversorgung weder des Mopeds noch von uns selbst machen.

Und wenngleich auch die Zahl der echten Kehren mit 17 plus mindestens ebenso vielen weit schwingenden Kurven kaum einen Motorradfahrer überfordern wird, macht der eher unscheinbare Pass dennoch richtig Spaß. Er verbindet auf angenehme, ja gemütliche und vor allem verkehrsarme Art und Weise die Alpenstädte Bonneville im Norden und Annecy im Süden miteinander; die Straße ist als D 2 gekennzeichnet. Das Passschild beiderseits der kurvigen Straße taucht justament dann auf, wenn die mächtige und gut 2000 Meter hoch aufragende Montagne de Sous Dine das gesamte Panorama dominiert und unsere Aufmerksamkeit auf sich zieht. Auch die Hügelkette zählt zu den eher unbekannten Natur- und Wanderparadiesen im Département Savoie, was uns aber nicht davon abhalten sollte, sie als imposantes »Beiwerk« unseres Passfotos mit abzulichten.

TOUR-TIPP

Wo Biker sich treffen
Auf der weiten Hochebene rund um das Passschild treffen sich vor allem am Wochenende vereinzelt französische Motorradfahrer, meist ganz spontan.

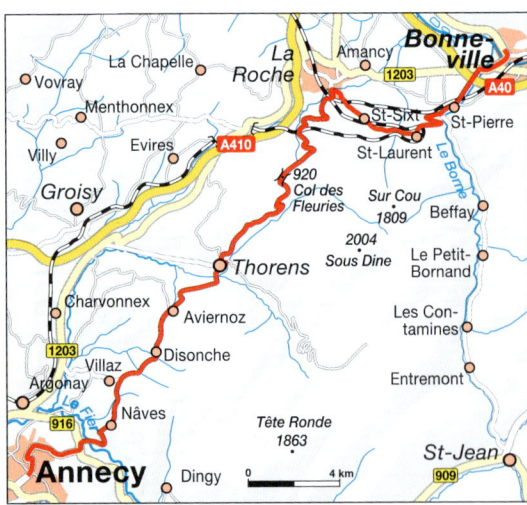

TOUR-TIPP

Sehenswertes am Wegesrand: Vin de Savoie

Nicht nur für ihre idyllischen Landschaften, die kurvenreichen einsamen Landstraßen und die zahlreichen Panoramapisten ist das Département Haute-Savoie (zumindest in Frankreich) bekannt. Gemeinsam mit der Nachbarregion Savoie besitzt es auch eine der vielleicht bedeutendsten Weinbauregionen des Landes. »Vin de Savoie« und »Roussette de Savoie« eroberten schon in den 1970er-Jahren nicht nur Frankreich, sondern auch die Schweiz und Italien. Der Schwerpunkt des heutigen Weinanbaus befindet sich im Département Savoie mit gut 80 % des gesamten Anbauvolumens. Insgesamt 19 Regionen innerhalb beider Départements wurden sogar mit dem Sonderstatus »Cru« ausgezeichnet und dürfen diesen bei ihren Weinen verwenden. Von den gut 140 000 hl Wein wird der überwiegende Anteil heute lokal verkauft und vor allem auch von Touristen gern verköstigt. Außerhalb Frankreichs sind die vollmundigen Weine aus dem Savoie heutzutage schwer zu bekommen.

IM ÜBERBLICK

Name: Col des Fleuries

Land: Frankreich

Region: Rhône-Alpes

Passhöhe: 920 m

Höchster Punkt der Strecke: 935 m

Basisorte: Bonneville und Annecy-le-Vieux

Schwierigkeitsgrad: Leicht

Anzahl der Kehren: 17

Streckenlänge: 44 km

Mautpflicht: Keine

Offizielle Wintersperre: Keine

Sperre für Fahrzeuge: Keine

Kulinarik: Picknick mitbringen!

Ideal kombinierbar: Mit den Pässen Nr. 55, 63, 64, 65, 66, 67, 68, 69, 70, 72, 73, 74, 75, 76, 77, 78, 79, 80, 81 und 82

Ein Erlebnis besonderer Art ist auch La Roche-sur-Foron im Westen unseres quirligen nördlichen Ausgangspunkts. Weit über 1000 Jahre hat die Stadt an Geschichte bereits hinter sich, und demzufolge gibt's hier viel zu sehen. Das sehenswerte historische Zentrum mit seinem deutlich mittelalterlichen Flair lohnt einen ausgiebigen Bummel zu Fuß samt Einkehrschwung.

Im Vergleich dazu hat es Annecy-le-Vieux am Südfuß des Col des Fleuries nicht so einfach, unsere Aufmerksamkeit zu fesseln. Dabei hat auch diese typisch französische Kleinstadt ihren ganz eigenen Charme.

Und eine Vergangenheit, auf die man heute noch stolz ist. Die reicht nämlich bis zu den Römern zurück, die in dieser Region eine massiv befestigte 2000-Einwohner-Stadt erbauten. Im späten Mittelalter zogen dann immer mehr vor allem reiche Einwohner aus dem nahen Annecy hinauf in die Berge nach Annecy-le-Vieux und begründeten den Ruf der Stadt, das Sommer- und Altersdomizil der Reichen und Schönen am Lac d'Annecy zu sein. Noch heute findet man hier viele Privathäuser mit spannenden Geschichten. Und falls Ihnen jetzt der Magen knurrt, probieren Sie doch mal das Burger-Restaurant »Le Duke« in der Rue Centrale Nr. 13.

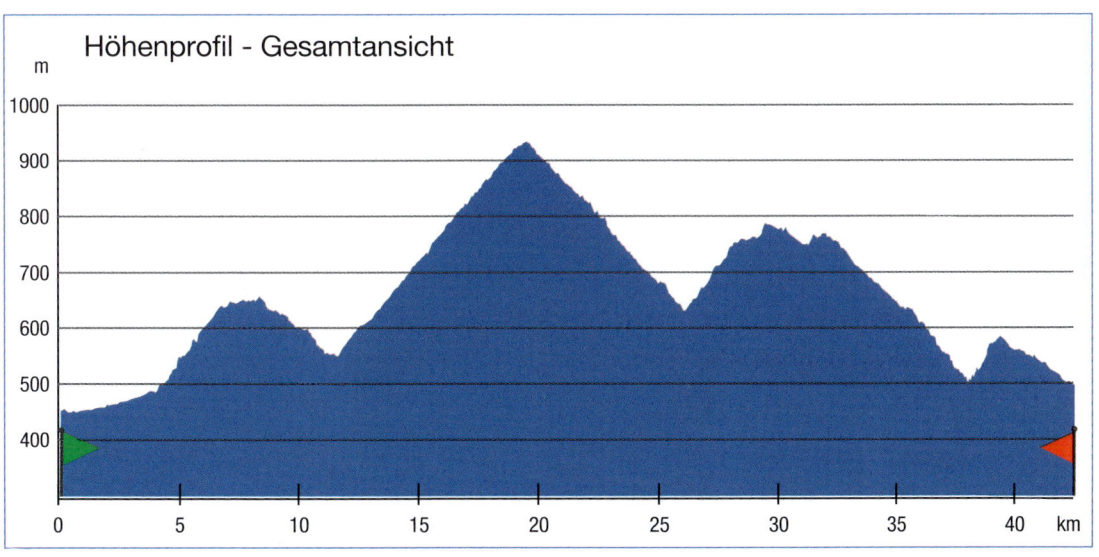

Höhenprofil - Gesamtansicht

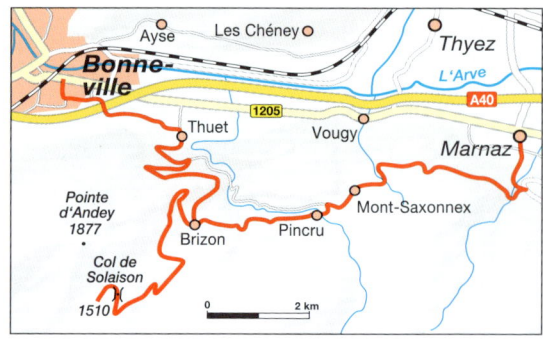

Von Ballast befreit: Koffer ab und eine Runde »offroaden« – das macht nicht nur am Solaison richtig viel Spaß.

COL DE SOLAISON

Das Hochplateau rund um den Col de Solaison gehört zu den Regionen der Alpen, die ich auch nach dem zweiten Besuch noch als »lebensabendgeeignet« bezeichnen würde.

Vorausgesetzt man sucht kein Halligalli, kein Remmidemmi, keinen Großstadttrubel und keine Animation. Wer all das in seinem Leben genug genossen hat und sich für den letzten Abschnitt eine prächtige Natur, eine kerngesunde Höhenlage und eine fruchtbare Umgebung für Kräutergarten & Co. als neue Heimat vorstellen kann, der sollte dem Plateau rund um den Col de Solaison im Herzen des Bornes-Massivs unbedingt einmal einen Besuch abstatten.

TOUR-TIPP

Empfehlenswerter Einkehrschwung
Bonneville: Restaurant »bière et montagne« am Place de l'Hôtel de Ville
Cluses: Restaurant »Sushi Mont Blanc«, Avenue de la Liberation 18 – falls es beispielsweise doch kein Chinese sein soll (s. Kapitel 70)

TOUR-TIPP

Wo Biker sich treffen
In Bonneville direkt im Herzen der Altstadt, am blitzsauber restaurierten Rathausplatz, trifft man sich vor allem am Sonntagmorgen für herrliche Touren ins Umland – oder am Abend für den verdienten Einkehrschwung.

Einen Erstbesuch natürlich mit dem Motorrad, denn die Zufahrt von Bonneville im Tal des Flusses Arve ist auch ein fahrerischer Genuss. Zehn eigenhän-

TOUR-TIPP

Sehenswertes am Wegesrand: Bonneville

Nein, die Stadt Bonneville als westlicher Punkt unserer Passstrecke hat nichts gemein mit der inzwischen weltberühmten Motorradserie, die heute exklusiv von der britischen Zweiradschmiede Triumph gebaut wird. Bonneville ist ein beschauliches Städtchen im Süden der Haute-Savoie, in dem das Leben wohl noch nie übermäßig laut »brummte«. Gerade das macht aber den ganz besonderen Reiz der dennoch quirligen 12 000-Seelen-Stadt aus. Ein wenig Weinbau, ein wenig Tourismus, ein wenig Landwirtschaft und eine Partnerschaft mit Staufen im Breisgau bewirken wohl, dass nicht nur Weinliebhaber sich hier wohlfühlen. Auch wir Biker sind herzlich willkommen, das Motorrad findet ein sicheres Plätzchen am riesigen Place de l'Hôtel de Ville, von wo aus wir zu einem Rundgang durch das sehenswerte Zentrum aufbrechen. Oder auch zu einem Einkehrschwung ...

IM ÜBERBLICK

Name: Col de Solaison
Land: Frankreich
Region: Rhône-Alpes
Passhöhe: 1510 m
Höchster Punkt der Strecke: 1510 m
Basisorte: Bonneville und Marnaz/Cluses
Schwierigkeitsgrad: Leicht
Anzahl der Kehren: 10
Streckenlänge: 34 km
Mautpflicht: Keine
Offizielle Wintersperre: Keine
Sperre für Fahrzeuge: Keine
Kulinarik: Picknick mitbringen!
Ideal kombinierbar: Mit den Pässen Nr. 55, 63, 64, 65, 66, 67, 68, 69, 71, 72, 73, 74, 75, 76, 77, 78, 79, 80, 81 und 82

dig abgezählte waschechte Kehren erwarten uns auf der Fahrt über Thuet und die Weiler Mont-Saxonnex und Brizon hinauf zum Ziel auf gut 1500 Metern Höhe. Ein weites Hochtal, umrahmt von fast 2000 Meter hoch aufragenden Bergen und felsigen Flanken, empfängt uns, darin verstreut einige Berghütten, die, einst als Sommerfrische erbaut, mehr und mehr zu ganzjährig bewohnten Rückzugsräumen großstadtmüder Franzosen umfunktioniert werden. Dazu kleine, abgezirkelte Gärten und viel Raum, um sich inmitten prächtiger Natur auch körperlich aktiv zu bewegen. Sei es beim Wandern oder Spazierengehen, beim Mountainbiken oder Felsklettern – alles ist hier oben möglich. Und da der Pass eine fahrerische Sackgasse ist, kommen auch nur diejenigen auf das Plateau, die es kennen und genießen wollen. Fernab von Hektik, Lärm und Alltag hat sich hier eine überschaubare heile Welt etabliert, die immer wieder einen unheimlichen Reiz auf mich ausübt. Und das Motorrad muss man hier oben auch nicht einmotten. Okay, die Piste von und zum Plateau gleicht teilweise eher einem schlechten Flickenteppich als einer asphaltierten Straße. Aber ein einziger Blick auf eine hochauflösende Karte zeigt die unendliche Vielfalt an Pisten, Touren und Pässen sozusagen gleich ums Eck – ein wahrlich reiches Betätigungsfeld.

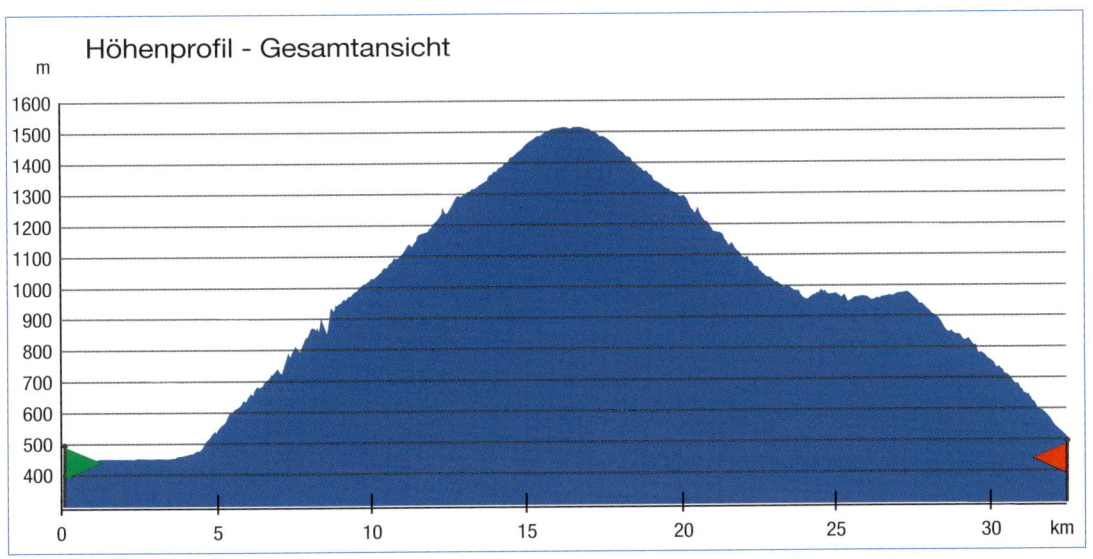

Höhenprofil - Gesamtansicht

Morgenstund hat ... Wolken ... im Mund: Im Herbst auf den Col de la Colombière zu fahren, muss gut geplant werden.

COL DE LA COLOMBIÈRE

Radsportfreunde werden bei diesem Pass vielleicht aufhorchen und sich überlegen, warum es ihnen gerade in den Ohren klingelt.

Ganz einfach: Über 20-mal war der Col de la Colombière bereits Bestandteil der legendären »Tour de France«. Und das, obwohl er mit nur gut 1600 Metern Höhe kaum als echte Bergetappe durchgehen würde. Dennoch hat er es in sich.

Die durchgehend asphaltierte Straße verbindet das Tal der Arve bei Cluses mit dem Tal der Borne bei Le Grand-Bornand. Von dort führen weitere Landstraßen nach Annecy oder über den Col des Aravis ins Arly-Tal. Trotz seines guten Ausbaus ist die Bedeutung des Passes für den Durchgangsverkehr gering, da es im Umfeld deutlich kürzere Verbindungen durch die Täler gibt.

TOUR-TIPP

Empfehlenswerter Einkehrschwung
Cluses: Restaurant »Sushi Mont Blanc«, Avenue de la Liberation 18, oder wie schon erwähnt Restaurant »Chiang Mai«, Rue Joseph Nicollet 8
Thônes: »Le Bistrot« am Place Avet – Kaffee und Tee und noch viel mehr

TOUR-TIPP

Wo Biker sich treffen
Direkt auf der Passhöhe an der bewirtschafteten Berghütte oder in Le Grand-Bornand auf dem Parkplatz im Zentrum zu Beginn einer Tour

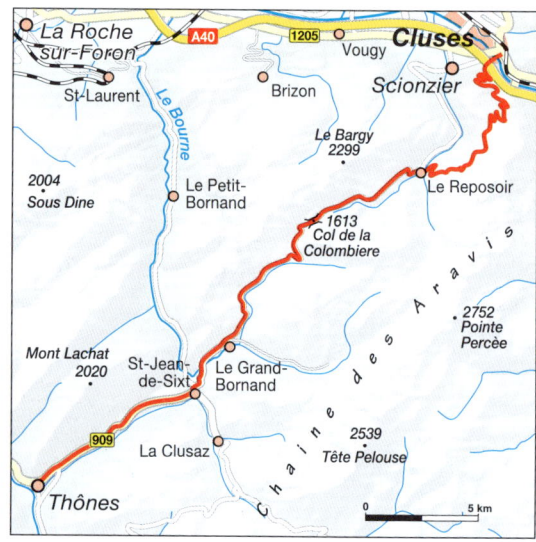

TOUR-TIPP

Sehenswertes am Wegesrand: Reblochon-Käse
Käseliebhaber werden bereits auf der Nordrampe des Col de la Colombière einen Boxenstopp einlegen wollen. Und zwar im Weiler Le Reposoir, der als Heimat eines ganz speziellen Käses bekannt wurde: des Reblochon. Dieser wird aus Kuhmilch hergestellt und ist bereits seit 1958 als »Reblochon de Savoie« oder kurz: als »Reblochon« marken- und herkunftsgeschützt. Und kann zudem noch eine nette Geschichte erzählen: Denn der Reblochon wurde von den Milchbauern des Savoie ursprünglich aus jener Milch hergestellt, die nach der offiziellen Ablieferung des täglichen Kontingents – meist von Hand – nachgemolken worden war. Jene Milch erwies sich als besonders fettreich und war ideal für die meist ebenfalls heimliche Käseherstellung. »Reblocher« bedeutet demzufolge im alten savoyischen Dialekt auch »ein zweites Mal melken«. Das Aroma des Reblochon ist eine Mischung aus nussig und butterig, der Fettgehalt liegt bei gut 45 %, und seine Reifezeit beträgt 5 bis maximal 9 Wochen. Als Bestandteil eines gut sortierten Käse-Buffets ist der Reblochon beliebt, dazu wird gern ein kräftiger Rotwein aus dem Rhônetal oder aus dem Languedoc serviert.

Der fahrtechnische Anspruch des Passes zeigt sich bei der Nordrampe. Die ist nicht nur abschnittsweise mehr als ordentlich steil, sie überwindet aus dem Städtchen Cluses kommend auch beinahe 1200 Höhenmeter bis hinauf zum Scheitelpunkt. Das Ganze kombiniert mit 24 aussichtsreichen Kehren und vielen Kurven – sofern auch Sie die Piste über die Weiler Nancy-sur-Cluses und Romme wählen. Das verspricht für Radsportler ordentlich Beinarbeit und für uns Biker ein gerütteltes Maß an Fahrvergnügen. Auf der Passhöhe

IM ÜBERBLICK

Name: Col de la Colombière
Land: Frankreich
Region: Rhône-Alpes
Passhöhe: 1613 m
Höchster Punkt der Strecke: 1625 m
Basisorte: Thônes und Cluses
Schwierigkeitsgrad: Mittelschwer
Anzahl der Kehren: 36
Streckenlänge: 48 km
Mautpflicht: Keine
Offizielle Wintersperre: Dezember bis April
Sperre für Fahrzeuge: Keine
Kulinarik: Gut
Ideal kombinierbar: Mit den Pässen Nr. 55, 63, 64, 65, 66, 67, 68, 69, 70, 71, 72, 74, 75, 76, 77, 78, 79, 80, 81 und 82

erwarten uns eine bewirtschaftete Berghütte mit großer Panoramaterrasse und viel Platz für sich treffende Motorradfahrer sowie die felszerklüfteten Flanken des imposanten Lachat de Châtillon, eines 2000 Meter hoch aufragenden Bergriesen.

Über zwölf weitere Kehren fahren wir hinunter nach Le Grand-Bornand, ein beschauliches französisches Alpenstädtchen, in dem wir unseren fröhlich schunkelnden Gleichgewichtssinn bei einem Einkehrschwung zur Ruhe kommen lassen. Oder wir schwingen noch bis zum eigentlichen Basisort dieses Passes weiter – der heißt bei mir aufgrund der schönen Streckenführung: Thônes.

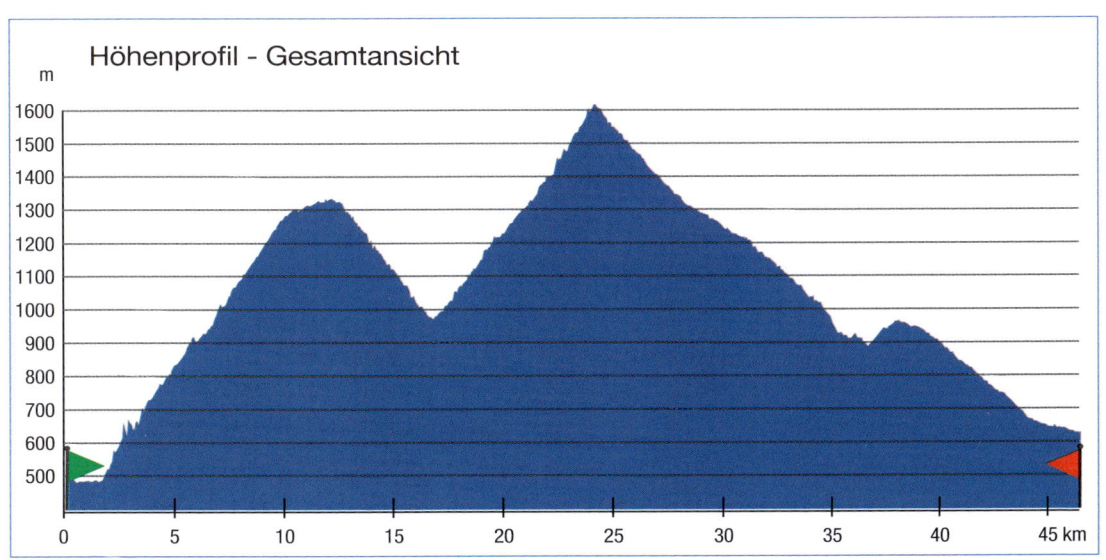

Welch herrliche Sackgasse: Der Aufstieg zum Col des Annes ist für erkundungsfreudige Biker ein Genuss für alle Sinne.

COL DES ANNES

Der Col des Annes gehört zu jenen Pässen in diesem Buch, die Sie an vielen Tagen im Jahr nahezu ganz für sich allein genießen können.

Mit Ausnahme vielleicht des Monats August, wenn alle Franzosen im Urlaub sind und vor der großen Hitze in den umliegenden Tälern in die Berge flüchten. Dann kann es sein, dass sich auch mal eine Pkw-Kolonne auf die schmale und schlaglochreiche Piste hinauf zum Col des Annes verirrt – angelockt von dem Geheimtipp, auf der Passhöhe eine bewirtschaftete Hütte mit grandioser Aussicht vorzufinden.

Und genau so ist es auch. Vom Ausgangsort Le Grand-Bornand kommend, folgen wir erst einmal gemeinsam mit so manchem Edel-Cabrio den Wegwei-

> **TOUR-TIPP**
>
> **Empfehlenswerter Einkehrschwung**
> Le Grand-Bornand: Restaurant »La Ferme de Pépé«, Route de la Patinoire 22 – auch optisch ein echter Leckerbissen

> **TOUR-TIPP**
>
> **Wo Biker sich treffen**
> In Le Grand-Bornand auf dem Parkplatz im Zentrum, vor allem morgens zu Beginn einer Tour

sern zum Golfplatz von Grand-Bornand und tuckern dann über die Weiler Le Bouchet und La Vendanche gemächlich bergan auf zumindest für Edelkarossen bereits schweißtreibend enger Fahrbahn. Kurz nach dem Parkplatz des Golfplatzes wird der letzte Edelkarossen-Fahrer im Angesicht freilaufender, kräftig gehörnter Rindviecher freiwillig wenden – hier beginnt die nun nochmals schmälere und deutlich schlaglochreichere Piste hinauf zum Pass. Fünf echte Kehren und einige blutdrucksteigernde Engstellen gilt es zu meistern – Fahranfängern kann ich diesen Pass leider nicht empfehlen. Vor allem auch morgens oder abends, wenn der auf der Passhöhe in atemberaubender Aussichtslage lebende Milchbauer seine Rindviecher auf die Weiden oder von den Weiden heimwärts trotten lässt. Dann heißt es: Geduld haben, denn für Biker und

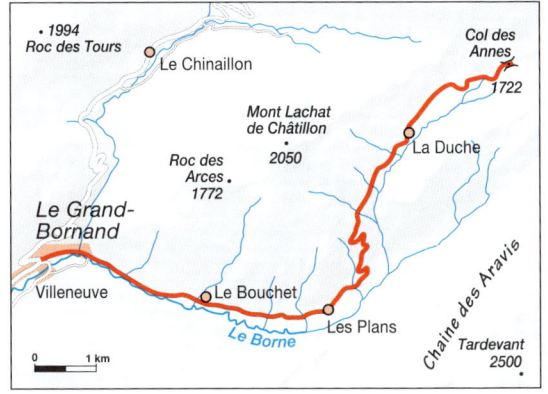

IM ÜBERBLICK

Name: Col des Annes

Land: Frankreich

Region: Rhône-Alpes

Passhöhe: 1722 m

Höchster Punkt der Strecke: 1725 m

Basisort: Le Grand-Bornand

Schwierigkeitsgrad: Mittelschwer

Anzahl der Kehren: 5

Streckenlänge: 12 km

Mautpflicht: Keine

Offizielle Wintersperre: Keine

Sperre für Fahrzeuge: Keine

Kulinarik: Dürftig

Ideal kombinierbar: Mit den Pässen Nr. 55, 63, 64, 65, 66, 67, 68, 69, 70, 71, 72, 73, 75, 76, 77, 78, 79, 80, 81 und 82

Kuh nebeneinander ist oft einfach kein Platz. Ganz zu schweigen von der unschönen Eigenart aller Kühe, erst durch fortgesetzte Gehbewegung ihre Verdauung so richtig in Schwung zu bringen. Sie wissen, was ich meine, oder?

Oben auf der Passhöhe angekommen, erwartet uns vergleichsweise wenig Raum, das Motorrad zu parken. Dafür aber ein herrlich aussichtsreicher Einkehrschwung mit einfacher Hüttenkost. Und Enduristen können bei Speis und Trank – eventuell auch in einem Gespräch mit den Wirtsleuten – diskutieren, ob sie den Nordabstieg vom Col des Annes Richtung Le Reposoir wagen wollen. Technisch soll das vor allem für leichte Enduros kein großes Problem sein – erwähnt sei allerdings, dass es offiziell verboten ist.

Schilderwald am Col des Annes

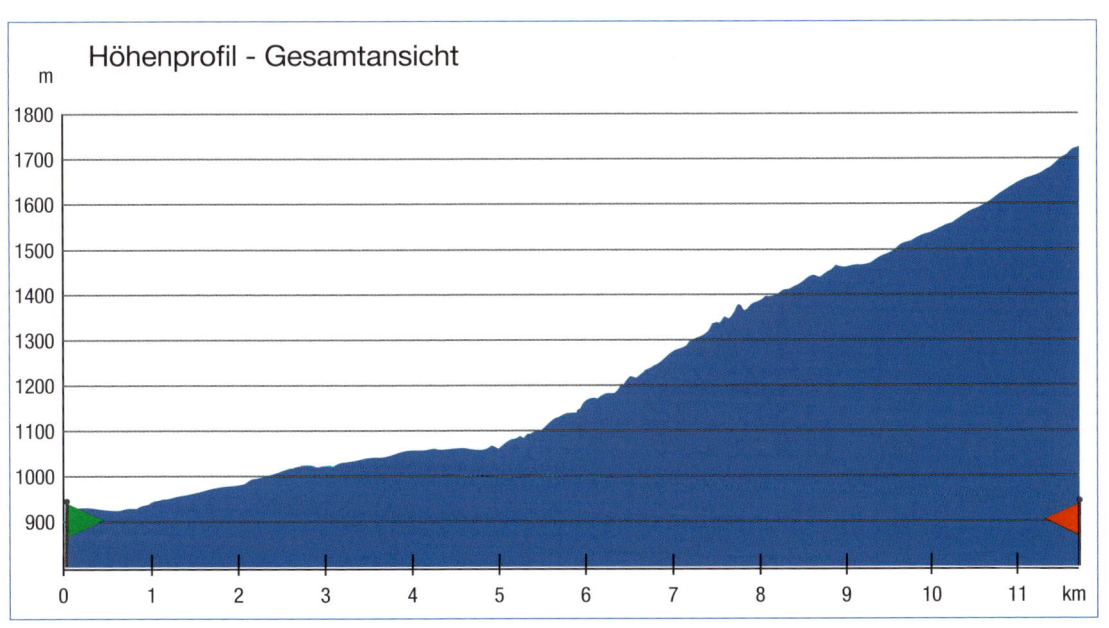

Echt spannend: Der Aufstieg zum Glières ist ein fahrerischer Leckerbissen, seine Geschichte ein historischer.

COL DES GLIÈRES

Der Col des Glières ist eine der wenigen Sackgassen – aber auch eine jener »dead-end streets«, die sich trotz des obligatorischen Wendemanövers ganz am Ende der Piste lohnen.

Obwohl: So ganz sicher bin ich mir eigentlich gar nicht, ob man tatsächlich am Ende der Strecke wenden muss ...

Mitten im schmucken Ort Thorens-Glières – Sie erinnern sich an Pass Nr. 71, als wir hier vorbeikamen? – zweigt der Aufstieg zum Plateau des Glières ab. Folgen Sie dem kleinen Wegweiser unbedingt Richtung Osten und bis hinauf zu einer weiten, panoramareichen Hochebene, umgeben von Felswänden und schützenden

TOUR-TIPP

Wo Biker sich treffen
Auf dem großen Parkplatz beim Denkmal auf der Hochebene von Glières – auch um herauszufinden, ob die Weiterfahrt gen Osten aktuell möglich ist

TOUR-TIPP

Empfehlenswerter Einkehrschwung
Thorens-Glières: Restaurant »Le St. François«, Rue St. François de Sales 122 – sehr lecker!

Gipfeln. Jenes noch vor wenigen Jahrzehnten vollkommen abgeschiedene Plateau des Glières war eine der zentralen Bastionen des französischen Widerstands im Zweiten Weltkrieg. Unerkannt und gut getarnt konnten sich hier die Kämpfer der Résistance verstecken, konnten Material und Munition horten und ihren Widerstand gegen das NS-Regime koordinieren. Auch mithilfe der Alliierten, die jene Widerstandskämpfer hoch droben auf dem Plateau aus der Luft mit Waffen, Munition und Verpflegung versorgten – mit oft wagemutigen Flugmanövern. Ein Denkmal samt Schautafeln erinnert heute noch daran.

Zwar ist eben dieses imposante Denkmal heute der Grund für so manchen Glières-Trip, vor allem bei den Franzosen. Doch die meisten Besucher kommen

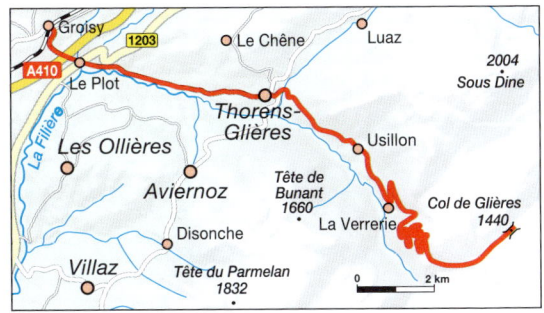

IM ÜBERBLICK

Name: Col des Glières
Land: Frankreich
Region: Rhône-Alpes
Passhöhe: 1440 m
Höchster Punkt der Strecke: 1440 m
Basisort: Groisy
Schwierigkeitsgrad: Mittelschwer
Anzahl der Kehren: 14
Streckenlänge: 22 km
Mautpflicht: Keine
Offizielle Wintersperre: Keine
Sperre für Fahrzeuge: Keine
Kulinarik: Gut
Ideal kombinierbar: Mit den Pässen Nr. 55, 63, 64, 65, 66, 67, 68, 69, 70, 71, 72, 73, 74, 76, 77, 78, 79, 80, 81 und 82

wegen der herrlichen Natur, der Weite und des bereits deutlich alpinen Charakters der Plateaulandschaft. Und natürlich wegen der zahlreichen Möglichkeiten, sich auch abseits des Mopedsattels, außerhalb des Autos in frischer Luft zu bewegen, sei es bei Spaziergängen oder leichten Wanderungen in die umliegende Bergwelt. Oder auch ganz einfach, um in einer der hier im Sonnenschein liegenden bewirtschafteten Berghütten einzukehren oder zu übernachten – meist allerdings im Matratzenlager o. Ä.

Und was hat es nun in puncto Sackgasse auf sich? Bei meinem Besuch im Herbst 2015 war – von Thorens-Glières kommend – die Weiterfahrt kurz nach dem Passschild auf dem großen Parkplatz des Résistance-Denkmals gesperrt. Ein Teil der Offroadpiste war wohl nach starken Regenfällen weggeschwemmt oder zumindest zu stark aufgebrochen worden, wenn ich das Warnschild richtig verstanden habe. Sobald

diese Schäden allerdings behoben sind, müsste eine Weiterfahrt auf der mit leichtem Schotter ausgewalzten Offroadpiste nicht nur zu den nahen Almen wieder möglich sein. Auch die Weiterfahrt über eine kaum mehr als lenkerbreite Buckelpiste mit immerhin zehn Kehren bis hinab ins Tal des Flüsschens Borne zum Weiler Le Petit-Bornand-les-Glières müsste dann möglich und erlaubt sein. Ich werde das auf jeden Fall bei meinem nächsten Besuch in dieser herrlichen Tourenregion überprüfen.

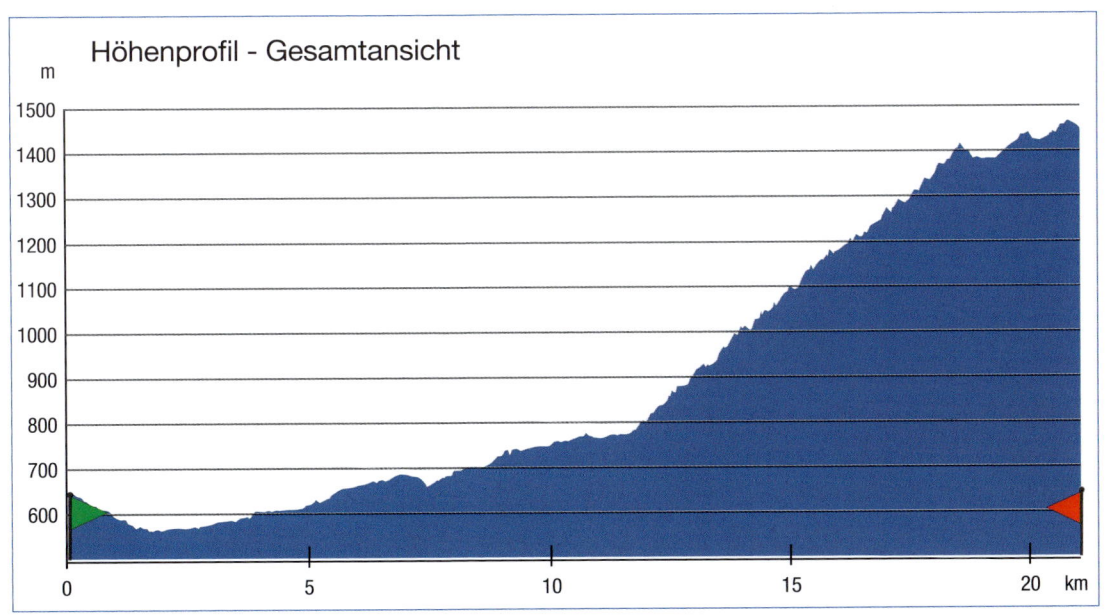

Alpentummelplatz: Gleichwohl der Aravis gerade mal 1500 m hoch ist, zeigt seine Landschaft prächtige hochalpine Züge.

COL DES ARAVIS

Direkt am Südwestfuß der gewaltigen Chaine des Aravis erwartet uns der Col des Aravis mit einem herrlichen Kurven- und Kehrenpotpourri auf weitgehend gut ausgebauter Strecke.

Da die Südrampe fahrerisch deutlich anspruchsvoller ist, gestatten Sie mir die Beschreibung des Passes von Süden aus, vom Weiler Flumet. Wir folgen den Pass-Wegweisern strikt gen Norden und erfreuen uns sogleich an den ersten Kurven und Kehren der vor uns liegenden Landstraße D 909. Hinter den wenigen Häusern von La Giettaz geht es dann so richtig zur Sache: Elf teilweise mittelschwere Kehren gilt es zu bewältigen – Anfänger im Mopedsattel sollten sich hier von »alten Hasen« leiten lassen. Und vor allem eine Eroberung des Col des Aravis unterhalb der Woche in Angriff nehmen,

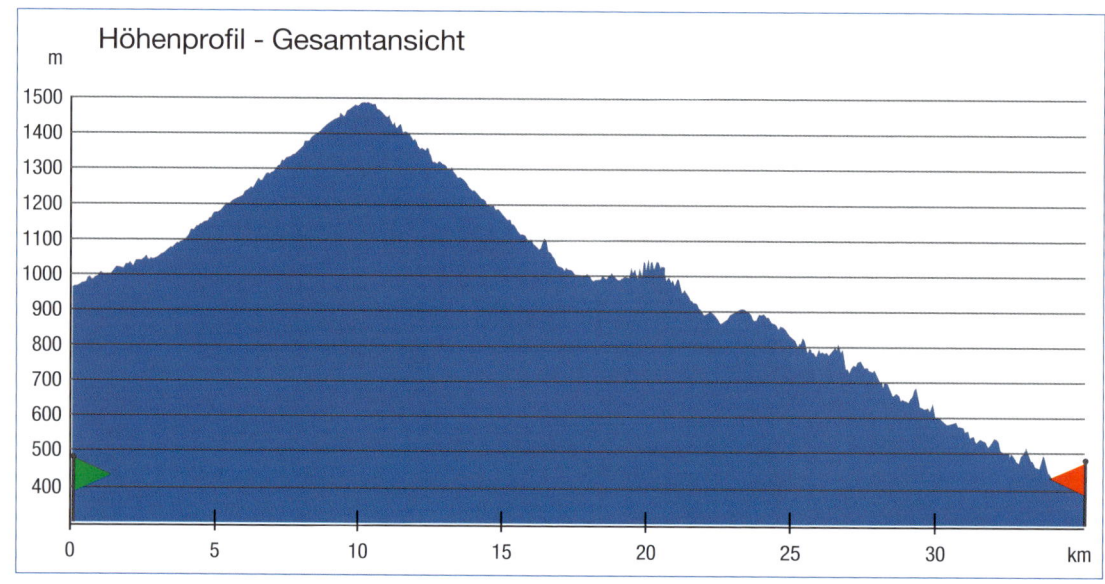

Man sieht sich: Der Aravis ist vor allem bei französischen Motorradfahrern sehr beliebt und gut bekannt.

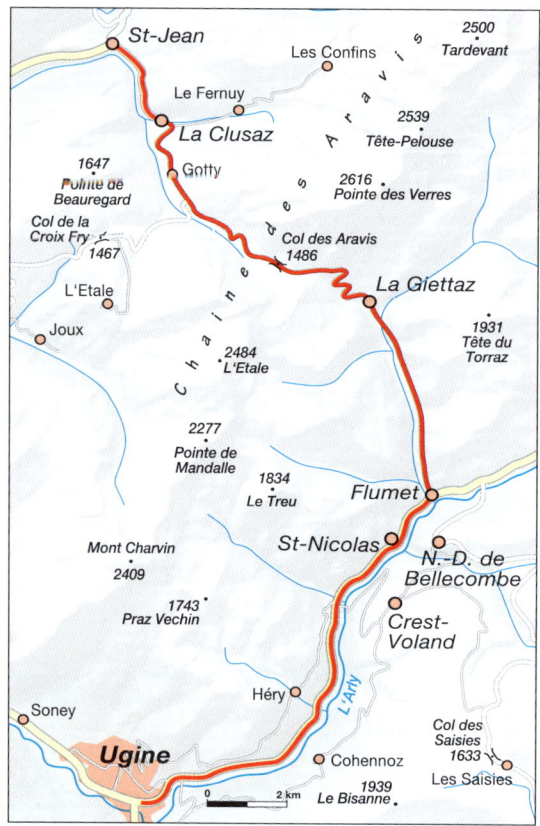

TOUR-TIPP

Empfehlenswerter Einkehrschwung
Saint-Jean-de-Six: Restaurant »La Ferme du Danay«
im Ortsteil Danay d'en Haut – einfach und gut
Ugine: Restaurant »La Chatelle«, Rue Paul Proust 5 –
französische Küche mit viel Liebe zum Detail

denn dann ist sowohl auf der Strecke als auch oben auf der Passhöhe deutlich weniger Trubel. Denn die gesamte Strecke des Aravis – der übrigens zum Umfeld der legendären »Route des Grandes Alpes« gehört (s. dazu auch Kapitel 69) – ist ein bei französischen Motorradfahrern sehr beliebtes Trainingsgelände, und nicht immer wird beim Anblick deutscher Kuchenbleche Rücksicht genommen. Man will ja auch zeigen, was man (vermeintlich) draufhat.

Ein Bilderbuch-Trainingsgelände für den Mopedführerschein bietet der Aravis vor allem im Südabschnitt.

TOUR-TIPP

Sehenswertes am Wegesrand: Ugine
Ugine ist eine gemütliche französische Gemeinde mit knapp 7000 Einwohnern, direkt an der Mündung der beiden Täler des Arly und der Chaise gelegen. Der schon im Mittelalter weithin bekannte Ort litt damals nahezu jährlich unter großflächigen Überschwemmungen des Talbodens, weshalb viele Menschen ihre Häuser lieber an die z. T. recht steilen Hänge bauten. Das wiederum verhalf ihnen dazu, das Kommen und Gehen im gesamten Tal zu kontrollieren. Oft mussten die Bewohner Ugines ihre strategisch wertvolle Lage gegen Eindringlinge verteidigen. 1904 eröffnete der Schweizer Chemiker Paul Girod hier ein Stahlwerk mit elektrisch betriebenem Schmelzofen – eine technische Revolution zur damaligen Zeit. Während des Ersten Weltkriegs versorgten die Stahlwerke von Ugine fast ganz Frankreich mit Waffenstahl. Im Zweiten Weltkrieg sorgte die Résistance dafür, dass die kriegswichtigen Stahlwerke in Ugine trotz Besatzungsmacht nicht für den Feind produzieren konnten. Bis heute hat der Stahl aus Ugine seine Bedeutung. Im Ortskern sind noch so manch mittelalterliche Häuser zu bestaunen, etwas außerhalb stehen das Château de Crest-Cherel und viele weitere Bauten, die von längst vergangenen Tagen zeugen.

Die weite Passhöhe, umrahmt von den letzten fel-sigen Ausläufern der Aravis-Kette, zieren einige Gast-häuser, ein winziger See und viele Wander- sowie auch Parkmöglichkeiten. Vor allem an Sommerwochenen-den ist der Pass ein beliebter Bikertreff am Mittag wie auch am Abend nach der Tour für einen gemütlichen Ausklang des Tages.

Dies umso mehr, als die Weiterfahrt über die Nord-rampe hinunter nach Saint-Jean-de-Sixt und Le Grand-Bornand deutlich leichter zu bewältigen ist als die soeben beschriebene Südrampe. Und über die Alternativstrecke via Col de Merdassier und Col de la Croix Fry hinab nach Thônes lesen Sie dann in den bei-den folgenden Kapiteln mehr.

TOUR-TIPP

Wo Biker sich treffen
Direkt auf der Passhöhe an einem der Gasthäuser, gern auch morgens zu Beginn einer Tour durchs Umland

IM ÜBERBLICK

Name: Col des Aravis

Land: Frankreich

Region: Rhône-Alpes

Passhöhe: 1486 m

Höchster Punkt der Strecke: 1500 m

Basisorte: Saint-Jean-de-Six und Ugine

Schwierigkeitsgrad: Mittelschwer

Anzahl der Kehren: 22

Streckenlänge: 35 km

Mautpflicht: Keine

Offizielle Wintersperre: Keine

Sperre für Fahrzeuge: Keine

Kulinarik: Gut

Ideal kombinierbar: Mit den Pässen Nr. 55, 63, 64, 65, 66, 67, 68, 69, 70, 71, 72, 73, 74, 75, 77, 78, 79, 80, 81 und 82, mit dem nahen Col du Pré, mit dem Col de Saisies und dem Col de Méraillet

Weithin »tote Hose«: Das Wintersportgebiet am Merdassier hat sommers geschlossen – ideal für Genießer im Mopedsattel.

COL DE MERDASSIER

Der Col de la Croix Fry (s. nächstes Kapitel) und der Sackgassen-Abstecher hinauf zum Col de Merdassier stellen die fahrerisch interessantere und nur leicht anspruchsvollere Variante dar, den Col des Aravis Richtung Norden bzw. Nordwesten wieder zu verlassen.

Dazu setzen wir nach dem Aravis gleich im Weiler La Praise den Blinker links und folgen den Wegweisern zum Merdassier und zum Croix Fry. Umgehend folgen die ersten Schräglagen, die ersten waschechten Kehren. Direkt am Rand einer weiten Hochebene zweigt in einer sehr scharfen Linkskurve dann die Sackgasse zum Col de Merdassier ab und schwingt durch dunklen Tann den Berg hinauf. Der Wald öffnet sich, und vor uns liegt ein abgeschiedenes Hochplateau mit zahlrei-

TOUR-TIPP
Empfehlenswerter Einkehrschwung
La Praise: Restaurant »Les Rhodos« an der Route du Col des Aravis – mit internationaler Küche

TOUR-TIPP
Wo Biker sich treffen
Oben auf der Passhöhe, vor allem auch an einem der herrlichen Picknickplätze

chen recht stilvollen Berghütten, die zur Sommerfrische bewohnt werden. Hinter dieser Ansammlung an Hütten erreichen wir dann ein im Sommer komplett

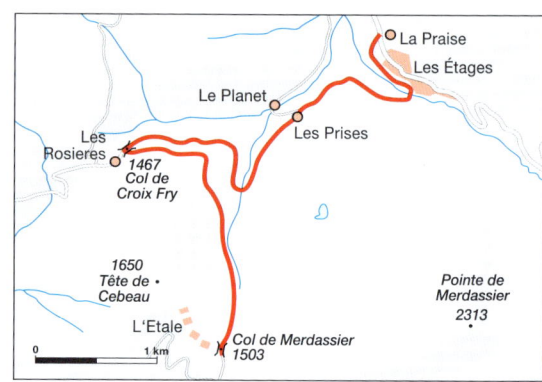

TOUR-TIPP

Sehenswertes am Wegesrand: Les Contamines

An klaren Tagen fern am östlichen Horizont erkennbar und geografisch betrachtet eigentlich nur einen Katzensprung entfernt, liegt der außerhalb der Seealpen weitgehend unbekannte Nationalpark Contamines-Montjoie mit der gleichnamigen Hauptgemeinde, der zu den schönsten Naturreservaten der Seealpen gezählt wird. Ein weites Tal mit bewaldeten Hängen, darüber großen Almen und Weideflächen bis hinauf auf fast 2500 m Höhe – das alles umrahmt von schroffen Felsen und eisbedeckten Gipfeln, die irgendwie sogar noch dem Mont-Blanc-Massiv zugerechnet werden: Das hat schon was. Bereits im 2. Jh. war das Tal besiedelt, 1277 wird es erstmals urkundlich erwähnt, ab 1730 dann unter dem Namen Les Contamines. Heute ist vor allem der Hauptort ein beliebter Ausgangspunkt für zahlreiche Wanderungen und Klettertouren im Mont-Blanc-Massiv. Sogar der beliebteste Fernwanderweg der Alpen, der »Tour du Mont-Blanc« oder kurz TMB mit seinen 170 km Länge und gut 10 000 Höhenmetern, führt durch den sehenswerten Ort am Rande »seines« Nationalparks.

IM ÜBERBLICK

Name: Col de Merdassier

Land: Frankreich

Region: Rhône-Alpes

Passhöhe: 1503 m

Höchster Punkt der Strecke: 1503 m

Basisort: La Praise

Schwierigkeitsgrad: Leicht

Anzahl der Kehren: 2

Streckenlänge: 7 km

Mautpflicht: Keine

Offizielle Wintersperre: Keine

Sperre für Fahrzeuge: Keine

Kulinarik: Picknick mitbringen!

Ideal kombinierbar: Mit den Pässen Nr. 55, 63, 64, 65, 66, 67, 68, 69, 70, 71, 72, 73, 74, 75, 76, 78, 79, 80, 81 und 82, mit dem nahen Col du Pré, mit dem Col de Saisies und dem Col de Méraillet

stillgelegtes Wintersportgebiet mit Appartementanlagen und Hotels im herrlichsten Sonnenschein. Sogar Liftanlagen schaukeln hier seelenruhig vor sich hin und markieren zahlreiche wohl eher »hellblaue« Skiabfahrten.

Das Reizvolle an diesem Col de Merdassier ist aber nicht nur seine vollkommene Abgeschiedenheit zwischen Frühjahr und Herbst, sondern auch die ursprüngliche Natur rundherum. Bewirtschaftete Berghütten werden Sie hier außerhalb der weißen Jahreszeit kaum finden – bringen Sie also am besten ein ausgiebiges Picknick mit. Aussichtsreiche Sonnenplätze dafür gibt's hier am Col de Merdassier zur Genüge. Ebenso wie am

folgenden Col de la Croix Fry – gleichwohl dieser Pass auch im Sommer eine halbe Handvoll geöffnete Boxenstopps aufweist. Dazu gleich mehr ...

Zwar führen von Süden aus dem Weiler Les Plans de Comburce einige Pisten ebenfalls hinauf zum Plateau des Col de Merdassier – die meisten davon nur geschottert und eine willkommene Herausforderung für Enduristen –, doch sind viele davon in den Sommermonaten offiziell mit Fahrverboten belegt, die selbst für Anrainer gelten. Nur ausgewiesener landwirtschaftlicher Verkehr ist freigegeben, eine Regelung, an die auch wir uns halten sollten. So verlockend die Pisten vor uns auch sein mögen ...

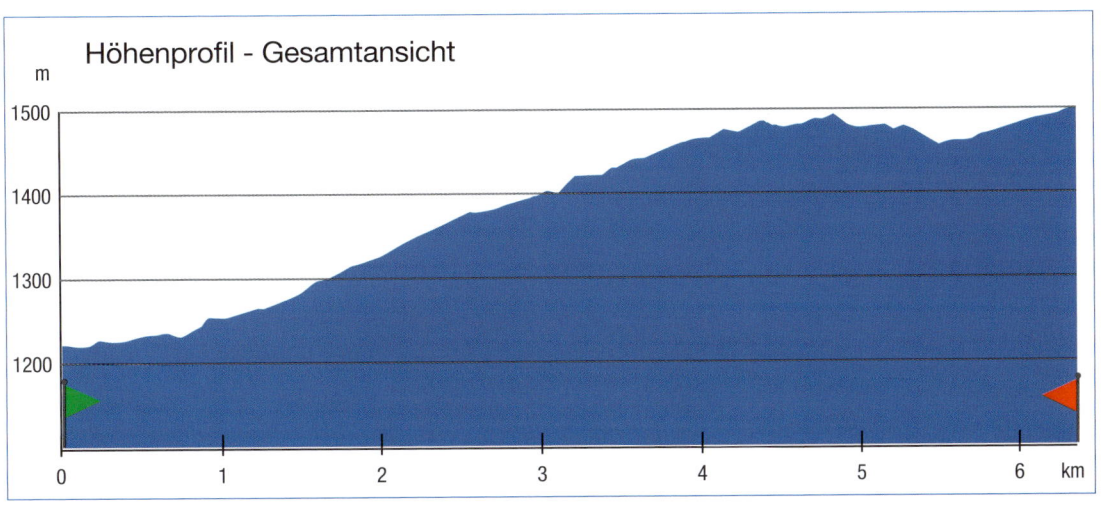

Höhenprofil - Gesamtansicht

Sommergeschäft: Wer im Sommer am Croix Fry sein Gasthaus öffnet, kann kaum über zu wenig Kundschaft zu klagen.

COL DE LA CROIX FRY

Unweit und auf nahezu gleicher Höhenlage treffen wir nach dem Col de Merdassier auf den Col de la Croix Fry, dessen Scheitelhöhe samt Passschild inmitten einer weitläufigen Hochebene zu finden ist.

Umrahmt von zahlreichen Felsengipfeln erwacht auch der Croix Fry nur im Winter zu vollem Leben, wenngleich sich zumindest zur Sommerferienzeit so man-

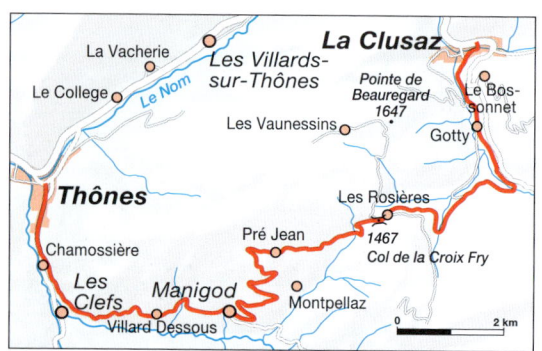

TOUR-TIPP

Wo Biker sich treffen
Vor allem an den Wochenenden trifft man sich gern im Restaurant »Les Rosières« direkt oben am Passschild des Croix Fry

cher Hüttenwirt dazu bereit erklärt, leckere Angebote für einen Boxenstopp bereitzuhalten – siehe dazu z. B. meinen entdeckten Bikertreff am Pass.

Das lohnende Fahrerlebnis finden wir am Col de la Croix Fry vor allem auf dessen Westrampe von bzw. hinab nach Thônes. Während die Ostrampe uns mit gerade einmal einer einzigen Kehre, dafür aber mit horizontweiten Wintersportanlagen »begeistern« möchte,

TOUR-TIPP

Empfehlenswerter Einkehrschwung
Thônes: Restaurant »Le Kar'Pat'Ciao« am nordwestlichen Ortsrand – die Spielfreude mit Namen und Worten setzt sich bei den Speisen schmackhaft fort.

TOUR-TIPP

Sehenswertes am Wegesrand: Thônes

Bereits vor 10 000 Jahren sollen rund um Thônes Menschen gelebt haben. Erstmals urkundlich erwähnt wird der Ort im Jahr 1066 als sehenswerter Markt im Bornes-Massiv. Die auch heute noch imposante Kirche stammt aus der Zeit um 1120, und der Name der Stadt leitet sich – so vermuten Forscher – vom gallischen Wort »dunon« ab für» befestigter, gesicherter Hügel«. Das Mittelalter war die Blütezeit Thônes; der Ort erhielt das Marktrecht und bekam gerichtliche Kompetenzen zugesprochen, und auch ein großer Stadtbrand im Jahr 1453, bei dem fast alle Häuser der Stadt zerstört wurden, konnte Thônes nicht von der Landkarte tilgen. Der Bau einer Trambahnlinie von Annecy nach Thônes brachte ab 1898 Touristen in die Stadt; 1906 eröffnete man das erste Touristenbüro und 1913 standen bereits 7 Hotels dem Reisenden zur Auswahl. Da störte es auch kaum noch, dass die Trambahnlinie 1930 wegen Unrentabilität eingestellt wurde. Bis heute hat sich Thônes das Bild einer historischen Kleinstadt bewahren können. Rund um den zentralen Place Bastian liegen viele historische Gebäude mit typischen Arkadenbögen aus dem 15./16. Jh., das mächtige Rathaus wurde um 1932 im zeitgenössischen Stil mit recht monumentalem Eingang erbaut. Und: einen Einkehrtipp gibt's für Thônes natürlich auch (s. S. 208).

geht es gleich nach der Passhöhe endlich mitten hinein in herrliche Rechts-links-Kombinationen. Insgesamt acht Kehren und viele Kurven in Kombination mit sich immer wieder bietenden herrlichen Alpenpanoramen

IM ÜBERBLICK

Name: Col de la Croix Fry

Land: Frankreich

Region: Rhône-Alpes

Passhöhe: 1467 m

Höchster Punkt der Strecke: 1475 m

Basisorte: La Clusaz und Thônes

Schwierigkeitsgrad: Leicht

Anzahl der Kehren: 9

Streckenlänge: 20 km

Mautpflicht: Keine

Offizielle Wintersperre: Keine

Sperre für Fahrzeuge: Keine

Kulinarik: Dürftig

Ideal kombinierbar: Mit den Pässen Nr. 55, 63, 64, 65, 66, 67, 68, 69, 70, 71, 72, 73, 74, 75, 76, 77, 79, 80, 81 und 82, mit dem nahen Col du Pré, mit dem Col de Saisies und dem Col de Méraillet

mögen nun wohl jeden tourenden Entdecker erfreuen, ja begeistern. Das Ganze auf breiter und vergleichsweise gut instand gehaltener Straße, die uns nicht nur unter der Woche oft ganz allein gehört.

Im Städtchen Thônes pendeln Passstraße und unser Gleichgewichtssinn dann fröhlich schunkelnd aus. Zahlreiche Einkehrmöglichkeiten rund um das bildhübsche Rathaus der Stadt wollen uns nun vom rechten Weg abbringen – gönnen Sie sich doch eine Rast, und schauen Sie sich ausgiebig um.

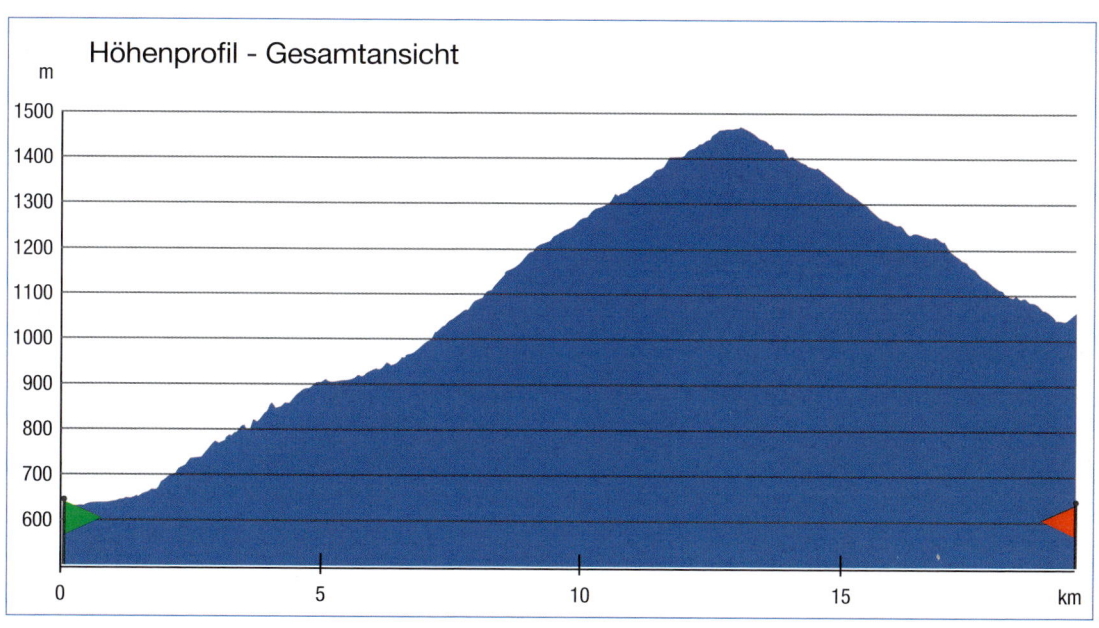

Höhenprofil - Gesamtansicht

Zweifelhaft: 300 kg bringt meine »Abenteuer-GS« auf die Waage. Da ist die alte Brücke am Marais wohl besser tabu.

COL DU MARAIS

Wedelt man nun frisch gestärkt aus dem sehenswerten Thônes hinaus Richtung Süden, trifft man unweigerlich auf den nächsten Alpen-Höhepunkt: den Col du Marais.

Vorausgesetzt, Sie sind wachen Auges unterwegs und gönnen sich ein Reisetempo, in dem Ihnen viel Zeit bleibt, die Beschilderungen rechts und links des Lenkers nicht nur zu bemerken, sondern auch zu lesen. Denn der Col du Marais gehört ohne jeden Zweifel zu den unscheinbarsten Höhepunkten in diesem Buch. Wobei ich dieses Attribut ja schon einige Male benutzt hatte und nicht zu inflationär einsetzen sollte.

Von Anfang bis Ende, von Thônes bis Faverges ganz im Süden uneingeschränkt anfängertauglich, begeistert der Pass nicht nur mit einer gut ausgebauten Streckenführung, sondern auch mit einigen beinahe uner-

TOUR-TIPP

Sehenswertes am Wegesrand: Massif de Bauges
Wer auf dem Col du Marais den Blick gen Süden schweifen lässt, erblickt unweigerlich die felsengekrönten Hügel des imposanten Massif de Bauges. Die »Bauges« gehören zum französischen Teil der Kalkalpen und erheben sich immerhin bis auf über 2200 m Höhe. Das gut 30 km lange Bergmassiv bildet den Kern des gleichnamigen Naturparks und ist trotz seines Natur- und Landschaftsschutzes für Sommer- und Wintersportaktivitäten zugänglich. Vor allem Wanderer und Mountainbiker finden in dem dünn besiedelten Gebiet viele Möglichkeiten, auf Tour zu gehen.

wartet engen Kehren. Doch der Reihe nach – beginnen wir in Thônes. Wir folgen der Landstraße D 12 schnurstracks gen Süden, wedeln durch einsame Weiler wie Les Clefs und La Perrière und haben – sofern wir nicht

Ups: Auch das Passschild des Marais taucht derart unvermittelt auf, dass wir es leicht über»fahren« können.

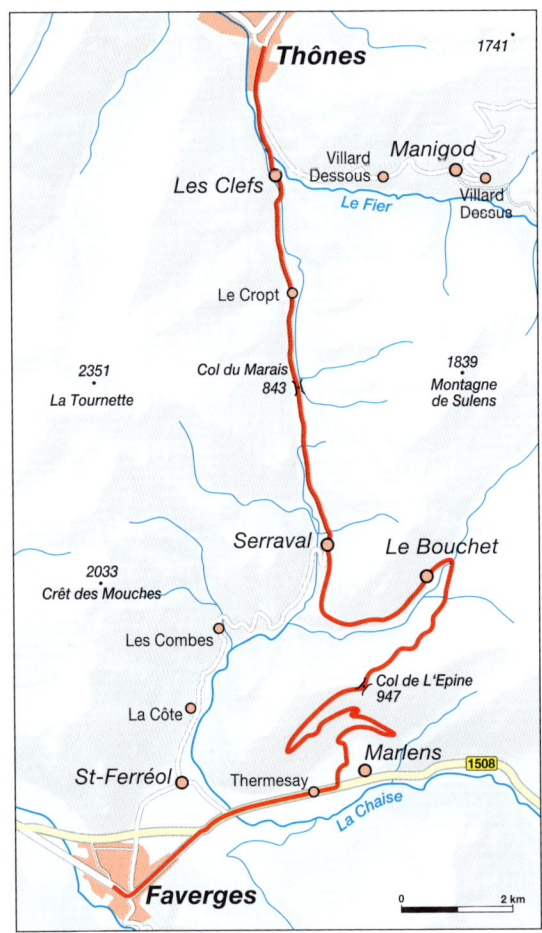

IM ÜBERBLICK

Name: Col du Marais

Land: Frankreich

Region: Rhône-Alpes

Passhöhe: 843 m

Höchster Punkt der Strecke: 980 m

Basisorte: Thônes und Faverges

Schwierigkeitsgrad: Leicht

Anzahl der Kehren: 4 bzw. 6

Streckenlänge: 29 km

Mautpflicht: Keine

Offizielle Wintersperre: Keine

Sperre für Fahrzeuge: Keine

Kulinarik: Dürftig

Ideal kombinierbar: Mit den Pässen Nr. 55, 66, 67, 68, 69, 70, 71, 72, 73, 74, 75, 76, 77, 78, 80, 81, 82 und 83, mit dem nahen Col du Pré, mit dem Col de Saisies und dem Col de Méraillet

TOUR-TIPP

Wo Biker sich treffen

Entlang der gesamten Strecke ist mir noch kein Treff aufgefallen.

konzentriert Obacht geben – bereits mit der nächsten Ansiedlung den Pass überschritten. Kein Witz: Der Col du Marais ist der wohl einzige Pass in diesem Buch, der nur aus einer Ortschaft besteht. Mit Ortseingangs- und Ausgangsschild, mit 50er-Limitierung und Zebrastreifen. Dass es sich hier oben auf nicht einmal 900 Metern Höhe richtig gut leben lässt, beweisen nicht nur die zahlreichen Siedlungen und Gehöfte am Rand des Hochtals, sondern auch die vielen Neubauten im Savoyer Stil, mit denen sich großstadtmüde Franzosen hier einen Rückzugsort schaffen. Sei es nur für die heißen Sommermonate oder sogar ganzjährig als neuer Lebensmittelpunkt. Wenn Sie sich umschauen, werden Sie den Reiz dieses Orts rasch spüren können.

Der unbestrittene fahrerische Reiz dieses Passes liegt an seiner Südrampe – sofern wir im folgenden Ort gleich nach der ersten Kehre sauber »on track« bleiben, die D 12 also trotz heftiger Kurven nicht verlassen. Sobald Sie nach den letzten Häusern von Serraval eine echte Spitzkehre mit »Rechtsdrall« vor sich entdecken, haben Sie die richtigen Abzweigungen gewählt. Drei echte Kehren liegen nun vor uns, allesamt kaum mittelschwer zu fahren und durchweg »fahrschultauglich«.

Einige schöne und vor allem panoramareiche Kurven später pendeln wir an einem Kreisverkehr in Faverges aus und können uns Gedanken über den möglichen weiteren Weg machen. Ein wenig mehr Nervenkitzel, sprich: Schräglagenvergnügen, verspricht der Abstieg von Serraval über die Weiler Le Villard und Le Bouchet-Mont-Charvin hinab nach Faverges. Diese als D 162 markierte und sehr schmale Landstraße erfreut uns mit immerhin fünf echten Kehren und weiteren, herrlich aussichtsreichen Kurven. Da auf ihr der Durchgangsverkehr nun endgültig gegen null geht, eignet sich dieser Abschnitt auch hervorragend als kleine Trainingsrunde in Sachen »alpines Kehrenfahren«. Viel Spaß dabei!

TOUR-TIPP

Empfehlenswerter Einkehrschwung

Thônes: Restaurant »Le Kar'Pat'Ciao« am nordwestlichen Ortsrand

Faverges: »La Crêperie Normande« am Place Carnot – Süßes und Salziges in vielen Variationen

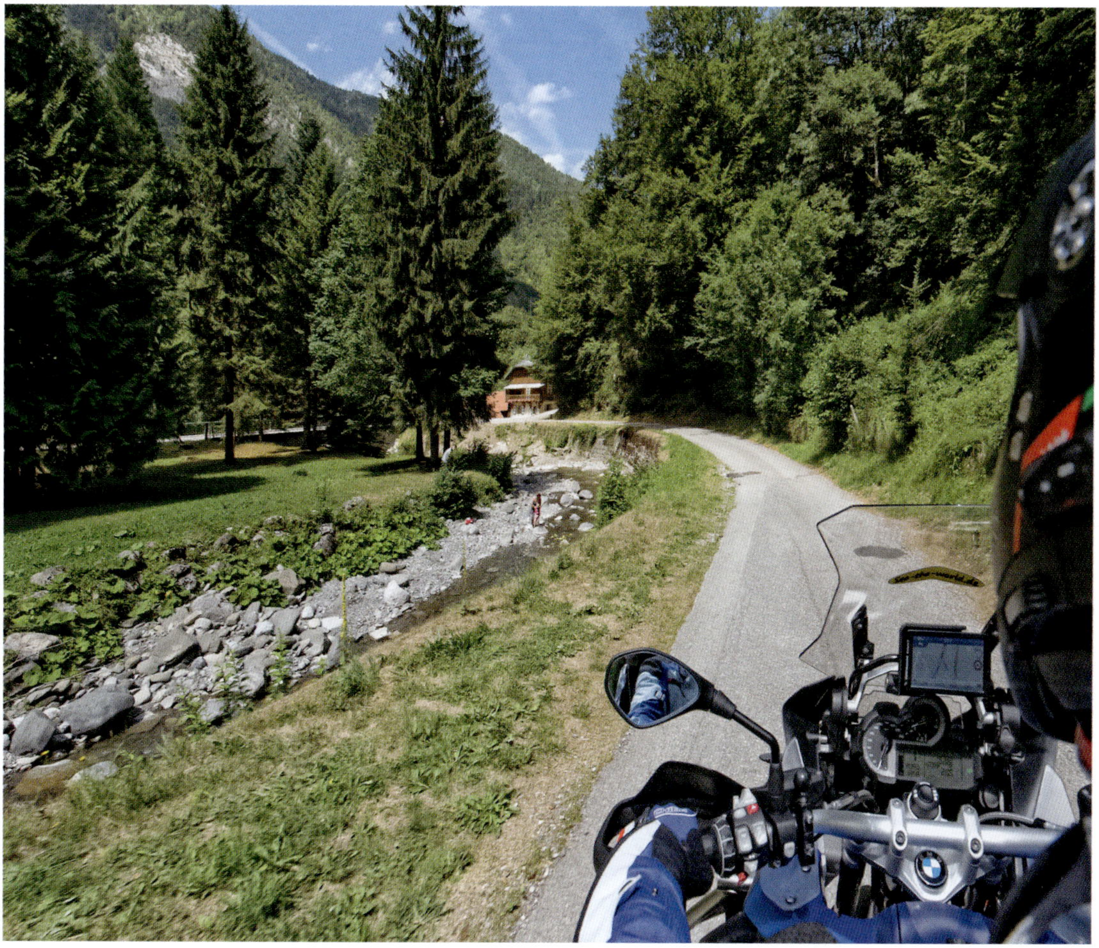

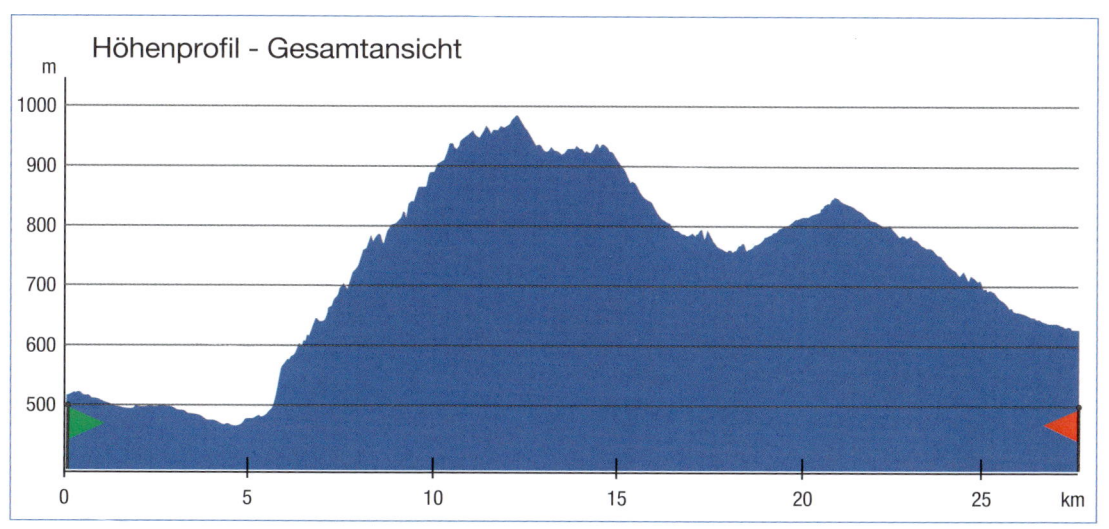

Ganz schön eng hier: Rund um den Marais gibt es viel zu entdecken.

Höhenprofil - Gesamtansicht
m
1000
900
800
700
600
500
0
5
10
15
20
25
km

Zweirad-Spaß: Ob mit oder ohne Motor – Zweiradler kommen auf dem französischen Forclaz-Pass auf ihre »Kosten«.

COL DE LA FORCLAZ (FRANKREICH)

Nein, Sie haben an dieser Stelle keinen Fehler, keinen Doppler in der Pässe-Sammlung entdeckt: Es gibt den Col de la Forclaz in diesem Buch tatsächlich zweimal, in exakt gleicher Schreibweise – und gerade einmal 65 Kilometer Luftlinie voneinander entfernt.

Und doch könnten die Unterschiede zwischen den beiden Pässen nicht größer sein. Dieser Col de la Forclaz hier liegt am steil aufragenden Ostufer des malerischen Lac d'Annecy im Département Rhône-Alpes und empfiehlt sich als fahrtechnisch erlebenswert sowohl aus Richtung Faverges gen Norden als auch aus seinem nördlichen Basisort Menthon-Saint-Bernard Richtung Süden.

Acht Kehren und eine Hand voll recht aussichtsreicher Kurven liegen vor uns, ganz gleich aus welcher Richtung wir kommen. Von Süden her gibt's anfangs recht steile Anstiege, die zwischen den Häusern der Weiler auch kaum mehr als lenkerbreit verlaufen. Treffen sich hier zwei Pkws oder Lieferfahrzeuge, dann ist erst einmal Stau angesagt, bis die Vorfahrt unter beiden Fahrern ausgehandelt ist. Weiter geht es durch

dichten Wald am Rand eines Hochtals entlang; einige Weiler und Gehöfte und viel grenzenlose Einsamkeit säumen unseren Weg. Ein herrliches Kontrastprogramm zur quirligen Lautheit des nahen Lac d'Annecy übrigens. Auf dessen landschaftliche Pracht können

TOUR-TIPP

Sehenswertes am Wegesrand: Lad d'Annecy
Lässt man einmal den französischen Teil des Genfer Sees außer Betracht, ist der Lac d'Annecy mit gut 28 km² der immerhin sechstgrößte See Frankreichs. Ausschließlich gespeist von Gebirgsflüssen und gänzlich frei von Abwasser-Zuleitungen besitzt der See eine geprüfte Trinkwasserqualität, die ihn zu einem der schönsten, vor allem aber auch saubersten Badeparadiese der französischen Seealpen macht. Das ließ natürlich den Tourismus rund um den See erblühen. Heutzutage erwarten den Reisenden nicht nur eine Vielzahl an Unterkunftsmöglichkeiten, sondern in und rund um das am Nordufer drapierte 51 000-Seelen-Städtchen Annecy auch alle Annehmlichkeiten, die wir uns wünschen. Und das explizit nicht nur kulinarisch – auch in puncto Geschichte hat die 900-jährige typisch französische Kleinstadt viel zu bieten. 2012 wurde sie zur »Alpenstadt des Jahres« gekürt. Vollkommen zu Recht!

Lust auf Spontanität? Gönnen Sie sich oben am Pass den ein oder anderen Abzweig – allesamt erlebenswerte Sackgassen.

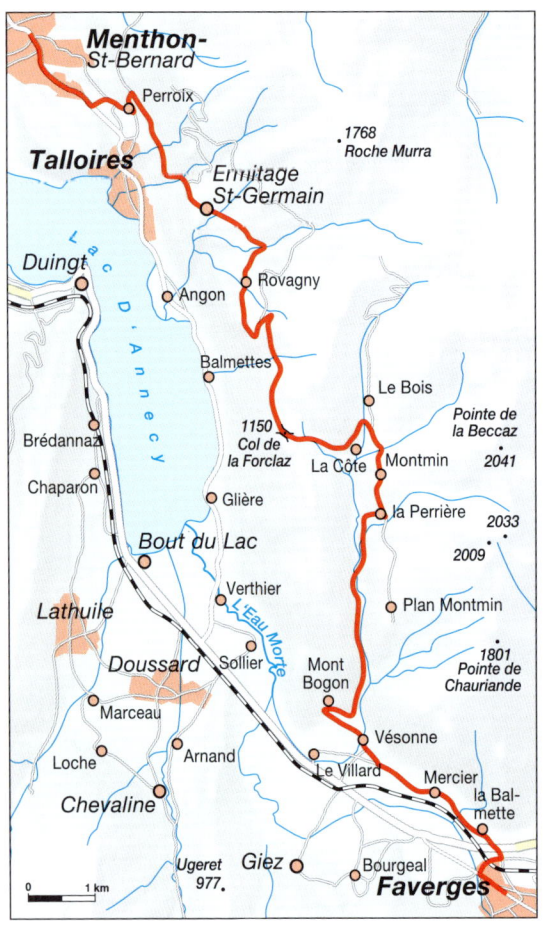

wir aber erst im Nordabschnitt der Passstrecke ab und an einen Blick werfen. Zunächst einmal treffen wir auf die Passhöhe des Col de la Forclaz – und die hat es durchaus in sich. Das Hotel »Edelweiss« lässt natürlich bei mir sogleich heimatliche Gefühle aufkommen; wie der Eigentümer auf diesen hier in Savoyen doch recht ungewöhnlichen Namen kam, war bislang nicht herauszufinden. Tatsächlich säumen auch einige Andenkenstände die ansonsten recht enge Passhöhe, die sogar vom Postauto und von kleineren Linienbussen angefahren wird.

Eine Stichstraße führt zwischen den Häusern der Passhöhe noch einige Kurven und Kehren weiter den Berg hinauf, endet dann aber recht abrupt in einem Konglomerat aus Feldwegen und Almen. An der Piste liegen einige Bauernhöfe, die auch Übernachtungsmöglichkeiten anbieten.

Den schönsten Blick auf den Lac d'Annecy hat man von der Nordrampe des Col de la Forclaz sicherlich im Frühling, wenn die Bäume noch nicht belaubt sind und das tiefblaue Wasser allerorten durch die kahlen Zweige blitzt. Fahrerisch interessant wird die Strecke erst wieder nach zwei Kehren, sobald die wenigen Häu-

TOUR-TIPP

Empfehlenswerter Einkehrschwung
Faverges: »La Crêperie Normande« am Place Carnot
Menthon-Saint-Bernard: Restaurant »Le Palace Beach« direkt am Lac d'Annecy, Route des Bains 665 – Abendessen mit Seeblick und Sundowner

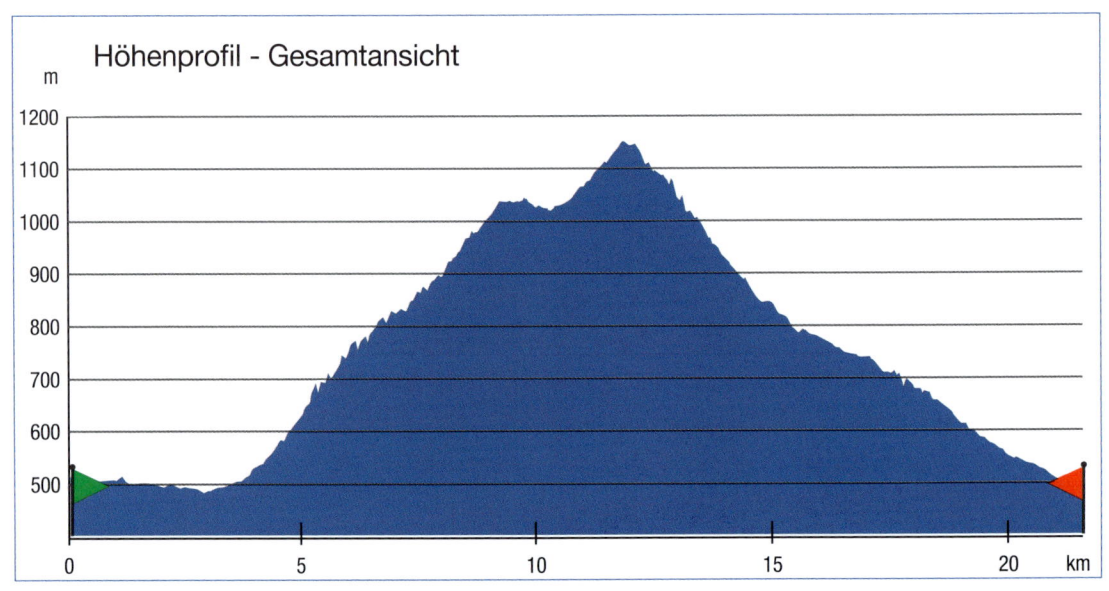

TOUR-TIPP

Wo Biker sich treffen
Direkt auf der Passhöhe des Forclaz zu einem schnellen Boxenstopp oder auch am Ortsrand von Faverges (vor allem morgens zu Beginn der Tour)

IM ÜBERBLICK

Name: Col de la Forclaz

Land: Frankreich

Region: Rhône-Alpes

Passhöhe: 1150 m

Höchster Punkt der Strecke: 1156 m

Basisorte: Faverges und Menthon-Saint-Bernard

Schwierigkeitsgrad: Leicht

Anzahl der Kehren: 8

Streckenlänge: 22 km

Mautpflicht: Keine

Offizielle Wintersperre: Keine

Sperre für Fahrzeuge: Keine

Kulinarik: Gut

Ideal kombinierbar: Mit den Pässen Nr. 55, 67, 68, 69, 70, 71, 72, 73, 74, 75, 76, 77, 78, 79, 81, 82, 83 und 84

ser dreier Weiler und Ortschaften – Rovagny, Verel und Ponnay – vor uns auftauchen. Denn nicht nur die Gemütlichkeit, mit der das Leben in diesen Orten pulsiert, ist erlebenswert. Immer wieder führen auch für Anrainer oder allen Verkehr freigegebene Kurvenpisten Richtung Osten hoch in die bewaldeten Hänge von Lanfonnet und Talamarche, zwei imposante Berggipfel ganz am östlichen Horizont. Mit ordentlich Zeit im Tankrucksack und möglichst wenig Gepäck empfehle ich den einen oder anderen Abstecher hinauf an die Berghänge. Dort ist der Blick ins Land noch viel weiter.

Wie wäre es mit Bewegung? Packen Sie mal die Wanderschuhe ein – in den Seealpen gibt es zu Fuß viel zu entdecken.

Danke TdF: Auch den Col du Semnoz machte letztendlich die Tour de France berühmt – zumindest unter Radlern.

COL DU SEMNOZ / MONTÉE DU SEMNOZ

Bevor wir uns nun im letzten Abschnitt des Buchs in die Abgeschiedenheit der Seealpen begeben, lassen Sie uns noch einen Blick auf zwei Pässe im Westen des Lac d'Annecy werfen.

Denn die liegen nicht nur in landschaftlich prächtiger Umgebung, sie sind auch fahrtechnisch eine ordentliche Herausforderung. Wie der Col du Semnoz oder Montée du Semnoz, der am 20. Juli 2013 seinen Dornröschen-schlaf beendete und ins Licht der Weltöffentlichkeit rückte. Warum? Natürlich wieder einmal, weil die »Tour de France« ihn als fahrerische Herausforderung auser-koren hatte, als vorletzte Etappe von Annecy aus. Der Semnoz selbst ist ein gut 1700 Meter hoher Bergrücken im bereits erwähnten Bauges-Massiv, die 18 Kilometer lange und gut asphaltierte Passstraße von Annecy hi-nauf zum Crêt de Châtillon bezeichneten Gipfelbereich

TOUR-TIPP

Empfehlenswerter Einkehrschwung
Lescheraines: Restaurant »La Grolle« im Weiler Le Pont
– gern auch als Bikertreff nach der Tour gewählt
Annecy: Restaurant »L'original« in der Faubourg Sainte
Claire im Herzen der Altstadt – ein Muss für jeden
Annecy-Besucher

TOUR-TIPP

Sehenswertes am Wegesrand: Lac du Bourget
Falls sich im Juli und August am Ufer des Lac d'Annecy mal wieder französische und niederländische Wohn-mobilisten stapeln, kann das Ausweichen an den nahen Lac du Bourget eine Lösung sein. Der größte natürliche See Frankreichs entstand nach der letzten Eiszeit, also vor ca. 19 000 Jahren, und füllt heute eine Fläche von rund 45 km². Eine Legende erzählt allerdings eine ganz andere Entstehungsgeschichte: Danach soll sich der Lac du Bourget mit den Tränen dreier Engel gefüllt haben, denen die Götter befahlen, die Seealpen für immer zu verlassen. Nachvollziehen kann ich diese Ent-stehungsgeschichte auf jeden Fall, denn auch mir wäre wahrlich zum Heulen zumute, dürfte ich niemals wieder in die Seealpen reisen.

ist seitdem der Geheimtipp bei Rennradlern und Motor-radfahrern der Region. Der Pass selbst geriet allerdings bald wieder in Vergessenheit – einer der Gründe, ihn in diesem Buch zu verewigen.

Beginnen wir den Aufstieg zum Pass im Weiler Lescheraines bzw. in Le Pont südwestlich vom Lac d'Annecy. Bereits nach wenigen Metern überraschen uns die ersten Kehren samt spitzwinkeligem Abzweig, und die Straße vor dem Windshield beginnt deutlich anzusteigen. Zwölf weitere Kehren begeistern wohl

7%

montée
du Semnoz

▲ 9 km

alt. 1140 m

les Cols et Montées remarquables

haute savoie
Conseil Général

Ausgeschilderte Motivation: Radfahrers Pässe sind detailliert beschildert mit sehr interessanten Infos auch für Biker.

TOUR-TIPP

Wo Biker sich treffen
Am Gipfelrestaurant »Les Rochers Blancs«, etwas unterhalb des Passschilds

jeden Biker, der noch vor dem Ort Leschaux links abbiegt, ganz gleich ob mit oder ohne Motorunterstützung. Hinzu kommt, dass wir den Baumbewuchs hier rasch hinter uns lassen und freie Sicht auf die Hügel und Berge des Naturparks Massif de Bauges haben. Überall entlang des Weges gibt es dazu herrlich aussichtsreiche Parkmöglichkeiten (auch für mehrere Motorräder), falls Sie ein Picknick dabeihaben. Unterhalb des offiziellen Passschilds mit dem obligatorischen

IM ÜBERBLICK

Name: Col du Semnoz/Montée du Semnoz
Land: Frankreich
Region: Rhône-Alpes
Passhöhe: 1660 m
Höchster Punkt der Strecke: 1680 m
Basisorte: Le Pont und Annecy
Schwierigkeitsgrad: Mittelschwer
Anzahl der Kehren: 22
Streckenlänge: 40 km
Mautpflicht: Keine
Offizielle Wintersperre: Keine
Sperre für Fahrzeuge: Keine
Kulinarik: Gut
Ideal kombinierbar: Mit den Pässen Nr. 70, 71, 72, 73, 74, 75, 76, 77, 78, 79, 80, 82, 83 und 84

»Arrivée« passieren wir zunächst das Chalet Nordique du Plateau, dessen Bar aber beide Male im Sommer, als ich diesen Pass erfuhr, geschlossen hatte. Macht nichts, denn kurz hinter dem Passschild erwartet uns das Restaurant »Les Rochers Blancs«, das auch im Sommer geöffnet hat und ein gut besuchter Boxenstopp für Biker und Radfahrer ist. Liftanlagen künden davon, dass das gesamte hügelreiche Plateau wohl ein beliebtes Skigebiet ist.

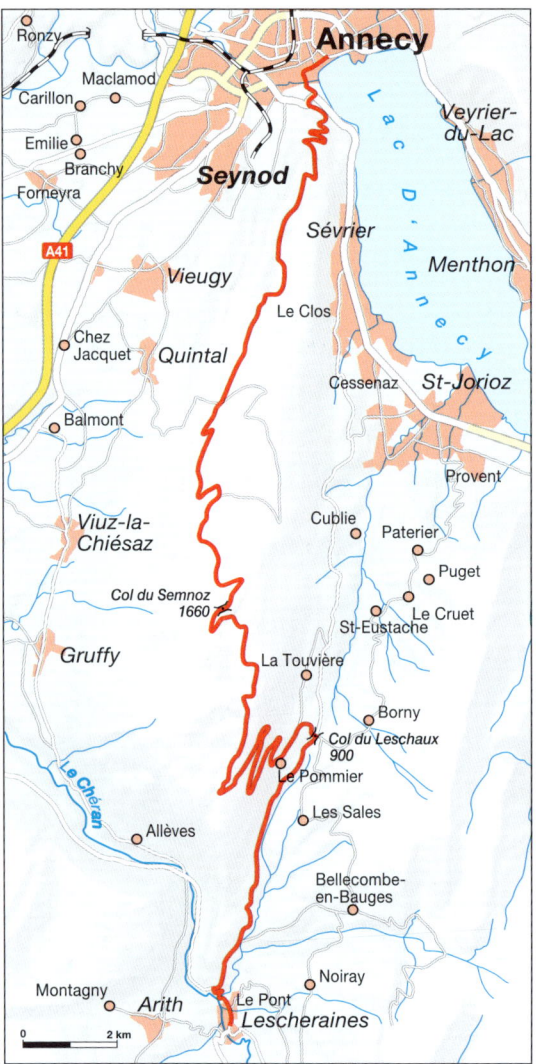

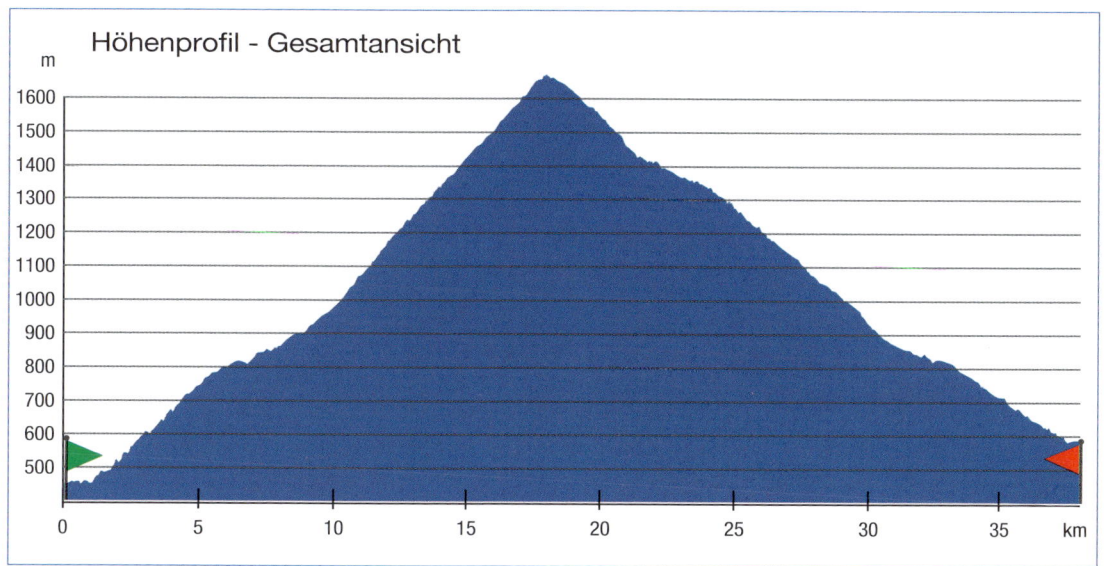

Höhenprofil - Gesamtansicht

Bald schon beginnt die Piste vor uns sich wieder hinab ins Tal zu senken. Es gilt zehn weitere Kehren und einige weit schwingende Kurven zu meistern – vor allem jene sechs engen Kehren vor Erreichen des Ortsschilds von Annecy verlangen durchaus einige Erfahrung im alpinen Passfahren. Wer noch unsicher sein sollte, dem empfehle ich eben diesen Pass als perfektes Trainingsgelände, das wir vor allem unter der Woche oft ganz für uns allein haben. Oder nur mit wenigen Rennradfahrern teilen müssen, mit denen wir aber ein gutes Miteinander pflegen können. Danach erwartet uns Annecy mit allen Annehmlichkeiten einer typisch französischen Touristenstadt.

Dank Nr. 2 an die TdF: Viele Pässe, die von der TdF »beehrt« werden besitzen danach eine perfekte Asphaltierung.

Welch ein Anblick: Vom Col de Leschaux kommend fällt der Blick auf den herrlich liegenden Lac d'Annecy.

COL DE LESCHAUX

Den Col de Leschaux nur als Warm-up für den Montée du Semnoz zu betrachten, wäre sicher unfair – obwohl er uns direkt zum Einstieg in den Kurvenspaß des Semnoz bringt.

Auch die Reise über den Col de Leschaux können wir vom Weiler Lescheraines am Südfuß des Passes aus starten. Fahrerisch wertvoller, weil deutlich anspruchs-

TOUR-TIPP

Empfehlenswerter Einkehrschwung

Le Chatelard: »Auberge des Clarines« im Ortsteil Les Granges – eine perfekte Überraschung hinter hohen Bäumen
Lescheraines: Restaurant »La Grolle« im Weiler Le Pont – vielleicht der zukünftige Bikertreff der Region?
Saint-Jorioz: Restaurant »De la Plage« direkt am See – mit sehr gutem Preis-Leistungs-Verhältnis

TOUR-TIPP

Wo Biker sich treffen

Auch in puncto Col de Leschaux freue ich mich über Ihre Mail, falls Sie einen aktiven Bikertreff entlang der Route entdecken sollten. Ich habe bislang nichts gefunden.

voller ist allerdings folgende Alternative: Wir starten im Ort Le Chatelard etwas südlich von Lescheraines und wählen die winzige Landstraße über La Motte-en-Bauges und Bellecombe-en-Bauges hinauf zur Passhöhe des Leschaux, die gleichzeitig die Ortschaft Leschaux ist. Das Passschild für das obligatorische Beweisfoto steht am östlichen Ortsausgang, den wir auch für die Weiterfahrt wählen. Über La Chapelle-Saint-Maurice, Saint-Eustache, Puget und Paterier erreichen wir dann Saint-Jorioz direkt am Ufer des Lac d'Annecy.

IM ÜBERBLICK

Name: Col de Leschaux

Land: Frankreich

Region: Rhône-Alpes

Passhöhe: 900 m

Höchster Punkt der Strecke: 955 m

Basisorte: Saint-Jorioz und Le Châtelard

Kulinarik: Picknick mitbringen!

Anzahl der Kehren: 21

Streckenlänge: 28 km

Schwierigkeitsgrad: Mittelschwer

Mautpflicht: Keine

Offizielle Wintersperre: Keine

Sperre für Fahrzeuge: Keine

Ideal kombinierbar: Mit den Pässen Nr. 70, 71, 72, 73, 74, 75, 76, 77, 78, 79, 80, 81, 83 und 84, mit dem nahen Col du Pré, mit dem Col de Saisies und dem Col de Méraillet

Diese Passfahrt hat den Charme, nicht nur deutlich kurven- und aussichtsreicher, sondern mit insgesamt 21 echten Kehren auch als alpines Schräglagentraining höchst nutzwertig zu sein. Und obwohl die Ortschaften, durch die unsere Strecke führt, auf den ersten Blick einsam und verlassen vor dem Windshield auftauchen, sollten Sie sich unbedingt Zeit nehmen und sich umschauen – es lohnt sich, denn die Schönheit der Region liegt oft im Detail und will explizit entdeckt werden.

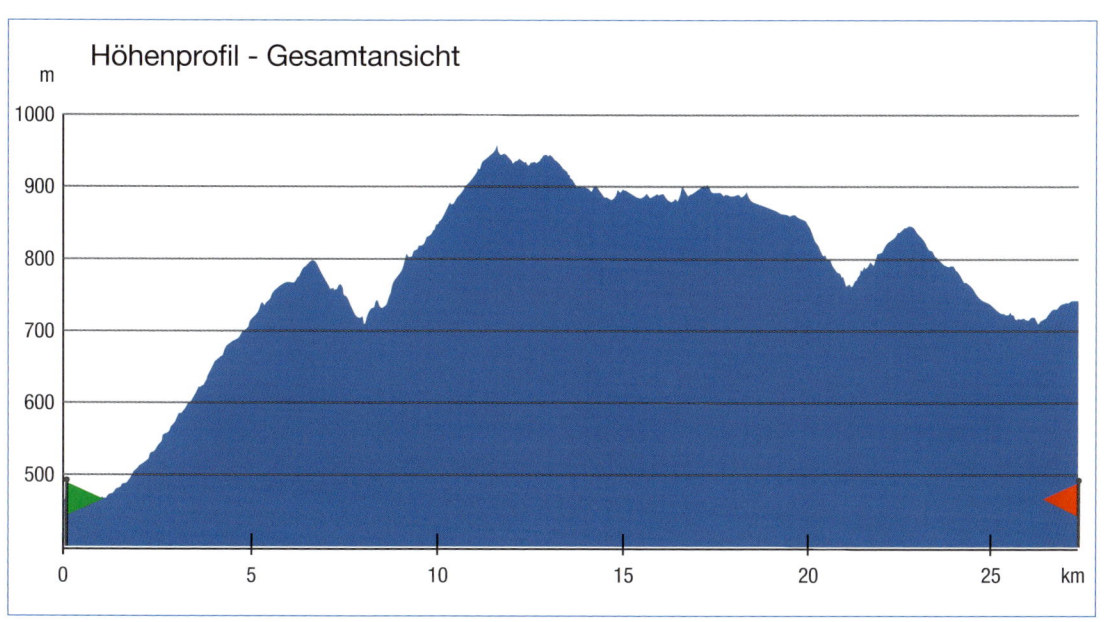

Fragezeichen: Über die exakte Lage des l'Epine gibt es unterschiedliche Infos – ich habe ihn hier entdeckt.

COL DE L'EPINE

Über den Lac du Bourget wurde schon in Kapitel 81 berichtet. Er wurde dort als Ausweichrevier empfohlen, falls es Ihnen am Lac d'Annecy einmal zu quirlig werden sollte.

Es gibt ein weiteres Argument, dem Lac du Bourget einen Besuch abzustatten: der Col de l'Epine am Südwestzipfel des Sees. Der Pass ist zwar mit knapp 1000 Metern Höhe kaum gefährlich für die konstante Sauerstoffversorgung von Bike und Biker, er weist aber vor allem mit seiner Nordrampe ein Kurvenrevier der durchaus anspruchsvollen Art auf. Oder anders gesagt: Erneut besitzt ein Pass abseits allen Trubels ideale Voraussetzungen, um als unser ganz privates Trainingsgelände für die hohe Kunst des alpinen Motorradfahrens zu dienen.

TOUR-TIPP

Empfehlenswerter Einkehrschwung
Le Bourget-du-Lac: »Brasserie le Prieure«, Route de Chambery 150 – unwiderstehlich einladend
Chambery: Restaurant »La cuisine d'Emilie«, Rue Sainte Barbe 16 – klein, fein und sehr gut

TOUR-TIPP

Wo Biker sich treffen
Auf dem Parkplatz an der Passhöhe habe ich beide Male, bei denen ich den l'Epine erfahren habe, zwar Bikerkollegen getroffen – ein »offizieller« Bikertreff ist das aber wohl derzeit noch nicht.

Direkt im Ort Le Bourget-du-Lac am Südzipfel des Sees beginnt der Kurventanz hinauf zum Pass. Wir verlassen den Ort Richtung Westen, Richtung Friedhof (Cimetière), huschen durch die letzten Häuserreihen des Orts und folgen dann konsequent dem Wegweiser zum Relais du Mont du Chat, der »Herberge auf dem Katzenhügel«. Dass der Pass von dieser Seite noch nicht ausgeschildert ist, liegt daran, dass ich auch hier wieder zwei Basisorte samt Zufahrten ausgesucht habe, die uns fahrerisch ganz besonders erfreuen werden. Die »Freude« liegt dann umgehend vor dem Windshield – in Form von zwölf abschnittsweise mittelschweren Spitzkehren hinauf auf den Katzenhügel. Das Ganze auf kaum mehr als lenkerbreiter Schlaglochpiste, die unsere volle Konzentration verlangt. Dies umso mehr,

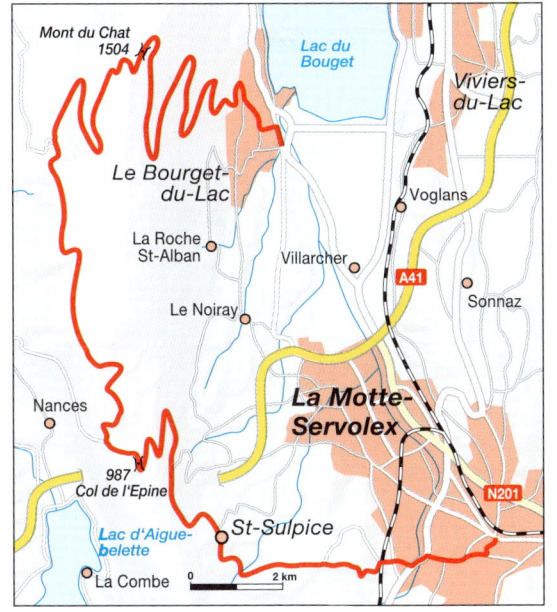

IM ÜBERBLICK

Name: Col de l'Epine
Land: Frankreich
Region: Rhône-Alpes
Passhöhe: 987 m
Höchster Punkt der Strecke: 1490 m
Basisorte: Le Bourget-du-Lac und Chambéry
Schwierigkeitsgrad: Mittelschwer
Anzahl der Kehren: 28
Streckenlänge: 47 km
Mautpflicht: Keine
Offizielle Wintersperre: Keine
Sperre für Fahrzeuge: Keine
Kulinarik: Picknick mitbringen!
Ideal kombinierbar: Mit den Pässen Nr. 71, 72, 73, 74, 75, 76, 77, 78, 79, 80, 81, 82 und 84, mit dem nahen Col du Glandon und dem Col de Croix de Fer

als es nahezu die ganze Zeit durch dichten Wald geht, der die Einsehbarkeit der vor uns liegenden Kehren und Kurven deutlich verringert. Seien Sie auf der Hut, vor allem morgens in puncto Lieferverkehr, der die bewirtschaftete Berghütte Relais du Mont du Chat mit aktuellen Bestellungen versorgt. Die Fahrer rechnen nämlich selten bis gar nicht mit Gegenverkehr!

Neun weitere Kehren geht es dann durch den Wald bergab bis zu einer Kreuzung im Weiler Cremaire, an der wir uns links Richtung Verthemex halten. Wir schwingen durch einige Dörfer und erreichen in Les Granges den letzten und endgültigen Aufstieg zum Col de l'Epine. Eine Kehre sowie zahlreiche Kurven entlang des Westhangs der Epine-Bergkette später stehen wir dann auf der unscheinbaren Passhöhe mit einem Waldparkplatz und einem simplen Passschild. Das war's in Sachen Entertainment am Col de l'Epine.

Bikers Entertainment setzt sich dann am Abstieg vom Pass Richtung Chambéry fort. Weitere sechs Kehren erfreuen uns, und über den Vorort La Motte-Servolex erreichen wir dann das Zentrum von Chambéry, das einen ausgiebigen Rundgang lohnt.

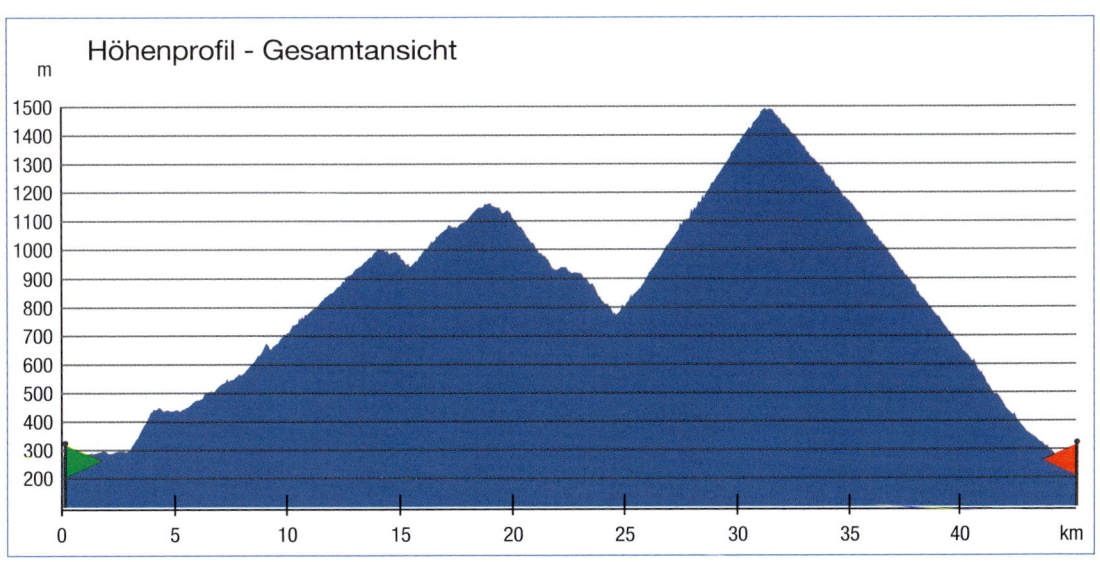

Wahre Größe: Wie klein wir Menschen im Vergleich zu Mutter Natur sind, zeigt dieses »Suchbild« mit Bike und Biker.

COL DE LA MADELEINE

Auch der Col de la Madeleine hat ganz offensichtlich einen sehr beliebten Namen, listet Google Earth doch allein fünf Vorschläge in gänzlich unterschiedlichen Regionen der Seealpen auf.

Mein in diesem Buch verewigter Col de la Madeleine liegt an einer der berühmtesten Routen der französischen Alpen, gleich am Fuß eines der berühmtesten und anspruchsvollsten Pässe: am Südfuß des legendären Col de l'Iseran, kurz hinter den letzten Häusern von Lanslebourg-Mont-Cenis. Höchstens einmal der Lieferverkehr in das bildhübsche Bergdorf Bonneval-sur-Arc wird uns den Platz auf dieser einsamen Piste streitig

TOUR-TIPP

Empfehlenswerter Einkehrschwung

Modane: Restaurant »Le Flocon Sucré«, Rue de la République 36 – das Savoyer Raclette ist sehr zu empfehlen, macht aber auch pappsatt (vielleicht nicht sinnvoll für mittags)!

Bonneval-sur-Arc: Auberge »D'Oul« im Herzen des Orts – mit schmackhafter französischer Alpenküche

TOUR-TIPP

Wo Biker sich treffen

Am Ortsrand von Bonneval-sur-Arc vor/nach der Eroberung des Col de l'Iseran sowie am Abzweig zum Mont Cenis vor der Weiterfahrt auf der »Route des Grandes Alpes«

machen, ansonsten gehört sie denjenigen, die sich hier im Parc National de la Vanoise – übrigens dem 1963 ausgerufenen und damit ersten Nationalpark Frankreichs – einen herrlichen Tag in hochalpinen Regionen machen wollen. Die Scheitelhöhe dieses Madeleine ist mit 1741 Metern wahrlich noch nicht hochalpin, dennoch ein fahrerischer Genuss. Ein Genuss, der sich mit weiteren umliegenden Pässen herrlich kurvenreich kombinieren lässt.

Wir verlassen das Bergdorf Lanslebourg-Mont-Cenis und werfen – falls noch nicht geschehen – einen kurzen Blick auf den Col du Mont Cenis (2083 m) rechts, den ich in meinem zweiten Pässe-Buch bereits beschrieben habe. Übrigens samt Offroad-Abstecher

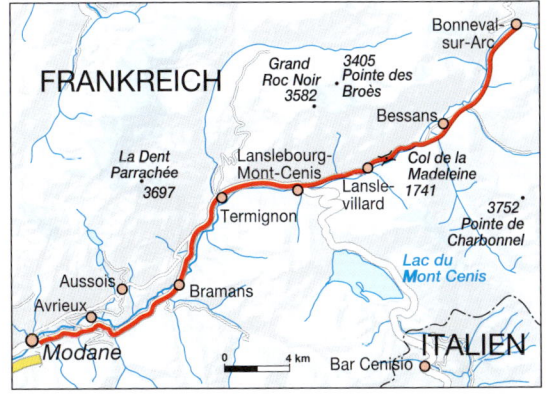

IM ÜBERBLICK

Name: Col de la Madeleine

Land: Frankreich

Region: Seealpen

Passhöhe: 1741 m

Höchster Punkt der Strecke: 1802 m

Basisorte: Modane und Bonneval-sur-Arc

Schwierigkeitsgrad: Leicht

Anzahl der Kehren: 3

Streckenlänge: 43 km

Mautpflicht: Keine

Offizielle Wintersperre: Keine

Sperre für Fahrzeuge: Keine

Kulinarik: Picknick mitbringen!

Ideal kombinierbar: Mit den Pässen Nr. 71, 72, 73, 74, 75, 76, 77, 78, 79, 80, 81, 82, 83, 85 und 86, mit dem nahen Col du Mont Cenis samt Petit Mont Cenis, mit dem Col de l'Iséran, dem Col du Télégraphe und dem Galibier

zu dem noch 100 Meter höher gelegenen Col du Petit Mont Cenis, aber das ist eine andere Geschichte. Für den Col de la Madeleine bleiben wir auf der D 902, erfreuen uns an einigen Kurven und einer echten Kehre ohne großartige Steigung und halten dann Ausschau nach dem unscheinbaren Passschild rechts am Wegesrand. Auf einer kaum spürbaren Kuppe steht es und erwartet uns zur Passfoto-Session. Ein kleiner Parkplatz lädt zur Rast, um eventuell auch das mitgebrachte Picknick zu verzehren. Das war es dann auch schon.

Auch wenn Sie die Eroberung des nördlich gelegenen Col de l'Iseran (aus meinem ersten Pässe-Buch in diesem Verlag) an diesem Tag nicht eingeplant haben, sollten Sie an dieser Stelle keinesfalls wenden. Genie-

ßen Sie unbedingt die kurven- und auch aussichtsreiche Weiterfahrt durch verschlafene Weiler und über zwei weitere Kehren bis zum bildhübschen Bergdorf Bonneval-sur-Arc. Hier parken Sie das Motorrad direkt vor dem Ortseingang und schlendern durch die oft kaum mehr als schulterbreiten Gassen. Es wird Ihnen gefallen, da bin ich mir sicher. Und zu einem Einkehrschwung gibt es in diesem bildhübschen blumengeschmückten Dorf auch mehr als eine Gelegenheit.

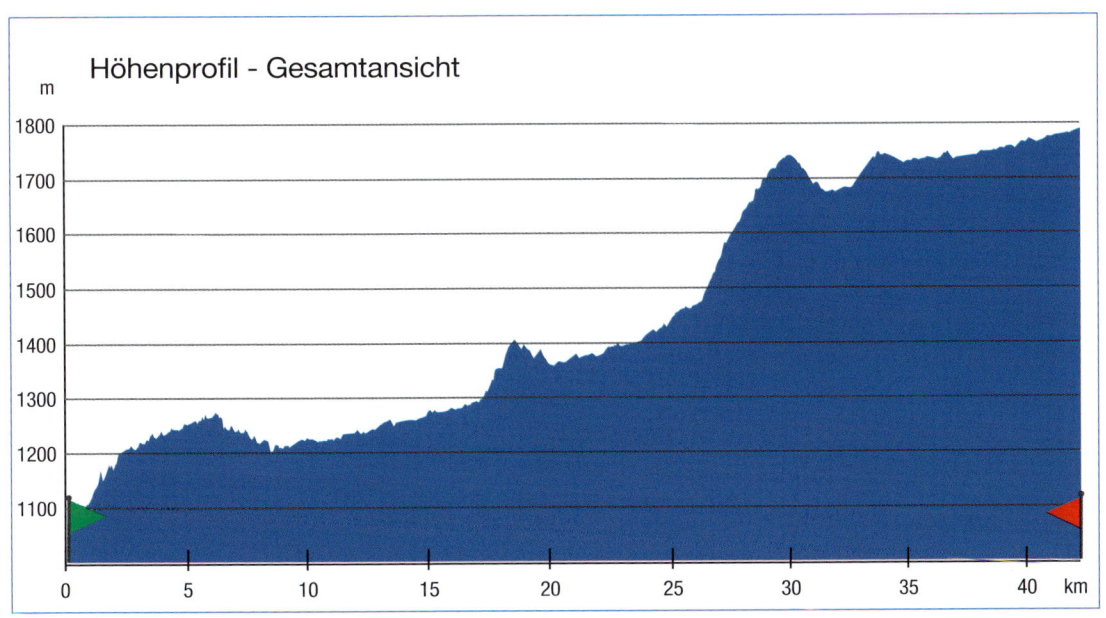

Adrenalinspiegel senken! Die Landschaft rund um den Mollard lässt nicht mal ansatzweise erahnen, was uns erwartet.

COL DU MOLLARD

Eigentlich ist der Col du Mollard mit seinen 1638 Metern Höhe ein einfacher Mittelgebirgspass inmitten einer herrlich entspannenden, ja porentief beschaulichen Berglandschaft.

Doch ganz gleich, welche Anfahrt Sie zur Passhöhe auch wählen, immer haben Sie ein Kehrenpotpourri vor sich, das fahrtechnisch mindestens als mittelschwer einzustufen ist. Und dieser hier beschriebene Schlenker

TOUR-TIPP

Empfehlenswerter Einkehrschwung
Saint-Jean-de-Maurienne: Restaurant »Casa Maria« am Place du Champ de Foire – einfach, unscheinbar und richtig leckere regionale Küche
Saint-Julien-Mont-Denis: Restaurant »Le Pimpiolet« östlich der Stadt an der Route de Serpolière – das Beste der Region? Ich würde das unterschreiben

TOUR-TIPP

Wo Biker sich treffen
Weder habe ich auf meinen bislang drei Runden über den Col du Mollard jemals einen echten Bikertreff entdeckt noch einen anderen Motorradfahrer – so einsam und abgeschieden ist dieser wohl einzigartige Höhepunkt.

südlich von Saint-Jean-de-Maurienne ist sogar derart anspruchsvoll, dass ich ihn Anfängern und Gelegenheitsbikern vorsichtshalber nicht empfehlen möchte.

Wir starten im quirligen Saint-Jean-de-Maurienne gen Westen und erleben bereits Richtung Jarrier, warum ich die Einstufung »sehr anspruchsvoll« gewählt habe. Und dieser vor uns liegende Kehrentanz ist nur der Anfang, keiner der folgenden Orte und Weiler ist auf annähernd gerader Piste zu erreichen: Jarrier – Les Bottières – Fontcouverte-la-Toussuire – Le Corbier –

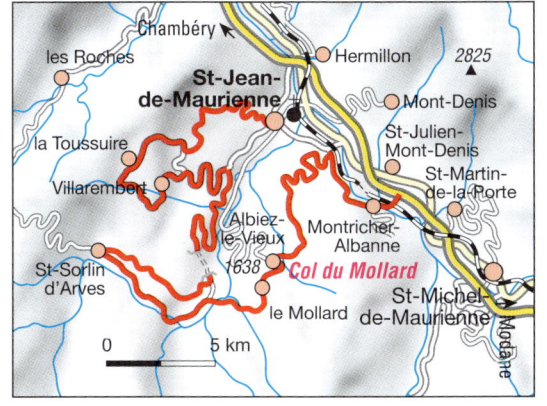

IM ÜBERBLICK

Name: Col du Mollard

Land: Frankreich

Region: Seealpen

Passhöhe: 1638 m

Höchster Punkt der Strecke: 1650 m

Basisorte: Saint-Jean-de-Maurienne und Saint-Julien-Mont-Denis

Schwierigkeitsgrad: Sehr anspruchsvoll

Anzahl der Kehren: 89

Streckenlänge: 81 km

Mautpflicht: Keine

Offizielle Wintersperre: Keine

Sperre für Fahrzeuge: Keine

Kulinarik: Picknick mitbringen!

Ideal kombinierbar: Mit den Pässen Nr. 80, 81, 82, 83, 84 und 86, mit dem nahen Col du Télégraphe und dem Galibier, mit dem Col du Glandon samt Croix de Fer und mit der Alpe d'Huez

Villarembert – Fontcouverte – Montrond – Le Mollard – Albiez-Montrond – Albiez-le-Jeune – Villargondran – Saint-Julien-Mont-Denis. Navi-Besitzern darf ich an dieser Stelle unseren GPS-Download auf der Verlags-Webseite empfehlen.

Der fahrerisch erholsame Scheitelpunkt des Passes liegt am nördlichen Rand der Siedlung Le Mollard. Klappen Sie hier unbedingt den Seitenständer aus und atmen Sie tief durch, denn die jetzt folgende Nordostrampe hält nochmals 46 größtenteils unmittelbar aufeinanderfolgende Spitzkehren in des Wortes kühnster Bedeutung für uns bereit, die wir hochkonzentriert bewältigen sollten. Übrigens: Die Gegenrichtung ist etwas einfacher zu fahren, jetzt hier oben am Col du Mollard ist es für diese Entscheidung aber zu spät.

Genießen Sie den Blick auf die wunderschöne Hochebene und ihre verstreut liegenden Almen, auf denen ich gern einmal einen Bergsommer verbringen würde. Jetzt heißt es, Knie an den Tank und mit ruhiger Gashand Richtung Basisort Saint-Julien-Mont-Cenis schwingen. Und falls auch Ihnen die Ideallinie hierbei immer wieder einmal abhanden kommen sollte, grämen Sie sich nicht – selbst für Berufsbiker wie mich gilt auf derartigen Pisten: Sicherheit vor Eleganz.

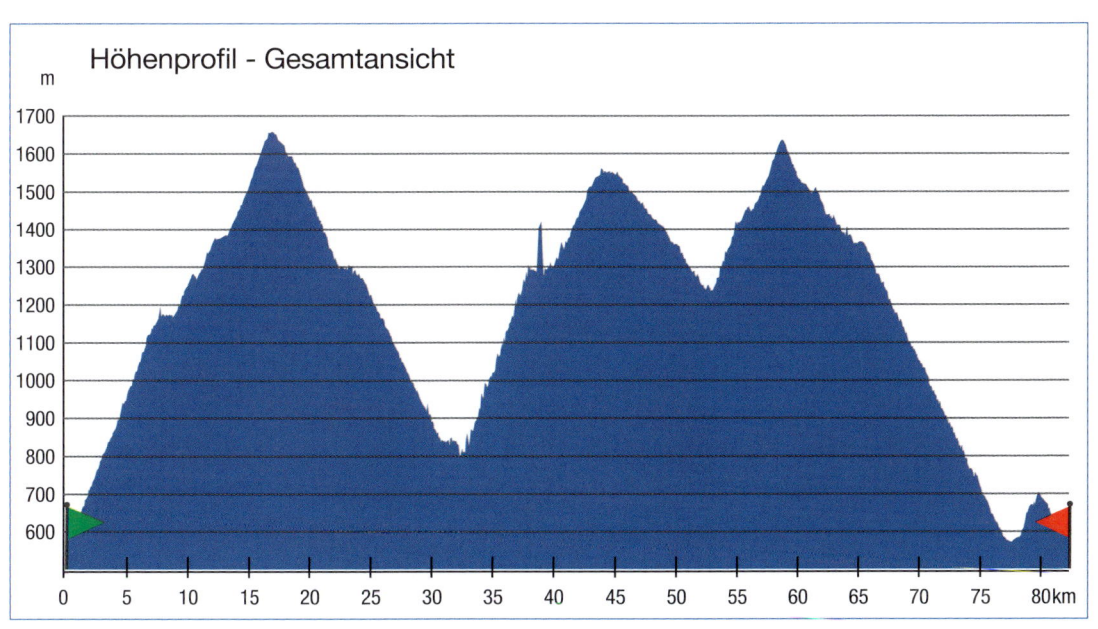

Höhenprofil - Gesamtansicht

Mein Favorit? Zumindest einer meiner absoluten Lieblingspässe ist der Sarenne auf jeden Fall. Ist er nicht bildhübsch?

COL DE SARENNE

Auch das Passschild am Col de Sarenne ist so unscheinbar winzig, dass das Beweisfoto zur ersten echten Herausforderung werden kann.

Ganz gleich, ob wir den Pass nun von Westen oder von Osten bzw. von Süden in Angriff nehmen – auf beiden Rampen warten weitere Herausforderungen auf uns.

Der Col de Sarenne ist im Grunde die Fortsetzung des vor allem unter Rennradlern weltberühmten Aufstiegs zur Alpe d'Huez. Doch die Radler scheinen nach der Eroberung von Alpe d'Huez so erschöpft zu sein, dass kaum einer von ihnen die restlichen zehn Kilometer »stemmen« möchte. Gut für uns, dann haben wir die Strecke weitgehend für uns allein. Der Anstieg via Alpe d'Huez begeistert uns mit 20 sauber durchgezählten

TOUR-TIPP

Empfehlenswerter Einkehrschwung
Le Bourg-d'Oisans: Restaurant »Coé Terrasse« an der Route de l'Alpe d'Huez – ein Campingplatz-Restaurant der außergewöhnlichen Art
Lac du Chambon: Restaurant im »Hotel du Lac« auf der südlichen Seeseite – ordentliche regionale Küche zu ordentlichen Preisen

TOUR-TIPP

Wo Biker sich treffen
Im Zentrum von Alpe d'Huez vor allem am Sonntag, um von dort aus zu Touren ins Umland zu starten. Einkehrschwünge gestalten sich im Bergsommer dort oben recht schwierig.

(und im Infokasten nicht mitgezählten) Spitzkehren, die vor allem unter Rennradlern berühmt, ja berüchtigt sind. Motorradfahrer haben ordentlich zu zirkeln, kommen aber trotz der Steigungen nicht ins Schwitzen. Dann heißt es, sich vom durchaus gewöhnungsbedürftigen Anblick des Skiressorts zu lösen – das fällt nicht schwer! – und die ersten Kehren hinauf zum Col de Sarenne in Angriff zu nehmen. Vorbei am Flughafen des Bergdorfs wedeln wir über felsiges Terrain zum ausgeschilderten Pass. Die von zahlreichen Kälterissen durchzogene Piste ist kaum mehr als lenkerbreit, und mehr als einmal werden auch Sie vermutlich dankbar sein über das sehr geringe Verkehrsaufkommen hier oben auf 2000 Metern Höhe.

Die Steigung ist moderat, erst oben an der gelegentlich bewirtschafteten Passhütte beginnt das eigentliche Vergnügen. 19 der insgesamt 24 Spitzkehren

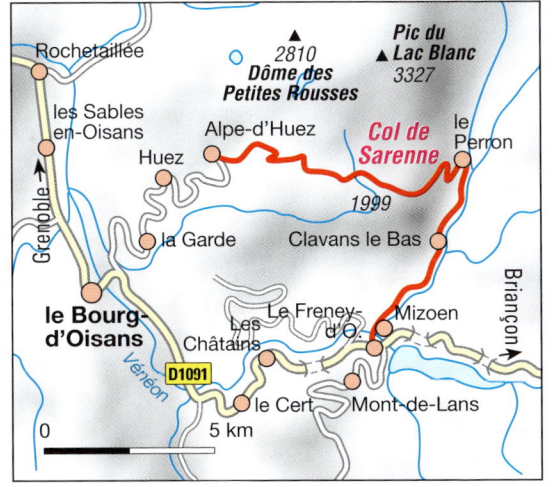

IM ÜBERBLICK

Name: Col de Sarenne

Land: Frankreich

Region: Seealpen

Passhöhe: 1999 m

Höchster Punkt der Strecke: 1999 m

Basisorte: Lac du Chambon und Alpe d'Huez

Schwierigkeitsgrad: Anspruchsvoll

Anzahl der Kehren: 24

Streckenlänge: 23 km

Mautpflicht: Keine

Offizielle Wintersperre: Dezember bis April

Sperre für Fahrzeuge: Keine

Kulinarik: Dürftig

Ideal kombinierbar: Mit den Pässen Nr. 83, 84, 85, 87 und 88, mit dem nahen Col du Télégraphe und dem Galibier, mit dem Col du Glandon samt Croix de Fer und mit der Alpe d'Huez

des Passes liegen jetzt vor uns. Da die Piste aber nicht besser wird, heißt es nun mit ruhiger Gashand und voller Konzentration bergab schwingen. Für ausgiebige Rundumblicke empfehle ich an geeigneter Stelle einmal den Seitenständer auszuklappen. Weiter hinten im Tal sind vor allem nach der Schneeschmelze im Sommer einige prächtige Wasserfälle zu sehen, die allerdings nur zu Fuß erreichbar sind. In den darauf folgenden Weilern Clavans-en-haut-Oisans und Clavans-le-Bas stehen mächtig einsame Berghütten, die wohl hauptsächlich im schneesicheren Winter genutzt werden. Hier steigt dann noch einmal unser Blutdruck im Angesicht der lenkerbreiten »Spalten« zwischen den Häusern, durch die

wir vorsichtig hindurchschwingen müssen. Ausweichmöglichkeiten bieten allenfalls ein paar Toreinfahrten.

Über den Weiler Mizoen erreichen wir dann schließlich das Nordufer des Lac du Chambon, dessen imposante Staumauer frei befahrbar ist und uns hinüberbringt zum Restaurant-Hotel »Du Lac« – für einen kurzen oder auch ausgiebigen Einkehrschwung, denn den haben wir uns verdient. Oder trainieren Sie die hohe Kunst des Mopedfahrens doch noch einmal in umgekehrter Richtung. Die ist nicht minder anspruchsvoll als die soeben geschilderte Variante.

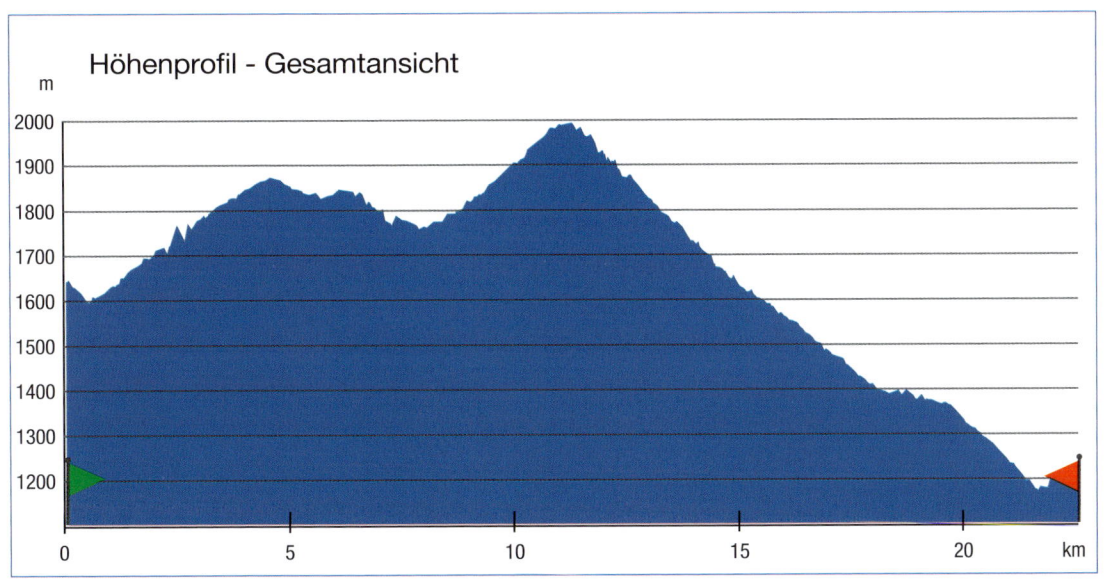

Pure Beschaulichkeit: Jede Ortschaft entlang der Passstrecke ist einen Abstecher wert.

COL D'ORNON

Auch den Col d'Ornon müssen wir uns viele Tage im Jahr wohl nur mit ein paar Rennradlern teilen, denn die kurven- und herrlich aussichtsreiche D 526 liegt fernab von jeglichem Reise- und Lieferverkehr.

Und selbst die Belieferung der beiden Bars oben auf der Passhöhe erfolgt wohl so sporadisch und vermutlich nur frühmorgens, dass ich selbst diesen Pass bereits zweimal erfahren durfte, ohne einem einzigen Pkw oder Lkw zu begegnen.

Beginnen wir den Aufstieg zur Passhöhe im Norden mit einem langen Blick auf den hübsch in die Landschaft drapierten Stausee Lac du Verney, wählen an dessen Südwestufer den Abzweig auf die D 1091 und wenige hunderte Meter weiter links den Abzweig zu besagter D 526. Mit genügend Zeit im Tankrucksack

TOUR-TIPP

Empfehlenswerter Einkehrschwung

Allemond: Pizzeria »L'Etape« an der Route de Savoie – klein, sauber, lecker

La Mure: Restaurant »La Mine a Crêpes« am Place du Docteur Bethoux – Vielfalt in Süß oder Salzig

Wahrlich perfekt: Wenn der Tourentag mit diesen Ausblicken beginnt, wird es ein guter Tag. Ohne jeden Zweifel.

TOUR-TIPP

Sehenswertes am Wegesrand: Napoléon Bonaparte
In der Vollmondnacht des 26. Februar 1815 verließ
Napoléon Bonaparte (Napoléon I.) ohne Erlaubnis seinen
Verbannungsort auf der Insel Elba und segelte mit gut
1000 treuen Gefolgsleuten gen Norden zur Küste nahe
Antibes, wo er schließlich am Nachmittag des 1. März in
Golf Juan anlandete. Da das gesamte Rhônetal in der
Hand royalistischer Truppen war, wählte er mit seiner
Gefolgschaft den beschwerlichen Weg über die Alpen
Richtung Grenoble und Paris. Mit Tagesetappen von bis
zu beachtlichen 60 km marschierten sie gen Norden,
gingen feindlich gesinnten Stadtpräfekten aus dem
Weg, trafen aber auch unverhofft auf Sympathisanten,
die sich ihnen spontan anschlossen. Bereits am 7. März
war Grenoble in Sicht, doch dessen Befehlshaber Ge-
neral Marchant ließ Brücken sprengen und sandte dem
Erzfeind Napoléon sogar Truppen entgegen, um dessen
zielstrebiges Vorrücken zu stoppen. Auf der Ebene von
Laffrey, der Prairie de la Rencontre, traf Napoléon auf
eben jene gegnerischen Truppen. Doch es kam zu keinerlei Kampfhandlungen, denn der gerade einmal »cinq
pieds deux pouces trois lignes«, also fünf Fuß zwei Zoll
und drei Linien (gut 1,68 m) große Feldherr trat den ro-
yalistischen Soldaten ganz allein gegenüber und redete
so lange auf sie ein, bis diese mit wehenden Fahnen zu
ihm überliefen. Grenoble war eingenommen, und der
restliche Weg nach Paris wurde für Napoléon zu einem
wahren Triumphzug. Am 20. März 1815 zog er wieder
in den Palais de Tuileries ein und begann seine (letzte)
Herrschaft der Hundert Tage. Die endete in der Schlacht
von Waterloo und in seiner Verbannung nach St. Helena
westlich von Afrika. Dort starb Frankreichs berühmtester
Feldherr am 5. Mai 1821 an Magenkrebs.

IM ÜBERBLICK

Name: Col d'Ornon

Land: Frankreich

Region: Seealpen

Passhöhe: 1361 m

Höchster Punkt der Strecke: 1380 m

Basisorte: Allemond und La Mure

Schwierigkeitsgrad: Mittelschwer

Anzahl der Kehren: 14

Streckenlänge: 56 km

Mautpflicht: Keine

Offizielle Wintersperre: Keine

Sperre für Fahrzeuge: Keine

Kulinarik: Dürftig

Ideal kombinierbar: Mit den Pässen Nr. 83, 84, 85, 86,
88 und 89, mit dem nahen Col du Télégraphe und dem
Galibier, mit dem Col du Glandon samt Croix de Fer
und mit dem Col du Lautaret

können Sie selbstverständlich noch einen Blick hinauf
nach Alpe d'Huez werfen, das legendäre Bergdorf erwartet Sie auf der nördlichen Talseite. Mitsamt spek-
takulärem Aufstieg über sage und schreibe 20 mittelschwer zu fahrende Serpentinen – im vorhergehenden
Kapitel hatte ich darüber schon berichtet.

Die Nordrampe zum Col d'Ornon ist da schon deutlich leichtere Kost, wenngleich ebenfalls nie langweilig. Kurven- und kehrenreich geht es direkt ins Herz
des Parc National des Ecrins. Insgesamt fünf Kehren
und zahlreiche Kurven schmücken die Nordostrampe
des Passes, neun weitere die Südwestabfahrt über
Saint-Pierre-de-Mearoz nach La Mure. Die Passhöhe
selbst ist absolut unscheinbar inmitten idyllischer Landschaften, die Bar hat sporadisch geöffnet, vor allem an
Wochenenden, an denen Rennradler zu erwarten sind.

Da lohnt der südliche Basisort La Mure schon eher
einen Boxenstopp samt Rundgang, liegt das Städtchen
doch an der Route National 85 (der Route Napoléon,
einer der interessantesten Themenstraßen der Alpen).

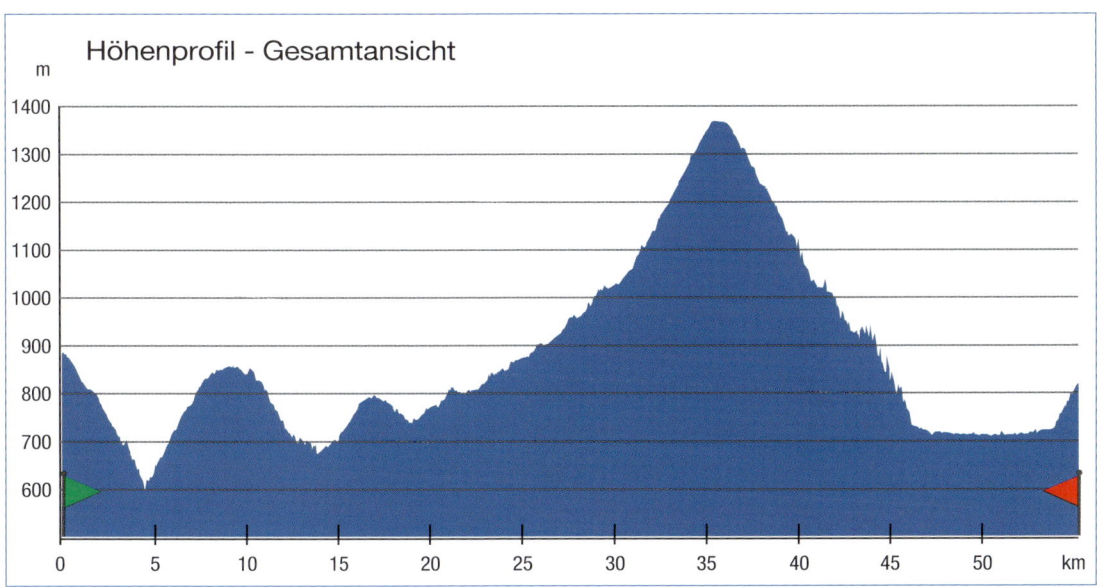

Höhenprofil - Gesamtansicht

Schmucklos aber lohnend:
Die Rampen des Ornon
sind dessen Highlight, die
Passhöhe ist eher fad.

Col d'Ornon
Alt. 1371 m

Pflicht und Kür zugleich: Bikers Lebens-Roadbook ohne den Noyer (nächstes Kapitel) wäre sträflich unvollständig.

COL DE PARQUETOUT

Eine Sammlung von Pässen abseits allen Trubels ohne den Col de Parquetout wäre sträflich unvollständig. Denn dieser Pass ist das perfekte Ebenbild jener Höhepunkte, die ich in diesem Buch versammelt haben wollte.

Beide Passrampen sind gleichermaßen fordernd wie auch einsam gelegen und Dank dichtem Baumbewuchs auch wenig aussichtsreich, sodass Sie sich ganz spontan vor Ort überlegen können, wie Sie die Scheitelhöhe auf knapp 1400 Metern erobern möchten.

Wir starten dazu im Süden im Dorf Corps am Nordrand des idyllisch liegenden Lac du Sautet. Hier ist der weitgehend unbekannte Pass allerdings nirgendwo ausgeschildert – folgen Sie einfach den Wegweisern nach Les Côtes-de-Corps und Saint-Luce hoch in die Berge. Die ersten Kehren und Kurven verdeutlichen, dass der Col de Parquetout wenig anfängertauglich sein wird, zumal die Straße den Berg hinauf auch noch deutlich schmaler und schlaglochreicher wird. Im Wei-

TOUR-TIPP

Empfehlenswerter Einkehrschwung
Corps: Bistrot »La Petite Poste« direkt an der Route Napoléon im Ort – leckerer Einkehrschwung sowohl mittags als auch abends

TOUR-TIPP

Sehenswertes am Wegesrand: Lac du Sautet
Der malerisch inmitten hoch aufragender Berge ruhende Lac du Sautet ist zwar ein künstlicher Stausee, doch das tut seiner Schönheit keinen Abbruch. Die Staumauer wurde 1930–35 erbaut und war damals auch im Hinblick auf die produzierte Strommenge technisches Neuland. Bis zu 76 MW feinster Naturstrom wurden von den mächtigen Turbinen des Stauwerkes pro Jahr produziert. Der Lac du Sautet staut die Wasser des Drac, eines der bedeutendsten Flüsse der Seealpen. Und eines Flusses, der die legendäre Route Napoléon (s. vorheriges Kapitel) über eine Länge von mehr als 90 km sozusagen hautnah begleitet. Im Oberlauf ist der Drac ein beliebtes Kanu- und Kayakrevier, der Lac du Sautet selbst ist ein regional beliebter Badesee mit Elektrobooten, Campingplatz und Restaurationen.

ler Saint-Michel-en-Beaumont steht dann urplötzlich der erste Wegweiser zum Pass, dem wir freudig folgen. Immer wieder taucht die Piste vor uns ein in dichten Bewuchs, in Wälder und hohe Hecken, die jede Aussicht verhindern. Erst rund um die unscheinbare Passhöhe – nur erkennbar an zwei Schildern links sowie einer Aussichtsbank – öffnet sich der Wald einige Meter weit und erlaubt einen schnellen Rundumblick.

Apropos Passhöhe: Wundern Sie sich nicht, dass die kaum mehr als lenkerbreite Straße vor dem Windshield

Welch gelungene Überraschung: Weder ist die Passhöhe am höchsten Punkt, noch ist sie deutlich ausgeschildert.

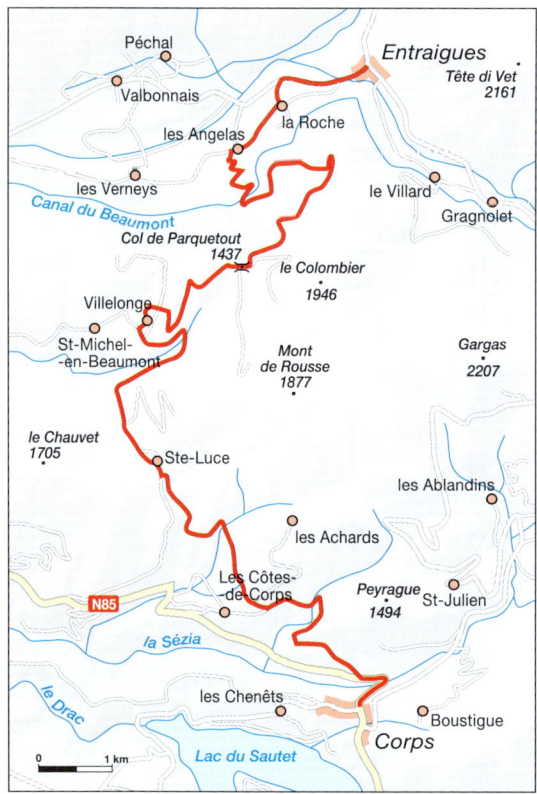

TOUR-TIPP

Wo Biker sich treffen
Bislang habe ich keine Treffs gefunden und auch vor
Ort nicht davon erzählt bekommen.

geschweige denn zur Umschau. Macht aber nichts, die
offiziell ausgeschilderte Passhöhe ist ein liebliches Pausenplätzchen, an dem wir uns bequem ausbreiten und
mitgebrachte Köstlichkeiten verzehren können.

Und uns nach einem Blick auf Navi und Landkarte
überlegen können, wie es weitergeht. Denn die Passstraße mündet nach sechs weiteren Kehren und einer
Hand voll Kurven in der Südrampe hinauf zum Col
d'Ornon (s. vorhergehendes Kapitel). Falls Sie den also
noch nicht erfahren haben – jetzt wäre die optimale
Gelegenheit dafür.

**Endlich durchatmen: Die Chance auf freie Sicht haben Sie
beim Parquetout nur rund um das Passschild herum.**

weiter ansteigt, anstatt sich nun erwartungsgemäß in
ein Tal hinab zu senken. Der eigentliche geografische
Scheitel findet sich erst zwei Kurven weiter inmitten
dichtem Bewuchs und lässt kaum Platz zum Parken

IM ÜBERBLICK

Name: Col de Parquetout
Land: Frankreich
Region: Seealpen
Passhöhe: 1437 m
Höchster Punkt der Strecke: 1455 m
Basisorte: Corpes und Entraigues
Schwierigkeitsgrad: Mittelschwer
Anzahl der Kehren: 14
Streckenlänge: 23 km
Mautpflicht: Keine
Offizielle Wintersperre: Keine
Sperre für Fahrzeuge: Keine
Kulinarik: Picknick mitbringen!
Ideal kombinierbar: Mit den Pässen Nr. 84, 85, 86, 87
und 89, mit dem nahen Col du Télégraphe und dem
Galibier, mit dem Col du Glandon samt Croix de Fer

Höhenprofil - Gesamtansicht
m
1500
1400
1300
1200
1100
1000
900
800
0
5
10
15
20
km

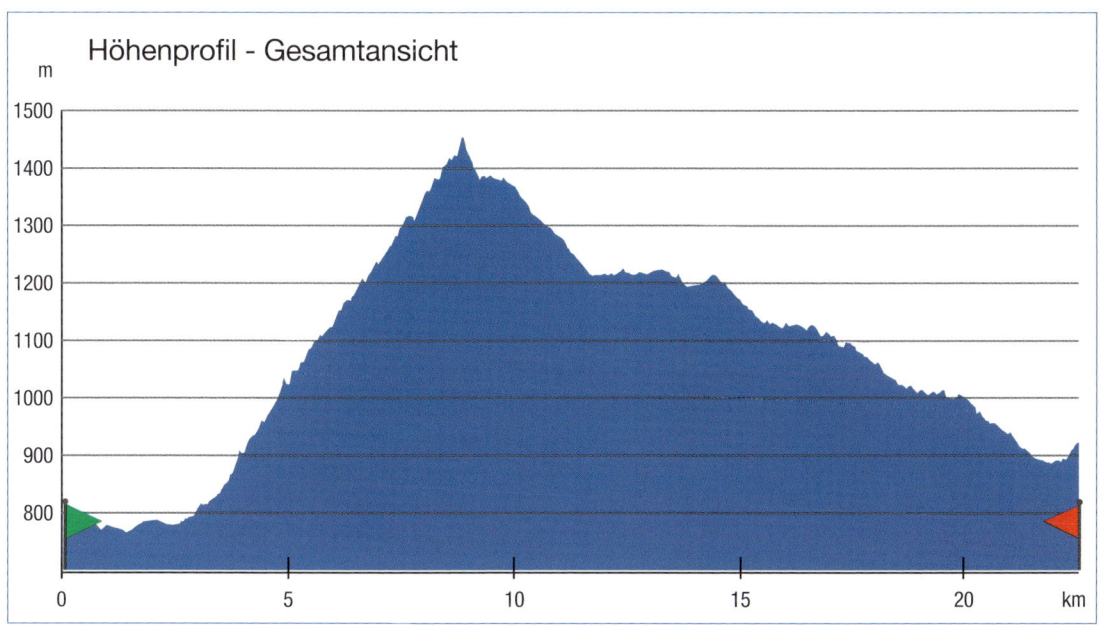

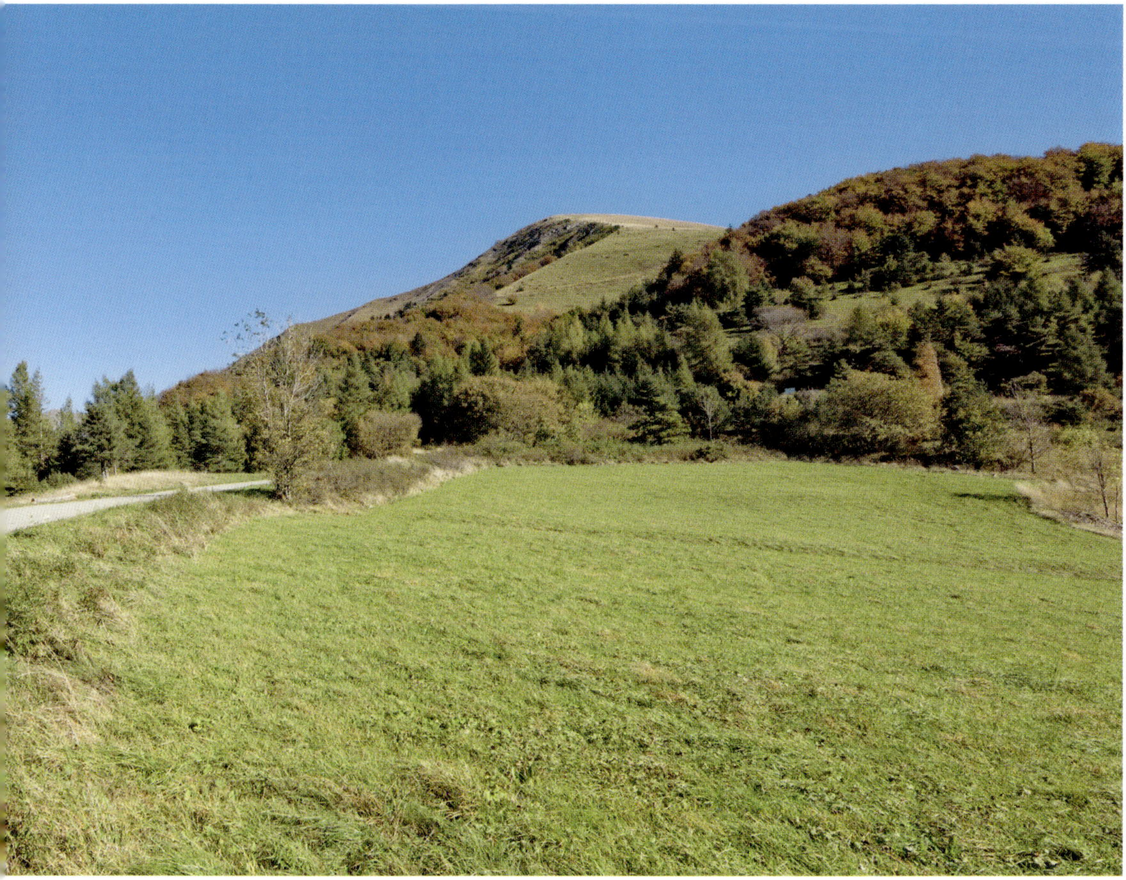

Morgens halb Zehn am Col du Noyer: Noch ahnen wir nicht, welche Pracht uns hinter dem Pass erwartet.

COL DU NOYER

Der Col du Noyer gehört zu jenen weitgehend unbekannten Pässen, die neben einer durchaus anspruchsvollen Streckenführung auch noch eine atemberaubend alpine Landschaft zu bieten haben.

Hier reduziert sich unser Reisetempo fast automatisch auf Schrittgeschwindigkeit, weil es so unheimlich viel zu schauen gibt. Und das selbst für mich, der ich schon von Berufs wegen nahezu pausenlos in den Alpen unterwegs sein darf.

Der Col du Noyer gehört ebenfalls zu jenen »Schätzen« einer Reise entlang der legendären Route Napo-

TOUR-TIPP

Wo Biker sich treffen
Direkt oben auf der Passhöhe am – meistens geschlossenen – Refuge Napoléon mit grandioser Aussicht auf das umliegende Felsmassiv

léon, die viel zu rasch übersehen werden können. Das prädestiniert ihn einerseits perfekt für dieses Buch, verlangt aber andererseits etwas Spürsinn vor Ort, um ihn auch zu entdecken. Im verschlafenen Saint-Bonnet-en-Champsaur nördlich von Gap beginnt der Aufstieg zum Noyer. Der trägt übrigens einhellig die Einstufung »mittelschwer« und sollte von Fahranfängern ausschließlich in Begleitung erfahrener Biker angegangen werden!

TOUR-TIPP

Empfehlenswerter Einkehrschwung
Saint-Bonnet-en-Champsaur: Restaurant in der »Auberge des Tones« am Place d'Eglise – nicht nur die Holzofen-Pizza ist hier vom Feinsten!
Agnières-en-Dévoluy: Restaurant »La Petite Bouffe«, La Joue du Loup – klein und einzigartig

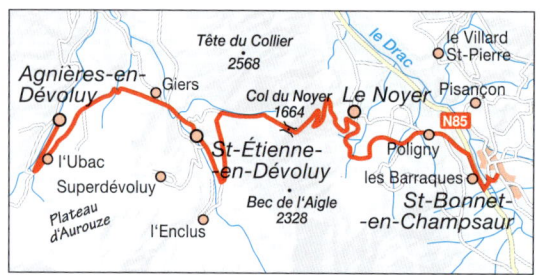

Während sich die Felsenkette der Ausläufer des imposanten Massif du Dévoluy fast schon horizontfüllend vor uns aufbaut, geht es zunächst schnurstracks durch eine weite Ebene mit kleinen Dörfern, ehe die Piste mit den ersten Kurven und Kehren anzusteigen beginnt. Es sind zwar nur fünf Kehren bis zur Passhöhe, doch in Kombination mit der spektakulären, fast schon hochalpin anmutenden Kulisse könnte man sich irgendwo im Bereich von lebensfeindlichen 3000 Metern Höhe wähnen.

Ganze 1664 Meter zeigt uns wenig später das Passschild an, das rechts vor dem meist geschlossenen Refuge Napoléon steht. Sechs Stück davon sollen um 1858 in den Seealpen entlang der Route Napoléon gebaut worden sein, nicht zuletzt um dem geliebten Feldherren sichere Unterkünfte zu bieten, falls ihn seine Verfolger entdecken würden. Sehr beliebt ist der Col du Noyer auch bei Rennradfahrern, wie so oft machte auch ihn die »Tour de France« weithin bekannt, die bereits vier Bergwertungen auf den Pass legte, die letzte 2010.

Apropos: All diejenigen Pässe der Alpen, die in die Etappen der »Tour de France« eingebaut werden, sind nicht nur während des berühmtesten Radrennens Frankreichs weiträumig zu meiden. In der Regel beginnen die Beeinträchtigungen und Absperrungen vor Ort jeweils bereits mindestens eine Woche im Voraus und sind auch eine Woche nach dem Event noch nicht spurlos beseitigt. Berücksichtigen Sie bei Ihren Tourenpla-

IM ÜBERBLICK

Name: Col du Noyer
Land: Frankreich
Region: Seealpen
Passhöhe: 1664 m
Höchster Punkt der Strecke: 1664 m
Basisorte: Saint-Bonnet-en-Champsaur und Agnières-en-Dévoluy
Schwierigkeitsgrad: Mittelschwer
Anzahl der Kehren: 11
Streckenlänge: 36 km
Mautpflicht: Keine
Offizielle Wintersperre: Keine
Sperre für Fahrzeuge: Keine
Kulinarik: Picknick mitbringen!
Ideal kombinierbar: Mit den Pässen Nr. 85, 86, 87 und 88

nungen in den Seealpen also bitte immer den exakten Verlauf und Terminplan der »Tour de France«!

Richtung Westen schwingt die Passstraße dann noch über sechs Kehren und einige Kurven hinab in das sehenswerte Hochtal rund um Souloise, in dem der gleichnamige Fluss entspringt. Ein Skigebiet mit Liftanlagen »verziert« unseren Horizont, der Rundumblick über die weite Ebene entschädigt aber für den Anblick dieser im Sommer niemals sehenswerten Wintersportanlagen.

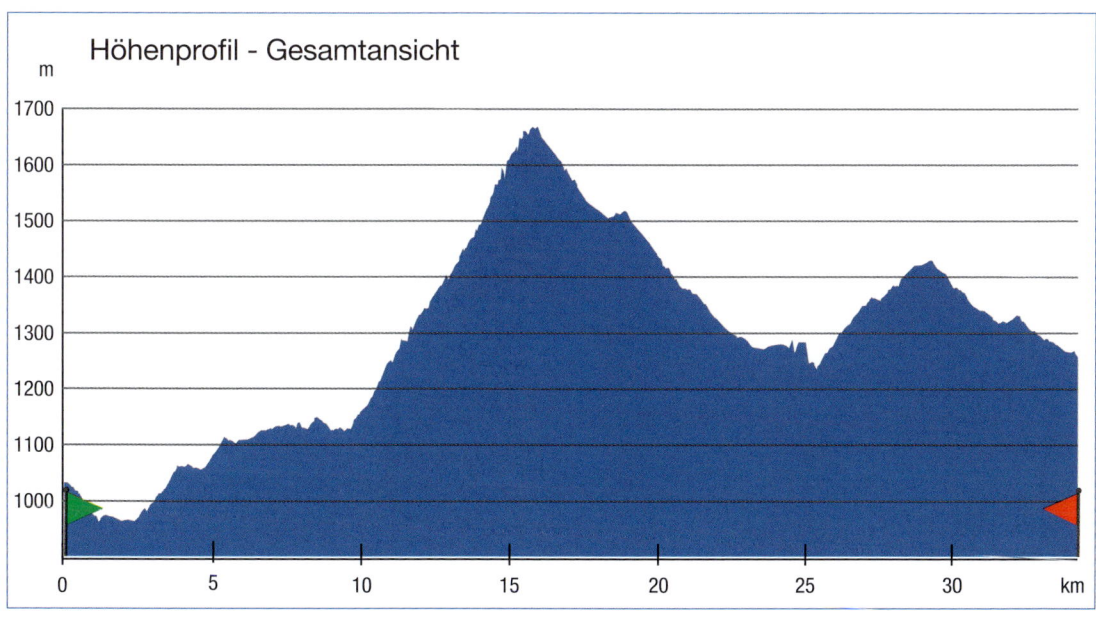

Höhenprofil - Gesamtansicht

Verfolgungsfahrten: Gemeinsam in den Bergen unterwegs zu sein macht Laune. Und der Trainingseffekt ist auch groß.

COL DES CHAMPS

Der Col des Champs gehört zu den Höhepunkten der Seealpen, die wir nur bei wirklich einwandfreien Wetterverhältnissen erfahren sollten.

Vor allem bei Nässe ist die Piste rund um den Scheitelpunkt gefährlich, und in den eingelassenen Wasserrinnen können bei Regen ganze Sturzbäche zu Tal rauschen. Bei tadellosem Bergwetter hingegen sinkt der Schwierigkeitsgrad des Col des Champs auf »mittelschwer«.

Der Pass verbindet Colmars im Tal des Verdon mit Guillaumes in den provenzalischen Alpen. Zudem bildet er die mögliche direkte Verbindung zwischen dem Col d'Allos und dem Col de la Cayolle (s. Band 1 meiner Pässe-Sammlung). Die Passstraße ist zwar durch-

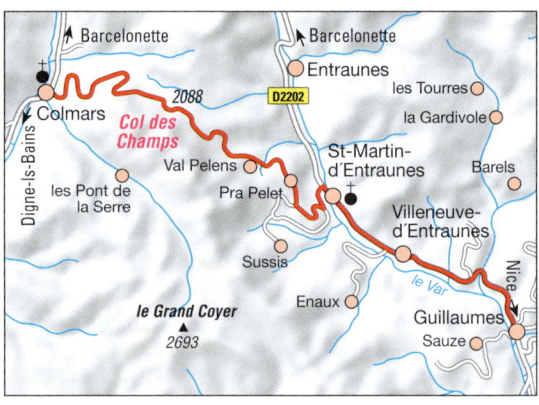

gehend asphaltiert, vor allem die Rampe hinab nach Colmars ist jedoch sehr schmal und im oberen Segment von tiefen Entwässerungsrinnen durchzogen, die schräg zur Fahrtrichtung verlaufen und die vor allem nach der Schneeschmelze sowie nach Regenfällen gut gefüllt sind mit Geröll und Auswaschungen. Für dieses fahrerische Ungemach bekommen wir allerdings eine »Entschädigung« in Form der herrlichen Landschaft, die sowohl die Passrampen als auch den Scheitelpunkt

TOUR-TIPP

Empfehlenswerter Einkehrschwung
Colmars: Restaurant »La Table Rinde« am Place Neuve – spartanisch, nüchtern, aber erlebenswert am Mittag oder Abend
Guillaumes: Restaurant »Le Central« im Herzen der Ortschaft – für kulinarische Entdecker unter uns

TOUR-TIPP

Sehenswertes am Wegesrand: Colmars-les-Alpes

Das Bergdorf Colmars, auch Colmars-les-Alpes genannt, ist ein 400-Seelen-Dorf hoch über der gewaltigen Schlucht des Verdon, dessen mittelalterlicher Charme heute noch jeden Besucher sofort in seinen Bann zieht. Zentral und direkt zu Füßen von Col d'Allos und Col des Champs gelegen, umgibt das malerische Bergdorf eine sehr gut erhaltene Ringmauer, in die sogar zwei Festungsabschnitte integriert sind, die von niemand Geringerem als dem legendären Marquis des Vauban geplant und nach seinen Vorgaben errichtet wurden. Jenem Festungsbaumeister, der für Ludwig XIV. und andere Auftraggeber in seinem Leben sage und schreibe 160 Festungsanlagen plante, baute oder umbaute. Zu Recht ist man deshalb auch in Colmars-les-Alpes besonders stolz auf die Festungsanlagen jenes weltberühmten Baumeisters, ja, sie sind heutzutage auch eines der wichtigsten touristischen Highlights hier. Gesichert von drei mächtigen Stadttoren gibt es innerhalb der starken Mauern eine malerische Altstadt mit winzigen verwinkelten Gassen und Wegen zu entdecken und vielen mehrstöckigen Häusern im gotisch-provenzalischen Stil. Schattige Hinterhöfe, verzierte Brunnen sowie ein weitläufiger Wehrgang laden zum Entdecken ein.

IM ÜBERBLICK

Name: Col des Champs
Land: Frankreich
Region: Seealpen
Passhöhe: 2087 m
Höchster Punkt der Strecke: 2100 m
Basisorte: Colmars und Guillaumes
Schwierigkeitsgrad: Anspruchsvoll
Anzahl der Kehren: 40
Streckenlänge: 40 km
Mautpflicht: Keine
Offizielle Wintersperre: November bis Mai
Sperre für Fahrzeuge: Keine
Kulinarik: Picknick mitbringen!
Ideal kombinierbar: Mit den Pässen Nr. 91, 92, 93, 94, 95, 96, 97, 98, 99 und 100, mit dem nahen Col d'Allos, dem Col de la Bonette samt Restefond de la Bonette und mit dem Col du Labouret

umgibt. Bewaldete Hügel wechseln sich mit Felsbergen ab, weit gezogene Kurven mit durchaus anspruchsvollen Kehren. Doch das Beste daran ist, dass wir die Pisten rund um den Col des Champs viele Tage im Jahr für uns allein haben werden, da die Strecke weder für den Durchgangsverkehr interessant noch überregional bekannt ist. Und die Passhöhe bietet einen jener Picknickplätze, die nicht nur mir für immer in Erinnerung bleiben werden. Positiv natürlich!

Französische Biker kombinieren den Col des Champs gern mit einem traumhaften Kurventanz über den Col d'Allos und den Col de la Cayolle – eine Rundtour von dann gut 125 Kilometern Länge und über 3000 Höhenmeter bergauf und bergab. Ach ja, und nicht zu vergessen: 79 waschechten Spitzkehren!

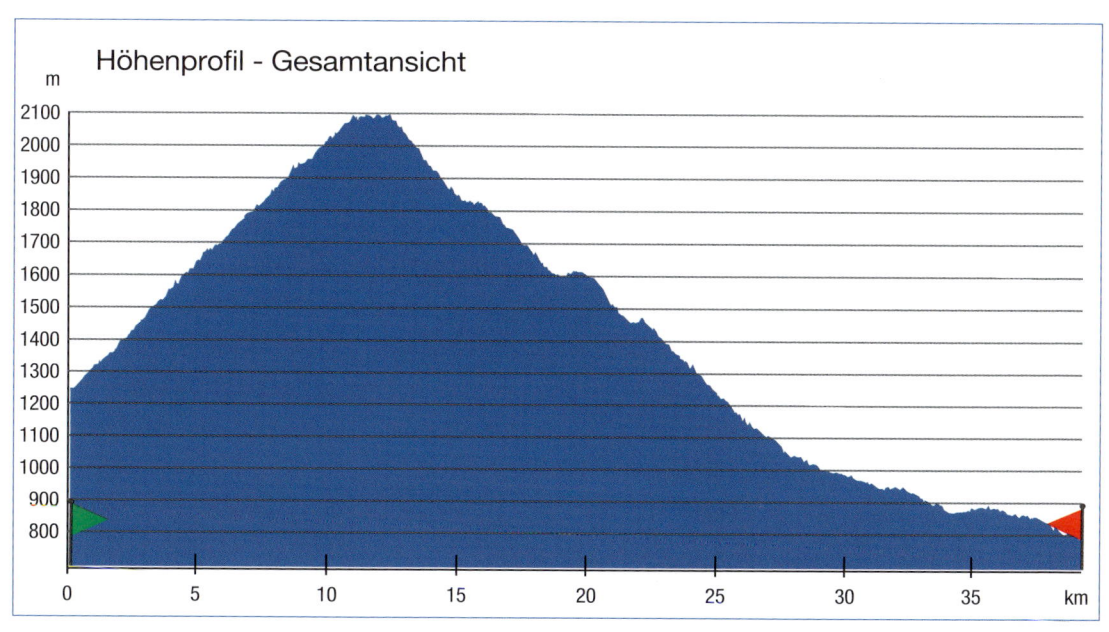

Höhenprofil - Gesamtansicht

Hochalpin: Das Schild wurde nicht etwa von Bikern oder Dosenfahrern zerknittert, sondern von Schneemassen.

COL DE LA LOMBARDE

Der Col de la Lombarde ist deshalb so anspruchsvoll, weil er sehr viele, teilweise auch recht steile
Spitzkehren aufweist und weil
die durchgängig asphaltierte
Passstraße vor allem auf italienischer Seite an vielen Stellen
kaum mehr als lenkerbreit ausgebaut ist.

Da treibt selbst entgegenkommender Einspur-Gegenverkehr, sprich:
ein einzelner Bikerkollege, unseren
Blutdruck sofort in ungesunde Höhen. Zudem liegt der Col de la Lom-

barde – auf italienischer Seite als Colle della Lombarda
ausgeschildert – in hochalpinem Gelände und sollte nur
bei trockenem und sonnigem Wet-
ter befahren werden.

Der Pass markiert die Grenze
zwischen dem französischen
Département Alpes-Maritimes und
der italienischen Region Piemont.
Wenige Kilometer nach dem Start
in Isola beginnt bereits der Kurven-
und Kehrentanz. Zunächst geht
es hinauf in den Retorten-Skiort
Isola 2000 mit seinen unzähligen
Hotelburgen. Nahezu jeder Hang
des Hochtals ist mit Skiliften und
Schneekanonen bestückt, und mag uns dieser Anblick
zunächst auch mit Grausen erfüllen, lohnt es sich doch,
Isola 2000 einmal näher zu erkunden (s. Tippkasten).

Bald schon verengt sich dann die Straße zu einer
teils nur noch einspurigen, aber weiterhin asphaltierten Fahrbahn. Dies und die große Zahl an Spitzkehren
verlangen volle Konzentration. Oben auf der von der

TOUR-TIPP

Empfehlenswerter Einkehrschwung
Isola 2000: Crêperie »La Sarrazine« im Malinvern-
Center – und noch eine Crêperie, die uns kulinarisch
positiv überrascht!
Vinadio: Ristorante »La Tanna della Marmotta«,
Via Strepeis im Vorort Bagni – auch ein beliebter
Treff nach der Mopedtour

TOUR-TIPP

Sehenswertes am Wegesrand: Isola 2000

Isola 2000 ist ein etwas anderer, weil vollkommen künstlich geschaffener Wintersportort in den französischen Seealpen. Das einstige Gebiet der Alpe Chastillon wurde 1972 nicht nach ästhetischen, sondern rein nach praktischen Aspekten gebaut. Nahezu alle Apartmenthäuser sind miteinander durch eine Einkaufszeile verbunden, sodass selbst bei schlechtem Wetter kein Gast ins Freie muss. Alle Pisten und Liftanlagen beginnen direkt bei den Apartmentanlagen – es geht sozusagen von der Wohnung direkt auf die Pisten. 120 Pistenkilometer stehen im Winter zur Auswahl, der Höhenunterschied reicht von 1800–2610 m an der Cime de Sistron. Von ihr kann man an klaren Tagen sogar das Mittelmeer in der Ferne glitzern sehen. Aufgrund dieser unmittelbaren Nähe zur Côte d'Azur erfreut sich auch Isola 2000 ganzjährig vieler Sonnenstunden und lockt im Sommer immer wieder Wanderer und Naturfreunde mit seinem spürbar erholsamen Alpenklima.

IM ÜBERBLICK

Name: Col de la Lombarde

Land: Frankreich

Region: Seealpen

Passhöhe: 2350 m

Höchster Punkt der Strecke: 2350 m

Basisorte: Isola und Vinadio

Schwierigkeitsgrad: Sehr anspruchsvoll

Anzahl der Kehren: 79

Streckenlänge: 42 km

Mautpflicht: Keine

Offizielle Wintersperre: November bis Juni ab Isola 2000

Sperre für Fahrzeuge: Lkw über 12 t / 10 m Länge

Kulinarik: Picknick mitbringen!

Ideal kombinierbar: Mit den Pässen Nr. 90, 92, 93, 94, 95, 96, 97, 98, 99 und 100, mit dem nahen Col d'Allos, dem Col de la Bonette samt Restefond de la Bonette und mit dem Col de la Couillole

Natur zu einem weiten Plateau geformten Passhöhe können wir dann wieder durchatmen und uns einen ausgiebigen Boxenstopp gönnen. Allerdings keinen Einkehrschwung, denn die Passhöhe ist komplett unbewirtschaftet. Dafür ist sie vor allem an Sommerwochenenden ein sehr beliebter Bikertreff, ganz besonders auch der Piemonteser Kollegen. Und die Rundumsicht auf die Felsengipfel der südlichen Seealpen ist ein wahrer Genuss.

Auf der italienischen Seite folgt die Strecke zunächst dem Tal von Santa Anna, und der mächtige Gebäudekomplex, der wenig später am westlichen Talhang auftaucht, ist das Santuario Sant'Anna di Vinadio, ein berühmtes Kloster aus dem 17. Jahrhundert. Im Ort Vinadio mit seiner Vielzahl an Einkehrmöglichkeiten pendelt unsere Passstrecke dann gemütlich aus. Mahlzeit!

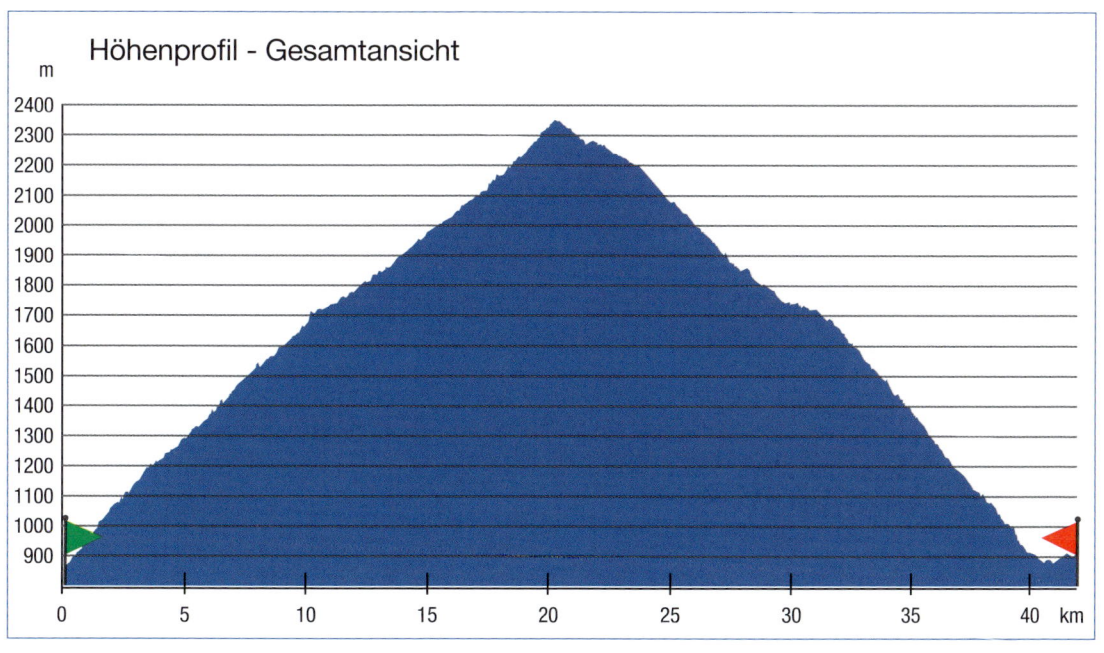

Aufklärung: Wenn selbst Onkel Google irrt, kann ein Blick auf die einbetonierten Panoramen die Erleuchtung bringen.

COL DE VALBERG / COL DU VASSON

Auf so mancher auch heute noch verkauften Straßenkarte wird der Col du Vasson – wenn überhaupt erwähnt – als Col de Valberg angeführt, ein verwirrender Kartenfehler, der sich erst vor Ort, dann allerdings sehr rasch auflöst.

Meine Vermutung zum Hintergrund dieses Verwirrspiels: Der Col du Vasson auf 1662 Metern Höhe westlich des Skiressorts Valberg ist eine recht jungfräulich betitelte Passhöhe, deren Existenz sich noch nicht einmal bei Google Earth herumgesprochen hat. Das sehr informative Panoramamosaik direkt auf der idyllischen Passhöhe machte jedenfalls bei meinem letzten Be-

such 2014 den Eindruck, soeben erst frisch einbetoniert worden zu sein.

Und wo ist dann der Col de Valberg? Nun, dabei handelt es sich ganz einfach um den höchsten Punkt mitten im wenige Kilometer weiter östlich malerisch auf einem Bergrücken gelegenen Wintersportort Valberg. Direkt am Ortsausgang steht ein unscheinbares Schild in schattigem Wald – »Col de Valberg«. Dessen eigentliche Passhöhe ist allerdings so dröge wie kaum eine andere in diesem Buch beschriebene. Da macht es schon mehr Sinn, dem Rat so mancher Radwanderer zu folgen und die »Passhöhe« ganz einfach in das Zentrum von Valberg zu verlegen. Denn zum Höhepunkt

TOUR-TIPP

Empfehlenswerter Einkehrschwung
Valberg: Restaurant »Les Terrasses du Soleil«, Avenue Saint Bernard – nicht nur die Sonne ist hier gern zu Gast!
Guillaumes: Restaurant »Le Central« mitten im Ort – für die kulinarischen Entdecker unter uns
Beuil: Restaurant »Le Relais du Mercantour« an der Route de Nice La Croix – ein Muss für hungrige Biker

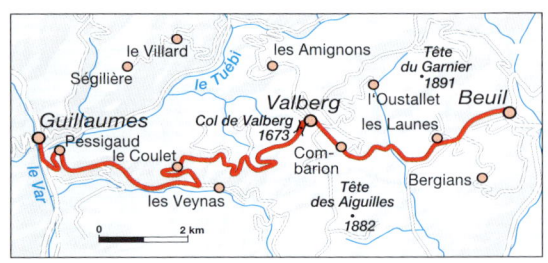

TOUR-TIPP

Sehenswertes am Wegesrand: Alpes-Maritimes
Das französische Département Alpes-Maritimes erstreckt sich von hier aus Richtung Mittelmeer und Côte d'Azur und gehört zu den geschichtsträchtigsten Regionen der Seealpen. Seine Wurzeln gehen bis auf die reisefreudigen Römer zurück, die hier im Jahr 7 v. Chr. die Provinz »Alpes Maritime« ausriefen. Deren Hauptstadt war Cemenelum, heute übrigens ein Vorort von Nizza. In seiner Blütezeit gegen Ende des 3. Jh. reichte die Provinz bis hinauf nach Digne-les-Bains und sogar bis Briançon. Das heutige französische Département Alpes-Maritimes gibt es erst seit 1860, als die bis dahin unabhängige Grafschaft Nizza an Frankreich ging. 1947 wurde die Region dann um die zuvor italienischen Gemeinden Tende und La Brigue erweitert, die sich in einer Volksbefragung für den Anschluss an Frankreich entschieden hatten – nolens volens musste Italien beide Dörfer an Frankreich abtreten.

IM ÜBERBLICK

Name: Col de Valberg
Land: Frankreich
Region: Seealpen
Passhöhe: 1673 m
Höchster Punkt der Strecke: 1695 m
Basisorte: Guillaumes und Beuil
Schwierigkeitsgrad: Leicht
Anzahl der Kehren: 9
Streckenlänge: 20 km
Mautpflicht: Keine
Offizielle Wintersperre: Keine
Sperre für Fahrzeuge: Keine
Kulinarik: Bestens
Ideal kombinierbar: Mit den Pässen Nr. 90, 91, 93, 94, 95, 96, 97, 98, 99 und 100, mit dem nahen Col de la Cayolle, dem Col de la Bonette samt Restefond de la Bonette und mit dem Col de la Couillole

des Col de Valberg gehört – neben zwei fahrerisch äußerst attraktiven Passrampen – vor allem die Tatsache, dass im Wintersportressort Valberg auch im Sommer so mancher Boxenstopp geöffnet hat und wir uns hier in herrlich aussichtsreicher Höhenlage entspannen und stärken können. Und wir können die Fahrt über Vasson und Valberg zu einer Rundtour ausweiten, die in Erinnerung bleiben wird.

Gleich im Basisort Guillaumes folgen wir dazu den Wegweisern nach Valberg und erklimmen über vier Spitzkehren die Passhöhe des Vasson. Ein Picknickplatz und das erwähnte Panoramamosaik zeigen meter-

genau, wo wir den Seitenständer ausklappen sollten. Nach weiteren drei Kehren erreichen wir Valberg – links am Ortseingang steht übrigens das Passschild. Wer sich nun noch eine weitere Portion Kehren gönnen möchte, der setzt in Valberg den Blinker links Richtung Péone. Ganze elf Kehren schenkt uns diese Alternativpiste auf gerade einmal acht Kilometern Länge – das nenne ich ein gelungenes Geschenk für Biker. Und von Péone aus geht es dann auf aussichtsreicher Strecke zurück nach Guillaumes.

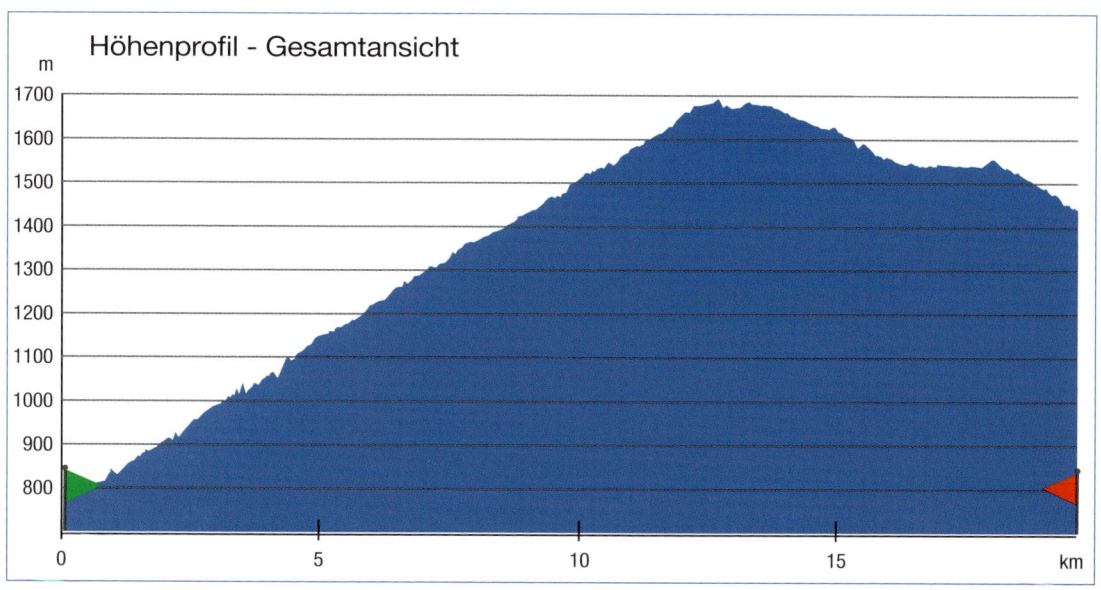

Höhenprofil - Gesamtansicht

Erhebend: So unscheinbar die Passhöhe auch ist, seine Rampen sind ein fahrerischer und landschaftlicher Hochgenuss.

COL DE LA COLLE-SAINT-MICHEL

Nein, mir ist beim Texten dieser Zeilen nicht die Tastatur hängen geblieben – der Pass heißt tatsächlich Col de la Colle-Saint-Michel.

Eigentlich wunderschön doppelt gemoppelt – macht aber nichts, denn einerseits besteht auch dieser Pass aus einer zwar winzigen, aber kompletten Ortschaft, und andererseits bietet der Pass am Nordrand des grandiosen Verdon-Nationalparks fahrerisch alles, was Bikers Herz sich wünschen kann.

Vor allem, wenn wir im Bergdorf Annot am Südfuß des Passes unsere »Eroberung« starten. In schwungvollen Rechts-links-Kombinationen bringt uns die D 908 Richtung Norden, wir huschen durch den Weiler Le Fugeret und warten auf das erste Kehrenvergnü-

TOUR-TIPP

Empfehlenswerter Einkehrschwung
Annot: »Café du Commerce« direkt am Rathaus (Place de la Mairie) – der Treff für Einheimische und Gäste

TOUR-TIPP

Wo Biker sich treffen
Im Zentrum von Colle-Saint-Michel zu einer Verschnaufpause und zu Benzingesprächen – das aber auch nur sonntags und selten gezielt oder organisiert

gen. Das kommt unmittelbar hinter dem Ort in Form von sechs, ja fast sogar sieben echten Kehren. Bei der letzten zögere ich etwas in der Einstufung, da sie sehr weit schwingt. Sofern Sie als erfahrener Biker allerdings meiner Empfehlung an dieser Stelle folgen und den Abzweig über den Weiler Méailles einbauen, dann bekommen Sie 14 anspruchsvolle Kehren auf zwei Kilometern Strecke »geschenkt«, die den Blutdruck ordentlich hochtreiben werden.

Die wenigen Häuser des Orts Colle-Saint-Michel bilden die Passhöhe, das Passschild ist gleichzeitig Ortsschild, und falls Sie jetzt der kleine Hunger überfällt, hoffe ich, dass sich in Koffer oder Topcase noch etwas finden wird, denn eine Bar oder gar ein Restaurant habe

IM ÜBERBLICK

Name: Col de la Colle-Saint-Michel

Land: Frankreich

Region: Haute-Provence

Passhöhe: 1431 m

Höchster Punkt der Strecke: 1431 m

Basisorte: Annot und Thorame-Haute

Schwierigkeitsgrad: Anspruchsvoll

Anzahl der Kehren: 20

Streckenlänge: 29 km

Mautpflicht: Keine

Offizielle Wintersperre: Keine

Sperre für Fahrzeuge: Keine

Kulinarik: Picknick mitbringen!

Ideal kombinierbar: Mit den Pässen Nr. 90, 91, 92, 94, 95, 96, 97, 98, 99 und 100

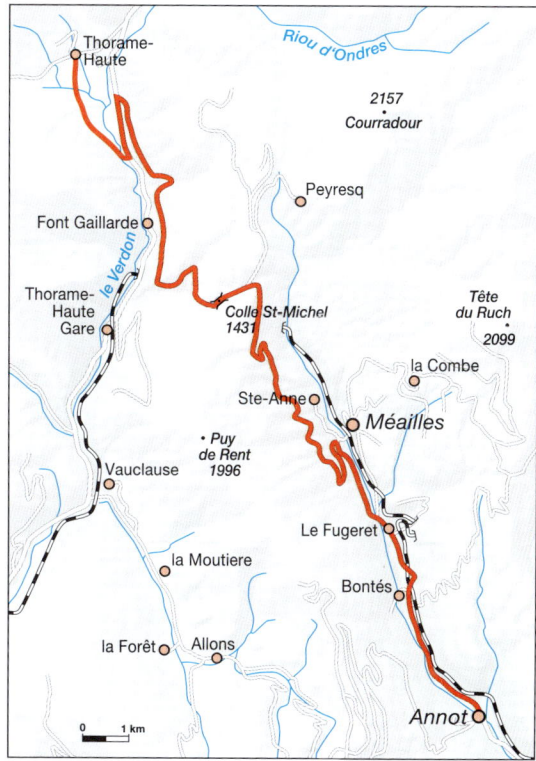

ich hier oben bis heute nicht entdecken können. Dafür eine herrlich aussichtsreiche Wohnlage, die den Begriff Abgeschiedenheit neu definiert. Außer einigen Gîtes d'Etape – einfachen Touristenunterkünften – und einem »Camping à la ferme«, also einem Zeltplatz in der Nähe eines Bauernhofs, finden wir hier nur Fuchs und Hase, die sich ganztags freundlich »Gute Nacht« sagen. Ein herrliches Fleckchen Seealpen, das einem wieder einmal vor Augen führt, was wirklich wichtig ist im Leben!

Nun ja, irgendwann werden auch Sie sich sattgesehen haben und die Nordrampe des Passes in Angriff nehmen. Drei Kehren und zwei spitzwinkelige Abzweige später pendeln wir in Thorame-Haute aus und können in der Metzgerei (boucherie) bei der Kirche eine Stärkung ordern – oder im daneben liegenden Mini-Supermarkt einkaufen.

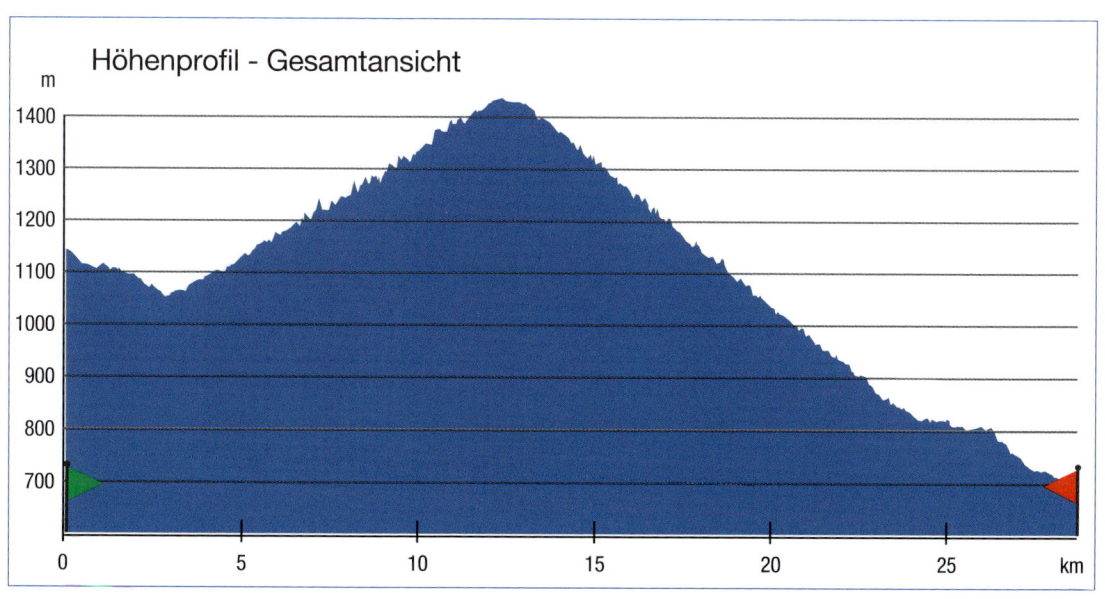

Einfach herrlich: Kurvensurfen über die Pässe der Haute-Provence – das bleibt für lange Zeit in Erinnerung.

COL D'ILLOIRE

Pass Nr. 94 und 95 – der Col d'Illoire und der Col d'Ayen – gehören im Grunde zusammen wie Topf und Deckel.

Dass ich sie dennoch in zwei separate Kapitel verpackt habe, liegt an den doch recht gegensätzlichen Landschaften, in der beide Pässe liegen. De facto erfahren werden wir sie aber vermutlich stets auf einer imposanten, in Erinnerung bleibenden Tagestour.

Die startet in Sachen Col d'Illoire z. B. im hübschen provenzalischen Dorf Comps-sur-Artuby im Herzen des Naturparks Verdon. Einst hoch auf einem Hügel über dem Fluss Artuby thronend, liegt das Dorf mit seinen

TOUR-TIPP

Wo Biker sich treffen
An den einzigartigen Balcons de la Mescla sowie in Aiguines im Zentrum mit seinen zahlreichen Einkehrmöglichkeiten

gerade einmal 350 Einwohnern inzwischen direkt an den Ufern des Flusses im Sonnenschein der Haute-Provence und erscheint mir bei jedem Besuch ungemein »lebensabendgeeignet«. Am westlichen Ortsrand folgen wir dann den Wegweisern nach Aiguines und Richtung Grand Canyon Rive gauche, dem Südrand des legendären Grand Canyon du Verdon (Details dazu s. Tippkasten). Sofort umgibt uns die typische Landschaft

TOUR-TIPP

Empfehlenswerter Einkehrschwung
Comps-sur-Artuby: Snackbar »Verdon Pique Nique«, Avenue de Chamay – endlich ein Snack, vor dem es uns nicht grausen muss, ganz im Gegenteil!
Aiguines: Restaurant »Le Rive Gauche« am Place de la Fontaine – der Treff im Ort mit vorzüglichem Speis & Trank

TOUR-TIPP

Sehenswertes am Wegesrand: Grand Canyon du Verdon
Die knapp 200 km lange Runde über die Panoramastraße des südfranzösischen Grand Canyon du Verdon und zum angrenzenden Lac de St.-Croix zählt zu den Höhepunkten einer jeden Tourenplanung – denn hier erwartet uns ein landschaftliches Kleinod, das seinem großen amerikanischen Namensvetter in nichts nachsteht. Hier ist alles nur etwas überschaubarer und bietet sich deshalb perfekt für ein tagesfüllendes Schräglagenprogramm an. Die Panoramastraße um den Grand Canyon du Verdon führt in spektakulären Kehren und durch pechschwarze, unbeleuchtete Tunnels einmal um die gewaltige Schlucht, die der Fluss Verdon im Lauf von 6 Mio. Jahren gegraben hat. Die Straße wurde in den 1950er-Jahren erbaut, deshalb bitte aufgepasst: Vor allem im Frühjahr wird der ramponierte Straßenbelag in typisch französischer Spar-Manier mit großflächigen Bitumen-Rollsplitt-Flickaktionen »repariert« – so mancher Fluch von mir über dieses Flickwerk steckt bis heute in den Büschen am Wegesrand. Doch die Ausblicke über die Kupplungshand hinunter in das tief eingeschnittene Tal des Verdon entschädigen für alles Ungemach.

IM ÜBERBLICK

Name: Col d'Illoire
Land: Frankreich
Region: Haute-Provence
Passhöhe: 964 m
Höchster Punkt der Strecke: 1210 m
Basisorte: Comps-sur-Artuby und Les Salles-sur-Verdon
Schwierigkeitsgrad: Mittelschwer
Anzahl der Kehren: 17
Streckenlänge: 44 km
Mautpflicht: Keine
Offizielle Wintersperre: Keine
Sperre für Fahrzeuge: Keine
Kulinarik: Picknick mitbringen!
Ideal kombinierbar: Mit den Pässen Nr. 90, 91, 92, 93, 95, 96, 97, 98, 99 und 100

der Haute-Provence mit ihren mannshohen Hecken, Büschen und kleinen Wäldchen. Die D 71 schlängelt sich durch diese Lieblichkeit in vielen Kurven und einigen Kehren in Richtung der imposanten, einzigartigen Schlucht des Verdon. Die uns umgebende Landschaft wird deutlich felsiger und rauer, und nach einigen Kilometern erreichen wir an den Balcons de la Mescla die spektakulärste und landschaftlich reizvollste Stelle der Schlucht: Von Süden her mündet der Fluss Artuby in den Verdon und sorgt mit seinen Wassern für neuen Schwung beim »alten Herrn« – 21 Kilometer lang und

bis zu 700 Meter tief gilt der Grand Canyon du Verdon als die spektakulärste aller französischen Schluchten.

Die als »Rive gauche« ausgeschilderte Straße folgt nun der Verdon-Schlucht sozusagen auf Tuchfühlung entlang der südlichen Abrisskante hinunter zum Lac de St.-Croix. Kurz bevor die Piste hinab zu dem malerisch in einer weiten Ebene drapierten Stausee schwingt, erreichen wir in einer scharfen Linkskehre den gesuchten Col d'Illoire. Das Passschild steckt mitten in der Kurve, ein kleiner Parkplatz erlaubt das gefahrlose Abstellen auch mehrerer Motorräder für das obligatorische Passfoto. Nach einer weiteren Spitzkehre pendelt die Straße dann im sehenswerten Aiguines aus. Perfektes Timing für einen ausgiebigen Boxenstopp!

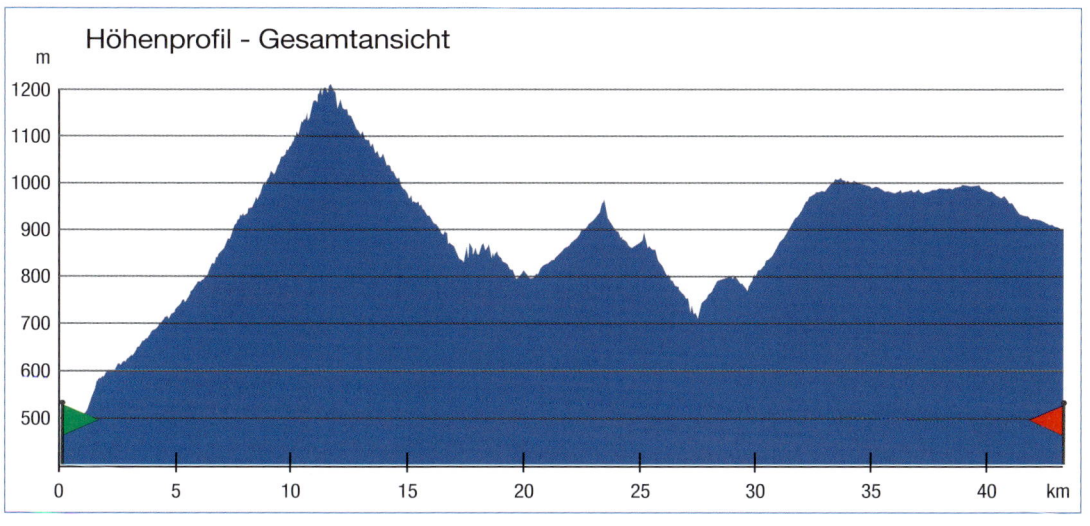

Irgendwo zwischen Wasser und Fels: Auch die Nordstrecke um den Grand Canyon hat fahrerisch viel zu bieten.

COL D'AYEN

Der Col d'Ayen ist der exakte Gegenpart des Col d'Illoire – nur fahrerisch nicht ganz so spektakulär.

Das Passschild findet sich kurz vor einer weiten Anhöhe, die sich dann hinab nach La Palud-sur-Verdon senkt, dem beschaulich-quirligen Aussteiger- und Touristenort am Nordrand des grandiosen Grand Canyon du Verdon.

Doch halt, alles der Reihe nach – werfen wir erst einmal einen langen Blick hinein in das Künstler- und

TOUR-TIPP

Empfehlenswerter Einkehrschwung
Moustiers-Sainte-Marie: Restaurant »La Cantine«, Rue de la Bourgade – diese »Kantine« zu suchen, lohnt sich immer!
Castellane: Restaurant »MacToff«, Rue Nationale 22 – Ambiente eines Stehimbisses, aber mit einem Koch, der wirklich was kann!

TOUR-TIPP

Wo Biker sich treffen
In La Palud-sur-Verdon direkt im Zentrum mit zahlreichen Einkehrmöglichkeiten sowie in Castellane (vor allem morgens zu Beginn der Tour.)

Aussteiger-Dorf Moustiers-Sainte-Marie hoch über dem Nordufer des Lac de Saint-Croix, bei dem Sie übrigens auch das Motorrad am Ortsrand abstellen und zu Fuß weitergehen müssen. Anschließend folgen wir wieder zweirädrig der D 952 und schwingen kehren- und kurvenreich am extrem felsigen und optisch so gänzlich andersartigen Nordrand des Grand Canyon du Verdon entlang. Durch hoch aufragende Felsentore, einige unbeleuchtete Tunnels und viele schwer einsehbare Kurven geht es dahin.

Mein Tipp: Vor allem unter der Woche oder an »Bettenwechsel-Samstagen« verläuft die Fahrt hier entlang deutlich entspannter. Sonntags dagegen wird

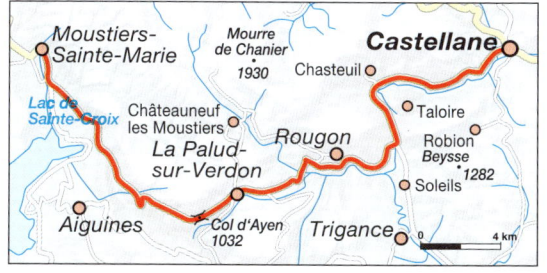

Name: Col d'Ayen
Land: Frankreich
Region: Haute-Provence
Passhöhe: 1032 m
Höchster Punkt der Strecke: 1035 m
Basisorte: Moustiers-Sainte-Marie und Castellane
Schwierigkeitsgrad: Leicht
Anzahl der Kehren: 8
Streckenlänge: 44 km
Mautpflicht: Keine
Offizielle Wintersperre: Keine
Sperre für Fahrzeuge: Keine
Kulinarik: Picknick mitbringen!
Ideal kombinierbar: Mit den Pässen Nr. 90, 91, 92, 93, 94, 96, 97, 98, 99 und 100

es etwas belebter zugehen. Wenngleich das Verkehrsaufkommen rund um den Grand Canyon du Verdon auch längst nicht vergleichbar ist mit Dolomiten- oder Seealpenpässen, müssen wir die schmalen Pisten doch vor allem an den Ferienwochenenden mit Radfahrern und Naturfreunden teilen, die beim Anblick der grandiosen Natur ihr Tempo ebenfalls auf Schrittgeschwindigkeit reduzieren.

Bald schon wird ersichtlich, dass sich unsere Passstraße hinauf zum Scheitel des Col d'Ayen recht deutlich vom Rand des Canyons entfernt. Wenngleich die Fahrt auf ihr dabei niemals langweilig wird, könnte doch auch in Ihnen der Wunsch erwachen, wieder deutlich näher an die spektakulären Felsabbrüche heranzukommen. Dazu lautet mein Tipp: die Route des Crêtes (Abzweig in La Palud-sur-Verdon suchen!). Zunächst wedeln wir aber weiter Richtung Passhöhe, erfreuen uns an einigen waschechten Kehren und erreichen perfekt eingestimmt die recht unscheinbare Passhöhe mitsamt einem kleinen Parkplatz.

Das war's dann auch schon mit diesem Pass, das Highlight der Ostrampe heißt La Palud-sur-Verdon und erwartet uns wenige Kilometer weiter mit einer sehenswerten Mixtur aus Alt und Neu, aus Abgeschiedenheit und Quirligkeit. Nach dem Abstecher über die Route des Crêtes liegt dann noch ein fahrerischer Genuss vor uns: die Fahrt entlang des Verdon flussaufwärts zum sehenswerten Städtchen Castellane. Vier Kehren, unzählige Kurven und eine von der Natur atemberaubend modellierte Schlucht würzen die Fahrt, an deren Ende wir randvoll mit schönen Bildern in Castellane auspendeln. Meine Tipps dazu finden Sie im nächsten Kapitel.

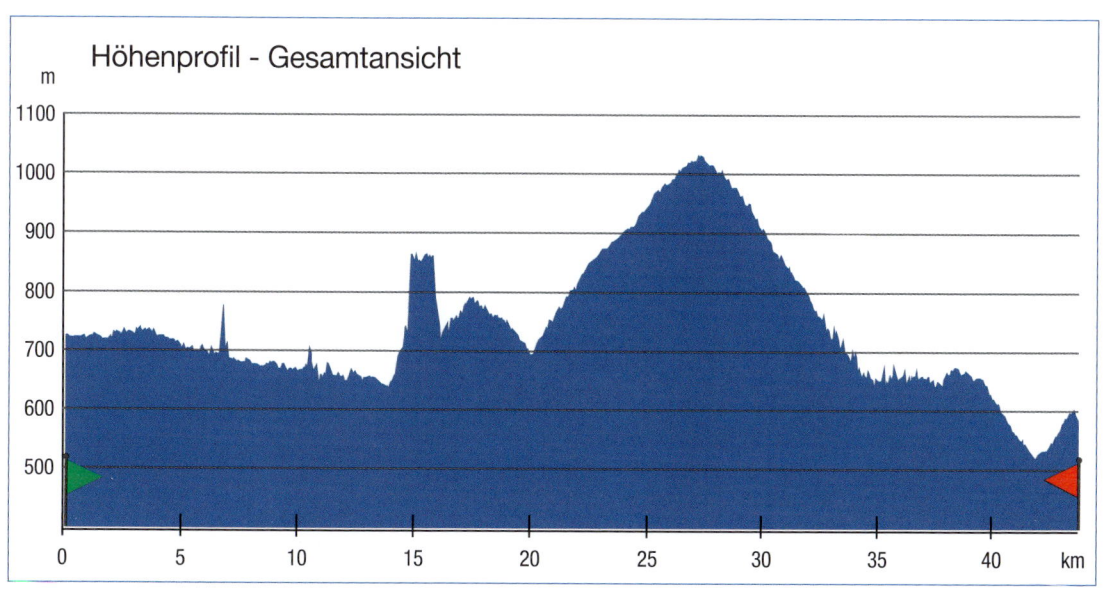

Unterwegs im Abseits: Auch in Castellane gilt, wer öfters mal spontan abbiegt, entdeckt viel mehr von Land & Leuten.

COL DES LEQUES

Über die RN 85, die berühmte Route Napoléon, wurde schon in Kapitel 87 im Zusammenhang mit dem Col d'Ornon berichtet.

Eine Reise entlang dieser Themenstraße ist ein ganz besonderes Erlebnis, vor allem auch dann, wenn man die recht viel befahrene Nationalstraße öfter mal verlässt und einfach spontan ins Hinterland abbiegt. So wie am Nordrand von Castellane. Wer dort nicht dem Wegweiser zum Col d'Allos, einem der berühmten Pässe im Umfeld der »Route des Grandes Alpes«, folgt, sondern Richtung Barrême abzweigt, landet auf der D 4085. Okay, auch so manch eiliger Lieferantentransporter wird diesen Abzweig wählen, doch Schwerlast- und Durchgangsverkehr sowie Wohnmobilisten wählen meist die gen Norden leitende Kombination aus D 955 und N 202 vorbei am Lac de Castillon. Will sagen: Die Chance, unsere gewählte Piste D 4085 recht einsam vorzufinden,

TOUR-TIPP

Empfehlenswerter Einkehrschwung
Barrême: Pizzeria »Des 3 Asses«, Rue Principale – die wohl beste (nicht nur, weil einzige) Pizzeria am Ort
Castellane: Restaurant »MacToff«, Rue Nationale 22

TOUR-TIPP

Wo Biker sich treffen
Oben am Pass im herzlich geführten »Bistrot du Col« – nicht nur zur Spontanpause, sondern auch am Beginn einer sonntäglichen Rundtour

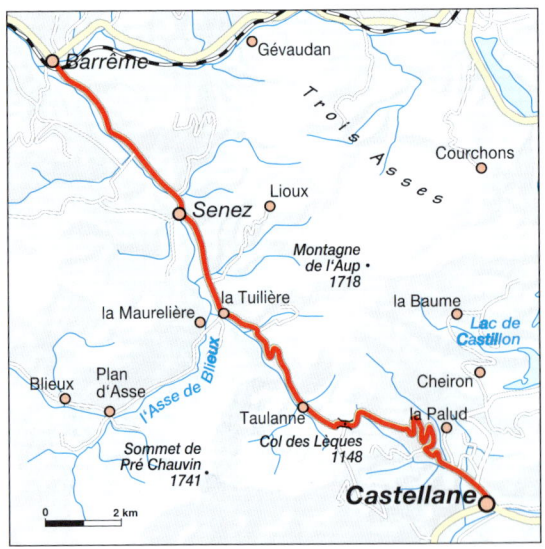

TOUR-TIPP

Sehenswertes am Wegesrand: Castellane

Bei meinem ersten Besuch in Castellane in den 1990er-Jahren erlebte ich zum letzten Mal auf meinen Reisen durch Frankreich, dass gleich mehrere Herbergen direkt im Ort meine Frage nach einem freien Zimmer negativ beantworteten, obwohl es ersichtlich und im Internet über Buchungsportale auch nachweisbar war, dass genügend freie Zimmer vorhanden waren. Aber man wollte Motorradfahrer ganz offensichtlich nicht beherbergen. Danach machte ich viele Jahre einen Bogen um den Ort bis zu meinem Besuch in 2015. Fast eine Woche verbrachten Sozia Kirsten und ich im quirlig bunten Castellane und genossen die Wahl zwischen idyllisch liegenden Campingplätzen und gleich drei Hotels samt aller Restaurants, die sich um uns Biker herzlich bemühten. Denn man hatte offensichtlich erkannt, dass wir eine durchaus zahlungskräftige Klientel sind. Gut so, Castellane, denn du bist ein bildhübscher und besuchenswerter Ort in wohl einzigartiger Lage inmitten hoch aufragender Felsen und tief gegrabener Schluchten.

IM ÜBERBLICK

Name: Col des Leques

Land: Frankreich

Region: Haute-Provence

Passhöhe: 1148 m

Höchster Punkt der Strecke: 1148 m

Basisorte: Barrême und Castellane

Schwierigkeitsgrad: Mittelschwer

Anzahl der Kehren: 15

Streckenlänge: 25 km

Mautpflicht: Keine

Offizielle Wintersperre: Keine

Sperre für Fahrzeuge: Keine

Kulinarik: Gut

Ideal kombinierbar: Mit den Pässen Nr. 90, 91, 92, 93, 94, 95, 97, 98, 99 und 100

ist groß. Zumal umgehend nach den letzten Häusern Castellanes auch ein heftiges Kehrenpotpourri beginnt, das Motorradfahrer mit satten 13 Kehren und vielen weiteren Kurven erfreut. Die deutlich ausgeprägte Passhöhe zieren die baulichen Reste eines vermutlich länger schon aufgegebenen großen Restaurants, das obligatorische Passschild sowie das »Bistrot de Col«, eine bewirtschaftete Würstchenbude mit einem sehr freundlichen Wirt. Nur sein Kaffee erzeugte bei meinem letzten Besuch heftiges Sodbrennen, war er wohl in der alten Kaffeemaschine zu lange schon eingekocht.

Zwei weitere Kehren später führt die Straße dann durch die auch als Clue du Taulanne bekannte Schlucht, ein hoch aufragendes Meer aus Felsen, Büschen und steil abfallenden Flussufern samt Nadelöhr, in dem sich keine zwei entgegenkommende Pkw treffen dürfen, ohne dass einer der beiden Dosenfahrer den Klügeren gibt. Nach diesem sehr engen Felsentunnel weitet sich die Schlucht wieder, und nach wenigen Kilometern taucht die Ortschaft Barrême vor uns auf und lockt mit einem winzigen, aber sehenswerten Zentrum samt Pizzabäcker gleich neben dem Rathaus. Zur Erinnerung: Wir befinden uns tief im Herzen Frankreichs!

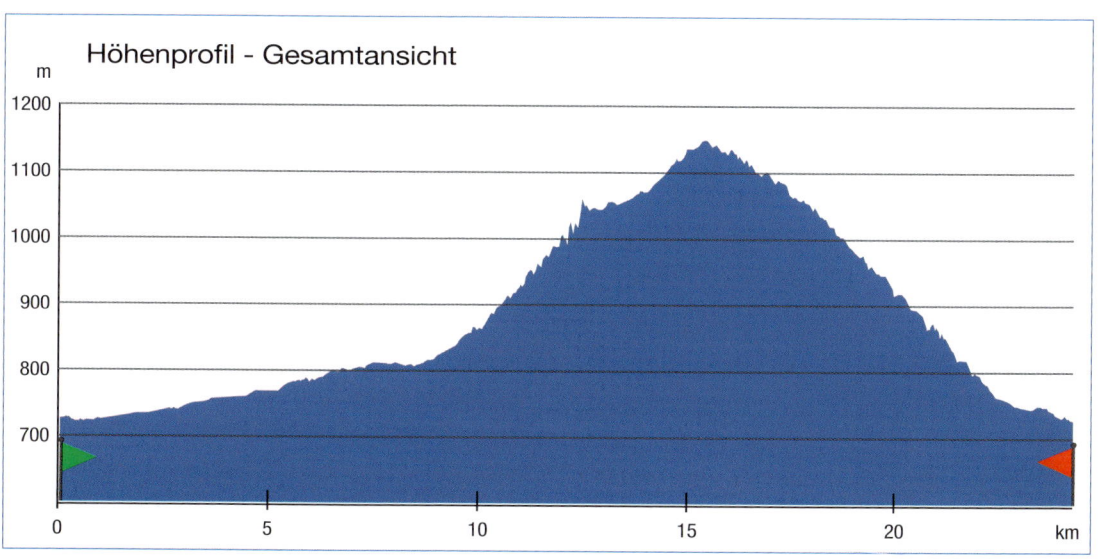

River-Crossing auf einfache Art: Im Herbst sind viele Flüsse der Provence steintrocken, da braucht es gar keine Brücken.

COL DE LUENS

Noch ein weiterer Pass abseits des Trubels erwartet uns an besagter D 4085 – diesmal am anderen Ortsende von Castellane.

Auch der Col de Luens gehört jetzt nicht zu den vollkommen einsamen Pässen abseits allen Trubels, doch auch hier hält sich der Verkehr im Vergleich zu anderen Alpenregionen Frankreichs deutlich in Grenzen.

Richtung Südosten schlängelt sich die Passstrecke in herrlichen Kurven und sogar einigen Kehren durch die waldreichen Hügel der Provence. Wir folgen den Wegweisern nach La Garde, einem recht verträumten Straßendorf, dessen letzte Bewohner von der grassierenden Landflucht der Jugend berichten können. Rechts zweigt gleich am Ortseingang der Abstecher

TOUR-TIPP

Empfehlenswerter Einkehrschwung
Castellane: Restaurant »La Forge« am Place de l'Eglise
– ein weiterer lohnender Einkehrtipp in diesem schönen Bergdorf
La Martre: Restaurant »Le Bout du Var« an der Route Napoléon – etwas außerhalb im Osten gelegen, aber jeden Abstecher wert

TOUR-TIPP

Wo Biker sich treffen
Im Zentrum von Castellane, vor allem morgens am Anfang der Tour

TOUR-TIPP

Sehenswertes am Wegesrand: Verdon Naturpark

Wir befinden uns hier im Herzen des Parc naturel régional du Verdon. Der 1997 ausgerufene Naturpark erstreckt sich heute über eine Fläche von knapp 195 000 ha und umfasst 456 Gemeinden mit gut 20 000 Einwohnern. Das Besondere am Naturpark Verdon ist wohl die unendliche Vielfalt seiner Landschaften, der natürliche Reichtum an Abwechslung. Der Naturpark gliedert sich grob in folgende Abschnitte:

• das Plateau von Valensole, eine weite Hochebene auf der schon die Römer zahlreich siedelten;

• die Hügel des Haut-Var mit unendlichen Wäldern und landwirtschaftlich genutzten Flächen (Stichwort: Olivenöl und schwarze Trüffel);

• die Seen und Schluchten am Unterlauf des Verdon sowie der eigentlichen Verdon-Schlucht;

• der bereits erwähnte Stausee Lac de Sainte-Croix;

• das Becken des Flusses Artuby mit der Hochebene Plan de Canjuers, einem sehr karstigen Plateau und

• die Seen und Berge am Oberlauf des Verdon.

IM ÜBERBLICK

Name: Col de Luens

Land: Frankreich

Region: Haute-Provence

Passhöhe: 1054 m

Höchster Punkt der Strecke: 1054 m

Basisorte: Castellane und La Martre

Schwierigkeitsgrad: Leicht

Anzahl der Kehren: 4

Streckenlänge: 18 km

Mautpflicht: Keine

Offizielle Wintersperre: Keine

Sperre für Fahrzeuge: Keine

Kulinarik: Picknick mitbringen!

Ideal kombinierbar: Mit den Pässen Nr. 90, 91, 92, 93, 94, 95, 96, 98, 99 und 100

zum Bergdorf Eoulx ab, der unsere Reise immerhin mit acht zusätzlichen Kehren und vielen weiteren Kurven bereichern kann – wenn Sie mögen und Zeit haben. Vorbei an schön gelegenen Campingplätzen erklimmen wir gemütlich die unspektakuläre Höhe des Col de Luens, die so leicht zu übersehen ist, dass all diejenigen, die ein Passfoto schießen wollen, gut aufpassen müssen: Das kleine Passschild steht rechts am Wegesrand, schräg gegenüber führt ein Waldweg mit kleinem Parkplatz hinauf in die Hügel. Dort können Sie das Motorrad auch sicher abstellen, um zu fotografie-ren und den Blick übers Land zu genießen. Fern am Horizont glitzert übrigens schon die Côte d'Azur zu uns herüber, die legendäre »Blaue Küste« (s. auch folgende Kapitel).

Wir erfreuen uns noch einmal an zwei weit gezogenen Kurven, die uns mit schönen Panoramen hinab zur Ebene von La Bâtie leiten, wo unsere Fahrt über den Col de Luens ihr Ende findet. Oder ihren Anfang, falls Sie von Süden her angereist sind. La Bâtie ist zudem der nördliche Startpunkt unserer nächsten Pässefahrt. Sie sehen, die Kombinationsmöglichkeiten von Pässen abseits allen Trubels sind hier in der Haute-Provence und in der Provence – bzw. genauer gesagt: im Herzen des Naturparks Verdon – zahlreich.

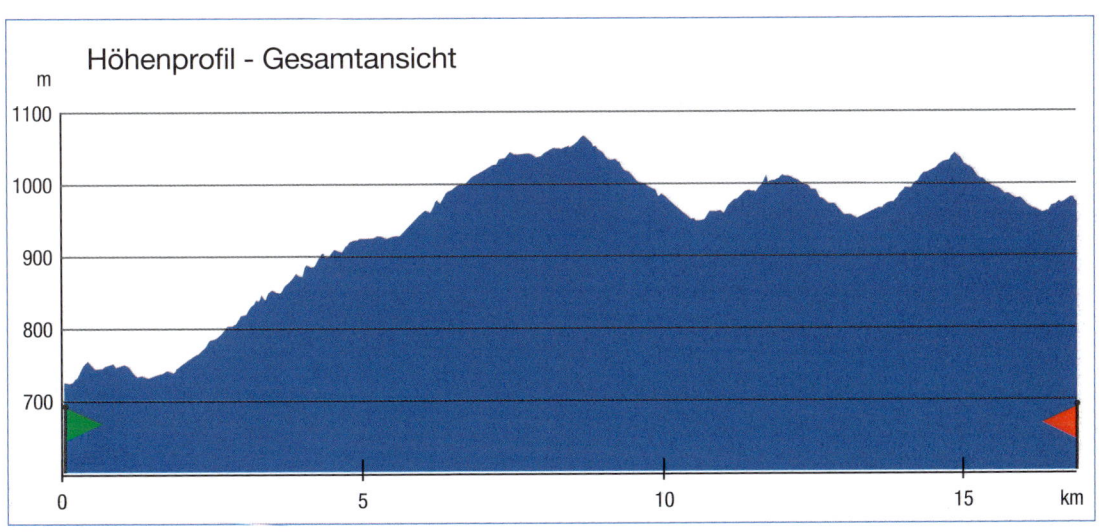

Höhenprofil - Gesamtansicht

Bitte mehr Begeisterung: Hochsommerliche Schwüle drückte auf Sozia Kirstens Körperspannung am Strand von Menton.

COL DE CLAVEL

Öffnen Sie auf dem Weg zum Col de Clavel einmal das Helmvisier ganz weit – falls Sie nicht wie ich meist sowieso mit geöffnetem Visier fahren –, und atmen Sie ganz tief ein.

Spüren Sie diese frische Brise inmitten eines ansonsten eher würzig schweren Grundtons, der über der hügelreichen Landschaft der Provence liegt? Diese frische Brise kommt direkt von der Côte d'Azur, von der berühmten »Blauen Küste«, die uns fast schon auf Sichtweite im Südwesten erwartet. Spüren Sie es?

TOUR-TIPP

Wo Biker sich treffen
Selbst regionale Biker hechten über diesen Pass, ohne anzuhalten – einen echten Treff habe ich noch nicht entdeckt.

TOUR-TIPP

Empfehlenswerter Einkehrschwung
La Roque-Esclapon: Restaurant »Le Coq en Plate« am Place de la Fontaine – mit Portionen, die ganze Moped-clubs sättigen können

Doch bevor wir uns als wohl verdienten Ausklang ein paar Urlaubstage an der Küste gönnen, genießen wir erst einmal noch die letzten drei trubelfreien Pässe dieses Buchs. Wie den Col de Clavel auf 1063 Metern Höhe. Dazu müssen wir erneut die RN 85, die Route Napoléon, verlassen und einen Abstecher ins Hinterland einplanen. Am besten starten wir gleich vom Südrand von La Bâtie aus, und wenn nach drei Kehren aus der D 4085 dann erneut die RN 85 wird, wechseln wir auf die D 52 – umgehend wird es still vor dem Windshield. Es folgen einige lockere und

Napoléon war auch schon hier: Entlang der Route Napoléon erinnert man sich gerne an den »großen« Feldherrn.

TOUR-TIPP

Sehenswertes am Wegesrand: Cote d'Azur

Im Frühjahr und im Herbst ist sie auch heute noch ein echter Genuss, diese Côte d'Azur in Kombination mit Abstechern in die angrenzende Provence. Denn vor allem in der Vor- und Nachsaison haben wir gute Chancen, Frankreichs berühmteste Küstenstraße abschnittsweise ganz für uns zu haben. Und gleichwohl der Bauboom an der gesamten Côte d'Azur ungebrochen scheint, gibt es auch in den Hügeln noch so manch unberührtes Fleckchen zu entdecken. Verbunden durch eine Vielzahl an kurvenreichen Pisten. Nizza, Cannes, St. Tropez und das Fürstentum Monaco gehören natürlich zum Pflichtprogramm einer Reise, und ihren oft noch präsenten Charme längst vergangener Tage sollte man in Ruhe auf sich wirken lassen. Die gen Norden anschließende Provence bietet mit ihren quirligen Städten, lieblichen Bergdörfern und einsamen Pisten ein Tourenparadies, an das Sie sich noch lange erinnern werden. Und auch ein Tagesausflug nach Grasse, die Hauptstadt des Parfüms, oder an den Grand Canyon du Verdon bleibt unvergesslich.

IM ÜBERBLICK

Name: Col de Clavel

Land: Frankreich

Region: Haute-Provence

Passhöhe: 1069 m

Höchster Punkt der Strecke: 1069 m

Basisorte: La Bâtie und La Roque-Esclapon

Schwierigkeitsgrad: Leicht bzw. mittelschwer

Anzahl der Kehren: 4, mit Abstecher 15 (je nach Befahrbarkeit)

Streckenlänge: 16 km

Mautpflicht: Keine

Offizielle Wintersperre: Keine

Sperre für Fahrzeuge: Keine

Kulinarik: Picknick mitbringen!

Ideal kombinierbar: Mit den Pässen Nr. 90, 91, 92, 93, 94, 95, 96, 97, 99 und 100

einfach zu fahrende Rechts-links-Kombinationen, ein paar Gehöfte und verträumte Weiler entlang des Wegs, eine winzige Ortschaft namens La Martre, und sobald wir die Zusammenführung der D 52 mit der von Norden kommenden D 21 erreicht haben, heißt es nach dem Passschild ausschauen. Das steht rechts am Wegesrand und wartet darauf, von uns fotografiert zu werden.

Viele Passfotos wird dieses Schild wohl nicht zieren, liegt der Col de Clavel doch im eher moderaten Höhenbereich – und damit im Durchschnitt aller hier in der Provence versammelten Pässe. Der fahrerische Höhepunkt des Col de Clavel liegt aber erneut etwas abseits der Hauptstrecke: Direkt am Scheitelpunkt des Passes zweigt nämlich eine kaum mehr als lenkerbreite Piste Richtung Osten ab, die auf einer Seite mit dem Wegweiser »Mont Lachens« gekennzeichnet ist. Folgen Sie diesem Wegweiser hinauf auf den Berg, dann bekommen Sie acht durchaus mittelschwer zu befahrende Kehren »geschenkt«, die uns durch ein Konglomerat aus Felsen und Büschen bis nahe unter das Gipfelplateau des Mont Lachens bringen. Das Plateau ist zwar von einer gewaltigen Antennenanlage etwas verschandelt, die Rundumblicke über die Hügel der Provence sind aber ein Erlebnis.

Zurück geht es dann wieder auf derselben Piste, und auf der Passhöhe wenden wir uns sodann gen Süden und erreichen nach einigen wenigen Kurven den zweiten Basisort des Col de Clavel, den Weiler La Roque-Esclapon, in dem uns sogar eine kleine namenlose Bar mit Erfrischungen sowie Kaffee oder Pizza erwartet.

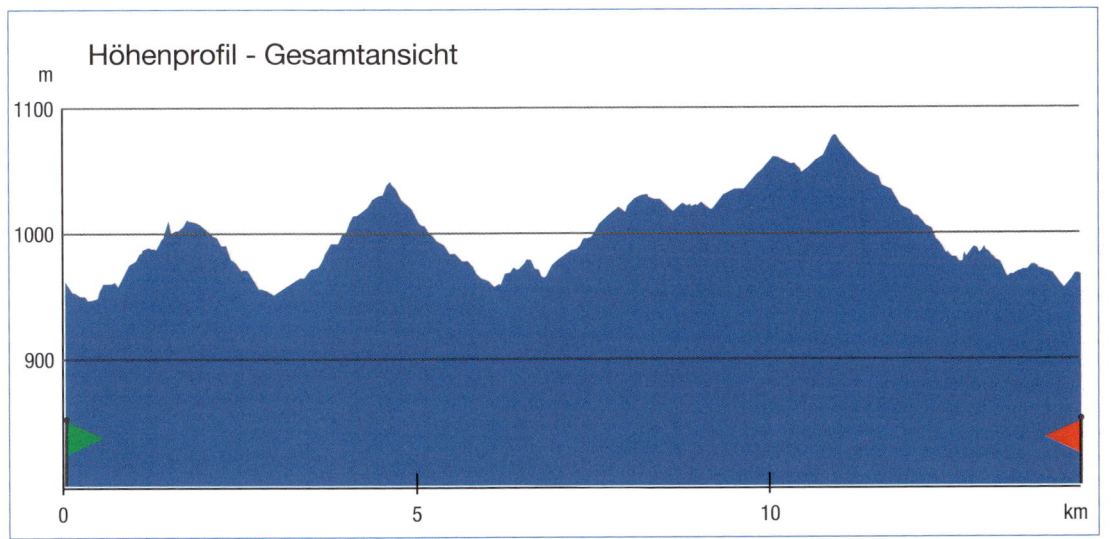

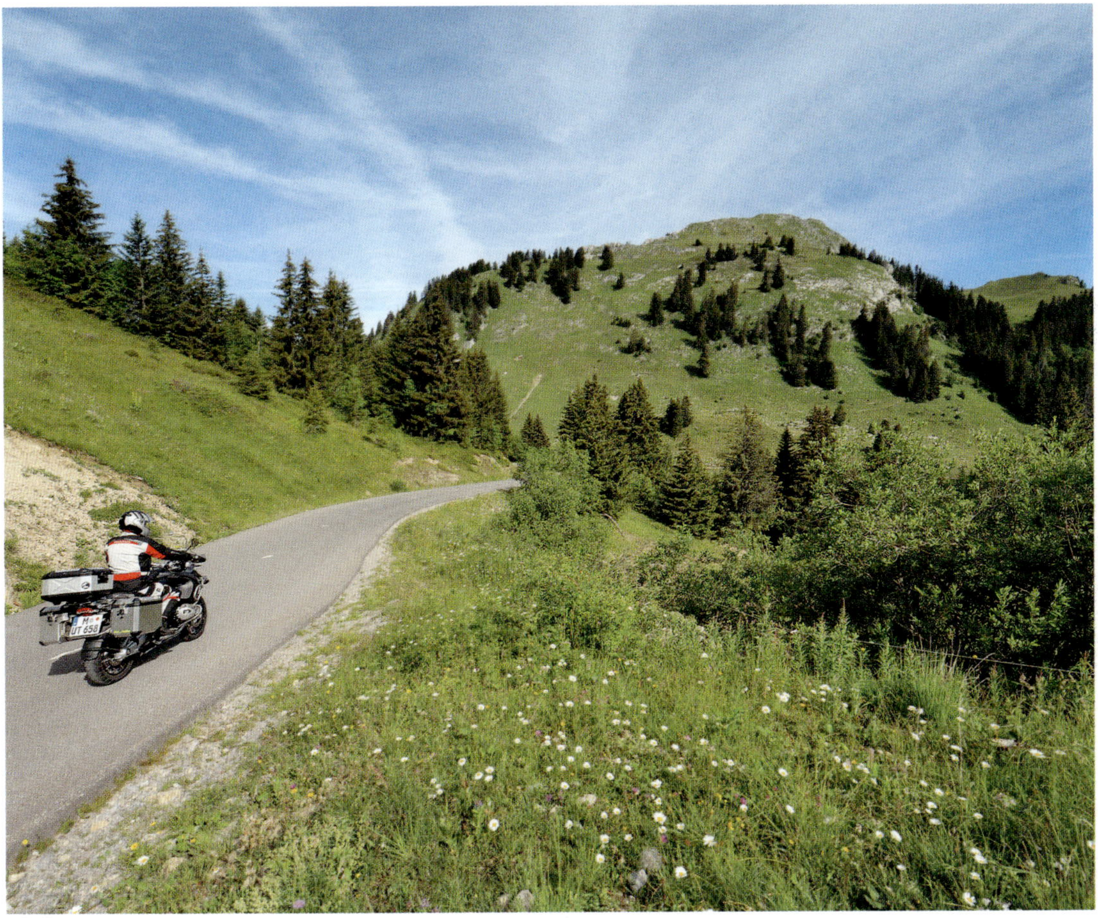

Höhenprofil - Gesamtansicht
m
1100
1000
900
0
5
10
km

Lohnt sich echt: Der Abzweig hinauf zum Mont Lachens beginnt unscheinbar, begeistert aber dennoch ungemein.

Komplett im Abseits: Tolle Landschaft – tolle Strecke – da braucht es eigentlich kaum mehr, um uns Biker zu erfreuen.

COL DU CASTELLARAS

Der Col du Castellaras gehört zu den nicht wenigen provenzalischen Pässen, über deren geschichtlichen Hintergrund fast nichts bekannt ist.

Auch die Menschen entlang der Passstraße berichten nur, dass es die Passüberquerung »immer schon gab« – nur ihr Ausbauzustand scheint sich alle 10 bis 20 Jahre zu ändern.

Um die Fahrt über den Col du Castellaras zu einem Erlebnis zu machen, sollten Sie im Basisort Saint-Auban im Norden des Passes starten. Durch eine weite Landschaft geht es dann Richtung Süden, und an jedem Abzweig wählen wir die eher winzig ausgeschilderte D 5, die uns nach wenigen Kilometern Strecke dann fast schon überfallartig zehn echte Spitzkehren schenkt, die wir mit ruhiger Gashand problemlos erfahren können. Durch wald- und buschreiche Höhen-

TOUR-TIPP

Empfehlenswerter Einkehrschwung
Andon: Restaurant »Le Parpaiolo« am Place Victorin Bonhomme – einfache regionale, aber nicht minder schmackhafte Küche

TOUR-TIPP

Wo Biker sich treffen
Spontan und an den Wochenenden oben am Pass auf den Kiesparkplätzen; ansonsten in den Lokalen in den Basisorten

Sehenswertes am Wegesrand: NP Préalpes d'Azur

Ganze sechs durchaus unterschiedliche Naturparks besitzt die französische Region Provence-Alpes-Côte d'Azur. Das ist eine der höchsten Schutzzonendichten der gesamten Alpen. Der sich rund um den Col du Castellaras ausbreitende Naturpark Préalpes d'Azur ist der jüngste Naturpark der Region und bietet mit seiner äußerst abwechslungsreichen Übergangslandschaft zwischen Alpen und Mittelmeer eine Vielfalt an natürlichen Sehenswürdigkeiten, die nahezu allesamt irgendwie und irgendwann einmal vom Wasser modelliert wurden. Weite Hochebenen sind durchsetzt von kleinen Wasserläufen, und vor allem entlang der Ränder der Ebenen liegen zahlreiche Aussichtspunkte, die an klaren Tagen den Blick bis hinab zum Mittelmeer erlauben. Vor allem Naturfreunde kommen im Naturpark Préalpes d'Azur voll auf ihre Kosten.

IM ÜBERBLICK

Name: Col du Castellaras

Land: Frankreich

Region: Provence

Passhöhe: 1248 m

Höchster Punkt der Strecke: 1435 m

Basisorte: Saint-Auban und Andon

Schwierigkeitsgrad: Leicht

Anzahl der Kehren: 10

Streckenlänge: 27 km

Mautpflicht: Keine

Offizielle Wintersperre: Keine

Sperre für Fahrzeuge: Keine

Kulinarik: Picknick mitbringen!

Ideal kombinierbar: Mit den Pässen Nr. 90, 91, 92, 93, 94, 95, 96, 97, 98 und 100

züge senkt sich die nur an einigen Stellen aussichtsreiche Straße dann hinab ins Tal von Thorenc.

Wir kreuzen die D 2 und bleiben tunlichst auf der D 5, die uns in weiten Bögen direkt hinauf zur Passhöhe des Col du Castellaras auf knapp 1250 Metern Höhe bringt. Das Passschild steht links am Wegrand zu Beginn einer recht unübersichtlichen Kurve. Für das gefahrlose Passfoto empfehle ich den nahe bei der Kurve links liegenden Kiesparkplatz, auf dem auch mehrere Motorräder gefahrlos abgestellt werden können. Zudem bietet der Platz herrliche Rundumblicke über die Bergwelt des Castellaras und auch den weiteren Verlauf der Strecke.

Die schenkt uns Richtung Andon noch weitere fahrerische Genüsse in Form von Kurven und prächtigen Ausblicken. Sie müssen nur stets an jedem Abzweig ganz stur auf der D 5 bleiben und dürfen sich keinesfalls vom rechten Weg abbringen lassen.

Der südliche Basisort Andon macht auf den ersten Blick einen eher verschlafenen, ja sogar von Landflucht gebeutelten Eindruck. Wagen Sie dennoch einen Blick hinein in das links liegende Zentrum des Orts. Es wird auch Sie überraschen – nicht nur mit Bars und Restaurants, auch mit einer alles ergreifenden Beschaulichkeit, die porentief wohltuend wirkt.

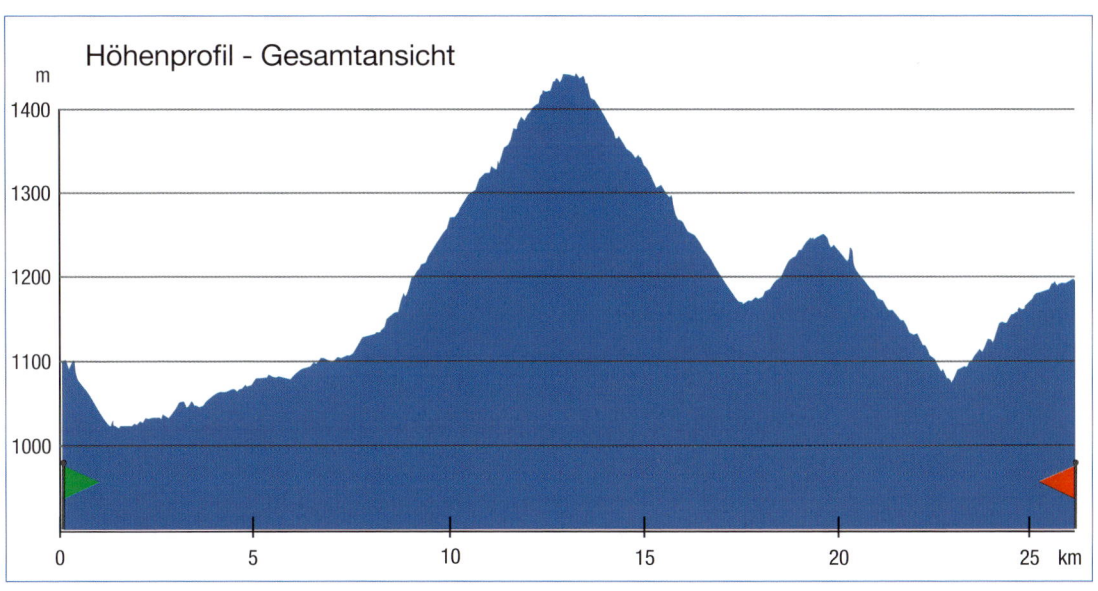

Höhenprofil - Gesamtansicht

Schon am Ende? Für die Weiter- oder Rückreise finden Sie übrigens in meinen anderen Büchern tolle Vorschläge.

COL DU FERRIER

Wir sind – wieder einmal – am Ende einer wohl einzigartigen Pässe-Sammlung angekommen; wir haben 99 erlebenswerte Höhepunkte abseits allen Trubels erfahren, kennen- und bestimmt auch schätzen gelernt.

Wir haben weit über 2000 eigens gezählte Kehren in Kombination mit ungezählten Kurven und Rechts-links-Kombinationen erfahren und unsere Praxis im

TOUR-TIPP

Empfehlenswerter Einkehrschwung
Andon: Restaurant »Le Parpaiolo« am Place Victorin Bonhomme
Saint-Vallier-de-Thiey: »Brasserie du Sénat« (Allee C. Bonome) – mit abwechslungsreicher Speisekarte und leckeren Kaffee-Spezialitäten
Grasse: Restaurant »Le Mini-Grill« am Place Chauve im Vorort Cabris – nur eines von vielen Beispielen guter Küche in und um Grasse

TOUR-TIPP

Wo Biker sich treffen
Am nördlichen Ortsausgang von Saint-Vallier-de-Thiey, auf dem großen (Motorrad-)Parkplatz – vor allem an den Wochenenden zu Beginn oder am Ende einer Tour

Umgang mit dem eigenen Motorrad inmitten hochalpiner Landschaften deutlich verbessert.

Und auch Pass Nr. 100 – der Col du Ferrier – gehört zu den Höhepunkten dieses Buchs, die wir abseits allen Trubels, fernab von Hektik & Co. genießen können. Und das mit einem südlichen Basisort, einem Etappenziel, das zu den schönsten der gesamten Seealpen gehört. Aber starten wir erst einmal im beschaulichen Ort Andon. Noch einmal ist es jene bereits erwähnte Landstraße D 5, die uns direkt zum Vergnügen leitet. Zunächst Richtung Osten und bald darauf – kurz vor den ersten sechs Kehren – Richtung Süden führend. Aber Achtung: Für diese sechs Kehren müssen wir die

Name: Col du Ferrier

Land: Frankreich

Region: Provence

Passhöhe: 1039 m

Höchster Punkt der Strecke: 1199 m

Basisorte: Andon und Grasse

Kulinarik: Gut

Anzahl der Kehren: 9

Streckenlänge: 35 km

Schwierigkeitsgrad: Leicht

Mautpflicht: Keine

Offizielle Wintersperre: Keine

Sperre für Fahrzeuge: Keine

Ideal kombinierbar: Mit den Pässen Nr. 90, 91, 92, 93, 94, 95, 96, 97, 98 und 99

D 5 ganz kurz verlassen und den Ortsrand des Weilers Caussols streifen. Vielleicht mit einem koffeinhaltigen Boxenstopp im etwas steril wirkenden »Zentrum« des Orts am Rathaus. Das liegt nämlich interessanterweise außerhalb von Caussols und besitzt auch eine Brasserie mit großem Parkplatz für die Motorräder.

Dann aber geht es zurück auf die D 5 und hinauf zur Passhöhe. Die liegt recht unscheinbar kurz vor dem Abstieg hinab in das Städtchen Saint-Vallier-de-Thiey, das zu den schönsten Basisorten dieses Buchs gehört. Die Passhöhe selbst auf gut 1040 Metern Höhe besitzt einen kleinen Parkplatz und bietet Zugang zu einigen

Offroadpisten, die bei meinem letzten Besuch hier oben in 2015 durchgängig frei befahrbar waren.

Drei letzte Spitzkehren weiter pendeln wir dann an einem großen Kreisverkehr am Ortseingang von Saint-Vallier-de-Thiey aus und haben nun noch genügend Zeit, uns hier ausgiebig umzuschauen inmitten eines überraschend vielfältigen kulinarischen Angebots von Bars bis zu Brasserien und eigens für uns angelegten Motorradparkplätzen (s. auch meine Empfehlung für einen gelungenen Einkehrschwung im Tippkasten).

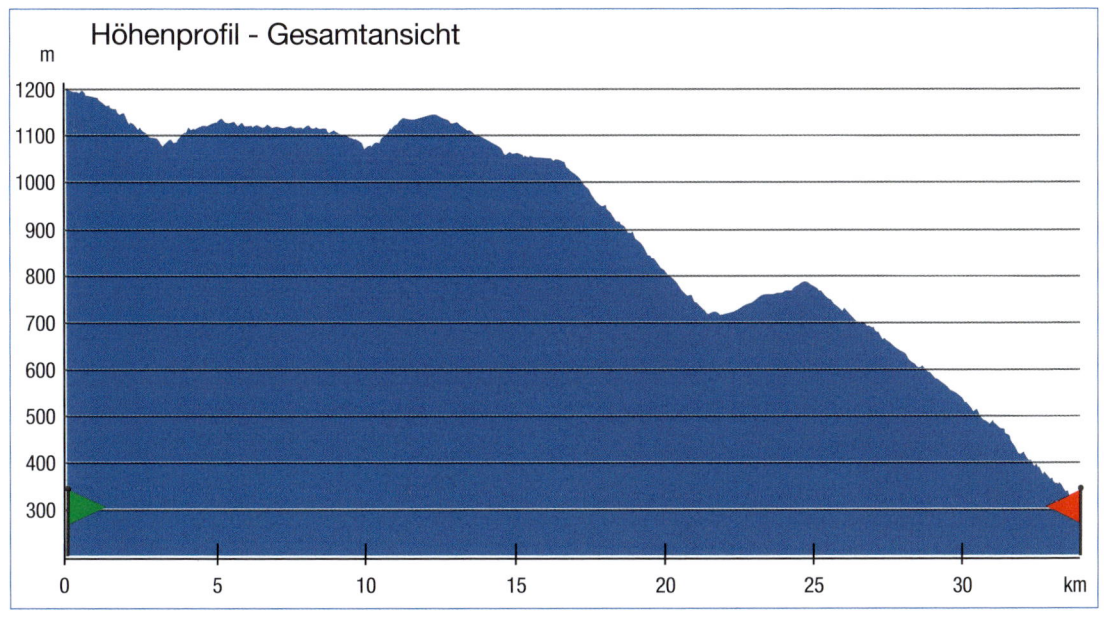

Höhenprofil - Gesamtansicht

Unterwegs auf der Ideallinie: Ja, es gibt sie
noch – die freien Pisten und Pässe in den Alpen.
Nicht nur wie hier im herrlich bunten Herbst.

ANHANG

ALLE PÄSSE ALPHABETISCH SORTIERT
MIT KURZBESCHREIBUNG

Große Auswahl – nicht nur am Col de Sarenne.

Achenpass Deutschland · leicht

Zugegeben – er ist nicht besonders hoch, er ist auch nicht besonders kurvenreich oder gar fahrerisch anspruchsvoll. Aber es gibt mindestens drei treffliche Gründe, die ihm zweifelsohne die Berechtigung für einen Auftritt in diesem Buch geben.

Col d'Ayen Frankreich · leicht

Der Col d'Ayen ist fahrerisch nicht ganz so spektakulär wie sein »Bruder«, der Col d'Illoire. Das Passschild findet sich kurz vor einer weiten Anhöhe, die sich dann hinab nach La Palud-sur-Verdon senkt, dem beschaulich-quirligen Aussteiger- und Touristenort am Nordrand des grandiosen Grand Canyon du Verdon.

Col d'Illoire Frankreich · mittelschwer

Der Col d'Illoire und der Col d'Ayen gehören im Grunde zusammen wie Topf und Deckel. Dass ich sie dennoch in zwei separate Kapitel verpackt habe, liegt an der doch recht gegensätzlichen Landschaft beider Pässe. De facto erfahren werden wir sie aber vermutlich stets auf einer imposanten, in Erinnerung bleibenden Tagestour.

Col d'Ornon Frankreich · mittelschwer

Auch den Col d'Ornon müssen wir uns viele Tage im Jahr wohl nur mit ein paar Rennradlern teilen, denn die kurven- und herrlich aussichtsreiche D 526 liegt fernab von jeglichem Reise- und Lieferverkehr. Und selbst die Belieferung der beiden Bars oben auf der Passhöhe erfolgt wohl so sporadisch und vermutlich nur frühmorgens, dass ich selbst diesen Pass bereits zweimal fahren durfte, ohne einem einzigen Pkw oder Lkw zu begegnen.

Col de Champex Schweiz · sehr anspruchsvoll

29 waschechte Kehren auf gerade einmal 24 Kilometern Länge – Sie beginnen zu ahnen, weshalb ich den Col de Champex als sehr anspruchsvoll einstufe. Der Pass liegt im französischsprachigen Teil des Schweizer Kantons Wallis und bietet die herausfordernde Alternative zur perfekt ausgebauten, aber auch extrem verkehrsreichen Kantonsstraße 21, die über Sembrancher hinauf zum Großen Sankt-Bernhard-Pass führt.

Col de Clavel Frankreich · leicht

Öffnen Sie auf dem Weg zum Col de Clavel einmal das Helmvisier ganz weit und atmen Sie ganz tief diese frische Brise inmitten des sonst eher würzig schweren »Grundtons« über der hügelreichen Landschaft der Provence ein – diese Brise kommt direkt von der Côte d'Azur, von der berühmten »Blauen Küste«, die uns fast schon in Sichtweite im Südwesten erwartet.

Col de Joux Italien · leicht

Falls Sie den Col de Joux (auch Colle di Joux) als eigenständigen Pass erobern wollen, empfehle ich Ihnen auch die Anfahrt von Westen, vom Städtchen Saint-Vincent im Aostatal aus. Dort liegen uns dann zwei Varianten vor dem Reifen: der Anstieg über die Weiler Moron und Salirod mit insgesamt 19 Kehren bis zum Passschild bzw. der Anstieg mit dem Schlenker über Cillian, Estaod, Emarese und Eresaz mit 26 Kehren und ungezählten Kurven.

Col de l'Epine Frankreich · mittelschwer

Der Pass auf knapp 1000 Metern Höhe ist zwar kaum gefährlich für die konstante Sauerstoffversorgung von Bike und Biker, er bietet aber vor allem mit seiner Nordrampe ein Kurvenrevier der durchaus anspruchsvollen Art. Oder anders gesagt: Erneut besitzt ein Pass abseits allen Trubels ideale Voraussetzungen, um als unser ganz privates Trainingsgelände für die hohe Kunst des alpinen Motorradfahrens zu fungieren.

Col de l'Encrenaz Frankreich · anspruchsvoll

Die winzige Passstraße ist eine landschaftlich äußerst schöne Alternative zum Morzine-Zubringer, der vergleichsweise stark befahrenen D 902 über Les Gets und den Col des Gets. Nach vielen Kehren und noch mehr Kurven können wir bereits oben am Pass den Seitenständer ausklappen und die Aussicht genießen. Oder den Einkehrschwung in der Ancrenaz-Bar zelebrieren – die Wirtsleute brauen einen wirklich guten Kaffee.

Col de la Colombière Frankreich · mittelschwer

Radsportfreunde werden beim Klang des Namens dieses Passes aufhorchen: Über 20-mal war der Col de la Colombière bereits Bestandteil der legendären »Tour de France«. Und das obwohl er auf nur gut 1600 Metern Höhe kaum als echte Bergetappe durchgehen würde. Dennoch hat er es in sich.

Col de la Croix (Jura) Schweiz · leicht

Nicht spektakulär in seiner Trassenführung, nicht schwer zu erfahren und schon gar nicht geeignet, um am Stammtisch grenzenlosen Respekt oder auch nur herzhaftes Schulterklopfen der Bikerkollegen hervorzurufen, besitzt dieser nur auf den ersten Blick unscheinbare Pass dennoch seine Berechtigung, in meine Sammlung der schönsten Alpenpässe aufgenommen zu werden – schenkt er uns doch einige erlebenswerte Highlights.

Col de la Croix Fry Frankreich · leicht

Umrahmt von zahlreichen Felsengipfeln erwacht auch der Croix Fry nur im Winter zu vollem Leben. Aber auch zur Sommerferienzeit erklärt sich mancher Hüttenwirt dazu bereit, leckere Angebote für einen stärkenden Boxenstopp bereitzuhalten (s. dazu auch meinen Bikertreff-Tipp am Pass).

Col de la Forclaz (Wallis) Schweiz · mittelschwer

Der Col de la Forclaz verbindet das westliche Wallis mit den Savoyer Alpen in Norditalien und ist eine wichtige Verkehrsverbindung zwischen Genfer See, Rhônetal und Chamonix. Seine Schokoladenseite ist zweifelsohne seine Ostrampe – vom hübschen Walliser Städtchen Martigny führt sie zunächst durch horizontweite Weinberge einige Höhenmeter bergan.

Col de la Forclaz Frankreich · leicht

Ja, es gibt den Col de la Forclaz in diesem Buch tatsächlich zweimal, in exakt gleicher Schreibweise und gerade einmal 65 Kilometer Luftlinie voneinander entfernt. Und doch könnten die Unterschiede zwischen den beiden nicht größer sein: Dieser Col de la Forclaz liegt am steil aufragenden Ostufer des malerischen

Sozia Kirstens Lieblings-Ausblick: Es gibt durchaus schlichtere Arbeitsplätze im Leben.

Bei einem Wetterumschwung ist Vorsicht geboten.

Lac d'Annecy im Département Rhône-Alpes und empfiehlt sich als fahrtechnisch erlebenswert sowohl aus Richtung Faverges gen Norden als auch aus seinem nördlichen Basisort Menthon-Saint-Bernard Richtung Süden.

Col de la Lombarde Frankreich · sehr anspruchsvoll

Zwei Bedingungen machen den Col de la Lombarde so anspruchsvoll: die hohe Anzahl und auch Abfolge teilweise recht steiler Spitzkehren sowie die Tatsache, dass die durchgängig asphaltierte Passstraße vor allem auf italienischer Seite an vielen Stellen kaum mehr als lenkerbreit ausgebaut ist. Da treibt selbst entgegenkommender Einspur-Gegenverkehr, sprich ein Bikerkollege, unseren Blutdruck sofort in ungesunde Höhen.

Col de la Madeleine Frankreich · leicht

Auch der Col de la Madeleine hat ganz offensichtlich einen sehr beliebten Namen, listet Google Earth doch allein fünf Pässe mit diesem Namen in gänzlich unterschiedlichen Regionen der Seealpen auf. Unser Col de la Madeleine liegt an einer der berühmtesten Routen der französischen Alpen, am Fuß eines der berühmtesten und auch anspruchsvollsten Pässe: am Südfuß

des legendären Col de l'Iseran kurz hinter den letzten Häusern von Lanslebourg-Mont-Cenis.

Col de Leschaux Frankreich · mittelschwer

Den Col de Leschaux nur als Warm-up für den Montée du Semnoz zu betrachten, wäre unfair – obwohl er uns direkt zum Einstieg in den Kurvenspaß am Semnoz bringt. Auch die Fahrt über den Col de Leschaux können wir vom Weiler Lescheraines am Südfuß des Passes aus starten. Fahrerisch deutlich anspruchsvoller ist allerdings eine andere Alternative.

Col de Luens Frankreich · leicht

Ein weiterer Pass abseits des Trubels erwartet uns an der D 4085 – diesmal am anderen Ortsende von Castellane. Auch der Col de Luens gehört jetzt nicht zu den vollkommen einsamen Pässen abseits allen Trubels, doch auch hier hält sich der Verkehr im Vergleich zu anderen Alpenregionen Frankreichs deutlich in Grenzen.

Col de Merdassier Frankreich · leicht

Der Col de la Croix Fry und der Sackgassen-Abstecher hinauf zum Col de Merdassier stellen die fahrerisch interessantere und nur leicht anspruchsvollere Variante dar, den ebenfalls in diesem Buch beschriebenen Col des Aravis Richtung Norden bzw. Nordwesten wieder zu verlassen.

Col de Parquetout Frankreich · mittelschwer
Eine Sammlung von Pässen abseits allen Trubels ohne den Col de Parquetout wäre sträflich unvollständig, denn dieser Pass ist das perfekte Beispiel dafür. Beide Passrampen sind gleichermaßen fordernd wie einsam gelegen und dank dichtem Baumbewuchs auch wenig aussichtsreich, sodass Sie sich ganz spontan vor Ort überlegen können, wie Sie die Scheitelhöhe auf knapp 1400 Metern erobern möchten.

Col de Pierre Pertuis Schweiz · leicht
Dieser Schweizer Pass abseits des Trubels ist ein echter »No name« – einer jener Höhepunkte, die man nie aktiv sucht und auf vielen Karten auch gar nicht findet. Einer jener Pässe, die einem plötzlich, beinahe überfallartig »begegnen« und uns mit ihrer unscheinbaren Einzigartigkeit tief beeindrucken.

Col de Sarenne Frankreich · anspruchsvoll
Der Col de Sarenne ist im Grunde die Fortsetzung des vor allem unter Rennradlern weltberühmten Aufstiegs zur Alpe d'Huez. Doch die Radler scheinen nach der Eroberung der Alpe d'Huez so erschöpft zu sein, dass kaum einer von ihnen die restlichen zehn Kilometer stemmt. Gut für uns, dann haben wir die Strecke weitgehend für uns allein.

Col de Solaison Frankreich · leicht
Das Hochplateau rund um den Col de Solaison gehört zu den Regionen der Alpen, die ich auch nach dem zweiten Besuch noch als »lebensabendgeeignet« bezeichnen würde. Vorausgesetzt, man sucht kein Halligalli, kein Remmidemmi, keinen Großstadt-Trubel und keine Animation.

Col de Terramont Frankreich · mittelschwer
Der Col de Terramont in Kombination mit Col de Jambaz, Col de l'Encrenaz und Col des Fleuries ist nur ein Beispiel für Motorradfahrers Herrlichkeiten, die uns die umliegende Region Haute-Savoie zu bieten hat. Schauen Sie sich ausgiebig um!

Col de Valberg Frankreich · leicht
Auf so mancher heute noch verkauften Straßenkarte ist der Col du Vasson – wenn überhaupt – als »Col de Valberg« eingetragen, ein verwirrender Kartenfehler, der sich erst vor Ort auflöst. Beim echten Col de Valberg handelt es sich ganz einfach um den höchsten Punkt mitten im wenige Kilometer weiter östlich malerisch auf einem Bergrücken gelegenen Wintersportort Valberg.

Col des Annes Frankreich · mittelschwer
Der Col des Annes gehört zu jenen Pässen, die Sie unter der Woche oft ganz für sich allein genießen können. Vielleicht lockt Sie auch der Tipp, auf der Passhöhe eine bewirtschaftete Hütte mit grandioser Aussicht vorzufinden.

Col des Aravis Frankreich · mittelschwer
Direkt am Südwestfuß der gewaltigen Chaine des Aravis erwartet uns der Col des Aravis mit einem herrlichen Kurven- und Kehrenpotpourri auf weitgehend gut ausgebauter Strecke. Da die Südrampe fahrtechnisch deutlich anspruchsvoller ist, ist hier die Auffahrt von Süden, aus dem Weiler Flumet, beschrieben.

Col des Champs Frankreich · anspruchsvoll
Der Col des Champs gehört zu den Höhepunkten, die wir nur bei einwandfreien Wetterverhältnissen befahren sollten. Vor allem bei Nässe ist die Piste rund um den Scheitelpunkt vergleichsweise gefährlich, in den eingelassenen Wasserrinnen können bei Regen ganze Sturzbäche zu Tal rauschen. Bei tadellosem Bergwetter hingegen sinkt der Schwierigkeitsgrad des Col des Champs auf »mittelschwer«.

Passfotos kommen nicht nur aus Automaten.

Col de Fleuries Frankreich · leicht
Auf gerade mal 920 Metern Höhe müssen wir uns auf dem Col des Fleuries keine Sorgen um die Sauerstoffversorgung machen. Und wenngleich die Zahl der echten Kehren mit nur drei plus ebenso vielen weit schwingenden Kurven kaum einen Führerschein Neuling überfordern wird, macht der eher unscheinbare Pass fahrerisch dennoch richtig Spaß.

Col des Glières Frankreich · mittelschwer
Der Col des Glières ist eine der wenigen Sackgassen in meinem Buch – aber auch eine jener »dead end streets«, die sich trotz des obligatorischen Wendemanövers ganz am Ende der Piste lohnen. Obwohl: so ganz sicher bin ich mir eigentlich gar nicht, ob man tatsächlich am Ende der Strecke wenden muss ...

Col des Leques Frankreich · mittelschwer
Über die RN 85, die berühmte Route Napoléon zu schwingen, ist ein ganz besonderes Erlebnis. Vor allem dann, wenn man die Nationalstraße auch mal verlässt und einfach spontan ins Hinterland abbiegt. So wie am Nordrand von Castellane, am Abzweig Richtung Barrême der Col des Leques.

Col des Moses Schweiz · leicht
Auch an diesem international weitgehend unbekannten Schweizer Höhepunkt begeistert gleich auf den ersten Blick das Panorama entlang der Passhöhe. Auf dem Col des Mosses liegen uns die Waadtländer Alpen sozusagen zu Füßen.

Col du Castellaras Frankreich · leicht
Auch der Col du Castellaras gehört zu den provenzalischen Pässen, über dessen geschichtlichen Hinter-

grund fast nichts bekannt ist. Die Menschen entlang der Passstraße berichten nur, dass es die Passüberquerung »immer schon gab« – nur ihr Ausbauzustand scheint sich alle 10 bis 20 Jahre zu ändern.

Col du Ferrier Frankreich · leicht
Pass Nr. 100 – der Col du Ferrier – gehört ebenso zu den Höhepunkten dieses Buchs, die wir abseits allen Trubels, fernab von Hektik & Co. genießen können. Und das mit einem südlichen Basisort und Etappenziel, das zu den schönsten der gesamten Seealpen gehört.

Col du Marais Frankreich · leicht
Wedelt man aus dem sehenswerten Thônes hinaus Richtung Süden, trifft man unweigerlich auf unseren nächsten Alpen-Höhepunkt: den Col du Marais. Vorausgesetzt, Sie sind wachen Auges unterwegs und gönnen sich ein Reisetempo, in dem Ihnen viel Zeit bleibt, die Beschilderungen rechts und links des Lenkers nicht nur zu bemerken, sondern auch zu lesen.

Col du Mollard Frankreich · sehr anspruchsvoll
Eigentlich ist der Col du Mollard auf 1638 Metern Höhe ein einfacher Mittelgebirgspass inmitten einer herrlich entspannenden, ja »lebensabendgeeigneten« Berglandschaft. Ganz gleich, welche Anfahrt Sie zur Passhöhe wählen, immer haben Sie ein Kehrenpotpourri vor sich, das fahrtechnisch mindestens als »mittelschwer« einzustufen ist.

Col du Noyer Frankreich · mittelschwer
Der Col du Noyer gehört zu jenen eher unbekannten Pässen, die neben einer durchaus anspruchsvollen Streckenführung auch noch eine atemberaubend alpine Landschaft zu bieten haben, in der sich unser Reisetempo fast automatisch auf Schrittgeschwindigkeit reduziert, weil es so unheimlich viel zu schauen gibt.

Col du Semnoz Frankreich · mittelschwer
Der Col du Semnoz (Montée du Semnoz) erwachte im Juli 2013 aus seinem Dornröschenschlaf. Warum? Natürlich wieder einmal, weil die »Tour de France« ihn als fahrerische Herausforderung auserkoren hatte, als vorletzte Etappe von Annecy aus. Eine gute Wahl, wie sich auch für Motorradfahrer herausstellen sollte.

Col Tze Core Italien · mittelschwer
Ein Kurventanz über den wohl unbekanntesten aller Aostatal-Pässe: den Col Tzecore. Manchmal in einem Wort, manchmal in zweien geschrieben, aber immer

Handarbeit: ohne Zweifel anfängertauglich

Ganz gleich mit welchem Motorrad – in den Alpen unterwegs zu sein macht auf freien Pisten ganz besonderen Spaß.

den gleichen Höhepunkt kennzeichnend. Dessen Eroberung empfehle ich vom idyllischen Saint-Vincent her, am Nordrand des mächtigen Aostatals.

Colle del Lys Italien · mittelschwer
Es ist leider blutgetränkter Boden, auf dem sich die heutigen Bauwerke samt Passstraße rund um den Colle del Lys befinden. Über 2000 Widerstandskämpfer wurden hier 1943–45 von NS-Schergen und Faschisten ermordet. An sie erinnert heute das einzigartige Rundturm-Denkmal auf der Passhöhe und gemahnt an den Frieden, der im übertragenen Sinne heute die Passhöhe viele Tage im Jahr umgibt.

Colle di Zambla Italien · mittelschwer
Zugegeben: Die Passhöhe des Zambla wird vermutlich keinen Preis für besondere Schönheit gewinnen. Dafür finden Hungrige und Durstige dort oben aber einen Einkehrschwung, der uns rasch kräftigen kann für alle anstehenden weiteren Kurvengenüsse. Besonders reizvoll sowohl in fahrtechnischer als auch in landschaftlicher Hinsicht ist die Ostrampe des Passes.

Colle San Carlo Italien · mittelschwer
Der Colle San Carlo liegt direkt an der Hauptreiseroute vom Aostatal hinüber nach Frankreich und wird

dennoch so herrlich oft übersehen und links liegen gelassen, dass es selbst heutzutage noch ein ausgesprochener Genuss ist, ihn zu erfahren. Z. B. als Alternativstrecke zur Nordrampe des Kleinen Sankt Bernhard, denn exakt in jenem Anstieg ist er zu finden.

Colle Sommeiller Italien · sehr anspruchsvoll
Mit dem auf 2996 Metern Höhe liegenden Hochplateau des Colle Sommeiller haben wir den höchsten mit motorisierten Fahrzeugen legal befahrbaren Punkt der Alpen vor uns. Normalerweise würde das nun auch bedeuten, dass es hier vor Pkws und Wohnmobilen nur so wimmelt. Dies ist aber nicht der Fall, denn der Colle Sommeiller ist in seiner letzten und fahrerisch entscheidenden Passage ein reiner Offroadpass.

Col de la Colle-Saint-Michel Frankreich · anspruchsvoll
Nein, mir ist beim Texten dieser Zeilen nicht die Tastatur hängen geblieben, der Pass heißt tatsächlich Col de la Colle-Saint-Michel. Eigentlich wunderschön doppelt gemoppelt. Das macht aber nichts, denn einerseits besteht auch dieser Pass aus einer zwar winzigen, aber kompletten Ortschaft, und andererseits bietet er am Nordrand des grandiosen Verdon-Nationalparks fahrtechnisch alles, was Bikers Herz sich wünschen kann.

Culmine di San Pietro Italien · sehr anspruchsvoll

Man spricht Deutsch auf dem Culmine di San Pietro. Okay, das ist jetzt nicht das Hauptargument für diesen beinahe unscheinbaren, aber nicht minder anspruchsvollen Höhepunkt in den Alpi Orobie. Aber Tagliatelle in Fleischsoße, kräftiger Bergteller, gemischte Käseplatte und hausgemachter Kuchen sind zumindest vier der zahlreichen guten Argumente, diesen Pass in das Buch mit aufzunehmen – und besser noch: ihn zu erfahren.

Dientner Sattel Österreich · leicht

Lassen Sie einmal den Ortsnamen Maria Alm am Steinernen Meer mit geschlossenen Augen innerlich nachklingen, und unwillkürlich werden Sie einen Hauch dessen erahnen, was Sie rund um den Dientner Sattel erwartet: eine grandiose Bergwelt, dominiert von den steilen Felszinnen des Hochkönig-Massivs, garniert mit horizontweiten Hochalmen und kleinen, verträumten Orten, in denen auch Luis Trenker heute noch in keinster Weise aus dem Rahmen fallen würde.

Faschinajoch Österreich · leicht

Das mit gewaltigen Lawinengalerien ausgebaute Faschinajoch bietet sich ganzjährig als Übergang zwischen dem Bregenzerwald und dem Wallgau Richtung Bludenz an. Im hübschen Örtchen Damüls führt der Weg durch eine mächtige Betonverbauung hinauf zum Joch. Genießen Sie unbedingt vom Scheitelpunkt den herrlichen Blick auf die Damülser Berge, insbesondere auf die bekannte Mittagspitze mit ihren knapp 2100 Metern Höhe.

Flattnitzer Höhe Österreich · leicht

Die Flattnitzer Höhe ist vor allem bei Kärntner Bikern als Alternative oder Ergänzung zur Turracher Höhenstraße äußerst beliebt, da ihre von allen drei Zufahrten gut ausgebaute Straße es immer wieder erlaubt, einen satten Schluck aus dem Drehmoment-Reservoir zu nehmen, sprich: mit ordentlich Speed den Scheitelpunkt zu erklimmen. Aufgrund ihrer relativen Unbekanntheit hat man die Piste an vielen Tagen im Jahr – außer vielleicht im Winter zur Skisaison – nahezu für sich allein.

Furkajoch Österreich · mittelschwer

Der Begriff »Furka« bedeutet bereits Bergpass oder Einschnitt im Gelände, sodass seine Zusammensetzung in des Wortes reinster Bedeutung doppelt gemoppelt ist. Lassen wir uns dadurch aber nicht davon abhalten,

Immer voller Körpereinsatz: Wenn Sie wüssten, wie beschwerlich es ist, so einen Heuballen zu erklimmen.

das Furkajoch fahrerisch zu genießen. Es eignet sich z. B. als perfekte Ergänzung zum nahen Faschinajoch oder auch zum Hochtannbergpass.

Griesalp Schweiz · sehr anspruchsvoll
Diese panoramareiche Sackgasse ist nichts für Fahranfänger oder Gelegenheits-Motorradfahrer. Selbst alpenerfahrene Biker habe ich an der Mautstelle im Kiental schon umkehren sehen, denn die letzten Kilometer hinauf zum herrlichen Almplateau auf der Griesalp zählen zu den schwersten Strecken, die ich jemals im Motorradsattel erobert habe – und das ausschließlich allein und frei von Gepäck.

Hahntennjoch Österreich · leicht
Obwohl im fahrerischen Vergleich eher unbedeutend, ist das Hahntennjoch bei Tiroler und Allgäuer Bikern dennoch äußerst beliebt. Und das liegt neben einer gut ausgebauten, dem natürlichen Verlauf der Landschaft kurvenreich folgenden Straße vor allem auch daran, dass uns diese Passstraße an vielen Tagen im Jahr fast ganz allein gehört.

Hochobir-Panoramastraße Österreich · mittelschwer
Im Kärntner Karawankengebiet erwartet uns ein Höhepunkt, den sich kein entdeckungsfreudiger Biker entgehen lassen sollte. Obwohl dessen Entdeckung erst einmal recht happig mit sechs Euro Vorauskasse am Mautautomaten startet. Im weiteren Verlauf stellt sich allerdings rasch heraus, welch eine lohnende Investition wir soeben getätigt haben.

Ibergeregg Schweiz · leicht
Fahrerisch einfach, aber dennoch ein sehr beliebter »Töfftreff« der Schweizer Biker – so lässt sich die Ibergeregg kurz beschreiben. Der weitgehend unbekannte Pass im Kanton Schwyz verbindet die Ortschaften Schwyz und Oberiberg miteinander. Schon mit dem Ausgangsort Schwyz erleben wir ein typisches Schweizer Städtchen, dessen Geschichte wohl kaum spannender hätte verlaufen können.

Kühtaisattel Österreich · leicht
Der Genussfaktor des Kühtaisattels liegt in den herrlichen Landschaften rechts und links des Lenkers, für deren Betrachtung wir auch während der Fahrt genügend Muße haben, zumal die Strecke fahrtechnisch nicht allzu anspruchsvoll ist. Die Straße ist meine Empfehlung als hervorragende Alternative zu der etwas nördlich in gleiche Richtung führenden B 171, auf der

Welch Aufgabe: Über 600 Alpenpässe soll es geben.

sich Schwerlast- und Durchgangsverkehr viele Tage im Jahr stapeln.

Les Diablerets Schweiz · leicht
»Teufelshörner«, so lautet die wörtliche Übersetzung von Les Diablerets – doch heutzutage verkörpert das Wort wohl wie kein anderer Begriff den Wintersport. Dennoch ist diese Gebirgsgruppe in den Waadtländer Alpen nicht nur Traumziel vieler Wintersportler, das Hochtal bietet auch uns Motorradfahrern vom späten Frühjahr bis in den frühen Herbst hinein ein traumhaftes Terrain für eine ausgiebige Kurvenhatz.

LGKS – Ligurische Grenzkammstraße
Italien · sehr anspruchsvoll
Sie ist die »Königin« aller Offroadpisten, die Legende der Südalpen – und sie ist der Traum fast jedes bergbegeisterten Motorradfahrers: die LGKS, die Ligurische Grenzkammstraße, eine ehemalige Militärstraße, die auf fast 65 Kilometern Länge gänzlich frei von Asphalt und Absicherungen entlang der französisch-italienischen Grenze verläuft.

Mangart-Panoramastraße Slowenien · mittelschwer
Die gut elf Kilometer lange und zum höchsten anfahrbaren Punkt Sloweniens aufsteigende Panoramastraße wurde mit ihrem atemberaubend kurvenreichen, teilweise einspurigen Verlauf wohl nicht nur von motorradfahrenden Architekten konzipiert, sie besitzt mit 14 Kehren und fünf unbeleuchteten Felsentunnels auch so manchen Blutdruck in die Höhe treibenden

Für den Genuss abseits des Sattels.

Abschnitt. Eben jene Tunnel blocken übrigens Busse wie Wohnmobile zuverlässig ab.

Masererpass Deutschland · leicht
Der Masererpass befindet sich im Süden Oberbayerns, direkt in den Chiemgauer Alpen und fast schon in Sichtweite zu Österreich. Er verbindet das Tal der Tiroler Ache bei Unterwössen mit dem Schwarzlofertal bei Reit im Winkl und bildet den heute eher unscheinbaren direkten Sattel zwischen der Rachelspitze und dem markanten Walmberg, zwei idyllischen Wanderrevieren.

Passo della Mendola Mendelpass Italien · mittelschwer
Der Mendelpass war schon immer die Sprachgrenze zwischen Tirol und dem Trentino. Heute verläuft am Passo della Mendola die historische Nord-Süd-Grenze der autonomen Doppelprovinz Trentino-Südtirol. Die 1880–85 erbaute Passstraße ist aufgrund ihrer verkehrstechnischen Bedeutung ganzjährig befahrbar, es besteht allerdings ein Verbot für Wohnanhänger.

Passo Pinei/Panidersattel Italien · leicht
Auch der Panider Sattel oder Panidersattel bzw. Passo Pinei gehört offiziell zur noblen Riege der Dolomitenpässe, ist allerdings »on the road« derart unspektakulär, dass wir mit entsprechendem Kurvenschwung Gefahr laufen, das Passschild für das ultimative »Ich-war-hier-Selfie« komplett zu übersehen.

Pas de Morgins Schweiz · mittelschwer
Aus dem mächtigen Rhônetal kommend, beginnt der Kehrentanz des Passes sogleich zwischen den letzten Häusern des Walliser Städtchens Monthey. Elf Kehren und viele weitere Kurven bestätigen unsere Entscheidung diesen Pass zu fahren ebenso wie die westlich vor uns liegende Region Haute-Savoie, in der die Passrampe gemütlich auspendelt. Diese Gegend gehört nicht nur für mich zu den schönsten Alpenregionen Frankreichs.

Passo Agueglio-Panoramastraße Italien · mittelschwer
Oft schon bin ich spontan einfach abgebogen, wie auch an diesem Tag, als ich plötzlich die ausgeschilderte »Scenic Route« über den Passo di Agueglio entdeckte. Einen Abstecher, der geradezu prädestiniert dafür ist, in dieses Buch aufgenommen zu werden. In Varenna am Ostufer des Lago di Como beginnt die Auffahrt zu dieser einzigartig einsamen Panoramastraße.

Passo Brocon Italien · leicht
Mit dem Passo Brocon, auch Passo del Brocon oder di Brocon genannt, verlassen wir das Gebiet der Dolomiten. Der durchgehend ordentlich asphaltierte und sehr schräglagenreiche Pass liegt zwischen Castello Tesino und Canal San Bovo, zwei beschaulichen Basisorten, in denen das Leben wohl nur an den Wochenmarkttagen so richtig pulsiert.

Passo Coe und Passo di Valbona
Italien · leicht (Altern.: anspruchsvoll)
Auch im herrlichen Südosten des Trentino gibt es ein Pässe-Doppelpack, über das ich gern berichte: den Passo di Valbona (auch Valico di Valbona) und sein »Vorspiel«, den Passo Coe. Eine liebliche hügel-, aber auch aussichtsreiche Landschaft erwartet uns hier am Übergang der südlichen Dolomiten in das gewaltige Etschtal.

Passo di Crocedomini Italien · anspruchsvoll
Der Passo di Crocedomini (auf manchen Karten auch Croce Domini) ist einer jener typischen Alpenpässe, der Wanderern, Mountainbikern und Motorradfahrern alleine gehören sollte. Denn vor allem seine Südostrampe vom Westufer des Idrosees hat es in sich. Kurvenreich und stellenweise sehr schmal liegt sie vor dem Windshield und verlangt volle Konzentration sowie eine sichere Hand im Umgang mit dem eigenen Bike.

Passo del Sommo Italien · leicht
Der Passo del Sommo gibt sich mit 1345 Metern Höhe redlich Mühe, ist aber sicherlich nicht geeignet, um am Bikerstammtisch daheim mit seiner »Eroberung« zu protzen. Aber nicht nur als Ergänzung zum Passo Coe

und zum Passo di Valbona ist er zu empfehlen, auch als eigenständige Route vom Etschtal hinüber zum herrlichen Seen-Doppelpack Lago di Caldonazzo und Lago di Levico ist er meine erste Wahl.

Passo del Vivione Italien · anspruchsvoll

Die Bergamasker Alpen bzw. die Alpi Orobie, wie sie ausgeschildert sind, gehören zu den wohl unbekanntesten Kurvenrevieren Norditaliens. Und der Passo del Vivione ist einer der schönsten – und einsamsten – Pässe in eben jenen Alpi Orobi. Ein Höhepunkt, der in keiner Tourenplanung dieser Region fehlen darf.

Passo della Foppa und Passo del Mortirolo
Italien · anspruchsvoll

Den Passo della Foppa und den Passo del Mortirolo in zwei separaten Kapiteln zu beschreiben, hieße Erbsenzählen. Denn beide Pässe liegen – betrachtet man es geografisch und mit Millimeterpapier – nur wenige Meter auseinander. So wenige, dass sich beide Pässe sogar ein gemeinsames Schild teilen.

Passo della Presolana Italien · mittelschwer

Die richtig guten Zeiten haben der Passo della Presolana bzw. seine um die Passhöhe herum liegenden Hotels und Gastronomiebetriebe vermutlich lange schon hinter sich. So manches faszinierend baufällige Albergo hätte bestimmt eine lange, spannende Geschichte zu erzählen – wenn ihr denn noch eine Chance gegeben würde. Aber exakt das macht ihn ja

dann vielleicht wieder zu einem besonderen Erlebnis für uns Motorradfahrer.

Passo di Gobbera Italien · mittelschwer

Mit nicht einmal 1000 Metern Höhe ist er nun nicht gerade spektakulär, dennoch gibt es einige überzeugende Argumente für eine Erkundung und Überquerung des Passo di Gobbera: Das schmale Sträßlein windet sich über 16 durchaus mittelschwere Serpentinen, garniert mit herrlichen Ausblicken auf die umliegenden Bergketten. Zudem ist der idyllische Weiler Gobbera oben am Pass eine erlebenswerte Schau.

Passo di Lavazè Italien · leicht

Mit dem Passo di Lavazè erkunden wir einen Höhepunkt im Herzen des Trentinos, dessen Kurvenvergnügen und Fahrspaß keinesfalls geringer ist als das all der nördlich gelegenen Dolomitenpässe. Nur die Landschaft ändert sich ein wenig; sie bleibt zwar deutlich alpin, doch bekommt sie einen südländischen Touch. Das Flair des Südens weht uns sozusagen ins offene Visier und bietet gänzlich andere Sinneseindrücke.

Passo di Monte Rest Italien · mittelschwer

Der offiziell als Forcola di Monte Rest geführte, aber als »Passo Rest« ausgeschilderte Pass ist ein weiterer fahrerischer Geheimtipp im Friaul. Gerade mal 1052 Meter hoch gelegen, ist er gespickt mit Kurven und Kehren sowie dunklen Tunnels, die unsere volle Konzentration fordern.

Nein, es handelt sich nicht um ein Bienenhotel – und Nein, die Zimmer liegen auch nicht im Stapel selbst.

Ein dreifach Hoch auf alle Sackgassen: Viele dieser Pisten führen zu den schönsten Plätzen in den Alpen

Passo di Rolle/Rollepass Italien · anspruchsvoll

Der Passo di Rolle erlangte traurige Berühmtheit als Teil der Hauptkampflinien des Ersten Weltkriegs. Heute soll uns aber nichts daran hindern, den Passo di Rolle als ein weiteres Pflichtziel auf Bikers Lebens-Roadbook abzuhaken. Dies umso mehr, als uns die Passstraße durch den traumhaft gelegenen Parco Naturale Panevéggio-Pale di San Martino bringt.

Passo di San Marco Italien · anspruchsvoll

Der San Marco ist nicht nur fahrtechnisch, sondern auch landschaftlich ein großer Genuss. Und das auch noch in Kombination mit einer recht spannenden Geschichte. Diese reicht weit zurück ins frühe Mittelalter, als der Pass wichtiger Teil der Handelsroute zwischen Venedig und Süddeutschland war.

Passo Duran Italien · leicht

Der Passo Duran ist ein waschechter Dolomitenpass – aber einer von denen, die kaum jemand kennt. Außer vielleicht norditalienische Ducatisti, die hier sehr gern ihrer ganz speziellen roten Leidenschaft frönen. Beide Rampen des Passo Duran sind trotz so mancher neuer Frostschäden ideal geeignet, um das schönste Hobby der Welt ausgiebig zu erleben, den Kurvenschwung zu optimieren und die Ideallinie zu finden.

Passo del Manghen Italien · anspruchsvoll

Der Passo del Manghen ist einer der eher unscheinbaren, fahrtechnisch aber nicht anspruchslosen Pässe im Osten der Doppelprovinz Südtirol-Trentino. Die Schwierigkeit des Passes liegt vor allem in seinem Straßenzustand. Seinen Charme und auch meine Empfehlung bezieht er aber auch aus jener Tatsache, dass wir ihn an vielen Tagen im Jahr fast ganz für uns allein haben – ein deutlicher Anreiz, ihn mal zu erkunden.

Passwangpass Schweiz · leicht

Obwohl die eigentliche Passüberquerung seit vielen Jahrzehnten schon untertunnelt und der Scheitelpunkt somit nur Wanderern und Mountainbikern vorbehalten ist, lohnt sich die Motorradtour über diesen eher unbekannten Pass im Schweizer Jura sehr. Die Passwangstraße verläuft leicht westlich des eigentlichen Kamms und verbindet das Laufental und das sogenannte Schwarzbubenland mit Balsthal am Jura-Südrand.

Paulitschsattel Slowenien · mittelschwer

Der Einsamkeitsfaktor des Paulitschsattels ist noch etwas höher als der des nahen Seebergsattels. Und gerade das sowie die Tatsache, dass er noch satte 130 Meter höher ist, machen ihn zu einem beliebten

Etappenziel vor allem sonntäglicher Biker aus Kärnten und Slowenien.

Penser Joch Italien · mittelschwer

Die Highlights des Penser Jochs sind zum einen die urgewaltige hochalpine Landschaft rund um die Passhöhe auf 2200 Metern, und zum anderen ist es der Weiterweg hinunter ins Sarntal. Wohl kaum ein anderes Tal in den Gipfelwelten Südtirols ist über die Jahrhunderte hinweg so ursprünglich, natürlich und traditionell geblieben wie das Sarntal.

Plöckenpass Österreich · mittelschwer

Die Plöckenpassstraße ist neben der Nassfeldstraße die einzige befahrbare Straße über die Karnischen Alpen; sie führt von Kötschach-Mauthen im Kärntner Gailtal ins italienische Timau. Vor allem im Ersten Weltkrieg war der Plöckenpass wichtiger Bestandteil der österreichisch-italienischen Front und deshalb schwer umkämpft. Zahlreiche Überreste der damaligen Befestigungsanlagen und Bunker können als eindrucksvolle Mahnung für den Frieden heutzutage besichtigt werden.

Pragelpass Schweiz · mittelschwer

Selbst auf aktuellen Landkarten ist der Pragelpass immer noch ausschließlich als gestrichelte Linie und damit als Fußweg eingezeichnet. Lassen Sie sich davon nicht verwirren: Man kann diesen Pass tatsächlich befahren. Die Passstraße verläuft weitgehend parallel zur Klausenpassstraße von Schwyz durchs hübsche Muotathal und am Klöntalersee vorbei hinunter nach Glarus.

Panoramastraße Stubachtal Österreich · mittelschwer

Eine Sackgasse in eines der schönsten Tauerntäler Österreichs mit 13 Kehren und vorbei an 18 Seen, 25 Gletschern und unzähligen Almen bis hinauf auf fast 1500 Meter Höhe – wenn Sie für diese Pracht einen Mautbetrag schätzen sollten, lägen Sie vermutlich komplett daneben. Denn die prächtige Panoramastraße Stubachtal (auch als »Panoramastraße Schneiderau-Enzigerboden« ausgeschildert) kostet uns außer Zeit und ein wenig Edelsprit keinen einzigen Cent.

Radstädter Tauernpass Österreich · leicht

Er gehört zu Bikers Pflichtprogramm auf dem Weg von Salzburg Richtung Süden ins Kurvenparadies Kärnten: der Radstädter Tauernpass, die landschaftlich abwechslungsreiche und dazu mautfreie Alternative zur öden Tauernautobahn. Es mag kurvenreichere Pässe und atemberaubendere Passhöhen geben – dennoch ziehe ich auf jedem Trip gen Süden diese Passstraße jeder Autobahnverbindung ohne Zögern vor.

Idyllisches Alpengärtlein: Bilder aus der Schweiz erkennt man schon beim ersten Anblick – woran das nur liegen mag?!

Riedbergpass Deutschland · leicht

Beginnen wir unsere in ihrem Umfang atemberaubende Sammlung mit einem der wenigen echten Pässe Deutschlands: dem Riedbergpass im wunderschönen Ostallgäu, nordwestlich von Oberstdorf. Statistiker streiten sich seit jeher darüber, ob nun wohl er der höchste Pass Deutschlands sei oder diese Ehre vielmehr der Rossfeld-Höhenringstraße gebühre.

Samerberg Panoramastraße Deutschland · leicht

Das Leben oben auf dem Samerberg ist etwas Besonderes. 78 Weiler und Ortschaften bilden heute den Gemeindeverband Samerberg auf 800 Metern Seehöhe. Ein idyllisches Fleckchen Bayern, durchzogen von einem dichten Netz an schmalen und kurvenreichen Landstraßen, die an Sommerwochenenden beliebter Tummelplatz einheimischer Motorradfahrer sind.

Sattelegg Schweiz · leicht

Das oder die Sattelegg – beide Artikel werden verwendet, wir bleiben hier einmal bei dem von Schweizern benutzten: Die Sattelegg ist ein Pass im Kanton Schwyz und verbindet die Orte Willerzell am Sihlsee mit Siebnen unweit des Zürichsees bzw., geografisch gesehen, das Hochtal von Einsiedeln mit dem Wägital.

Schaidasattel Österreich · leicht

Er gehört zu den »Wo-bitte-wie-bitte«-Höhepunkten dieses Buchs, selbst ich hätte ihn vor einem Jahr glatt übersehen, hätte nicht die beste Sozia der Welt laut das Zauberwort »Passschild« im Helmfunk verbreitet. Dabei besitzt der Schaidasattel zwei äußerst lohnende Rampen durch liebliche Landschaften ganz im Süden Kärntens, direkt auf der Grenze zu Slowenien.

Scheltenpass Schweiz · leicht

Der Scheltenpass lässt sich nicht nur herrlich einfach mit dem Passwangpass kombinieren, die Landschaft drumherum ist sogar noch erlebenswerter und beschaulicher als die des Nachbarpasses. Der Schelten, von den Einheimischen auch »La Scheulte« genannt, verbindet das Schweizer Jura mit dem Kanton Solothurn – korrekterweise sei erwähnt: inklusive einer winzigen Passage auf Berner Territorium.

Seebergsattel Österreich · mittelschwer

Der Seebergsattel verbindet den Südosten Kärntens mit dem slowenischen Gorenjska (früher: Oberkrain) und besitzt den Charme, verkehrstechnisch nahezu bedeutungslos zu sein. Und exakt diese Tatsache beschert uns das Vergnügen, den Seebergsattel nahezu ganzjährig für uns allein zu haben.

Sella Chianzutan Italien · mittelschwer

Die Sella Chianzutan ist einer jener Pässe im Umland der Dolomiten, die wohl an jedem Bikerstammtisch fragende Gesichter und heftiges Kopfschütteln provozieren, denn diesen Höhepunkt einige Kilometer südwestlich von Tolmezzo kennt fast niemand. Die über den Pass verlaufende Provinzstraße SP 1 verbindet Tolmezzo mit dem Süden des Friaul rund um Pinzano al Tagliamento und führt weiter nach Spilimbergo.

Sella Ciampigotto Italien · mittelschwer

Die Sella Ciampigotto liegt an der SP 619 von Sauris ins Cadore-Tal. Und wenngleich sie nur wenige Kilometer und Kurven auseinanderliegen, bieten beide Pässe, die Sella di Rioda (s. u.) und die Sella Ciampigotto, nicht nur ganz unterschiedliche Aus- und Einblicke, sondern auch eine perfekte Gelegenheit, zwei Höhepunkte »auf einen Streich« zu erleben.

Nützen wir den Tag – die Sonne gibt uns den Takt.

Koffer ab und ins Gelände: Immer wenn Sozia Kirsten eine Pause braucht, schlägt meine Stunde »offroad«.

Sella di Rioda Italien · mittelschwer

Inmitten der Karnischen Alpen, dem bis heute eher unbekannten Kurven- und Kehrenrevier Norditaliens im Schatten der mächtigen Dolomiten, ist sie zu finden. Und das auch nur auf einer hochauflösenden Tourenkarte des Gebiets. Da tauchen plötzlich viele Pässe auf, von denen kaum ein deutscher Biker je gehört hat. Und weiß Gott keine Maulwurfshügel!

Spitzingsattel Deutschland · leicht

Der fahrerisch recht unscheinbare, landschaftlich aber äußerst reizvoll gelegene Spitzingsattel befindet sich im Süden des Landkreises Miesbach direkt im Mangfallgebirge unweit der österreichischen Grenze. Die gut ausgebaute Passstraße mit maximal 14 Prozent Steigung verbindet zwei landschaftliche Perlen Bayerns miteinander: den Schliersee mit dem Spitzingsee bzw. die gleichnamigen Ortschaften.

Stoderzinken Österreich · mittelschwer

Der Stoderzinken (2048 m) ist einer der aussichtsreichsten Gipfel des Dachstein-Massivs. 1958 als reine »Interessentenstraße« wurde die Stoderzinken-Alpen-straße erbaut und erfreut seitdem nicht nur die Bewohner der herrlich liegenden Hütten und Bauernhäuser oben auf dem Stoderzinken.

Ursprungpass Österreich · leicht

Der Ursprungpass gehört zu den Alpenquerungen, bei denen wir höllisch aufpassen müssen, den Scheitelpunkt und damit die Passhöhe für das obligatorische »Ich-war-hier«-Facebook-Posting nicht gänzlich zu übersehen bzw. zu überfahren. Denn die Strecke durch das südlich von Bayrischzell gelegene Ursprungtal ist so entspannend, so genüsslich, dass wir vor lauter Hatz an der zudem auch noch wenig ausgeprägten Passhöhe leicht vorbeirauschen könnten.

Villgraten-Hochtalstraße Österreich · leicht

Das Pustertal kennen Sie, die am Nordhang verlaufende Höhenstraße vielleicht noch nicht. Bevor Sie sich nun diese gönnen, werfen Sie unbedingt einen langen Blick in die beiden Villgraten-Seitentäler – zwei Panoramastraßen-Sackgassen erwarten Sie, die zu den schönsten des gesamten Alpenraums gehören.

Vršič-Pass Slowenien · anspruchsvoll

Im Triglavski Narodni park, dem einzigen Nationalpark Sloweniens, erwartet uns nicht nur eine grandiose Natur mit unzähligen Höhepunkten, sondern auch einer der markantesten Pässe der Ostalpen, den es mit ruhiger Gashand und ordentlich Erfahrung im Mopedsattel zu erobern gilt. Im Wintersportparadies Kranjska Gora beginnt der Aufstieg zum Vršič-Pass, der uns mit 50 Kehren zu einem einzigartigen Kurventanz lädt.

Wurzenpass Österreich · mittelschwer

Der Wurzenpass ist einer der bis heute wenig bekannten Übergänge über die Karawanken zwischen Kärnten in Österreich und dem Norden Sloweniens. Und das wird vermutlich auch ewig so bleiben. Mit seiner Höhe von gerade einmal 1073 Metern könnte man ihn durchaus unterschätzen, doch seine Nordrampe enthält einige satte Steigungen, und das durchaus kurvenreich auf unterschiedlich griffigem, teilweise schlechtem Straßenbelag.

Würzjoch Italien · mittelschwer

Das Würzjoch in Südtirol verbindet das gewaltige Eisack- mit dem Gadertal und führt auf einer Höhe von bis zu 2000 Metern über ein Hochplateau, das auch als Naherholungsgebiet bei den Brixener Bürgern sehr beliebt ist. Gleichwohl die gesamte Strecke gut asphaltiert ist, besitzt sie in ihrem oberen Drittel einige Engstellen, die den Begriff »lenkerbreit« neu definieren.

Zeinisjoch Österreich · leicht

Wer die geniale Silvretta-Hochalpenstraße zu hastig befährt, läuft Gefahr, im Rausch der Kurven schlichtweg am winzigen Abzweig zum Zeinisjoch vorbeizubrettern. Ein Fehler, den Sie keinesfalls begehen sollten. Obwohl der Abstecher hinauf zum Zeinisjoch nur knapp zehn Kilometer Fahrspaß verspricht und obwohl die existierende Westrampe nur mit – schwer zu erhaltender – Sondergenehmigung befahren werden kann, lohnt der Weg bergan auf jeden Fall!

Bin dann mal weg: Ideen für mein nächstes Pässe-Buch habe ich schon zuhauf – jetzt heißt es, sie zu erfahren.

REGISTER

REGISTER

REGISTER

A
Abondance 181
Achenpass 16
Achensee 16
Allemond 234
Alpe d'Huez 230
Alpes-Maritimes 244
Alpi Orobie 126
Ampezzo 86
Andon 263
Annecy 192, 221
Annecy-le-Vieux 193
Annot 248
Aosta 150
Arsiero 119
Arthurhaus 55
Averara-Pass 132

B
Bad Eisenkappel 65
Balcons de la Mescla 251
Balderschwang 15
Balsthal 166
Bardonecchia 142
Barrême 254
Bayrischzell 40
Bergamasker Alpen 126
Bergamo 126, 131
Biel/Bienne 171
Bischofshofen 55
Bludenz 33
Bonne-val-sur-Arc 226
Bonneville 192, 195
Borgo Valsugana 113
Bregenzerwald 30
Brixen 95
Brusson 152

C
Cadore-Tal 89
Castellane 253, 255
Castello Tesino 104

Cavalese 109
Chambéry 225
Chamonix 182
Champex-Lac 184
Chiemgauer Alpen 24
Clue du Taulanne 255
Cluses 197
Col d'Allos 242
Col d'Ayen 252
Col d'Illoire 250
Col d'Ornon 232
Col de Champex 184
Col de Clavel 258
Col de Jambaz 188
Col de Joux 150
Col de l'Encrenaz 190
Col de l'Epine 224
Col de l'Iseran 226
Col de la Cayolle 242
Col de la Coix Fry 208
Col de la Colle-Saint-Michel 248
Col de la Colombière 196
Col de la Croix (Jura) 178
Col de la Forclaz (Frankreich) 214
Col de la Forclaz (Schweiz) 182
Col de la Lombarde 244
Col de la Madeleine 226
Col de Leschaux 222
Col de Luens 256
Col de Merdassier 206
Col de Parquetout 236
Col de Pierre Pertuis 170
Col de Sarenne 230
Col de Solaison 194
Col de Tende 144
Col de Terramont 188
Col de Valberg (Col du Vasson) 246
Col del Lys 140
Col des Annes 198
Col des Aravis 202
Col des Champs 242
Col des Fleuries 192

ANHANG

Col des Gets 190
Col des Glières 200
Col des Leques 254
Col des Montets 183
Col des Mosses 172
Col du Castellaras 262
Col du Ferrier 264
Col du Marais 201
Col du Mollard 228
Col du Mont Cenis 226
Col du Noyer 240
Col du Petit Mont Cenis 227
Col du Semnoz 218
Col du Sommeiller 142
Col Tze Core 148
Colle del Lis 140
Colle di Zambla 130
Colle San Carlo 154
Colle Sommeiller 142
Colmars 242
Comps-sur-Artuby 250
Corniche-Route des Crêtes 253
Cortina d'Ampezzo 91
Côte d'Azur 257, 289
Courgenay 178
Culmine di San Pietro 136

D
Damüls 32
Delémont 169
Dientner Sattel 54
Dolomiten 82, 103

F
Fahnenhügel 143
Faschinajoch 32
Faverges 210
Flarus 161
Flattnitzer Höhe 60
Folgaria 116
Forcola di Monte Rest 86
Furkajoch 28

G
Gap 240
Genfer See 174

Giro-d'Italia 124
Grand Canyon du Verdon 251
Grasgehrenhütte 15
Grasse 265
Griesalp 164
Gröbming 59
Großer Sankt-Bernhard-Pass 154, 185
Großglockner 45
Guillaumes 243, 247

H
Hahntennjoch 36
Haute-Savoie 181
Hochobir-Panoramastraße 66
Hohe Tauern 45

I
Ibergeregg 159, 162
Imst 37
Iseosee 129
Isola 2000 244

K
Kaiserjägerstraße 117
Karawanken 62, 70
Karnische Alpen 88
Kärnten 74
Kastelruth 98
Kiental 164
Kleiner Sankt-Bernhard Pass 154
Klöntalersee 161
Kötschach-Mauthen 50
Kranjska Gora 76
Kufstein 40
Kühtaisattel 38

L
La Bâtie 258
La Clusaz 209
La Mure 234
La Roche-sur-Foron 193
Lac d'Annecy 214
Lac de Castillon 254
Lac de St.-Croix 251
Lac du Bourget 218
Lac du Chambon 231

Lac du Sautet 236
Lac du Verney 232
Ladiner 99
Lago di Cadonazzo 116
Lago di Como 134
Lago di Lecco 136
Lago di Levico 116
Lavazejoch 106
Le Grand-Bornand 196
Le Petit-Bornand-les-Glères 201
Le Reposoir 199
Les Diablerets 176
LGKS Ligurische Grenzkamm-
    straße 144
Logarska Dolina 75
Lovere 129

M
Mangart-Panoramastraße 78
Marco Pantani 125
Martigny 179
Masererpass 24
Massif de Bauges 210
Massif du Dévoluy 241
Mauterndorf 56
Mendelpass 114
Modane 227
Monaco 146
Mont Blanc 155
Mont Lachens 260
Montée du Semnoz 218
Monthey 181
Morbegno 133
Morzine 191
Moustiers-Sainte-Marie 252
Muotathal 160

N
Napolèon Bonaparte 234
Nationalpark Contamines-Montjoie 207
Naturpark Préalpes d'Azur 263
Neubeuern 23

O
Obir-Tropfsteinhöhle 68
Ormont-Dessus 176

Orsières 184
Ötztal 38

P
Panider Sattel 98
Panoramastraße Schneiderau-
    Enzigerboden 42
Parc National de la Vanoise 226
Parc naturel régional du Verdon 257
Parco Nazionale Dolomiti Bellunesi 93
Pas de Morgins 180
Passo Brocon 104
Passo Coe mit Passo Valbona 118
Passo d'Oclini 106
Passo del Manghen 110
Passo del Mortirolo 122
Passo del Sommo 116
Passo della Foppa 122
Passo della Fricca 117
Passo della Mendola 114
Passo della Presolana 128
Passo delle Erbe 94
Passo di Crocedomini 120
Passo di Gobbera 102
Passo di Lavazè 106
Passo di San Marco 132
Passo Duran 92
Passo Pinei 98
Passo Rolle 100
Passo-di-Agueglio-Panoramastraße 134
Passwangpass 166
Paulitschsattel 74
Penser Joch 96
Piburger See 39
Piemont 244
Plöckenpass 50
Plöckenpass Freilichtmuseum 52
Pragelpass 160
Predazzo 100
Provence 256
Pustertal 46
Pustertaler Höhenstraße 48

R
Radstädter Tauernpass 56
Rankweil 28

Reblochon 197
Reit im Winkl 24
Rhône 172
Rhône-Alpes 214
Riedbergpass 14
Rollepass 100
Route des Grandes Alpes 204
Route Napoléon 234

S
Saint-Auban 262
Saint-Bonnet-en-Champsaur 240
Saint-Jean-de-Maurienne 228
Saint-Jeoire 189
Saint-Jorioz 223
Saint-Julie-Mont-Cenis 229
Saint-Ursanne 178
Saint-Vallier-de-Thiey 265
Saint-Vincent 148
Samerberg 22
San Martino di Castrozza 100
Sankt Ulrich 98
Sarentino 97
Sarntal 96
Sarnthein 97
Sattelegg 158
Savoyen 155
Schaidasattel 64
Scheltenpass 168
Schliersee 18
Schweizer Jura 168
Schweizerische Eidgenossenschaft 162
Schwyz 160
Seealpen 218
Seebergsattel 70
Sella Chianzutan 82
Sella Ciampigotto 90
Sella di Rioda 88
Sihlsee 158
Silvretta-Hochalpenstraße 34
Slowenien 62, 70
Solothurn 169
Sonntag (Bergdorf) 33
Spitzingsattel 18
Spitzingsee 18
Sterzing 96

Stoderzinken 58
Stubaier Alpen 38
Sudelfeld 41
Sylvenstein 17

T
Tegernsee 18
Tegernseer Tal 16
Tentino 105
Thônes 208
Thonon-les-Bains 189
Thorame-Haute 249
Thorens-Glières 200
Thunersee 165
Tolmezzo 82
Tölzer Land 16
Tour de France 196, 241
Tre-Valli-Panoramastraße 121
Trenker, Luis 54
Triglavski Narodni Park 76
Tržič 74
Turin 140
Ugine 204
Ursprungpass 40
Val Brembana 132
Val di Fiemme 108
Val di Zoldo 93
Val Lumiei 87
Val Taleggio 138
Varenna 134
Vigo di Cadore 89
Villgraten-Hochtalstraße 46
Vin de Savoie 193
Vinadio 245
Vršič-Pass 76

W
Wallis 182
Willerzell 158
Wurzenpass 62
Würzjoch 94

Z
Zeinisjoch 34
Zentralschweiz 163
Zürichsee 158

Faszination
ENDURO

Jeden vorletzten Mittwoch im Monat neu

ENDURO

POSTER AFRICA TWIN

Ducati Multistrada 1200 Ent
KTM 1290 Super En
Vollgepackt mit Lei

Modelljahr 2017
Beta
Husqvarna
Sherco
Die neuen
Sportenduros

KTM XC-W 150
Statt 125: Der neue Hubraum

Test
Praxisgerecht, detailliert, kompetent – Enduros auf Herz und Nieren geprüft, on und off road

Technik
Informativ, verständlich, maßgebend – Tipps, Trends und Technik rund um die Enduro

Sport
Spektakulär, spannend, vielseitig – alles über den Rallye- und Endurosport

Reise
Unterhaltsam, mitreißend, abenteuerlich –Enduro-Reisen auf allen fünf Kontinenten

NDURO gibt's für 3,90 Euro n guten Zeitschriftenhandel der direkt bei:

NDURO Verlagsgesellschaft mbH dlerstraße 6 3540 Heubach

elefon 07173-71450-0 • Telefax 07173-71450-20 • www.enduro-press.de • abo@enduro-press.de

Verantwortlich: Kerstin Thiele
Lektorat: Anette Späth
Layout: BUCHFLINK Rüdiger Wagner
Repro: Cromika, Verona
Kartografie: Heidi Schmalfuß/Kartographie Huber/Achim Norweg
Herstellung: Anna Katavic
Printed in Slovenia by Florjancic

Sind Sie mit diesem Titel zufrieden? Dann würden wir uns über Ihre Weiterempfehlung freuen.
Erzählen Sie es im Freundeskreis, berichten Sie Ihrem Buchhändler, oder bewerten Sie bei Onlinekauf.
Und wenn Sie Kritik, Korrekturen, Aktualisierungen haben, freuen wir uns über Ihre Nachricht an
Bruckmann Verlag, Postfach 40 02 09, D-80702 München oder per E-Mail an lektorat@verlagshaus.de.

Unser komplettes Programm finden Sie unter 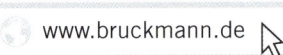 www.bruckmann.de

Alle Angaben dieses Werkes wurden vom Autor sorgfältig recherchiert und auf den neuesten Stand gebracht sowie vom Verlag geprüft. Für die Richtigkeit der Angaben kann jedoch keine Haftung übernommen werden, weshalb die Nutzung auf eigene Gefahr erfolgt. Insbesondere bei GPS-Daten können Abweichungen nicht ausgeschlossen werden.

Sie sind auf der Suche nach weiterführender Literatur? Dann empfehle ich Ihnen den Titel
»100 neue Alpenpässe mit dem Motorrad«. Ihr Heinz E. Studt.

Bildnachweis:
Alle Bilder stammen von Heinz E. Studt mit folgenden Ausnahmen: Markus Golletz S. 142, 144, 145 und 147.
Umschlagvorderseite: Die kopfsteingepflasterten Kehren des Vrsic-Passes sind anspruchsvoll zu fahren.
Umschlagrückseite: Der Col d'Ayen in Frankreich

Die Deutsche Nationalbibliothek verzeichnet diese Publikation in der Deutschen Nationalbibliografie; detaillierte bibliografische Daten sind im Internet über www.dnb.d-nb.de abrufbar.

© 2017 Bruckmann Verlag GmbH, München
ISBN 978-3-7343-0894-9